**Viver nos Tempos
da Inquisição**

Coleção Estudos
Dirigida por J. Guinsburg

Equipe de realização – Coordenação textual: Luiz Henrique Soares e Elen Durando;
Edição de texto: Margarida Goldsztajn; Revisão: Marcio Honorio de Godoy; Sobrecapa:
Sergio Kon; Produção: Ricardo W. Neves, Sergio Kon e Lia N. Marques.

Anita Waingort Novinsky

**VIVER NOS TEMPOS
DA INQUISIÇÃO**

 PERSPECTIVA

CIP-Brasil. Catalogação-na-Fonte
Sindicato Nacional dos Editores de Livros, RJ

N841v

    Novinsky, Anita Waingort, 1922-
    Viver nos tempos da inquisição / Anita Waingort Novinsky.
- 1. ed. - São Paulo : Perspectiva, 2018.
    376 p. ; 23 cm. (Estudos ; 364)

    ISBN 9788527311441

    1. Brasil - História - Período colonial, 1500-1822. 2. Inquisição
- Brasil - História. 3. Inquisição - Portugal - História. I. Título. II.
Série.

18-53820   CDD: 272.2
                                    CDU: 27-9

Meri Gleice Rodrigues de Souza – Bibliotecária CRB-7/6439
13/11/201   21/11/2018

1ª edição
[PPD]

Direitos reservados à

EDITORA PERSPECTIVA LTDA.

Av. Brigadeiro Luís Antônio, 3025
01401-000 São Paulo SP Brasil
Telefax: (11) 3885-8388
www.editoraperspectiva.com.br
2019

Sumário

Agradecimentos. VII

Saudação a Anita Novinsky – *J. Guinsburg* IX

1. Crítica à Historiografia Inquisitorial I. 1
2. Crítica à Historiografia Inquisitorial II 13
3. Reflexões Sobre o Antissemitismo em Portugal 25
4. Dois Mil Anos de Antijudaísmo: Das Leis
   Canônicas ao Nazismo 43
5. O Sentido da Confissão na Inquisição Portuguesa 51
6. A Ideologia do Confisco 65
7. Morrer Sem Culpa – Coimbra 71
8. Cristãos-Novos no Brasil: Uma Nova Visão
   de Mundo 85
9. Como Nasceu o Marranismo 99
10. "Fluctuatio Animi". 109
11. O Papel da Mulher no Criptojudaísmo Português . . .121

12. A Sobrevivência dos Judeus Secretos 133

13. O Mito dos Nomes Marranos. 145

14. Cristãos-Novos: História e Memória. 157

15. A Censura e o Tráfico de Ideias 167

16. A Tradição Herética do Clero Brasileiro. 177

17. A Colaboração do Clero Com a Invasão Holandesa. . .183

18. Um Preconceito Histórico: A Parceria
    Cristã-Nova Com os Invasores Holandeses 199

19. Gente das Bandas do Sul. 211

20. Novos Elementos Para a História de São Paulo. 217

21. A Inquisição na Rota do Ouro 229

22. Os Antepassados de Fernando Pessoa 253

23. Inquisição e Judaísmo na Ilha da Madeira 263

24. Sionismo Político na Renascença Portuguesa
    (Damião de Góis). 277

25. O "Correio" dos Judeus 289

26. Sebastianismo, Vieira e o Messianismo Judaico 303

27. Um Padre Católico e Sua Luta Por Justiça:
    Antônio Vieira 317

28. Machado de Assis, os Judeus e a Redenção
    do Mundo 327

29. Comissários, Familiares, Agentes da Igreja
    no Brasil. 339

Pósfacio:
O Novo Mundo, o Novo Homem 357

Agradecimentos

Devo uma enorme gratidão às minhas alunas, Daniela Levy, Eneida Ribeiro e Lina Gorenstein, pelo inestimável auxílio que me prestaram na elaboração deste livro, trabalhando na sua organização, sugerindo a seleção de textos, relendo as provas e digitando alguns artigos. Nos longos anos de convivência, ligaram-nos ideias comuns e uma amizade profunda, que gratifica todo o trabalho do professor.

Alguns dias antes da publicação deste livro, perdi dois amigos queridos. Mario Miranda, cujas aulas de filosofia trouxeram Platão para perto de nós e cujo apoio no projeto da construção do Museu da Tolerância foi ininterrrupto desde sua idealização, demonstrando seu entusiasmo pela solidariedade humana.

Jacó Guinsburg, amigo de toda uma vida, cujas ideias humanistas tanto influenciaram meu pensamento de jovem, transmitindo-me a beleza do judaísmo, da poesia e da arte. E de nossos temores sobre as utopias do mundo, a crueldade da vida, ficam-me as lembranças que não se apagam e a saudade que dói. Adeus Jacó.

Saudação a Anita Novinsky

Não é preciso ser historiador nem especialista em pesquisas de fontes primárias, parece-me, para se aperceber da verdade inconteste de que o caminho trilhado por Anita Novinsky em seu campo específico chama a atenção pela infatigável dedicação e coerência de propósitos, em conjunto com a atualizada instrumentação crítica, que lhe permitiram reunir um dos mais bem providos *corpus* de dados documentais de que tenho notícias no Brasil, sobre um tema que envolve quatro séculos de história judaica e portuguesa e seus desdobramentos em nosso país. É o capítulo em que, sob a capa de um Santo Ofício, instala-se, primeiro na Espanha e depois em Portugal, uma Instituição religiosa que, no decurso de quase meio milênio, subsistirá alimentada em sua ação política, econômica e social por um nutriente de discriminação e ódio, gerado em seu próprio ventre, um marranismo produzido nas fogueiras dos autos de fé.

Esse foco de investigação, fundamentado na busca e na decodificação dos registros preservados na Torre do Tombo, em Lisboa, e em outros arquivos, estudados e interpretados à luz da bibliografia específica e das modernas revisões e cotejos historiográficos e historiosóficos, encontrou expressão em monografias, como *Cristãos-Novos na Bahia*, e em larga messe

X VIVER NOS TEMPOS DA INQUISIÇÃO

de artigos, ensaios e capítulos de livros, editados em revistas e coletâneas sobre o tema. Publicados no Brasil e no exterior, inventariam os dados, procuram reintegrá-los em sua temporalidade, tramando-os com o rigor de informações objetivas submetidas a crivos comprobatórios e discutidas com independência de pensamento. Pelo desassombro com que desafiam concepções tradicionais firmadas, esses trabalhos revelam a convocação de uma causa e, se me for permitida a licença, a postura de um espírito heterodoxo às voltas com heterodoxias.

Com efeito, de sua formação em filosofia e psicologia, afora história, Anita Novinsky reteve o estímulo ou, se se quiser, a tentação de ir sempre além dos horizontes prescritos, o que a levou, no caso, a explorar as sugestões da Nova História. Assim, recusando-se a considerar o fenômeno do marranismo sob a óptica de uma exclusiva nucleação religiosa, nacional e/ou ética, ainda que distinguindo e valorizando sua singularidade sociocultural, submeteu-o a uma leitura mais inclusiva no seu âmbito relacional, contrapondo-a à versão dominante na história oficial judaica e europeia. A microanálise com que a historiografia renovadora vem retirando das sombras e perfilando as feições, os comportamentos e os papéis dos grupos historicamente marginalizados teve forte ressonância na conceituação que ela adota e defende. O seu ponto de vista apresenta múltiplas e complexas articulações, mas, sem querer simplificá-lo, penso que se possa traduzir o cerne de sua tese em uma de suas formulações:

O fenômeno [o marranismo] inclui vários tipos de comportamentos e não pode ser compreendido no estreito sentido de criptojudaísmo. Ele deve ser considerado em um amplo contexto [...]. O marrano representa a condição universal, amiúde inconsciente, de homens removidos das sociedades em que viveram. O marrano é um homem que vive em um mundo sem pertencer a ele.[1]

Pode-se vislumbrar aí, no modo de ser e de pensar desse sujeito histórico e de sua problematização, a silhueta sartriana do homem moderno e de sua condição – a situação do homem

---

1 A. Novinsky, Marranos and Inquisition: On the Gold Route in Minas Gerais, Brazil, em Paolo Bernardini; Norman Fiering (eds.), *The Jews and the Expansion of Europe to the West, 1450-1800*, New York: Berghahn, 2001, p. 226. (Tradução nossa.)

no homem em situação. É claro que, ainda assim, não caberia desligá-lo da "história dos oprimidos", como Walter Benjamin propõe. Mas Novinsky nega-se a encarar o marrano como uma categoria abstrata, à mercê de manipulações ideológicas. Sem deixar de lado o seu envolvimento contextual, isto é, a relação dialética entre o que constitui ontologicamente o eu real e o outro, o oprimido e o opressor, no processo histórico, a historiadora busca o lastreamento dos dados concretos, inclusive personalizados, nas figuras das vítimas identificadas, ou seja, conjuga os resultados de suas pesquisas de fontes a uma aguda crítica dos eventos, de seus fautores e das mentalidades em confronto.

Sem levar adiante a discussão desse problema, devo assinalar que essa maneira de se colocar conduz a pesquisadora, mesmo sem os préstimos de saltos qualitativos, diretamente do coração do passado para o coração do presente. Não se pode, pois, taxá-la de parcial ou de unilateral quando traz à tona o íntimo vínculo entre os preconceitos, as marginalizações, as demonizações e os ódios irracionais, entrelaçados aos jogos dos interesses econômicos e políticos, dos conflitos de classe e dos compromissos de Estado, no fenômeno inquisitorial, e as manifestações nazifascistas, totalitárias, neonazistas e os fanatismos fóbicos atuais. São realidades que a induzem a alertar-nos sobre o poder de persistência e os perigos de tais posturas ideológicas e comportamentos irracionais, não apenas nos fatos acontecidos ontem, ou que poderão acontecer amanhã ou mais tarde no futuro, porém nos que acontecem hoje, aqui e agora. Esta coletânea é, destarte, um apanhado que, por parcial que seja, é significativo tanto do rigor como da paixão que sempre impulsionaram a atuação de Anita Novinsky, a pesquisadora, a professora, a cidadã e a amiga.

Além de sua força de caráter e da vigência em seu imo do valor do mérito como espírito que a anima, a qualidade da contribuição que seu labor trouxe e traz, desde que Lourival Gomes Machado, no fim dos anos 1940, a incentivou a ingressar nessa via, faz-se notar também em um engajamento que se traduziu na intervenção em inúmeros conclaves e simpósios, na promoção de relevantes congressos sobre Inquisição, cristãos-novos e história ibero-americana efetuados em São Paulo sob a sua direção. Sobreleva, ademais, seu papel vital, desde o fim dos anos 1960, para a formação, na Universidade de São Paulo, do primeiro Centro de Estudos Judaicos do Brasil e, se não me engano, da América do Sul. Igual poder de iniciativa evidenciou-se no projeto e na lida que deu realidade ao Laboratório de Estudos da Intolerância. O resguardo que proporciona a um acervo que já reuniu em sua biblioteca milhares de volumes sobre intolerância religiosa, política e cultural e um arquivo de cem mil microfilmes, destina-se, para além da preservação museológica, a servir de centro dinâmico e instrumental não só para as novas gerações de estudantes e pesquisadores, mas também como foco de uma viva interação com a comunidade mais ampla e para sua tomada de consciência de uma problemática que vem afligindo-a no curso da história.

J. Guinsburg

1. Crítica à Historiografia Inquisitorial I[1]

Os livros sobre a história colonial, tidos como clássicos, com raras exceções não se referem a um órgão repressivo e punitivo, que atuou em todos os níveis da vida colonial, tanto econômico como político, religioso e cultural: o Tribunal do Santo Ofício da Inquisição. Seus riquíssimos arquivos, a maior parte mantidos em segredo até a década de sessenta do século xx, só foram consultados por raros historiadores, em esparsos artigos. Os autores que exaustivamente pesquisaram os arquivos inquisitoriais no século xix foram Alexandre Herculano, João Lúcio de Azevedo e Joaquim Mendes dos Remédios, deixando-nos obras fundamentais sobre os cristãos-novos e a Inquisição[2]. Com a abertura dos arquivos do Santo Ofício e a sua disponibilização ao grande público, a história do Brasil colonial deve ser reavaliada e reinterpretada.

---

1   Conferência inaugural do Simpósio Internacional de Estudos Inquisitoriais, Salvador, 2011.

2   Cf. Alexandre Herculano, *História da Origem e Estabelecimento da Inquisição em Portugal*, 12. ed., Lisboa: Bertrand, 1852; João Lúcio de Azevedo, *História dos Christãos Novos Portugueses*, Lisboa: A.M. Teixeira, 1921; Joaquim Mendes dos Remédios, *Os Judeus em Portugal*, Coimbra: França Amado, 1895, 2 v.

Nos últimos anos, foram publicadas obras importantes, baseadas em fontes primárias e inéditas, que trouxeram à tona vários aspectos da sociedade colonial, até então desconhecidos: conflitos religiosos, corrupções, injustiças, traições, denúncias falsas, negócios internacionais, preços, dívidas, paixões, vinganças, ódios. Revelaram também duas mentalidades opostas que conviviam na Colônia: os crentes e ortodoxos de um lado, os céticos e heterodoxos de outro. Nomes como Lina Gorenstein, Ronaldo Vainfas, Laura de Mello e Souza, Luis Nazario, Daniela Buono Calainho, Lana Lage da Gama Lima, Pedro Villalta, Luiz Mott, Daniela Levy, Adalberto Gonçalves Araújo Júnior, Suzana Santos, Rachel Mizrahi, Eneida Ribeiro e tantos outros, têm contribuído para ampliar nosso conhecimento sobre a sociedade colonial, alguns com publicações que orgulham nossa historiografia brasileira.

Há, paralelamente aos avanços da historiografia científica sobre a Inquisição, um revisionismo subterrâneo, que pouco a pouco invade o corpo da história do Brasil. Historiadores negacionistas reivindicam uma literatura minimizadora do Santo Ofício, semelhante à existente no mundo atual sobre o Holocausto, negando os bárbaros métodos empregados pelo tribunal para extorquir dos réus confissões e denúncias que lhes trariam mais hereges e mais prisioneiros, suprindo assim suas necessidades financeiras. Esses historiadores proclamam em congressos e cursos acadêmicos que os gélidos cárceres inquisitoriais eram ambientes claros e salubres, que os inquisidores eram benignos e doces conselheiros, que a tortura e a pena de morte eram pouco aplicadas, que a Igreja era justa e misericordiosa. Há autores nacionais e estrangeiros que chegam a falar de um "espírito de tolerância" existente em Portugal nos séculos XVII e XVIII.

Os documentos referentes à época da expulsão dos judeus da Espanha são explícitos e não dão margem a dúvidas de que foram os judeus a razão da instalação do Tribunal da Inquisição em Portugal e na Espanha, por interesses econômicos, sociais e políticos[3].

Há toda uma corrente historiográfica espanhola que procura "desjudaizar" a Inquisição, mostrando que suas intenções estavam voltadas principalmente para os crimes de comportamento

---

3 Ver o nosso comentário da obra de Benzion Netanyahu sobre as origens da Inquisição na Espanha, infra, p. 6-7.

CRÍTICA À HISTORIOGRAFIA INQUISITORIAL I

e não delitos contra a fé. Comparando o número de mortos pela Inquisição com a Noite de São Bartolomeu, com o stalinismo e com o nazismo, procuram mostrar que a Inquisição matou muito menos. Comparar os mortos pela Inquisição com os de outros tempos e regimes políticos, faz lembrar as palavras de Theodor Adorno, de que não é o número de mortes que importa, pois, colocar o sofrimento humano em termos numéricos é faltar com o respeito à dignidade humana.

Toby Green, cujo livro sobre a Inquisição foi recentemente publicado em tradução portuguesa, afirma, com razão, que muitos dos historiadores revisionistas foram originalmente treinados durante o regime de Franco, fortemente respaldado pela Igreja Católica. Em alguns círculos, principalmente na Espanha, esse revisionismo ainda é visto atualmente com respeito[4].

Chegou o momento, após quatro séculos de silêncio, de escrever a história da Inquisição no Brasil com mais coragem, demolindo as construções de tantos mitos e tantas narrações fictícias. Como disse Bertolt Brecht, o cientista tem responsabilidade com a verdade e com toda a humanidade. Quando Galileu abjurou perante a Inquisição e se retratou, ele negou a "sua" verdade por medo da dor física e da tortura, como o fizeram milhares de portugueses e brasileiros ante a mesa inquisitorial.

Os professores Robert Mandrou e Léon Poliakov, os quais tive o privilégio de ter como mestres na École des Hautes Études, em Paris, repetiam sempre em seus cursos que qualquer trabalho deve começar com a análise crítica das fontes.

Esse conselho imperativo nos leva a uma pergunta sobre os estudos inquisitoriais: podemos dar crédito ao que está escrito nos arquivos do Santo Ofício? Que garantia temos de que o réu confessava a verdade frente às ameaças da tortura e da morte? Se dentro de duzentos anos forem abertos os processos da era stalinista, poderão os homens dar crédito ao que está escrito? Questões como essas já foram levantadas por António José Saraiva nos anos 1960, numa polêmica com o professor do Collège de France, Israel Révah[5].

4   Cf. Toby Green, *Inquisição: O Reinado do Medo*, Rio de Janeiro: Objetiva, 2011.
5   Cf. Gustav Henningsen, Charles Amiel, John Tedeschi (eds.), *The Inquisition in Early Modern Europe: Studies on Sources and Methods*, Dekalb: Northen Illinois University Press, 1986.

VIVER NOS TEMPOS DA INQUISIÇÃO

Para fazer a análise crítica das fontes inquisitoriais, temos de questionar vários problemas, relacionados com religião, política e psicologia. Qual a honestidade dos inquisidores e quais seus interesses pecuniários? Qual a credibilidade das testemunhas? Quais os repetidos slogans dos inquisidores usados nos julgamentos, as fraudes nos exames de sangue, os furtos dos agentes do Santo Ofício e o sadismo dos inquisidores?

A fim de provar as distorções dos processos, a engrenagem tendenciosa que os juízes armavam para poder manipular o julgamento, temos de buscar provas em várias direções. Um dos mais incontestáveis testemunhos sobre o que foi realmente o Tribunal do Santo Ofício da Inquisição nos vem do depoimento implacável de um homem da Igreja, um jesuíta, o padre Antônio Vieira. Foi tão fantástica a sua coragem em afirmar que os processos eram forjados, as denúncias e confissões duvidosas, que sua vida ficou ameaçada. Contudo, à semelhança de Galileu, o padre Antônio Vieira abjurou a "sua" verdade, negou sua cumplicidade com a heresia, certamente por medo da dor e da morte. No entanto, foi depois de condenado que Galileu escreveu sua obra-prima sobre física mecânica, e foi depois de condenado que Vieira, empenhando todas as suas forças, escreveu seus textos mais acusatórios para defender suas firmes convicções.

Nos sermões, nas propostas ao rei, nas petições aos papas, nos seus discursos, na sua correspondência oficial e particular, Vieira foi um lutador e mostrou que a Igreja, a "sua Igreja", matava homens e mulheres inocentes, sem culpa alguma do crime de que eram acusados. E é com convicção que repete a frase que expressa a essência de seu pensamento em relação aos julgamentos dos Tribunais da Inquisição: "se no juiz há ódio, por mais justificada que seja a inocência do réu, nunca a sentença do juiz há de ser justa"[6]. Vieira diz a última palavra possível em relação aos efeitos desastrosos da política da Igreja portuguesa vinculada à Inquisição.

Antônio Vieira lutou durante toda sua vida pela justiça dos judeus. Apelou às mais altas autoridades da Europa. Foi ao rei, foi ao papa, falou aos poderosos, alertando sobre os crimes cometidos em Portugal, que comprometiam as finanças,

6   Cf. T. Green, op. cit.

CRÍTICA À HISTORIOGRAFIA INQUISITORIAL I

o respeito e a cultura portugueses. Em 1674, desfere um golpe definitivo na Igreja, denunciando pela base a farsa do Santo Ofício. E escreveu textualmente que os prisioneiros confessavam o que nunca haviam feito, porque se negassem, morreriam. Pediu ao monarca português que examinasse ele próprio os processos, não um, mas muitos, para ver que eram falsos. Saíam em autos de fé indivíduos inocentes, que não mereciam ser presos. Os réus mentem, diz ainda Vieira, para viver, porque se negarem a culpa, são queimados. O tribunal é o lugar onde os inocentes padecem e os culpados triunfam. Vieira vai até o extremo ao atacar a mais prestigiosa instituição de Portugal, colocando os inquisidores como os verdadeiros culpados, que deviam ser castigados.

O padre Antônio Vieira deu um passo ainda mais perigoso: transferiu a questão da perseguição aos judeus para a esfera ética da Igreja. Não se tratava mais de um fenômeno particular e restrito o que estava em jogo, mas sim a "própria fé católica e a própria Igreja". Ele expressa nas entrelinhas o grande descrédito que tinha pela justiça dos homens, "porque o juízo dos homens são mais para temer do que a justiça de Deus"[7].

Além do testemunho de Vieira sobre o tribunal desonesto e injusto, que lançava mão da religião para sustentar sua máquina burocrática e seus festivos autos de fé, muitas outras fontes devem ser exploradas, a fim de alcançarmos o verdadeiro sentido da existência do Santo Ofício e da resistência dos conversos[8]. Os próprios réus devem ser ouvidos, pois trazem informações "vividas".

Duas respostas dadas pelos réus podem servir de exemplo. Uma delas foi pronunciada por um "reconciliado" pela Inquisição. Encontrando um amigo na rua, espantado por vê-lo, lhe pergunta: "Oh! João, então como foi que saíste?" Ao que João responde: "Ora! Como todos! Dizendo que era judeu!"[9] Outra resposta diz respeito a um inquisidor, que encontrando um cristão-novo, este lhe pergunta: "Então, senhor inquisidor, depois

---

7   Padre Antônio Vieira, Memorial a Favor da Gente da Nação Hebreia, *Obras Escolhidas IV: Obras Várias II*, Lisboa: Sá da Costa, 1951, p. 115-135.

8   Idem, *Sermões*, Erechim: Edelbra, 1998.

9   A. Novinsky, *Cristãos-Novos na Bahia: A Inquisição no Brasil*, 2. ed., São Paulo: Perspectiva, 2013, p. 142; Cadernos do Promotor da Inquisição de Lisboa, n. 23, manuscrito do Arquivo Nacional da Torre do Tombo.

de matarem todos os cristãos-novos, o que vocês irão fazer?"
Responde o inquisidor: "Ora, dos velhos, faremos logo novos!"[10]

Uma obra sobre as origens da Inquisição na Espanha, provando que as fontes inquisitoriais são duvidosas, foi publicada há alguns anos por Benzion Netanyahu[11]. Nessa obra, de mais de 1.400 páginas, o autor se deteve numa questão crucial: "quais as razões que levaram ao estabelecimento do Tribunal do Santo Ofício da Inquisição na Espanha?" Poderíamos, com base na bibliografia existente, dar várias respostas de cunho racial, religioso, político etc. As conclusões de Netanyahu, entretanto, são diferentes. Usando fontes não inquisitoriais, ele procura mostrar que os cristãos-novos não eram os judaizantes secretos de que falam documentos oficiais, e que as acusações apresentadas pelos reis católicos e por Torquemada ao papa, eram falsas.

Os fatos levados ao sumo pontífice eram sempre de ordem religiosa, que apenas serviam de pretexto. As razões objetivas da criação do tribunal não eram a erradicação do judaísmo, pois os cristãos-novos estavam extremamente assimilados ao cristianismo. Netanyahu, como António José Saraiva, suspeitava das fontes inquisitoriais e partiu em busca de outras evidências, em fontes judaicas.

Os rabinos, por exemplo, não consideravam os cristãos-novos judeus, mas sim apóstatas do judaísmo, renegados e cristãos. As ideias correntes, acusando os conversos de serem judeus secretos e praticantes de cerimônias judaicas eram divulgadas sem nenhum fundamento, apenas para conseguir do papa a autorização para introduzir um tribunal na Espanha. Antes de este ser oficializado, os cristãos-novos já estavam bem integrados na religião católica. Então, pergunta Netanyahu, por que razão foi estabelecido o tribunal na Espanha? Por que a Inquisição, depois de oficializada, atacou tão fortemente uma comunidade que já era essencialmente cristã? Por que os conversos foram acusados de judaísmo se já haviam abandonado a antiga fé?

Netanyahu saiu do campo religioso para o social e mostrou que o Tribunal da Inquisição foi introduzido na Espanha por motivos socioeconômicos e raciais. A Inquisição foi, para

---

10 Ibidem, Cadernos do Promotor da Inquisição de Lisboa, n. 24.
11 Cf. Benzion Netanyahu, *The Origins of the Inquisition in Fifteenth-Century Spain*, New York: Random House, 1995.

CRÍTICA À HISTORIOGRAFIA INQUISITORIAL I

Netanyahu, o produto de um movimento que refletia os sentimentos da maioria da população, doutrinada há séculos no ódio aos judeus[12].

A tese de Netanyahu foi discutida no mundo acadêmico, muito elogiada por alguns e extremamente criticada por outros, e permanece uma referência que deve ser considerada em vista das fontes fidedignas e indubitáveis que apresenta. Ao mesmo tempo, oferece-nos um amplo campo de ideias para repensarmos o fenômeno português, apesar de o contexto político-econômico sob o qual o tribunal foi introduzido no reino lusitano ter sido diferente da Espanha. A conversão dos judeus portugueses ao catolicismo não foi voluntária, mas forçada, seguida de proibições de deixar Portugal. O Tribunal da Inquisição só foi aberto meio século após o da Espanha, a pedido de dom João III, que também tinha interesses econômicos na sua introdução em Portugal.

O historiador Alexandre Herculano desmascarou as "negociações" entre o monarca português e o papa, deixando claras as manobras e os interesses financeiros de toda a cúria romana[13]. Durante os anos que se passaram entre a entrada em Portugal dos judeus expulsos da Espanha, a conversão forçada dos judeus ao catolicismo e o estabelecimento da Inquisição, trágicos acontecimentos ocorreram na vida dos convertidos. Muitos foram vendidos como escravos; outros suicidaram-se ou mataram seus próprios filhos para não se tornarem idólatras; crianças foram arrebatadas dos pais; massacres tiraram a vida de milhares de cristãos-novos em Lisboa. Os sofrimentos não tinham limites. Sem opção, sem chão, sem defesa, milhares de cristãos-novos aceitaram o que lhes foi imposto, dobraram-se à vontade dos poderosos, acompanharam as práticas e rituais cristãos e, provavelmente, após meio século de doutrinações, a maioria estava cristianizada em Portugal, como na Espanha.

As razões alegadas por dom João III ao papa para estabelecer o tribunal eram falsas e construídas com seus parceiros, interessados na extorsão dos bens dos convertidos. Apesar de suas peculiaridades, o fenômeno português tem paralelos com o da Espanha.

12 Ibidem.
13 A. Herculano, op. cit.

8 VIVER NOS TEMPOS DA INQUISIÇÃO

Entretanto, houve uma facção dos cristãos-novos que construiu uma segunda vida e viveu por três séculos em um universo fechado, praticando em absoluto segredo a religião judaica. Durante gerações transmitiram a fé judaica aos seus filhos e enfrentaram a miséria, a tortura e a morte, resistindo à assimilação ao cristianismo.

Após apresentar os problemas historiográficos que suscitam os estudos inquisitoriais e ter questionado a veracidade das fontes; após ter levantado a questão da culpabilidade dos réus e ter-me referido às falsas alegações de judaísmo usadas como pretexto para estabelecer um tribunal na Espanha e, com aspectos semelhantes, em Portugal, quero me referir à "qualidade" dos principais colonizadores do Brasil: os cristãos-novos. Quem foram esses homens que se expatriaram de Portugal, estabelecendo-se no Brasil? Quem foram esses pioneiros na agricultura, que construíram os primeiros engenhos e as primeiras vilas do ouro, e dinamizaram o comércio, contribuindo para o desenvolvimento do capitalismo comercial? Quem foram esses intrépidos luso-brasileiros que se entregaram a uma guerra sangrenta contra os jesuítas? Quem foram esses aventureiros, rebeldes e revolucionários?

O saudoso Francisco Iglésias, da Universidade de Belo Horizonte, costumava advertir seus alunos de que, para entender a sociedade colonial, é preciso conhecer a qualidade da gente que veio para o Brasil. Enquanto não soubermos quem foram esses homens, qual o seu *background*, as razões que os trouxeram para a América, será impossível caracterizar esse mundo que se formou nos trópicos. Recentes pesquisas, realizadas com base em fontes diversas, permitem que respondamos em parte a essa questão, pois viajantes, cronistas e agentes inquisitoriais concordam em avaliar o número de judeus na Colônia em ¾ da população branca. Um viajante francês, François Frager, menciona ¾ da população colonial como judeus no ano de 1695[14]. O vigário da sé da Bahia, Manuel Temudo, afirma que a maior

14 François Froger, *Rélation d'un voyage fait en 1695, 1696 et 1697 aux côtes d'Afrique, détroit de Magellan, Brésil, Cayenne et Isles Antilles par un escadre des vaisseaux du Roi, commandée par M. de Gennes, faite par le Sieur Froger, Ingenieur volontaire sur le vaisseau Le Faucon Anglais*, Amsterdam: Chez les Héritiers d'Antoine Schelte, 1699, p. 74-75.

CRÍTICA À HISTORIOGRAFIA INQUISITORIAL I

parte dos que habitam (a terra do Brasil) são judeus. O familiar do Santo Ofício da Inquisição, Diogo Correia, escreveu do Rio de Janeiro aos inquisidores de Lisboa, advertindo-os de que "nesta terra há muitos judeus e judias" e que "as três partes de gente que há são todos judeus"[15].

A historiografia estrangeira e também nacional, nos estudos sobre o marranismo, tem priorizado o criptojudaísmo. A religião judaica foi verdadeiramente a mais forte expressão de contracultura no Novo Mundo e a grande preocupação dos tribunais portugueses. A sociedade colonial, como vimos, estava povoada de marranos, uma parte criptojudia e outra completamente agnóstica. Na correspondência dos jesuítas encontramos numerosas evidências sobre a rebeldia dos conversos e suas irreverências religiosas[16]. O catolicismo tão peculiar, brasileiro, pode ter sofrido o contágio da mentalidade crítica, descrente e heterodoxa dos cristãos-novos, moldando-se uma religião católica pouco profunda, superficial e maleável.

Em referência ainda aos cristãos-novos brasileiros, quero lembrar dois conceitos aplicados aos judeus em geral e que parecem corresponder também aos marranos brasileiros, o conceito de *judéité* e o conceito de *judaïsme*.

O conceito de *judéité* foi introduzido por um historiador argelino, Albert Memmi[17]. Hannah Arendt endossou o conceito *de judéité*, que designa uma existência da qual "não se pode escapar" e que se antepõe ao conceito de *judaïsme*, que é um sistema de crenças que se pode aceitar ou rejeitar. Hannah Arendt assumiu para ela própria o conceito de *judéité* e rejeitou o de *judaïsme*, que é um sistema de crenças.

Foi essa exatamente a condição dos cristãos-novos em Portugal e no Brasil durante três séculos. Quando interrogados pelos inquisidores, respondiam que "nada praticavam do

---

15 Cadernos do Promotor da Inquisição de Lisboa, n. 15, manuscrito do Arquivo Nacional da Torre do Tombo, apud A. Novinsky, *Cristãos-Novos na Bahia: A Inquisição no Brasil*, 2. ed., São Paulo: Perspectiva, 1992, p. 68, n21-22. Essa informação foi prestada em 5 de maio de 1632, pessoalmente em Lisboa, no Palácio dos Estaus.

16 Manuscritos da Coleção De Angelis, 3 v., Rio de Janeiro: Biblioteca Nacional; v. 1: *Jesuítas e Bandeirantes no Guairá (1549-1640)*, 1951; v. 2: *Jesuítas e Bandeirantes no Itatim (1596-1760)*, 1952; v. 3: *Jesuítas e Bandeirantes no Tape (1615-1641)*, 1969. Introdução e notas de Jaime Cortesão.

17 Cf. Albert Memmi, *Portrait d'un Juif*, Paris: Gallimard,1962.

judaísmo", mas se "identificavam" com a lei de Moisés. Os cristãos-novos viviam uma condição da qual não podiam fugir. Quisessem ou não, eles eram considerados judeus e suspeitos, mesmo rejeitando seu sistema de crenças. Durante três séculos os cristãos-novos não puderam escapar de sua *judéité*, como não puderam escapar do nazismo e do stalinismo.

Há diversas propostas para definir o povo judeu. Max Weber, por exemplo, propôs uma simbologia de pária como modelo interpretativo do povo judeu, e mostra que os próprios judeus se transformaram num povo pária por serem fiéis à mentalidade ética dos profetas. Os judeus se tornaram um povo hóspede desde que perderam seu território. Depois de viverem por mais de quinze séculos na Península Ibérica, foram declarados indesejáveis, obrigados a se converterem ao cristianismo, o que os tornou mais "diferentes" do que quando eram judeus. A palavra "pária" foi introduzida durante a Revolução Francesa, para designar um grupo de indivíduos inferiores ou colocados à margem, em nome de sua diferença. Depois de convertidos ao catolicismo, quando caíram os muros da judaria, os conversos não se tornaram iguais, ao contrário, suas diferenças foram reforçadas. A moral do pária, como a do converso, é dualista. Os cristãos-novos, entretanto, pelas leis discriminatórias, estavam situados "fora" da ordem dos "estabelecidos", mas pelas suas ocupações, profissões e serviços que prestavam, concentravam-se "dentro", no coração das cidades. Eram párias pela sua condição inferiorizada e menosprezada, mas párias conscientes. Distinguem-se dos párias da Índia, pois, ao contrário deles, se autodefinem com uma ética racional, com engajamento neste mundo e não no outro[18].

Para Weber, a grande contribuição dos judeus para o desenvolvimento do Ocidente se deve à sua condição de "povo pária". No Brasil, como em Portugal, os cristãos-novos viveram de certa maneira a condição de párias, mas de uma categoria totalmente diferente da Europa.

Do ponto de vista social, os cristãos-novos adquiriram características peculiares, oriundas de vários fatores. O *habitat* diferente produziu um homem diferente, de um dinamismo e de uma criatividade que os fez sobressair, tanto em sua atuação

---

18 Cf. Hannah Arendt, *The Jew as Pariah: Jewish Identity and Politics in Modern Age*, New York: Grove, 1978.

CRÍTICA À HISTORIOGRAFIA INQUISITORIAL I

política como econômica e cultural. Criaram raízes profundas na Colônia e se vangloriavam de que "esta terra foi feita para os judeus". Sua estabilidade, entretanto, não era garantida pelas suas posições na Câmara, sua atuação como capitães-mores, senhores de engenho, homens de negócios, com importantes funções na Misericórdia. A Inquisição conseguiu prender, com a ajuda de comissários, jesuítas, bispos e seus agentes, um grande número de luso-portugueses, impossível até hoje de precisar, pois milhares de documentos da Inquisição se perderam, e outras centenas de cristãos-novos devem ter fugido para as selvas, não obstante sua ordem de prisão[19].

O destino desses cristãos-novos foi diverso, mas praticamente todos os presos tiveram cárcere e hábito penitencial perpétuo, 21 morreram queimados em carne e oito foram queimados em efígie[20]. À semelhança do nazismo, os convertidos eram vistos como perigosos, pois ameaçavam os puros com contágio, razão pela qual sempre foi discutida a sua identificação pelo uso de um sinal visível. Durante séculos, os judeus foram obrigados a usar a marca da estrela de David nas roupas exteriores. Em tempos da Inquisição, os penitenciados deviam colocar por cima das vestes uma túnica com marcas de fogo que, depois, eram colocadas nas portas das igrejas para perpetuar em seus descendentes a sua infâmia.

O fato de os cristãos-novos luso-portugueses terem crescido num grupo marginalizado e passado também pelos autos de fé, exerceu uma influência determinante sobre sua mentalidade. É necessário entrar no mundo subjetivo, conhecer quem eram esses conversos que povoaram em tão grande número o Brasil. Esses párias, homens e mulheres, tiveram influência na moldagem das formas da civilização brasileira?

Esses cristãos-novos, judaizantes ou céticos, culpados ou inocentes, julgados por um tribunal imoral, fazem lembrar o romance *O Processo* de Franz Kafka, que Michael Löwy analisa num magnífico artigo[21]. Distantes quatro séculos, podemos

---

19 Cf. A. Novinsky, *Inquisição: Prisioneiros do Brasil, Séculos XVI-XIX*, 2. ed., São Paulo: Perspectiva, 2009.

20 Ibidem.

21 M. Löwy, "De Mendel Beiliss, le Juif paria, à Joseph K., la victime universelle: Une Interprétation du *Procès* de Kafka", *Tumultes*, n. 21-22, nov. 2003, p. 165-179 (Le Paria: Une Figure de la modernité).

fazer um paralelo com a máquina judicial inquisitorial. Numa manhã, sem ter feito nenhum mal, vítima de calúnia, Joseph K. é preso e clama em vão sua inocência. Löwy mostra que Kafka parece descrever a justiça dos Estados totalitários, os processos nazistas ou stalinistas. Apesar de haver diferenças entre as formas de Estado, os sistemas judiciários de todos os regimes absolutistas e totalitários se assemelham. Joseph K. foi julgado por um tribunal que lhe proibia todo acesso aos juízes e não reconhecia a sua defesa. O réu, no processo inquisitorial, não podia ter seu advogado, as testemunhas de defesa não podiam ser cristãos-novos, nem amigos, nem família do réu.

O tribunal que julga Joseph K. é "imprevisível" e "infalível", como o tribunal do "Santo" Ofício, que também era "Santo" e "infalível". Joseph K. denuncia, indignado, a organização que só utiliza juízes estúpidos, mas que tem um impensável cortejo de auxiliares e agentes.

Qual o sentido dessa grande organização? Prender os inocentes e lhes fazer um processo. Sem razão. Kafka conseguiu, como ninguém, diz Löwy, dar conta do funcionamento da máquina do Estado moderno do ponto de vista das vítimas. Joseph K. protesta, com sarcasmo e ironia, seu desprezo pela instituição. Ele sabe que nada pode ir contra o tribunal. Por fim decide que toda resistência é inútil. Resigna-se ao seu destino. Não tem força para se matar, que é o que deveria fazer. Quando lhe enterram a faca no peito, consegue ainda pronunciar as palavras: "como um cão". É como se a vergonha devesse sobrevivê-lo. Que vergonha? A de ter morrido "como um cão".

Quando os carrascos passaram o garrote no pescoço do maior poeta da língua portuguesa do século XVIII, Antônio José da Silva, o que teria ele pensado?

2. Crítica à Historiografia Inquisitorial II

Durante mais de 250 anos teve o Brasil, no âmago de sua sociedade, uma facção da população discriminada pela legislação oficial, conhecida como cristãos-novos. Praticamente pouco se conhecia até há alguns anos sobre essa facção, o seu número e o papel que representou no desenvolvimento político, econômico e cultural da Colônia.

Os resultados das pesquisas foram verdadeiramente surpreendentes para a compreensão da cultura ibérica, e despertaram a curiosidade e o interesse de estudiosos de diversas partes do mundo. Os trabalhos e pesquisas importantes que se fizeram até hoje sobre os cristãos-novos tratam quase que exclusivamente do converso espanhol. Tanto a história dos judeus espanhóis como posteriormente a dos cristãos-novos em Portugal permaneceu esquecida e encontra-se ignorada ainda na sua maior parte, não obstante os trabalhos de inegável valor publicados na última metade do século xx.

A vida comunal dos judeus em diversas regiões da Espanha e suas relações com os cristãos, assim como o problema do converso e a Inquisição, foram tratados exaustivamente por autores como José Amador de Los Rios, Abraham A. Neuman, Yitzhak Baer, Julio Caro Baroja, Henry Charles Lea

14 VIVER NOS TEMPOS DA INQUISIÇÃO

e outros[1]. Monografias e estudos extremamente importantes foram também feitos por Fidel Fita, António Dominguez Ortiz, Francisco Cantera Burgos, Haim Beinart etc.[2] Devemos, contudo, a Américo Castro a mais importante contribuição para a revisão da história cultural da Espanha[3]. Depois que Castro abriu caminho para a reinterpretação da história da civilização ibérica, tomando como fator essencial a presença dos judeus, seguiram-se numerosos outros trabalhos, que revelaram aspectos extremamente originais acerca da participação e influência dos conversos em diversos setores da vida espanhola, e que trouxeram uma nova óptica para a compreensão da sua história. Outros autores procuraram também estudar a emigração dos conversos espanhóis e portugueses para a Itália, a Turquia, as Canárias, a Holanda, Salonica[4], Londres, Bordeaux etc., tentando reconstruir a vida dos sefarditas no exílio. Procurando penetrar nos problemas e angústias dos descendentes dos convertidos, Hirsch Jakob Zimmels trouxe uma contribuição de valor inestimável, com seus estudos sobre os marranos na

---

1   Cf. José Amador de los Rios, *Estudios Históricos Políticos y Literarios sobre los Judios de España,* Buenos Aires: Solar, 1942; Abraham A. Neuman, *The Jews in Spain: Their Social, Political and Cultural Life During the Middle Ages,* Philadelphia: Jewish Publication Society of America, 1944; Yitzhak Baer, *The Jews in Christian Spain,* Philadelphia: Jewish Publication Society of America, 1961 e 1966, 2 v.; Julio Caro Baroja, *Los Judios en la España Moderna y Contemporánea,* Madrid: Arion, 1961; Henry Charles Lea, *A History of the Inquisition of Spain,* New York: MacMillan, 1906-1907, 4 v.

2   Cf. Fidel Fita, Datos para la Historia de la Juderia de Madrid, *Boletín de la Real Academia de la Historia,* n. 10, 1887; La Inquisición de Ciudad Real en 1483-1485, *Boletín de la Real Academia de la Historia,* n. 22, 1893; Antonio Dominguéz Ortiz, *La Clase Social de los Conversos en Castilla en la Edad Moderna,* Madrid: Instituto Balmes de Sociología, 1955; Francisco Cantera Burgos, *Alvar Garcia de Santa María y su Familia de Conversos: Historia de la Judería de Burgos y de sus Conversos más Egregios,* Madrid: Instituto Arias Montano, 1952; Haim Beinart, *Anussim be-Din ha-Inqvizítzia* (Conversos em Julgamento Pela Inquisição), Universidade Hebraica de Jerusalém, Israel, 1965.

3   Cf. Americo Castro, *La Realidad Histórica de España,* Ciudad de México: Porrua, 1954.

4   Cf. Cecil Roth, *Notes sur les Marranes de Livourne,* Paris: Durlacher, 1931; Abraham Galante, *Documents officiels turcs concernant les Juifs de Turquie,* Stamboul: Haim Rozie, 1931; Abraham Leonel Isaacs, *The Jews of Majorca,* London: Methuen, 1936; Baruch Braunstein, *The Chuetas of Majorca: Conversos and The Inquisition of Majorca,* New York: Columbia University Press, 1936; Joaquim Mendes dos Remédios, *Os Judeus Portugueses em Amsterdam,* Coimbra: F. França Amado, 1911; Abraham Danon, La Communauté Juive de Salonique au XVI siécle, *Revue des Études Juives,* n. 12, 1900.

CRÍTICA À HISTORIOGRAFIA INQUISITORIAL II

literatura rabínica[5]. Também deve ser mencionada a obra recentemente publicada nos Estados Unidos, de autoria de Benzion Netanyahu, *The Marranos of Spain*, que, baseando-se em fontes exclusivamente judaicas, pôs em xeque todas as teses tradicionais em relação à realidade do criptojudaísmo nas vésperas do estabelecimento da Inquisição na Espanha.

Comparando o resultado das pesquisas realizadas sobre os conversos espanhóis com o que foi feito até hoje em relação aos cristãos-novos portugueses, a lacuna que percebemos é surpreendente. Essa lacuna parece ainda mais estranha se considerarmos que o elemento converso que esteve presente na Península Ibérica e suas colônias, ininterruptamente até meados do século XVIII, foi principalmente o de origem portuguesa.

Duas obras básicas sobre os judeus e cristãos-novos em Portugal datam de mais de cem anos: a de Alexandre Herculano, que teve o mérito de desmistificar as opiniões sobre o estabelecimento do Tribunal da Santa Inquisição em Portugal, mas que trata especificamente da introdução do tribunal; e a obra de caráter mais geral escrita em alemão, de autoria de Meyer Kayserling, *Geschichte der Juden in Portugal*, que, apesar de ter sido utilizada por historiadores que trataram do problema do judeu e do cristão-novo em Portugal, em virtude do idioma, teve um acesso muito limitado[6]. A essas obras seguiram-se diversos estudos e monografias interessantes de autoria de historiadores portugueses, tanto sobre personalidades ilustres que sofreram as condenações do Tribunal da Inquisição, como sobre episódios diversos extraídos desse longo conflito entre cristãos-novos e cristãos-velhos, de autoria de Maximiano Lemos, Pedro Azevedo, Francisco Marques de Sousa Viterbo, António Baião[7]. Os trabalhos mais completos que abrangem um período mais longo, em idioma português,

---

5   Cf. Albert Montefiore Hyamson, *The Sephardim of England: A History of the Portuguese Jewish Community – 1492-1951*, London: Methuen, 1951.

6   Cf. Alexandre Herculano, *História da Origem e Estabelecimento da Inquisição em Portugal*, Lisboa: Bertrand, 1852; Meyer Kayserling, *História dos Judeus em Portugal*, São Paulo: Perspectiva, 2. ed. revista, 2009.

7   Cf. Maximiliano ou Maximiano Lemos, Amigos de Ribeiro Sanches, *Archivo Historico Portuguez*, v. 9, 1914, Lisboa; Pedro Azevedo, A Inquisição e Alguns Seiscentistas, *Archivo Historico Portuguez*, v. 3, 1905; O Bocarro Francês e os Judeus de Cochim e Hamburgo, *Archivo Historico Portuguez*, v. 8, 1910-1912; Francisco Marques de Sousa Viterbo, Ocorrências da Vida Judaica, *Archivo Historico Portuguez*, v. 2, 1903; António Baião, *Episódios Dramáticos* ▶

16 VIVER NOS TEMPOS DA INQUISIÇÃO

foram escritos por Joaquim Mendes dos Remédios e João Lúcio de Azevedo[8]. Foram desenterrados dos arquivos portugueses documentos sobre parte da população portuguesa que descendia de judeus e que, direta ou indiretamente, estava implicada na Inquisição. Esses estudos trouxeram a divulgação dos primeiros documentos pertencentes ao arquivo do Santo Ofício em Portugal, e lançaram as bases para novas investigações. No entanto, a maioria dos trabalhos que existe sobre o assunto, quando tenta uma interpretação do fenômeno cristão-novo, traz quase sempre as marcas de um preconceito, atribuindo aos descendentes dos judeus uma série de vícios e defeitos inatos.

A primeira obra que tenta uma síntese do fenômeno português apareceu em 1956, de autoria de António José Saraiva, tendo a sua segunda edição em 1969[9]. O autor examina as condições econômicas e sociais que levaram Portugal a seguir as pegadas da Espanha, estabelecendo o Tribunal da Inquisição, e mostra que os cristãos-novos constituíam o núcleo principal da burguesia financeira e comercial portuguesa, razão pela qual eram o principal alvo de Inquisição. Para Saraiva, no século XVIII, o conteúdo étnico e religioso dos cristãos-novos já estava substituído por um conteúdo social e econômico bem definido, sendo, portanto, um mito criado pela Inquisição a heresia judaica e os próprios cristãos-novos. A obra de Saraiva tem sido alvo, principalmente na França, de violentas críticas, algumas bem recentes, o que não diminui a importância de sua contribuição, nem a abordagem esclarecida com que vê o fenômeno cristão-novo. Tentando focalizar as linhas mestras do conflito, Saraiva não atentou devidamente ao lado inverso da questão, e não percebeu o repto a que se viram expostos os cristãos-novos. Somente novas pesquisas, em fontes primárias, poderão acrescentar outros perfis à sua tentativa de escrever uma história estrutural onde sejam focalizadas as causas profundas, materiais e ideológicas que levaram Portugal a estabelecer a Inquisição,

▷ *da Inquisição Portuguesa, Homens de Letras e de Ciência Por Ela Condenados*, Porto: Renascença Portuguesa, 1919-1938, 3 v.

8 Cf. J.M. dos Remédios, *Os Judeus em Portugal*. Coimbra: F. França Amado, 1895-1928, 2 v.; João Lúcio de Azevedo, *História dos Christãos Novos Portugueses*, Lisboa: A.M. Teixeira, 1921.

9 Cf. António José Saraiva, *A Inquisição Portuguesa*, Lisboa: Europa-América, 1956; Idem, *Inquisição e Cristãos-Novos*, 3. ed., Porto: Inova,1969.

CRÍTICA À HISTORIOGRAFIA INQUISITORIAL II

17

condicionando a mente da população a aceitar e racionalizar uma perseguição sistemática, que acabou atingindo tanto cristãos-novos como velhos. Ao mesmo tempo, o cristão-novo criou as condições internas para enfrentar e resistir à perseguição.

Hermann Kellenbenz, da Universidade de Colônia, escreveu uma exaustiva obra que trata das atividades econômicas dos sefarditas portugueses na região do baixo Elba, suas relações com a colônia brasileira e outros centros de comércio europeu[10]. José Gentil da Silva e Henri Lapeyre, na França, publicaram a correspondência inédita dos comerciantes Rodrigues de Évora e Veiga e a família dos mercadores Ruiz[11]. Ainda na França, no âmbito dos estudos hispânicos, foi escrita, por Marcel Bataillon, uma obra que repercutiu muito por chamar a atenção sobre a importância dos marranos para a história das ideias[12].

Devemos a Israel Révah, do Collège de France, a publicação de documentos sobre personalidades ilustres, como Garcia de Orta, Uriel da Costa, João Pinto Delgado, Antonio Enríquez Gómez, Spinoza etc. Por outro lado, alguns escritores judeus como Lucien Wolf, Samuel Shwartz, Cecil Roth e outros também contribuíram para a história dos cristãos-novos portugueses, focalizando quase sempre aquela facção dos judeus convertidos que procurou voltar para o seio do povo judeu, ou que, ficando no reino, foi vítima da perseguição por parte do Tribunal do Santo Ofício[13]. Os portugueses conhecidos como marranos foram estudados pelos autores judeus principalmente sob o ângulo martirológico, pois, separados de suas famílias, confiscados os seus bens e pressionados por uma instituição poderosa, deram

10 Hermann Kellenbenz, *Sephardim an der Unteren Elbe: Ihre wirtschaftliche und politische Bedeutung vom Ende des 16. bis zum Beginn des 18. Jahrhunderts*, Wiesbaden: Steiner, 1958.

11 Cf. José Gentil da Silva, *Stratégie des affaires: À Lisbonne entre 1595 et 1607*, Paris: Armand Colin, 1956; Henri Lapeyre, *Une Famille de Marchands: les Ruiz*, Paris: Armand Colin, 1955.

12 Cf. Marcel Bataillon, *Erasme et l'Espagne: Recherches sur l'histoire spirituelle du XVIe siècle*, Paris: Droz, 1937.

13 Cf. Israel Révah, La Religion d'Uriel da Costa, marrane de Porto, *Revue de l'histoire des religions*, tome 161, n.1, 1962; Autobiographie d'un Marrane: Édition partielle d'un manuscrit de João Pinto Delgado, *Revue des Études Juives*, n. 119, 1961; Un Panphlet contre l'Inquisition d'Antonio Enríquez Gómez, *Revue des Études Juives*, n. 121, 1962; Lucien Wolf, *Jews in the Canary Islands*, London: Ballantyne, 1926; Samuel Schwarz, *Os Cristãos-Novos em Portugal no Século XX*, 2. ed., Lisboa, 1925, v. 2.

18 VIVER NOS TEMPOS DA INQUISIÇÃO

exemplo de uma tenacidade e resistência excepcionais, expressando-se numa vigorosa criatividade, principalmente no exílio. Devemos a Cecil Roth alguns trabalhos realmente pioneiros sobre esses marranos, inclusive uma primeira história geral dos marranos, onde retrata suas vidas, perseguições, religião[14].

Tentando uma simplificação, com todos os perigos que ela implique, temos de um lado estudiosos que, como Américo Castro e Dominguéz Ortiz, procuraram estudar o converso que se integrou na vida social e religiosa espanhola, e de outro, autores como Baer e Beinart, que procuraram estudar os convertidos que retornaram ao judaísmo ou se mantiveram durante gerações praticando em segredo a religião judaica.

Ficaram à margem, esquecidos, aqueles portugueses que representaram talvez a camada mais numerosa da população convertida, principalmente no decorrer dos séculos XVII e XVIII, e que viveu em uma situação existencial dramática – os cristãos-novos, que durante trezentos anos fizeram parte da história portuguesa e brasileira, sem retornar ao núcleo do povo hebreu, permanecendo discriminados na sociedade em que viviam. Sobre esse cristão-novo, que não conseguiu ser nem cristão e nem judeu, distante do seu povo, suspeito sempre de heresia na sociedade cristã e que opta ainda pela vida nos domínios da Coroa portuguesa – sobre esses cristãos-novos nada se sabe. Concordamos que se trata da camada mais complexa, de mais difícil acesso e sobre a qual os documentos mais enganam. Não podendo se expressar livremente, perde-se muitas vezes, num verdadeiro labirinto, a verdadeira realidade do marrano.

Se as pesquisas sobre os cristãos-novos em Portugal deixam a desejar, maior ainda é a lacuna que encontramos em relação aos cristãos-novos brasileiros. Podemos dizer que até há alguns anos praticamente nada se tinha feito no campo da pesquisa histórica sobre os cristãos-novos no Brasil. Encontra-se ainda em branco, em todos os manuais de história brasileira, o capítulo referente a essa numerosa população portuguesa, que buscou nas terras do Novo Mundo oportunidades de sobreviver e, nas palavras textuais dos próprios cristãos-novos, a tão procurada "liberdade de consciência".

14 Cf. C. Roth, The Religion of the Marranos, *The Jewish Quarterly Review*, v. 22, n. 1, July 1931.

CRÍTICA À HISTORIOGRAFIA INQUISITORIAL II 19

Devemos ao historiador Francisco Adolfo de Varnhagen uma primeira lista de nomes de condenados brasileiros e a António Baião os primeiros trabalhos sobre a Inquisição no Brasil[15]. Anos depois, Capistrano de Abreu e Rodolfo Garcia publicaram os livros inéditos da *Primeira Visitação do Santo Ofício às Partes do Brasil*, documentos estes que vieram revelar a presença efetiva dos cristãos-novos na sociedade brasileira[16]. Lúcio de Azevedo também escreveu um trabalho sobre a Inquisição no Brasil, e Arnold Wiznitzer acrescentou a lista de brasileiros que Eduardo Prado havia colhido quando em Lisboa e que permaneceu desconhecida durante algumas décadas[17].

Estava assim aberto o caminho para a continuação das pesquisas sobre os cristãos-novos e a Inquisição no Brasil. Parece de fato bastante estranho que, após o aparecimento desses livros e documentos, tenham-se interrompido completamente novas pesquisas. Surgiram trabalhos pequenos, alguns interessantes e que despertam a curiosidade de estudiosos brasileiros, mas pouco acrescentaram ao que já se sabia. Apenas há uma década, recomeçaram os trabalhos de pesquisa interrompidos. Nesse meio tempo, autores brasileiros escreveram sobre o problema, como, por exemplo, Gilberto Freyre, que não deixou de analisar o cristão-novo no cenário social brasileiro, mas as informações que possuía eram tão escassas que o fez generalizar alguns aspectos e características dos cristãos-novos com a carga de alguns estereótipos herdados[18].

Charles Ralph Boxer, José Antônio Gonsalves de Mello, Thales de Azevedo, além de outros, mostraram em suas obras

15 Cf. António Baião, *A Inquisição em Portugal e no Brasil, Archivo Historico Portuguez*, v. 3, 1910, Lisboa; Francisco Adolfo de Varnhagen, Excertos de Várias Listas de Condenados Pela Inquisição de Lisboa, Desde o Ano de 1711 ao de 1767, Compreendendo Somente Brasileiros, ou Colonos Estabelecidos no Brasil, *Revista do Instituto Histórico e Geográfico Brasileiro*, t. 7, 1931.

16 1º Livro das Denunciações da Bahia, publ. sob a direção de J. Capistrano de Abreu, 1925. 3º Livro das Denunciações, de Pernambuco, ed. de Rodolfo Garcia, 1929.

17 Cf. J.L. de Azevedo, Notas Sobre o Judaísmo e a Inquisição no Brasil, *Revista do Instituto Histórico e Geográfico Brasileiro*, v. 145, p. 680s.; Arnold Wiznitzer, Uma Lista Nunca Antes Publicada, *Aonde Vamos?*, n. 9, p. 542; Solidonio Leite Filho, *Os Judeus no Brasil*, Rio de Janeiro: Leite, 1923; Argeu de Segadas Machado Guimarães, Os Judeus Portugueses e Brasileiros na América Espanhola, *Journal de la Societé des Americanistes de Paris*, t. 18, 1926.

18 Cf. Gilberto Freyre, *Casa Grande & Senzala*, Rio de Janeiro: J. Olympio, 1966; idem, *Sobrados e Mucambos*, Rio de Janeiro: J. Olympio, 1951.

a importância desse elemento de origem judaica para a colonização do Brasil, porém, muitas vezes o focalizam sob um único ângulo, essencialmente econômico[19].

Há alguns anos tem havido uma preocupação em reconstruir a história do cristão-novo no Brasil, estudando o seu papel na civilização brasileira a partir de evidência documental. O interesse em relação ao fenômeno português cresceu enormemente, e começaram a ser aproveitados os primeiros livros das visitações do Santo Ofício, cujo riquíssimo material, durante décadas, era conhecido apenas por alguns poucos eruditos. Foram também publicados outros livros pertencentes à primeira visitação, ainda desconhecidos. Sônia Siqueira e Eduardo França editaram, em 1963, o *Livro das Confissões e Ratificações da Bahia: 1618-1620*, que completam as já publicadas *Denunciações da Bahia*, acompanhadas de um estudo sobre a vida econômica na Bahia nesse período, de autoria de França. Partindo das informações encontradas nos livros das visitações publicadas, Sônia Siqueira escreveu igualmente um estudo sobre o mercador João Nunes. Também foram editadas por Gonsalves de Mello, em 1970, as *Confissões de Pernambuco* (1594-1595), até então desconhecidas[20].

Coube, porém, a Arnold Wiznitzer reunir praticamente tudo que se conhecia sobre o assunto dos cristãos-novos, e escrever uma obra que é a única que possuímos abrangendo um largo período de história colonial. Apesar das pesquisas importantes que ele próprio realizou sobre o período holandês, o seu livro veio preencher a lacuna da historiografia sobre o cristão-novo brasileiro e as numerosas situações inexplicadas.

De caráter distinto, Elias Lipiner utilizou, em capítulos independentes, material dos livros das visitações publicadas e

19 Cf. Charles Ralph Boxer, *Os Holandeses no Brasil: 1624-1654*, São Paulo: Companhia Editora Nacional, 1961; idem, *A Idade de Ouro do Brasil: Dores de Crescimento de uma Sociedade Colonial*, São Paulo: Companhia Editora Nacional, 1963; José Antônio Gonsalves de Mello, *Tempo dos Flamengos: Influência da Ocupação Holandesa na Vida e na Cultura do Norte do Brasil*, Rio de Janeiro: J. Olympio, 1947; Thales de Azevedo, *Povoamento da Cidade do Salvador*, São Paulo: Companhia Editora Nacional, 1955.

20 Oliveira França e Sonia A. Siqueira, Confissões da Bahia, *Anais do Museu Paulista*; Sonia A. Siqueira, O Comerciante João Nunes, *Anais do v Simpósio Nacional dos Prof. de Historia*, São Paulo, 1971; J. Gonsalves de Mello, *Confissões de Pernambuco, 1594-1595*, Recife, 1970.

CRÍTICA À HISTORIOGRAFIA INQUISITORIAL II

tentou, à luz de seus conhecimentos sobre judaísmo, transmitir-nos, de maneira compreensiva, um pouco da vida religiosa dos marranos na Colônia[21].

Não se estudou ainda o cristão-novo na sociedade brasileira em sua situação paradoxal: de um lado, colono radicado e influente na terra; de outro, pária na mesma sociedade. Nem se estudou também os efeitos que teve essa condição específica, em que vivia tão elevado número de homens, sobre a formação da nação e da cultura em que nasciam.

Podemos dizer que uma das mais importantes pesquisas realizadas sobre o cristão-novo no Brasil foi a de José Gonçalves Salvador, que se baseia em exaustivas investigações genealógicas de importantes famílias brasileiras, trazendo a primeira contribuição para a identificação da origem judaica de membros proeminentes do clero católico ou de bandeirantes, pioneiros empenhados na exploração do território[22].

Há teses diversas apresentadas sobre os conversos e a Inquisição – como, por exemplo, o de sua inassimilação ou sobre a honestidade do catolicismo dos cristãos-novos – que não correspondem a toda a verdade. Os efeitos mais profundos da presença do cristão-novo na história do Brasil não se ligam aos 24 anos em que os judeus viveram livremente na sua religião, em território ocupado pelos holandeses, quando viviam e pensavam como judeus professos, mas a cerca de trezentos anos de história colonial, em que viveu e pensou como cristão-novo. É esse o elemento que pesou na história do Brasil. No exílio, o homem era chamado de "hebreu de nação portuguesa", e em sua própria pátria, de "português de nação hebreia". A riqueza de interpretações a que se presta a carga de preconceitos existentes contra os judeus na sociedade ocidental matizam ainda a história dos cristãos-novos com as tintas mais contrastantes. Daí a importância da evidência documental, se bem que utilizada com extremo cuidado, pois provém principalmente de fontes oficiais.

São diversas as dificuldades que encontramos no estudo dos cristãos-novos no Brasil. O ponto de partida para um estudo

21 Cf. Elias Lipiner, *Os Judaizantes nas Capitanias de Cima: Estudos Sobre os Cristãos-Novos no Brasil nos Séculos XVI e XVII*, São Paulo: Brasiliense, 1969.

22 Cf. José Gonçalves Salvador, *Cristãos-Novos, Jesuítas e Inquisição: Aspectos da Sua Atuação nas Capitanias do Sul, 1530-1680*, São Paulo: Livraria Pioneira, 1969.

objetivo é o abandono dos conceitos estereotipados com que olhamos os judeus, e a renúncia aos velhos mitos antissemitas. Talvez em nenhum país mais do que no Brasil as condições trabalharam no sentido de fazer cair essas abordagens tradicionais, que conferem ao cristão-novo brasileiro aptidões inatas e uma psicologia especificamente "judaica". No Brasil não houve um *apartheid* entre cristãos-novos e cristãos-velhos, devendo-se estudar as relações entre ambos esses elementos, entre os fiéis cristãos e os hereges, entre os cristãos-novos fiéis católicos e os cristãos judaizantes. Foi no Brasil que se antecipou a desmistificação das inaptidões inatas do cristão-novo para o trabalho agrícola.

Eliminada a imagem estereotipada que temos dos judeus, a dificuldade máxima que enfrentamos, na tentativa de uma história científica e objetiva sobre os cristãos-novos no Brasil, está no fato de não podermos identificar a população brasileira em termos de cristãos-novos. As obras sobre a história do Brasil, ou mesmo documentos contemporâneos, raramente identificam a origem das personagens em questão. Como conhecer, então, o papel que esse elemento representou na história da civilização brasileira? O ponto de partida é, pois, quem era e quem não era cristão-novo na Colônia, isto é, a identificação dos brasileiros. Para isso temos uma fonte inestimável, que são os arquivos do Santo Ofício da Inquisição. Contudo, apesar de indispensáveis, uma vez que são a única fonte que mantém o registro dos nomes dos portugueses e brasileiros de origem judaica, não são suficientes, pois muito mais brasileiros cristãos-novos vivem nesse território brasileiro do que os anotados nos ditos registros, não tendo sido identificados oficialmente como cristãos-novos. Conhecemo-los por meio de outras investigações paralelas realizadas em diversos núcleos e arquivos espalhados pelo Brasil. Essa identificação ainda está no princípio, e muito pouco foi acrescentado às listas publicadas por Varnhagen e Lúcio de Azevedo. Existem as fontes judaicas, que também não podem deixar de ser consultadas e pesquisadas, pois revelam um aspecto interior do marrano que talvez não possa ser encontrado em outra fonte.

Os estudos sobre os cristãos-novos no Brasil tampouco podem ser feitos retratando de início todo o Brasil. Em cada

CRÍTICA À HISTORIOGRAFIA INQUISITORIAL II

região temos um cristão-novo diferente que, seja do ponto de vista religioso, seja do político, não pode ser caracterizado em termos homogêneos. Contrariamente ao que pensam muitos escritores inclinados a uma generalização, o fato de os cristãos--novos constituírem um grupo marginalizado pela legislação oficial não conferiu a eles e aos seus descendentes uma posição definida, de grupo, e consciente. Em nenhuma parte, da Espanha, de Portugal ou da América, encontramos os cristãos-novos agrupados como um clã fechado, apesar da identificação que sua situação de pária na sociedade lhes conferia com os perseguidos. Os cristãos-novos não podem ser caracterizados como um único grupo tampouco do ponto de vista religioso, nem do ponto de vista político. E em cada região do Brasil, no Norte, no Centro, no Sul, o cristão-novo se pronuncia diferentemente, conforme as condições e necessidades locais.

Houve cristãos-novos judaizantes, católicos, protestantes, livre-pensadores, blasfemos e ainda uma larga faixa intermediária com os mais diversos graus de religiosidade. Diz com razão Francisco Márquez Villanueva que nem a Inquisição conseguiu juntar os cristãos-novos numa única frente. Todos eles constituíram os cristãos-novos na Colônia[23].

Tanto para o estudo da heterodoxia no Brasil como para a sua história econômica e social, os documentos sobre os cristãos-novos, uma vez acessíveis, trarão enormes contribuições. Enquanto esses documentos não se tornarem conhecidos, todas as tentativas de interpretação do fenômeno cristão-novo serão inconsistentes.

---

23 Cf. Francisco Márquez Villanueva, *The Converso Problem: An Assessment*, Boars Hill: The Lincombe Lodge Research Library, 1965.

3. Reflexões Sobre o Antissemitismo em Portugal[1]

Depois de terminada a Segunda Guerra Mundial, após Auschwitz, Treblinka, Sobibor, o mundo tomou conhecimento, perplexo, de um fenômeno de ódio e crueldade sem paralelo na história da humanidade. Criaram-se diversos centros especializados em estudos sobre o antissemitismo, nos Estados Unidos, na Inglaterra, em Israel e em outros países, e importantes trabalhos têm procurado entender e desvendar os diferentes caracteres desse complexo fenômeno secular de ódio aos judeus. Hannah Arendt dedicou a esse tema todo o primeiro volume de sua monumental análise sobre o totalitarismo, e os pensadores ligados à Escola de Frankfurt, como Theodor Adorno e outros, detiveram-se em interpretar os diferentes mecanismos sociológicos e psicológicos do antissemitismo e do antissemita[2].

Examinando os trabalhos publicados sobre o assunto, verificamos com surpresa que a obra de Hannah Arendt analisou

---

1 Este artigo foi publicado em Portugal sob o título: Reflexões Sobre o Anti-semitismo (Portugal, Séculos XVI-XX), *Portugal no Século XVIII: De D. João V à Revolução Francesa*, Lisboa: Biblioteca Nacional/Sociedade Portuguesa de Estudos do Século XVIII, 1991.

2 Cf. Max Horkheimer; Theodor W. Adorno, Elementos do Anti-semitismo: Limites do Esclarecimento, *Dialética do Esclarecimento*, Rio de Janeiro: Zahar, 1985, p. 157-194.

minuciosamente as origens do antissemitismo na Europa, porém não se refere à Península Ibérica. E o inglês Paul Johnson, autor da famosa e recente obra *The History of the Jews* (História dos Judeus), que abarca desde a história antiga dos hebreus até os dias de hoje, dedica algumas poucas linhas à Espanha e nenhuma a Portugal[3].

Mas como pretender dos estrangeiros se não existe até hoje uma história geral, completa, exaustiva sobre os judeus em Portugal? Como se explica que a única história sobre os judeus em Portugal tenha sido escrita por um rabino, no idioma alemão, em 1860, tendo permanecida inacessível aos portugueses por mais de cem anos[4]?

Não me refiro, naturalmente, aos clássicos trabalhos de Alexandre Herculano, de Joaquim Mendes dos Remédios, de João Lúcio de Azevedo e outros, que dedicaram suas investigações à Inquisição e abriram caminho para pesquisas futuras, mas não preencheram as profundas lacunas que atravessam os séculos de vida judaica.

Lembro aqui, *en passant*, uma reflexão de Theodor Adorno, que me fez pensar em que medida ela não se aplica à própria essência da cultura portuguesa. Diz o autor: "O que se faz com os mortos é rogar o que os antigos judeus consideravam a pior das pragas: não se lembrar deles. Em face dos mortos, os homens desabafam o desespero de não serem mais capazes de se lembrarem de si próprios."[5]

Depois de extinto o Tribunal do Santo Ofício da Inquisição, após o advento do liberalismo, foi colocada uma pedra na memória do povo português, que apagou, em grande parte, a imagem da presença dos judeus em Portugal. As obras dos autores a que me referi acima circularam apenas entre as elites eruditas, não alcançaram o povo português menos letrado, nem foram adaptadas para as escolas secundárias e os liceus. Foi após a década de 1960 que a história dos judeus em Portugal se tornou acessível a uma parte maior da sociedade, e os trabalhos publicados foram recebidos, tanto em Portugal como

---

3   Cf. Paul Johnson, *História dos Judeus*, Rio de Janeiro: Imago, 1989.
4   Cf. Meyer Kayserling, *História dos Judeus em Portugal*, 2. ed. revista, São Paulo: Perspectiva, 2009.
5   M. Horkheimer e T.W. Adorno, op. cit., p. 202.

no Brasil, com excepcional interesse. Hoje, o tema Inquisição e cristãos-novos já faz parte do currículo de certas escolas no Brasil, porém ainda estamos longe de uma conscientização geral sobre a importância desses estudos para o conhecimento da cultura luso-brasileira.

O termo "antissemita" foi utilizado pela primeira vez no século XIX, sendo unanimemente aceita a sua extensão a qualquer período da história e a qualquer espaço no qual, tanto do ponto de vista ideológico como prático, se manifestaram hostilidades contra os judeus.

O "antijudaísmo" medieval diferenciava-se do antissemitismo da Portugal renascentista. O primeiro apoiava-se em bases religiosas (mesmo que o plano de fundo tenha sido socioeconômico), e as obras e sermões contra os judeus apontavam principalmente sua "infidelidade" religiosa, criticando seu comportamento e suas crenças de maneira pejorativa, mas com uma finalidade, visando a "conversão". O antissemitismo da época moderna, que se acirrou depois da conversão de todos os judeus ao catolicismo, em fins do século XV, adquiriu um caráter eminentemente político-econômico, apoiado numa ideologia racial.

Transformações diversas, de ordem econômica e social, levaram à ruptura da tradicional sociedade pluricultural portuguesa. Conflitos e desajustamentos marcaram os rumos da Portugal renascentista e influíram no desencadeamento de uma propaganda antijudaica, que desaguou no estabelecimento do Tribunal do Santo Ofício da Inquisição.

A conversão, em fins do século XV, de todos os judeus de Portugal ao catolicismo, criou um fenômeno original, se não único na história, tanto pelo seu caráter como pelas suas proporções sociais: o antissemitismo sem judeus. As mais violentas explosões contra os judeus não se deram quando viviam como um grupo identificado pelas suas diferenças, quando residiam em bairros próprios, praticando livremente o judaísmo, sendo facilmente detectáveis, mas depois que abandonaram sua religião e seus costumes e adotaram os padrões, as atitudes e os comportamentos impostos pela cultura dominante. Criou-se, então, um antissemitismo *sui generis*, que utilizou como conteúdo da sua propaganda os velhos argumentos empregados pelo antissemitismo medieval, acrescentados e enriquecidos de novos elementos, consequentes de situações sociais concretas: um antissemitismo de caráter político e racial, que antecipou em quatro séculos o antissemitismo do século xx.

Portugal não teve, como sabemos, uma tradição antissemita medieval, do tipo de outras nações europeias. O próprio rei Afonso v o lembra e repete, em protesto ao assalto da judiaria de Lisboa, em 1449: "cousa que nunca foy em nossos Regnos acontecido"[6]. Não registramos na Portugal medieval explosões populares, como os *pogroms* na Polônia, França, Inglaterra etc.

Foi no século xvi, no início da era moderna, que as acusações contra os judeus, já todos convertidos em cristãos, se tornaram virulentas, disseminando-se por todo o país. Os representantes do povo, nas reuniões das cortes, começaram sistematicamente a pedir a exclusão dos judeus. Pediam que lhes fosse vedada a posse da terra, alegando que eram maus agricultores, que fossem proibidos de ocupar cargos públicos, pois exerciam poder sobre os cristãos, e que lhes fosse impedido o exercício da farmácia. Na Universidade de Coimbra, um movimento antissemita quis impedir aos judeus o acesso à carreira acadêmica, e lentes e estudantes cristãos-novos foram, nos séculos xvi, xvii e xviii, punidos pela Inquisição, como judaizantes.

No que concerne às suas atividades econômicas, os judeus eram acusados de monopolizar o comércio interno e externo e, ainda, de serem praticantes do velho crime da usura. Em todas as reuniões das cortes, como diz José Sebastião da Silva Dias, a questão do poderio dos judeus era retomada e apontada como causa e desgraça dos cristãos[7]. Passadas as primeiras gerações, os descendentes dos judeus batizados continuavam a ser o centro das acusações antissemitas. Os cristãos-novos não envelheciam nunca. Portugueses foram transformados em "párias" e "estrangeiros", e todos, mesmo os antigos cristãos, eram potencialmente suspeitos de infidelidade à Igreja e inimigos do Estado.

Após a conversão ao catolicismo, os judeus e seus descendentes passaram a pertencer a nenhum lugar, a nenhum tempo,

6 Humberto Baquero Moreno, Marginalidade e Conflitos Sociais em Portugal nos Séculos xiv e xv, *Estudos de História*, Lisboa: Presença, [s.d.], p. 99.

7 José Sebastião da Silva Dias, *A Política Cultural da Época de D. João iii*, Coimbra: Editora Universidade de Coimbra, 1969, v. 1, p. 756s.

a ninguém. O abandono de Portugal significou o abandono de si mesmo. Para onde ir? À exceção de poucos países, onde lhes era permitido, mesmo que veladamente, retornar à religião antiga, viviam a angústia do "não ser". Esse "não ser" levou Uriel da Costa e outros cristãos-novos ao suicídio. Os livros pertencentes aos arquivos da Inquisição, intitulados "Livros dos Presos Que se Mataram na Prisão", servem de testemunho de até onde levou o desespero do "não ser". Antes da conversão o judeu era "o outro", mas um "outro" que estava adicionado a uma sociedade não monolítica, como era, então, a portuguesa; era um outro respeitado, até defendido e privilegiado. Depois da conversão, tornou-se "o outro" indesejável, o excluso, o "estrangeiro". Quem foi realmente mais "outro", em toda parte, do que o judeu? Quem foi mais "estrangeiro" do que o português?

O ódio ao judeu foi inculcado no sentimento popular pelos órgãos do Estado e da Igreja. Ambos legitimaram a violência contra os súditos portugueses, uma vez que tivessem "sangue judeu". A heresia judaica foi um pretexto empregado pela Inquisição, e extirpá-la transformou-se em meta e ideal cristão.

No ano de 1683, dom Pedro II promulgou uma lei que se tornou conhecida como "Lei do Extermínio"[8]. Essa lei obrigava todo português que tivesse saído em auto de fé, professo do crime de judaísmo, a abandonar Portugal no prazo de dois meses, sob pena de morte, mas "deixando seus filhos menores de sete anos". Descarregar sobre as crianças o ódio aos judeus não foi inovação de dom Pedro e teve precedentes na história de Portugal. Tanto dom João II como dom Manuel já haviam declarado que fossem tirados dos pais judeus os filhos menores. O significado da Lei do Extermínio para os portugueses, assim como sua aplicação prática, ainda não é bem conhecido. Historiadores a mencionam, mas sempre com imprecisão, e João Lúcio de Azevedo diz que "não foi aplicada à risca". As pesquisas ainda estão para ser feitas. Uma coisa, porém, é certa: a Lei do Extermínio ainda continuava a ser ventilada nos primeiros anos do reinado de dom João V, apesar de ter sido abolida provisoriamente por dom Pedro durante a guerra com Castela.

---

8   Ver a "Lei do Extermínio" no *Fundo Geral 1532*, p. 359-360, e o "Parecer Contra a Lei" no *Fundo Geral 1587*, folha I, seção de Reservados da Biblioteca Nacional de Lisboa.

A sistemática rede de propaganda antissemita montada em Portugal, no início da época moderna, revestiu-se de uma realidade que dissimulava as relações sociais objetivas. Os discursos, os sermões, desviavam a atenção dos portugueses da desastrosa realidade do país. Os ritos, durante os autos de fé, o ato do desfile, todo o cerimonial, eram símbolos que levavam à desfiguração da verdade. Os "sermões" pronunciados nos autos de fé foram extremamente importantes para a caracterização do tipo de antissemitismo português. Duas teses já foram defendidas na Universidade de São Paulo sobre os autos de fé, sobre a ideologia dos sermões e sobre seu significado como espetáculo de massa[9]. Uma delas revelou um fato curioso: os sermões do século XVIII não eram dirigidos aos hereges, cristãos-novos e judaizantes, nem às feiticeiras, aos bígamos, sodomitas ou homossexuais, mas especificamente contra o "povo judeu" como um todo[10]. Não é contra "um judeu" ou "um criminoso" que os portugueses são incitados a lutar, mas contra "todos os judeus".

Cabe ao clero católico a principal responsabilidade pela propaganda antissemita em Portugal. Meyer Kayserling, em sua *Biblioteca Española-Portugueza-Judaica*, obra rara e infelizmente nunca editada em Portugal, nos dá uma relação de 52 obras antijudaicas na época moderna, entre as publicadas e as manuscritas, das quais dezessete são do século XVI, quinze do século XVII e onze do século XVIII, sendo que em nove delas não constam as datas[11].

Essa relação está longe de aproximar-se do número total de obras antissemitas publicadas em Portugal. No final do século XVI, o título antissemita mais conhecido talvez tenha sido o *Espelho de Christãos Novos*, escrito pelo frei Francisco Machado e dedicado ao cardeal dom Henrique. Essa obra mereceu do saudoso historiador Frank Talmadge, da Universidade de Toronto, no Canadá, um exaustíssimo estudo e uma tradução

9   Cf. Howard Norton, *A Ideologia nos Sermões dos Autos de Fé*, Tese de Doutorado em História, Universidade de São Paulo, 1980; Luiz Nazario, *Autos de Fé Como Espetáculos de Massa*, São Paulo: Humanitas, 2005.
10 H. Norton, op. cit.
11 Meyer Kayserling, *Biblioteca Española-Portugueza-Judaica: Dictionnaire Bibliographique des Auteurs Juifs. De Leurs Ouvrages Espagnols et Des Oeuvres sur et Contre Les Juifs et le Judaïsme*, Nieuwkoop: B. de Graaf, 1961, p. 114-118.

para o inglês[12]. Apesar das acusações que Francisco Machado faz contra os cristãos-novos, ainda não podemos situá-lo como um antissemita dos mais extremados, pois, mesmo chamando os cristãos-novos de "inconvertíveis", "obstinados", "descrentes", "incrédulos", não toca jamais no conceito de pureza de sangue e defende os casamentos entre judeus e cristãos. Isso significa que a obsessão pelo sangue puro ainda não havia amadurecido entre os portugueses.

O que já aparece em Machado e permanece inalterado através dos séculos é a identificação "cristão-novo, judeu". Prega apaixonadamente uma segunda "conversão". Os autores antissemitas nessa época concentraram-se, fundamentalmente, no problema religião-conversão. À medida que avançamos no tempo, a literatura antissemita vai mudando de caráter. Como no clássico antissemitismo de além-Pirineus, analisado por Hannah Arendt, também em Portugal o antissemitismo apoiou--se nos instrumentos sempre utilizados pelo poder: a mentira e o conceito de "inimigo objetivo"[13].

Fatos da vida econômica e social passaram então a ser desfigurados e adequados a uma ideologia racista. A competição econômica entre cristãos-velhos e cristãos-novos levou a que se atribuísse aos judeus um domínio universal. A mentira foi utilizada para fins de propaganda, inventando-se ações e atitudes que eram ajustadas à ideologia das elites dirigentes. O extermínio dos portugueses cristãos-novos, principalmente durante o reinado de dom João V, foi cuidadosamente preparado por sermões, panfletos e obras diversas, acumulados durante séculos. Em duas obras procurava-se mostrar que o sangue português, leal e esforçado, ficara efeminado e degenerado por causa da mistura com a "raça" dos judeus: "Memorial dos Danos que Causam a Portugal a Gente da Nação" e "Papel que Prova Serem os da Nação a Causa dos Males que Padece Portugal". Os judeus eram apontados como traidores, senhores de todo o comércio, sugadores do dinheiro do povo, assassinos dos cristãos.

---

12 Cf. Francisco Machado, *The Mirror of the New Christians* (Espelho dos Cristãos-Novos), trad. e introd. de Mildred Evelyn Vieira e Frank Ephraim Talmadge, Toronto: Pontifical Institute of Medieval Studies, 1977.

13 Hannah Arendt, *Origens do Totalitarismo: Anti-Semitismo, Instrumento de Poder – Uma Análise Dialética*, Rio de Janeiro: Documentário, 1975, p. 5.

32   VIVER NOS TEMPOS DA INQUISIÇÃO

Essas acusações repetem-se em todas as obras antissemitas do século XVIII[14].

Um preconceito que se multiplicou constantemente e desaguou inclusive no teatro do Século de Ouro da Espanha é o referente à profissão médica dos cristãos-novos. Esse preconceito assume um caráter extremo, que vai até a acusação, aos médicos cristãos-novos, de assassinarem pacientes cristãos. A partir do final do século XVII e no século XVIII, as obras antissemitas passam a se caracterizar pela utilização de termos específicos, assim como pelas inverdades empregadas. Não era mais no plano teológico que se desfechavam os ataques aos cristãos-novos, nem as polêmicas entre judaísmo e cristianismo, tão comuns entre os eruditos e mestres religiosos medievais que visavam a conversão dos judeus. Os textos eram elaborados de modo a atingir a massa do povo português, ignorante e analfabeto, e eram nivelados pelo que havia de mais baixo. Lembremos apenas alguns títulos: *Perfídia Judaica*, de Roque Monteiro Paim, escrita quando se deu o famoso "sacrilégio de Odivelas"; *Inventiva Católica Contra a Obstinada Perfídia dos Judeus*, do Franciscano Francisco Xavier de Serafim Pitarra; *Sentinela Contra os Judeus*, do padre Francisco de Torrejoncillo; *Doutrina Católica e Triunfo da Religião Católica Contra a Pertinácia do Judaísmo*, de Fernão Ximenes Aragão, que teve três edições; *Diálogo dos Judeus Contra a Fé Católica*, de João Batista Este; *Exortação Dogmática Contra a Perfídia do Judaísmo*, do padre Francisco Pedroso; *Triunfo da Fé Contra a Perfídia Judaica*, de Maria José de Jesus, e tantos outros.

Ao que parece, o livro do padre Francisco de Torrejoncillo, *Sentinela Contra os Judeus*, foi uma obra que alcançou estrondoso sucesso, pois chegou a ter pelo menos seis edições. Escrito em castelhano, foi traduzido para o português e publicado em Lisboa, em 1694, com ainda mais duas edições no reinado de dom João V, uma em 1710 e outra em 1748. O autor

---

14   Ver o anônimo do século XVII, "Papel Que Prova Serem os da Nação a Causa dos Males Que Padece Portugal", e "Memorial Que se Deu em Castella Pelo Qual se Mostra o Muito Dano Que a Gente da Nação Tem Feito Naquelle Reyno e a Grande Afronta Que Resulta a Este de a Termos Entre Nós", códigos 1506 e 1326 respectivamente, manuscritos, Biblioteca Nacional, Portugal, seção de Reservados. Ver também apêndices 8 e 9, em João Lúcio de Azevedo, *História dos Christãos Novos Portugueses*, Lisboa: A.M. Teixeira, 1921.

alarma contra os perigos da dominação judaica e refere-se aos "vícios", "perfídias", "defeitos físicos" e "morais" dos judeus. É uma das mais infamantes obras que se escreveu no gênero até o século xx. Ergue a mais falsa calúnia inventada contra os judeus em todos os tempos: o "crime ritual". Nela são mencionados o famoso "caso de La Guardia", os médicos homicidas, os "rabinos", os maus cheiros, os sinais físicos exteriores que acompanhavam a degeneração de todo o povo judeu.

O governo de dom João v representou o auge da perseguição aos cristãos-novos portugueses, e grande parte das vítimas era originária do Brasil. Dom João v foi um monarca apaixonado pelos autos de fé, aos quais sempre assistia acompanhado da rainha, dos infantes e de muitos nobres. Os termos de uma carta, datada de 5 de novembro de 1707, poucos anos depois de dom João v ter assumido o trono, ilustra e sintetiza a mentalidade dos dirigentes portugueses: "Celebra-se um Auto de fé em honra e festival aplauso da nova dignidade do Inquisidor Geral. Enquanto se queimam os judeus, há de haver ópera no Rocio, baile nas ruas da cidade [...] e luminárias na Ribeira."

No auto de fé de 1713, o próprio confessor do rei, o oratoriano padre Francisco Pedroso, pregou um famoso discurso de 37 laudas, "Exortação Contra a Perfídia Judaica". A degradação moral e política do reinado de dom João v, com as infamantes acusações aos cristãos-novos, foram desmascaradas por alguns portugueses, principalmente pelos chamados "estrangeirados", que foram as únicas vozes ilustradas do século xviii a se erguerem a favor da liberdade dos judeus. Tais manifestações, no entanto, foram tímidas e medrosas. Nenhum "estrangeirado" foi ao extremo de sugerir a eliminação completa do Tribunal da Inquisição. Nem o humanista Antônio Nunes Ribeiro Sanches, nem o esclarecido embaixador de Portugal na França, dom Luis da Cunha, nem o erudito pedagogo Luis Verney, nem mesmo o incomparável padre Antônio Vieira, um século antes, proclamaram a total extinção do Santo Ofício. Foi um português expatriado, o chamado Cavaleiro de Oliveira, que levou até os limites a indignação com a existência do tribunal. Joaquim de Carvalho situa o seu *Discurso Patético* como absolutamente contrário à mediana mentalidade e cultura do século xviii, considerando-a obra de importância primordial para a reconstrução da cultura em Portugal[15].

As modernas correntes historiográficas, que têm trazido à tona o avesso da história, a cultura popular, a religião vivida, o pensamento e as ideias não oficiais, chamaram minha atenção para a experiência portuguesa no Brasil, que contradiz em muitos aspectos as costumeiras interpretações sobre o "ódio popular", defendido pela maior parte dos historiadores portugueses, desde João Lúcio de Azevedo até António José Saraiva. O comportamento dos portugueses no Brasil, que vaza dos documentos, muitos ainda manuscritos, revela um quadro original no que diz respeito às relações entre cristãos-novos e cristãos-velhos. Nas imensas terras do Novo Mundo, distantes dos centros de irradiações antissemitas, longe da propaganda centralizada que pulsava em todos os rincões do poder, os portugueses de origens judaicas passaram de "diabos" aos chamados "homens bons". Na Colônia, ocuparam altos cargos, desde procuradores da Câmara até conselheiros dos governadores, influindo na orientação local da Colônia. Temos os exemplos de Felipe Guillen, ainda nos primórdios da colonização, "governando" no lugar de Tomé de Souza; Diogo Lopes Ulhôa, conselheiro do governador da Bahia no século XVII; e Miguel Telles da Costa, capitão-mor de Parati no século XVIII, cujas atitudes despertaram suspeitas nas camadas dirigentes da Metrópole[16].

O fenômeno cristão-novo brasileiro confere nuances à cultura colonial ainda não devidamente estudadas. Bastou atravessar o Atlântico e o furor sanguinário da massa popular se arrefeceu? O comportamento, mesmo de alguns agentes do Santo Ofício, contradiz a tese uniformizante sobre o ódio popular dos portugueses aos cristãos-novos, assim como a da "veneração" dos portugueses ao Tribunal da Inquisição.

Uma atitude que nitidamente expressa a mentalidade de certa facção portuguesa e brasileira transparece na resposta que os moradores da Bahia deram ao governador, em 1640, quando

15 Joaquim de Carvalho, *Obra Completa II: História da Cultura*, Lisboa: Fundação Calouste Gulbenkian, 1981, p. 1-16.

16 Sobre esses cristãos-novos, ver A. Novinsky, *Cristãos-Novos na Bahia: A Inquisição no Brasil*, 2. ed., São Paulo: Perspectiva, 1992, p. 80, 81 e 126; Rachel Mizrahi Bromberg, *Miguel Telles da Costa, O Capitão-Mor Judaizante de Paraty*, São Paulo: Maayanot, 2015.

REFLEXÕES SOBRE O ANTISSEMITISMO EM PORTUGAL

este lhes impôs que fossem à mesa inquisitorial, armada no colégio da Companhia de Jesus, denunciar seus parentes, amigos, hereges e judaizantes. Os baianos firmemente recusaram-se a fazê-lo. Forçá-los à obediência foi a única solução encontrada pelo governador António Telles da Silva, que teve de empregar a força, mandando um soldado de sua milícia acompanhar cada cidadão até a mesa da Inquisição. A resistência da população em colaborar com prestigiosos líderes espirituais, como o visitador do Santo Ofício e o reitor do colégio da Companhia de Jesus, é um fenômeno que se repete através de toda a história colonial[17].

Um exemplo importante a considerar, quando falamos no antissemitismo popular, é a frequência com que se deu a mesclagem dos cristãos-velhos com os cristãos-novos. O pérfido judeu, o diabo, o demônio, o herege, o estrangeiro, foi enlaçado nos braços de praticamente todas as famílias portuguesas radicadas no Brasil. O fato de haver interesses econômicos implicados nesse ato não exclui os vínculos afetivos que daí nasceram. O ódio ao "judeu", no Brasil, situava-se mais num nível abstrato; o diabo existia, mas era em grande parte despercebido no convívio cotidiano com os cristãos-novos.

Ainda mais sugestivo, no que se refere às relações entre portugueses e cristãos-novos, é que, durante três séculos, não registramos no Brasil nenhuma explosão popular contra os cristãos-novos, nem pretexto que os acusasse de atos criminosos. Durante a invasão dos holandeses, em 1624 e 1630, a tomada do Nordeste pelo inimigo foi atribuída à traição dos judeus. Essa acusação, entretanto, assim como a perseguição do Santo Ofício, partiu sempre de elementos governamentais, aliados aos líderes da Igreja[18].

É extremamente curioso que o ódio aos judeus, insuflado de cima para baixo, não tenha sido endossado, na prática, por grande parte dos portugueses residentes no Brasil. O vigário da Bahia, Manuel Temudo, escreve indignado para os inquisidores sobre a "íntima convivência" dos cristãos-velhos com os cristãos-novos, e o prestígio de que estes gozavam na Bahia, onde um deles até carregava o título de "conde-duque"[19].

17 A. Novinsky, op. cit., p. 131-132 e manuscrito no Apêndice 3.
18 Ibidem, p. 117s.
19 Ibidem, p. 69n24.

36 VIVER NOS TEMPOS DA INQUISIÇÃO

A história do antissemitismo no Brasil deve ser entendida como parte de outro contexto: as condições da Colônia geraram duas atitudes opostas, que refletiam duas mentalidades irreconciliáveis. De um lado, os homens que representavam o poder da metrópole portuguesa, de postura conservadora e racista, e de outro uma minoria nativa, nascida num mundo novo, cujo espaço aberto, de proporções desconhecidas, incitava à anarquia, à rebeldia, à liberdade, à crítica e também a uma relativa tolerância.

No século XIX, passadas as euforias dos sonhos de igualdade geradas durante a Ilustração, passado o impacto político europeu provocado pela Revolução Francesa, o mundo presenciou um recrudescimento do antissemitismo. Após a emancipação política dos judeus na França, começaram a divulgar dogmas pseudocientíficos sobre raça, que no século XX iriam servir de base para a judeofobia hitleriana e para a elaboração da ideologia ariana.

Portugal ficou fora do movimento antissemita deflagrado no resto da Europa. João Medina chama a atenção para o sentimento pró-judaico luso, que se expressou em protesto contra diversas explosões antissemitas no fim do século XIX. Mostra como em quase toda a cultura lusa do Oitocentos abundam simpatias pró-judaicas. O filossemitismo instalara-se na cultura e sensibilidade lusas, como uma atmosfera natural, no país que se esquecera da "gente da nação". Portugal se manteve imune aos contágios do antissemitismo europeu, até António Sardinha, Mario Saa e alguns outros, cujas ideias, entretanto, nunca chegaram a criar um "movimento" antissemita em Portugal[20].

O antissemitismo sempre serviu àqueles que temiam a competição dos judeus, que alegavam sua "pureza de sangue", para capitalizar o maior número de privilégios, servir aos incompetentes, que descarregavam sobre os judeus suas frustrações.

E Portugal hoje? Um país praticamente sem judeus. Assim mesmo, reeditou-se, há poucos anos, uma das obras mais antissemitas e deturpadoras da verdade histórica, o livro de Joseph Marie de Maistre, *Lettres à un gentilhomme russe sur l'inquisition espagnole* (A Inquisição Espanhola), traduzido, com notas e posfácio, por um escritor português que procura reabilitar a

---

20 João Medina, "António Sardinha, Anti-Semita", *A Cidade: Revista Cultural de Porto Alegre*, n. 2 especial (Nova Série), jul.-dez. 1988, p. 45-122.

REFLEXÕES SOBRE O ANTISSEMITISMO EM PORTUGAL

Inquisição e servir, como ele próprio diz, de "fonte de inspiração" contra argumentos "anticlericais"[21]. Os judeus aparecem nesse trabalho como sufocadores do Estado nacional, e a Inquisição como "boa, mansa e conservadora". Consola-se o autor do antissemitismo português, contrapondo-lhe o antissemitismo do século XIX, empregando assim um critério banal e hoje muito usado de relativização da história. Apela para o antissemitismo de Voltaire para justificar que, afinal, não era só Portugal que odiava os judeus. A falta de compreensão dos mais elementares conhecimentos sobre a cultura judaica levou o autor a misturar, num mesmo contexto, Voltaire e Marx, e a descabível colocação do sionismo como causa do nazismo[22]. Esse trabalho, assim como a reedição dos *Protocolos dos Sábios de Sião*, que serviu de base para os massacres de Kishinev na Rússia, em princípios do século XX, e alimentou os ideólogos antissemitas nas vésperas da Segunda Guerra Mundial, fazem parte de uma propaganda neonazista responsável, inclusive, pela publicação recente de obras antissemitas no sul do Brasil.

Compreender, diz Hannah Arendt, não significa negar os fatos, eliminar neles o maldito ou, ao explicar os fenômenos, utilizar analogias e generalidades que diminuam o impacto da realidade e o choque da experiência, como está acontecendo hoje com a história revisionista em relação ao nazismo, ou na Espanha em relação à Inquisição e ainda sobre a escravidão na época moderna. O perigo do revisionismo é guiar para a banalização do mal, para a relativização dos fenômenos de horror.

Para legitimar a discriminação, a violência, a exclusão, a propaganda foi buscar como pretexto a unidade religiosa dos judeus, seu comportamento, suas práticas e sentimentos, sua "visão de mundo". O próprio conceito de "povo eleito", analisado por Julia Kristeva em seu livro *Étrangers à nous-mêmes*, foi deturpado, desvirtuado, como sendo uma visão cêntrica da história, uma eleição especial e um monopólio racial, quando na verdade a aliança dos judeus com Deus, como mostra a autora, não resultou de nenhum favoritismo, mas de uma escolha que

---

21 Joseph Marie de Maistre, *A Inquisição Espanhola*, Lisboa: Sampedro, 1981, p. 5. Ver também Isaiah Berlin, Joseph de Maistre and the Origins of Facism, *The New York Review of Books*, 27 sept. 1990.
22 J.M. de Maistre, op. cit., p. 100-101.

38   VIVER NOS TEMPOS DA INQUISIÇÃO

implica um objetivo sempre a conquistar e a busca de um aperfeiçoamento constante. O termo hebreu *g[u]er* significa "aquele que veio habitar", e que adere ao "povo eleito", que "veio de fora", ideia essa aberta a todo estrangeiro. Rute era moabita, era estrangeira. Ainda outros conceitos históricos, como, por exemplo, o nacionalismo judaico, que provém da aliança do povo com Deus, foram utilizados para deles se extrair argumentos antissemitas[23].

Análises mais profundas do antissemitismo, de autores como Theodor Adorno, Hannah Arendt e outros, têm mostrado que, do ponto de vista psicológico, o antissemita revela uma prontidão para acreditar no que parece mais absurdo a uma mente racional. O ódio antissemita revela uma necessidade psicológica de exteriorizar uma atitude social. O antissemita precisa de um símbolo para transferir sua hostilidade para um ser mais fraco, fora do grupo. Trata-se de uma defesa pessoal contra seu próprio fracasso.

Mas uma questão nos chega, sempre ecoando das vítimas da humanidade: o que fizeram os porta-vozes do humanismo, onde estavam os líderes espirituais durante o genocídio dos judeus de Portugal ou durante a destruição dos judeus europeus no século xx?

Diversos papas, durante a Renascença, se pronunciaram contra as atrocidades cometidas aos judeus em Portugal. Mas foi uma condenação tímida, que se manteve sempre teórica. Uma intervenção drástica do chefe da Igreja talvez pudesse ter evitado o sacrifício de milhares de portugueses. A história não pode ser escrita com base no que "poderia ter sido", mas como diz Walter Benjamim, para nós, o passado não é algo estático, fixo, imutável. Antes, o presente reconstrói o seu próprio passado, e a sua reinterpretação acaba inserindo-o na própria essência do presente.

Um ensaio publicado por um escritor norte-americano, Conor Cruise O'Brien, chama a atenção para um fato pouco conhecido, e que me parece extremamente significativo: as igrejas alemãs, católicas e protestantes poderiam ter evitado o Holocausto se tivessem protestado, como o fizeram quando

23   Julia Kristeva, *Étrangers à nous-mêmes*, Paris: Gallimard, 1998, p. 95-111.

REFLEXÕES SOBRE O ANTISSEMITISMO EM PORTUGAL

Hitler propôs a eutanásia de todos os deficientes físicos e mentais. As igrejas cristãs não protestaram porque o *Volk*, a nação, o nacionalismo germânico, estava acima de qualquer mensagem evangélica. O antissemitismo do cristianismo tradicional ligou-se, no século xx, ao novo culto do *Volk*, da nação germânica. As igrejas cristãs deram seu consentimento silencioso à Solução Final. Para ser bom nacionalista, na Alemanha, era necessário, ao mesmo tempo, ser racista e antissemita, assim como para ser bom português, no século xviii, era necessário odiar os judeus.

O'Brien, para mostrar o fracasso das igrejas cristãs frente à destruição dos judeus, lembra que o papa Pio xi, em 1937, mandou preparar uma encíclica contra a perseguição dos judeus, contra o antissemitismo e contra o racismo. O rascunho dessa encíclica foi elaborado por dois jesuítas, um americano e um austríaco, para ser submetido à avaliação do papa. Mas quando, em 1938, o texto *Humani generis unitas* foi examinado pelo geral da Companhia de Jesus, Ledochovski, que era um conservador apavorado com o comunismo russo, ele interditou sua publicação. O papa morreu logo depois, em 1939, sem aprovar a encíclica, e seu sucessor, Pio xii, partilhou a opinião de Ledochovski, leu o rascunho e não aprovou. Perdeu-se assim, como diz O'Brien, a oportunidade, talvez, de salvar milhares de vidas[24].

Examinando a literatura antijudaica em Portugal e a propaganda contra os judeus contida nos sermões, examinando os escritos antissemitas dos autores alemães, como, por exemplo, do clérigo Abraham a Sancta Clara, do século xvi, que foi o modelo espiritual de Martin Heidegger, a destruição dos judeus na época moderna, como no século xx, não surpreende. Foi uma consequência, lógica, coerente, do pensamento ocidental. São palavras de Sancta Clara: "Fora Satã, os homens não têm inimigo maior que o judeu. Por suas crenças, merecem não apenas o patíbulo, mas também a fogueira."[25]

Theodor Adorno, autor de uma exaustiva pesquisa sobre a personalidade antissemita, em seu estudo "Educação Após Auschwitz", mostra-nos que o antissemitismo é um esquema

24 Connor Cruise O'Brien, A Lost Chance to Save the Jews?, *The New York Review of Books*, 27 april 1989.
25 Apud Victor Farias, *Heidegger e o Nazismo: Moral e Política*, Rio de Janeiro: Paz e Terra, 1988, p. 56.

profundamente arraigado no ritual da civilização. Durante séculos, e em diversos países, os judeus eram acusados de crimes rituais. Parafraseando Adorno, eu diria que os autos de fé foram os verdadeiros crimes rituais, durante os quais os inquisidores falavam da salvação da alma, como Hitler falava da salvação da pátria[26].

Ainda segundo Adorno, o antissemita não depende tanto do seu objeto como das próprias necessidades e desejos psicológicos do sujeito que o experimenta. Afirmar que o mal "não foi tão mau assim" é estar defendendo o ocorrido, é estar evidentemente disposto a assistir e colaborar se tudo voltasse a ocorrer. O que nos resta, pois, fazer após a Inquisição, após Auschwitz? O autor mostra a necessidade de apurar os mecanismos subjetivos, sem os quais Auschwitz (ou a Inquisição) não teriam existido[27].

Adorno coloca como primordial o problema da educação. Vivemos uma civilização absorvida por objetos, máquinas. Essa é a tendência, é o espírito do mundo. Se os homens não fossem frios, se não fossem profundamente indiferentes ao que acontece com todos os demais, Auschwitz não teria sido possível, pois as pessoas não o teriam aceito. A incapacidade de identificação foi, sem dúvida alguma, para Adorno, a condição psicológica para que algo como Auschwitz pudesse acontecer no meio de uma coletividade relativamente civilizada. A falha de todos, hoje, sem exceção, é, para Adorno, a falta de amor. Mas, para que as pessoas pudessem amar, seria necessário que tivessem uma estrutura de caráter diferente. Um dos maiores impulsos do cristianismo foi o de eliminar a frieza, que em tudo penetra. A experiência, contudo, fracassou. Possivelmente aquele calor humano, a que tanto almejamos, nem sequer tenha existido até hoje, ou talvez apenas entre alguns selvagens pacíficos. Se alguma coisa pode ajudar contra a frieza, como condição da desgraça, é não reprimir os impulsos humanos, é entender as próprias condições que causam o horror e combatê-las, antes de tudo, no contexto individual. Quanto menos se negar

---

26 Cf. T.W. Adorno, Educação Após Auschwitz, *Sociologia*, Gabriel Cohn (org.), São Paulo: Ática, 1986, p. 33-45; T.W. Adorno, *La Personalidad Autoritária*, Buenos Aires: Proyección, 1965.

27 T.W. Adorno, *Sociologia*, em G. Cohn (org.), op. cit., p. 44.

a infância, mais chances terão os homens, quando adultos, de não viver o horror[28].

O antissemitismo forjou, criou, inventou o judeu, em cada português. Talvez a angústia profunda e insolúvel que a repressão inquisitorial produziu na alma dos portugueses tenha contribuído para que cada um, cada família, procurasse esquecer as marcas da passada origem.

Com exceção de uma minoria intelectual, que manteve viva a consciência do passado judaico de Portugal, o que atingiu a massa do povo português foi o esquecimento de seus mortos que, como diz Adorno, é o esquecimento de si próprio.

Esses "mecanismos subjetivos", temos de buscá-los na educação, imposta pelo catolicismo português, que reprimiu todos os impulsos humanos mais autênticos. A educação em Portugal, durante os séculos inquisitoriais, aboliu o amor aos homens, em troca do amor a Deus. Para avaliar a sinceridade de uma confissão, a Inquisição tomava como medida a denúncia de filhos contra pais e de pais contra filhos.

A frieza com que se presenciava a desgraça do "outro", do "judeu", era consequência de uma "educação para a morte" e não de uma educação para a vida. Os portugueses foram capazes de "viver" o horror dos autos de fé porque todo o amor humano tinha se asfixiado, desde a infância, pelo amor de um bem maior. E, como diz Adorno, "ao ser colocado o Estado acima do direito dos membros da sociedade, já está criado o potencial para o horror"[29].

---

28 Ibidem, p. 43.
29 Ibidem, p. 45.

4. Dois Mil Anos de Antijudaísmo: Das Leis Canônicas ao Nazismo[1]

Meu interesse pelo antissemitismo nasceu durante os longos anos que ministrei cursos sobre o Santo Ofício da Inquisição na Universidade de São Paulo, e das pesquisas que realizei nos arquivos portugueses sobre os cristãos-novos processados pelo Tribunal da Inquisição. A análise dos documentos me fez compreender as calúnias e os pretextos inventados pelo clero católico e pela Coroa, para manipular a mente da população e legitimar as perseguições e a extorsão dos portugueses descendentes de judeus.

Neste artigo quero formular uma questão que foi levantada há alguns anos numa conferência, em Paris, patrocinada pela Associação dos Amigos de Jules Isaac[2], intitulada: "Antisemitisme – a-t-il encore aujourd'hui des racines chrétiennes?" Um dos participantes, Alain Finkielkraut, deu uma resposta positiva, mas disse que devíamos entender essa questão considerando seu paradoxo, porque se por um lado a Igreja está hoje dialogando com os judeus, por outro a propaganda antijudaica vem repetindo, contra eles, os velhos *slogans* e argumentos difamatórios[3].

---

1   Artigo apresentado no Fifteenth World Congress of Jewish Studies da Universidade Hebraica de Jerusalém, em 2013.
2   *Cahier de L' Association des Amis de Jules Isaac*, n. 8, Nouvelle Serie, jul. 2007.
3   Ibidem, p. 8-13.

Nostra aetate abandonou os termos infames: "judeu, povo deicida" e "judeus traidores", porém, se compararmos a linguagem e o vocabulário usados pelos antissemitas atuais aos usados por aqueles de décadas passadas, acharemos fortes influências da doutrina da Igreja contra o povo judeu.

Voltemos às fontes.

Lendo as leis canônicas e analisando as expressões, opiniões e ideias que foram ventiladas durante os concílios da Igreja, encontrei termos como "judeus abomináveis", "povo impiedoso", "duros de coração" e "descrentes". Se decodificarmos o discurso da linguagem e procurarmos pelo significado oculto da experiência do autor, vamos entender que o sentido e a mensagem difamatória são os mesmos do nosso tempo.

Durante o período visigótico (séculos IV e V) houve um fenômeno semelhante ao da conversão de 1497. Um judaísmo clandestino floresceu por mais de um século na Alta Idade Media espanhola, e podemos comparar, em muitos aspectos, esse marranismo precoce ao criptojudaísmo da era moderna (séculos XVI ao XVIII)[4].

Isidoro de Sevilha (560-636), conhecido bispo, pode ser considerado o ideólogo da discriminação contra os judeus e um dos mais ferozes antissemitas da Igreja. Suas declarações anteciparam a ideologia nazista em mais de mil anos[5]. Ele tentou denegrir a fé judaica apunhalando os símbolos judaicos mais sagrados, a sinagoga e o Schabat. No lugar sagrado da oração, a sinagoga, ele colocou um rótulo sexual; o Schabat, dia santo, ele considerou um dia repulsivo, pois teria dado origem aos pecados da luxúria[6].

Fisicamente, os judeus foram caracterizados como tendo "mau cheiro", o que era um sinal de sua deterioração espiritual e uma evidência biológica de sua gradual desumanização[7].

---

4   Sobre os marranos e a Inquisição em Portugal, ver Meyer Kayserling, *História dos Judeus em Portugal*, 2. ed. revista, São Paulo: Perspectiva, 2009.

5   "O antijudaísmo teológico de Isidoro foi traduzido em medidas práticas pela legislação do Quarto Concílio de Toledo", Bat-Sheva Albert apud Renata Rozental Sancovsky, *Inimigos da Fé: Judeus, Conversos e Judaizantes na Península Ibérica, Século VII*, Rio de Janeiro: Imprinta, 2009, p. 262n586. Sobre Isidoro de Sevilha, ver B.S. Albert, Isidore de Sevilha: His Attitude Towards Judaism and His Impact in Early Medieval Canon Law, apud R. Sancovsky, op.cit., p. 203n586.

6   R. Sancovsky, op.cit., p. 275-276.

7   Ibidem.

DOIS MIL ANOS DE ANTIJUDAÍSMO: DAS LEIS CANÔNICAS AO NAZISMO   45

Encontramos essa mesma acusação na Alemanha, no século xx, de que os judeus eram "vermes" e não seres humanos. O batismo não os salvaria, dizia o bispo de Sevilha, pois nada pode mudar a má natureza desse povo, já que todos eram anti-Cristo e carregavam as forças de Satanás[8].

"Judeus não eram seres humanos." Essa pode ser considerada a caracterização mais extrema e cruel já dada aos judeus. 1140 anos antes do nazismo, o bispo Isidoro de Sevilha, apoiado pelo alto clero, disseminou a ideia de que os judeus eram criaturas diferentes, de natureza diferente, e nenhuma reação humana poderia ser esperada de tais criaturas[9].

Leis canônicas proibiram os casamentos e as relações sexuais entre cristãos e judeus. Judeus não tinham permissão de comer junto aos cristãos[10], nem de exercer cargos públicos[11], empregar servos cristãos ou ter escravos cristãos[12], e tampouco lhes era permitido caminhar pelas ruas nos dias da Páscoa[13]. Foi ordenado que o *Talmud* e os livros judaicos fossem queimados[14], cristãos não poderiam usar os serviços de médicos judeus (mesmo sabendo que todos os reis portugueses tinham médicos judeus).

A partir do século XIII, os judeus foram obrigados a usar um emblema em suas roupas[15] e proibidos de construir novas sinagogas[16]. O Concílio de Breslau (1267) impôs que vivessem em guetos[17], o Concílio da Basileia (1434 – sessão XIX) lhes proibiu de obter diplomas acadêmicos[18].

A ideia que se divulgava era de que nada nobre poderia jamais se originar dos judeus. Cristo nunca poderia ter sido um judeu e nem mesmo Isaac poderia ter dado nascimento ao povo judeu[19].

---

8   Joshua Tratchtenberg, *The Devil and the Jews*, New Haven: Yale University Press, 1943, apud R. Sancovsky, op. cit., p. 280n744.
9   R. Sancovsky, op. cit., p. 282.
10   Concílio de Elvira, 306.
11   Concílio de Clermont, 535.
12   III Concílio de Orléans, 538.
13   Ibidem.
14   XII Concílio de Toledo, 681.
15   IV Concílio de Latrão, 1215.
16   Concílio de Oxford, 1222.
17   R. Sancovsky, op. cit., p. 285.
18   Ibidem, p. 297.
19   Ibidem.

À semelhança da Alemanha no século xx, os judeus eram considerados, segundo as leis canônicas, como infectos e disseminadores de todas as doenças que existiam no reino. Juliano, bispo de Toledo (642 a.c.), sugeriu a necessidade de uma ação profilática especial contra doenças disseminadas pelos judeus. A moléstia era considerada pelo bispo uma metáfora para a malignidade dos judeus[20]. O reino estava dividido em partes saudáveis e infectadas, exatamente como em Portugal e Espanha durante os séculos inquisitoriais (xvi-xviii) e na Alemanha, no século xx.

Os visigodos lançaram os fundamentos da futura demonização dos judeus. A ideia de que nenhuma conversão poderia mudá-los, porque nada poderia erradicar a malignidade que carregavam, foi adotada pela Inquisição nos domínios ibéricos. No ano de 1449, em Toledo, corporações profissionais excluíram de seus quadros todos os descendentes de conversos, sob o pretexto da "impureza de sangue", mas, na realidade, pretendiam eliminar a competição econômica dos judeus[21].

Depois de terem vivido por mais de quinze séculos nos impérios português e espanhol, os judeus, como já apontado, foram declarados estrangeiros, e não havia mais lugar para eles. O Santo Ofício da Inquisição foi oficialmente introduzido em Portugal pelo rei dom João iii, no ano de 1536; os motivos eram principalmente econômicos e o pretexto, a prática da religião judaica[22].

Repito sempre que os judeus foram o único povo no mundo para o qual foi estabelecida uma corte de justiça, especificamente para vigiá-los. Historiadores que não têm familiaridade com a documentação inquisitorial nunca poderão imaginar o grau de obsessão que se desenvolveu contra o povo judeu e a dimensão das falsidades que foram divulgadas entre a população portuguesa.

O clero católico foi o principal responsável pela doutrina de ódio que convenceu os portugueses a participar, euforicamente, dos festivos espetáculos de massa nos quais se queimavam na fogueira os cristãos-novos (marranos)[23]. Os agentes inquisitoriais

---

20 Sobre a situação dos Judeus em Portugal, ver M. Kayserling, op.cit.
21 Cf. Albert A. Sicroff, *Los Estatutos de Limpieza de Sangre: Controversias Entre los Siglos xv y xvii*, Madrid: Taurus, 1985.
22 M. Kayserling, op.cit.
23 Cf. Luiz Nazario, *Autos de Fé Como Espetáculos de Massa*, São Paulo: Humanitas, 2005.

seguiam cada passo dos conversos e tinham o poder de prendê-los e entregá-los ao Tribunal da Inquisição. Todos os bens eram imediatamente sequestrados e divididos entre a Coroa e a Igreja. Outras heresias, além do judaísmo, gradualmente se tornaram objeto da vigilância inquisitorial, tais como sodomia, bigamia, e feitiçaria, entre outras, porém a maioria dos processos que existe refere-se aos judeus secretos.

O Tribunal da Inquisição foi uma instituição política que atuou em conjunto com a Igreja. Por muito tempo, durante o século XVII, o governador e o inquisidor eram a mesma pessoa. Tanto a Igreja quanto o Estado agiam sempre dissimulando suas verdadeiras intenções. Os inquisidores davam as sentenças de morte, mas como a Igreja não podia derramar sangue, as vítimas eram entregues aos funcionários do rei, que as matavam.

O mesmo quadro sobre os conversos no período visigótico repetiu-se durante os séculos XVI, XVII e XVIII, e posteriormente, no século XX. Retratados como espiões, trapaceiros, traidores de sua terra ancestral, os cristãos eram advertidos para que ficassem alertas, pois em uma década os judeus ocupariam toda a terra; tratava-se de um povo perigoso e causador de enormes danos, uma vez que seu maior objetivo era a conquista do mundo. Idêntica ideia foi mencionada nos *Protocolos dos Sábios de Sião*, obra publicada na Rússia em 1897 e ainda vendida nos dias de hoje.

Várias e numerosas mentiras foram inventadas e divulgadas em Portugal, semelhantes às do período visigótico: panfletos e *posters* eram colocados nas paredes das igrejas para persuadir a população a pegar em armas contra os judeus e eliminar "cada cão judeu". Livros contra os judeus e os conversos foram escritos e publicados nos séculos XVII e XVIII na Espanha e em Portugal. Manuscritos eram distribuídos, sermões pregados nos púlpitos das igrejas para convencer a população de que os judeus eram os culpados de todas as calamidades que aconteciam no reino lusitano. Durante os autos de fé, os longos sermões não eram dirigidos diretamente às diferentes heresias, nem contra a fé e o comportamento, mas contra a "nação judia". É óbvio que, na realidade, o objetivo não era alcançar apenas a população criptojudia portuguesa, mas a todos judeus, como um povo.

Todas as medidas discriminatórias e acusações contidas nas leis canônicas foram repetidas pelos nazistas: o mito de pureza de sangue (1935); a proibição de caminhar pelas ruas em determinados dias (3 de dezembro de 1938); a queima de livros judaicos (25 de julho de 1938); a destruição das sinagogas (10 de novembro de 1938); e a proibição de relações entre judeus e cristãos (outubro de 1941)[24].

Depois que o Tribunal da Inquisição foi abolido em Portugal (1821), o país tomou uma nova direção política e alguns dos descendentes de cristãos-novos – poetas, intelectuais, escritores – tentaram contar a história das primeiras décadas obscuras com uma certa simpatia, às vezes até um filossemitismo, mas a maior parte da historiografia portuguesa a ignorou e a varreu de seu cenário. Foi preciso mais de um século para que alguns historiadores iniciassem suas pesquisas sobre a Inquisição. Alguns trabalhos antissemitas apareceram em Portugal no século passado, e há autores que, ainda hoje, tentam minimizar os efeitos e as crueldades do Santo Ofício.

Durante os três séculos de atividade inquisitorial, ninguém se preocupou com seu destino. Nenhuma nação protestou contra o genocídio, nenhuma voz se manifestou oficialmente a favor dos miseráveis.

Os conversos, judeus eruditos portugueses, que conseguiram fugir para a Holanda, deixaram belos poemas expressando sua simpatia e pesar pelas vítimas, mas além de Manassés ben Israel, que foi para a Inglaterra tratar com Cromwell a readmissão dos judeus portugueses, o mundo permaneceu silencioso.

Um homem em Portugal, um jesuíta, que não pode ser esquecido, teve a coragem de falar em favor dos judeus: o padre Antônio Vieira. Foi procurar o papa Inocêncio XI e pediu-lhe que ajudasse os inocentes que, no seu país, morriam queimados nas fogueiras, por ordem do Santo Ofício. Como consequência da interferência de Vieira, algumas medidas foram tomadas pelo papa que interromperam, por um certo período, as atividades da Inquisição, mas que logo foram retomadas, com duplo furor, e o fogo continuou a queimar os desafortunados conversos portugueses[25].

---

24 Raul Hilberg, *The Destruction of European Jews*, New York: Holmes & Meier, 1985, p. 5-8.
25 Sobre a defesa do padre Antônio Vieira com relação aos judeus, ver A. Novisnky, A Catholic Priest and his Fight for Justice for the Jews: Father

DOIS MIL ANOS DE ANTIJUDAÍSMO: DAS LEIS CANÔNICAS AO NAZISMO   49

Há, no entanto, certas diferenças entre a Inquisição e o nazismo que são interessantes de considerar. As vítimas da Inquisição tinham um nome e seus processos duravam longos períodos e, muitas vezes, anos. Durante vários meses e anos, os cristãos-novos eram chamados à mesa inquisitorial. Fazia-se o levantamento minucioso de sua genealogia, a vítima tinha uma família, o processo tinha um número. Para os nazistas, o judeu não era humano, somente um número em seu braço e um rótulo em sua roupa. Mas o fim de sua vida chegava rápido nas câmaras de gás, comparado com as longas horas na tortura ou na fogueira. A Inquisição acreditava estar punindo uma falsa doutrina, uma ideia, uma *Weltanschauung*, uma visão de mundo. Para os nazistas não havia um crime específico – era apenas o "judeu" – e todos eram culpados, pois todos contaminavam o solo, o corpo e a alma. Mesmo no "Édito de Expulsão" dos judeus da Espanha (1492), o perigo da "contaminação" foi mencionado. Em 1493, Roma foi atacada por uma forte epidemia de lepra, chamada de *pest marranorum* (peste marrana). Foram ordenadas medidas profiláticas para exterminar os parasitas e os perigosos *bacilli*.

Na conferência sobre antissemitismo global, organizada pela International Association for the Study of Antisemitism, da Universidade de Yale (23-25 agosto de 2010), foi projetado um vídeo sobre a propaganda árabe contra os judeus, e parece inacreditável que num mundo em transformação, como o nosso, 1.300 anos depois dos concílios cristãos medievais, ouvimos repetir os mesmos conceitos difamatórios, as mesmas acusações, as mesmas mentiras, a mesma demonização e até o mesmo vocabulário.

Do império visigótico, passando pela Inquisição e chegando ao nazismo, a linguagem difamatória permanece a mesma, seja antijudaica, antissemita, anti-Israel ou antissionista. O significado, o sentido e a proposta são os mesmos: a destruição dos judeus.

Do passado aos nossos dias, dois novos elementos foram acrescentados ao antissemitismo inquisitorial e nazista: Israel e o sionismo. Mesmo que os tempos tenham mudado e as circunstâncias históricas do mundo sejam outras, há, como também

Antonio Vieira, *Selected Essays in Jewish Studies*, Jerusalem: World Union for Jewish Studies, 2009, p. 33-39.

apontou o historiador Ephraim E. Urbach, certas similaridades e paralelos[26].

O antissemitismo que se disseminou com tanta rapidez em Portugal, país tradicionalmente tolerante, e onde a população, por décadas, coexistiu de forma amigável com os judeus, não começou entre as classes menos favorecidas, mas passou de cima para baixo, do alto clero e da nobreza para a massa da população. Na Alemanha nazista, os intelectuais foram os primeiros adeptos do que posteriormente emergiu como um regime racial, um verdadeiro genocídio, o que mostrou que o maior perigo para a sociedade se originou da ideologia adotada pelos intelectuais[27].

A proposta deste trabalho não é esclarecer as razões desse longo ódio contra os judeus, porém mostrar que suas raízes cristãs continuaram a existir no período nazista e que similaridades podem ser encontradas na modernidade.

A maior ironia é que nem a conversão nem a assimilação ajudaram os judeus. A Inquisição investigava de sete a oito gerações para identificar as origens de um português; o nazismo voltava atrás três ou quatro gerações. Portugueses e alemães odiaram os judeus assimilados muito mais que os ortodoxos.

Para Zygmund Bauman, os fatores e mecanismos que tornaram possível o extermínio dos judeus durante o nazismo continuam vigorando nos dias atuais. Há razões para se preocupar, porque vivemos na mesma sociedade que tornou possível o Holocausto.

E eu repito as palavras de Umberto Eco: se o passado não tivesse fornecido o ódio e os elementos de difamação contra os judeus, o Holocausto nunca teria acontecido.

26 Ephraim E. Urbach, Antisemitism: Historical Antecedents, *Present-Day Antisemitism: Proceedings of the Eighth International Seminar of the Study Circle on World Jewry*, Hebrew University of Jerusalem: Vidal Sassoon International Center for the Study of Antisemitism, 1988, p. 337.

27 Franklin Littell, apud Yehuda Bauer, Summary, *Present-Day Antisemitism*, p. 340.

5. O Sentido da Confissão na Inquisição Portuguesa

Tudo é sermos quem não somos.

FERNANDO PESSOA

O objetivo da confissão para um cristão penitente perante o Tribunal da Inquisição não era o mesmo que "perdoar" e "confortar", proposto pela Igreja Cristã no IV Concílio de Latrão, em 1215. Os inquisidores tampouco tinham, em princípio, algo em comum com os "diretores de consciência", a quem os fiéis confiavam os mais íntimos segredos e que orientava os penitentes para o caminho da salvação[1]. Ao contrário, a confissão no Tribunal da Inquisição levava prisioneiros ao desespero e à loucura, o que é testemunhado pelos "Livros dos Presos Que se Mataram na Prisão", existentes no Arquivo Nacional da Torre do Tombo.

A Inquisição foi estabelecida em Portugal única e exclusivamente por causa dos judeus. Seu maior objetivo foi, durante três séculos, combater o judaísmo. Outros crimes foram acrescentados posteriormente, mas tiveram sempre uma importância secundária. O judaísmo, como religião, foi o excelente pretexto que as facções do poder, Igreja e Estado, utilizaram para bloquear a ascensão de uma classe social da qual os judeus eram parte essencial: a burguesia. O que as classes dirigentes não puderam

---

1 Sobre o sentido da colonização cristã, ver Jean Delumeau, *A Confissão e o Perdão: A Confissão Católica – Séculos XIII a XVIII*, São Paulo: Companhia das Letras, 1991.

prever foi que o judaísmo adquirisse um outro significado, independente das cerimônias religiosas, e que os cristãos-novos se tornassem a consciência crítica da sociedade portuguesa.

A prática da religião judaica era considerada o crime mais grave contra a fé católica. Os crimes "menores", como sodomia, homossexualismo, lesbianismo, bigamia, feitiçaria, blasfêmias e proposições heréticas, foram muito menos significativos para o funcionamento do motor inquisitorial do que o chamado judaísmo, e rendeu aos tribunais mais lucro financeiro e menos prisioneiros.

Todos os descendentes de judeus eram considerados, em potencial, suspeitos de serem judeus secretos. A doutrinação contínua que os cristãos-novos recebiam os confundia e incutia-lhes um sentimento de culpa, que muitos carregavam duplamente, perante Cristo e perante *Adonai*.

Os inquisidores, como funcionários de uma empresa "santa", alegavam o direito de "salvar" as almas e conceder "perdões". Os presos eram advertidos por meio de um discurso hipocritamente paternal, no qual os inquisidores procuravam mostrar-lhes seu desejo de salvá-los das chamas eternas do inferno.

A confissão foi o princípio básico que orientou todo o interrogatório e o desenvolvimento do processo inquisitorial durante trezentos anos. A confissão inquisitorial não era privada, porém ouvida por uma equipe, constituída de inquisidores, deputados, notários e outros funcionários. O regimento, que informava sobre todos os modos de proceder do tribunal, não era conhecido pelo réu, pelos advogados e funcionários, apenas pelos inquisidores.

Quando a confissão parecia aos inquisidores incompleta, o réu era considerado "diminuto". Admoestavam-no para que "tomasse de bom conselho, para salvar sua alma" e então o tribunal "poderá usar com ele de Misericórdia". Não satisfeitos com as respostas, os inquisidores submetiam os réus a novos e sucessivos interrogatórios e o enviavam para a câmara da tortura, onde novamente lhe solicitavam "com muita caridade, da parte de Cristo, nosso senhor, se queria confessar suas culpas para com isso alcançar a misericórdia que a Mesa só concede aos bons e verdadeiros confitentes". Antes de ser torturado, no potro ou na polé, o réu tinha suas mãos atadas e era avisado: "se morresse ou quebrasse algum membro, ou perdesse

O SENTIDO DA CONFISSÃO NA INQUISIÇÃO PORTUGUESA

os sentidos, a culpa era unicamente sua, pois poderia evitá-lo, se confessasse todos os seus erros".

Em troca da confissão, os inquisidores ofereciam aos réus "perdão" e "concediam a vida" ao penitente, mas essa confissão tinha que ser completa, isto é, o réu devia delatar "seus cúmplices", com os quais praticara a heresia, pai, mãe, filhos, avós, parentes, amigos e vizinhos. Confessar completamente significava delatar os nomes de todas as pessoas que conhecia, e esses nomes de "alegados" cúmplices deviam coincidir exatamente com os obtidos pelos inquisidores em prévias denúncias.

As confissões do réu, no tormento, eram registradas pelo notário e apresentadas ao preso 24 horas depois, para que as ratificasse. Se o réu dissesse que só confessara porque estava sob a pressão do medo e da dor, que tudo que dissera era falso, o que acontecia com frequência, era novamente colocado no tormento. Os que se recusavam, absolutamente, a confessar, eram considerados "negativos" e recebiam a pena de morte. Além dos "negativos", havia também os "diminutos", que não denunciavam todos os nomes de parentes e amigos e os "fautores", que escondiam o nome de algum filho, parente ou amigo.

Quando as crianças chegavam aos doze ou treze anos de idade, os pais, tanto criptojudeus quanto laicos, contavam-lhes "o grande segredo" sobre a sua origem, ensinavam-lhes como deviam se comportar caso fossem presos, isto é, dizer sempre que eram "culpados". Ensinavam-lhes também como "jogar" com os inquisidores e como enganá-los.

Para o cristão-novo, a maneira mais segura de sair do cárcere era confessar que era judaizante. Se teimasse em sua inocência, morria. Morria se não confessasse e morria se fosse inocente. Assim, segundo os "estilos" inquisitoriais, morriam, principalmente, os mais fiéis cristãos.

Se o réu fosse inocente, confessasse que cometera o crime e oferecesse aos inquisidores todos os nomes que estes tinham consigo, recebia, como sentença, "cárcere e hábito penitencial perpétuo". Mas se teimasse na verdade, dizendo que era inocente, era "relaxado à justiça secular", isto é, queimado.

Temos diversos exemplos curiosos da conduta de padres confessores, que confirmam o significado enganoso da confissão nos processos inquisitoriais.

Quando o jovem soldado Gaspar Gomes, em 1644, foi preso na Bahia e levado para os cárceres de Lisboa, os inquisidores mandaram-lhe à cela um confessor que o aconselhou a "ir à Mesa e confessar de si e de seus parentes e primos e primas", pois somente assim poderia se livrar da morte. Ante a hesitação de Gaspar Gomes, o padre enviado o aconselhou a confessar e pediu-lhe que acreditasse nele, pois era homem letrado e tinha ensinado por muitos anos. Aconselhou-o a implicar outros na confissão, "mesmo que não fosse verdade"[2]. O soldado da Bahia, em luta com sua consciência, não obedeceu aos conselhos do padre confessor e morreu queimado.

Para conhecer o que foi e o que representou a confissão no Tribunal da Inquisição, ouçamos os próprios réus:

O padre Francisco Dias Palma, sacerdote do hábito de Santiago, prior do Campo de Ourique, contava que, "quando se encontrava na prisão, viu e compreendeu que os cristãos-novos confessavam sem nunca terem praticado nenhuma cerimônia judaica e que lhes era ensinado o judaísmo para poderem 'confessar'"[3]. O mesmo aconteceu com o padre Manuel Duarte, que andava pela Bahia contando que, para livrar-se, "confessou" que "judaizava, cousa que nunca fizera"[4]. António de Castro, também penitenciado pela Inquisição de Lisboa, quando lhe perguntaram como conseguira livrar-se, respondeu: "como todos", e contou que, no cárcere, lhe puseram algemas nas mãos por não querer responder que era judeu e, por essa razão, "ele e outros confessaram o que eram não o sendo"[5].

Cristovão Cerveyra, meio cristão-novo, natural do Porto, saiu no auto de fé de 1642, por ter dito que o Santo Ofício prendia cristãos-novos para lhes tomar as fazendas e que os "presos confessavam o que não tinham feito devido os apertos que sofriam"[6]. Manuel Dias Espinosa, preso em julho de 1622 na

---

2 Processo de Gaspar Gomes, n. 5019, Arquivo Nacional da Torre do Tombo – Inquisição de Lisboa.

3 Cadernos do Promotor da Inquisição de Lisboa, n. 19, ano 1641, p. 324, manuscrito do Arquivo Nacional da Torre do Tombo.

4 Processo nº 13852, Arquivo Nacional da Torre do Tombo – Inquisição de Lisboa.

5 Cadernos do Promotor da Inquisição de Lisboa, n. 23, manuscrito do Arquivo Nacional da Torre do Tombo.

6 Reservados da Biblioteca Nacional de Lisboa, *Fundo Geral*, manuscrito 167 do Arquivo Nacional da Torre do Tombo.

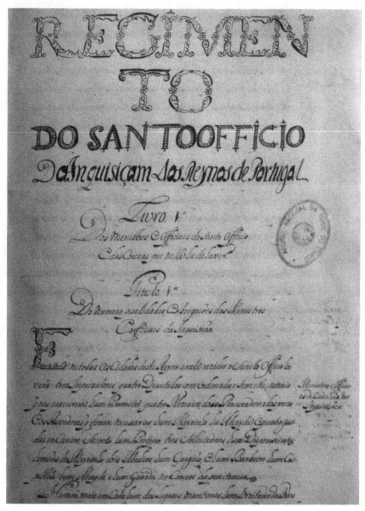

Arquivo Nacional da Torre do Tombo Inquisição de Lisboa, *Regimento do Santo Ofício da Inquisição dos Reinos de Portugal, Livro I, Título 1º, Do número, qualidades e obrigações dos ministros oficiais da Inquisição.*

Bahia, foi levado para os cárceres de Lisboa, acusado de dizer que "muitos queimados morriam por não querer confessar"[7].

Os cristãos-novos tinham enorme repulsa pelas imagens de santos e pela confissão. Não acreditavam nos dogmas da Igreja, na virgindade de Maria, no Cristo Messias. Sempre que podiam, esquivavam-se da confissão. Na Bahia, durante a Quaresma, quando o bispo fazia suas visitas, os baianos teciam toda a sorte

---

7   Processo de Manuel Roiz Espinoza, n. 7467, Arquivo Nacional da Torre do Tombo – Inquisição de Lisboa.

Interrogatório da Inquisição. Jean Paul Laurens, Les Hommes du Sainte Office, óleo sobre tela, 1889. Acervo: Museu de Arte e Arqueologia de Moulin.

de comentários e críticas, "que era melhor confessar a um pau ou a uma pedra do que a outro pecador", ou então, "confessar, para que tanto confessar?"[8]

Tudo o que se passava no interior do Santo Ofício era rigorosamente secreto. Segundo os regimentos da Inquisição, os mínimos acontecimentos deviam ser mantidos em absoluto sigilo, porque "no Santo Ofício não há causa em que não seja necessário o segredo".

Em cada sessão de interrogatório, assim como no tormento, o réu tinha sempre de repetir e assinar que manteria segredo. Todos os funcionários do tribunal, inquisidores, deputados, notários, meirinhos, alcaides, juravam segredo. Os réus, ao serem reconciliados com a Igreja, qualquer que fosse a pena que recebessem, cárcere e hábito penitencial perpétuo, galeras, desterro ou chicotes, tinham sempre de assinar o "termo do segredo", onde juravam absoluto sigilo "sobre tudo o que se passara com eles no decurso de sua causa". Violar o segredo era considerado crime de heresia.

Como conhecer o que se passava no interior do tribunal se tudo era secreto? Os manuscritos pertencentes ao extinto arquivo

---

8   Cadernos do Promotor da Inquisição de Lisboa, n. 3, Arquivo Nacional da Torre do Tombo. Ver também sobre a "Grande Inquirição" de 1646, em A. Novinsky, *Cristãos-Novos na Bahia: A Inquisição no Brasil*, 2. ed., São Paulo: Perspectiva, 1992, p. 129-140.

Vigias do cárcere. Imagem de origem desconhecida.

secreto do Santo Ofício se tornaram acessíveis aos pesquisadores no século XX e, somente após a década de 1960, começaram a ser catalogados. Entretanto, os cristãos-novos portugueses conheciam bem como funcionava o tribunal. Os segredos vazavam, tanto levados pelos réus que eram reconciliados como pelos funcionários que passavam as informações mais sigilosas.

Os prisioneiros criaram numerosas estratégias para mandar informações aos parentes e amigos. Um exemplo curioso foi o de Diogo de Orta, sobrinho-neto do famoso médico e botânico, Garcia de Orta, que entregou ao seu companheiro de cárcere, que devia ser liberto antes dele, uma mensagem ao seu irmão, escrita num pedaço de pano que rasgou de sua camisa. Para redigi-la, "preparou a tinta com vinagre e fumo de candeia, que tirou de uma telha e fez a pena de um pau de vassoura". Costurou os panos nos calções do companheiro, mas este, ao invés de entregá-las ao irmão, as deu aos inquisidores. Nessa mensagem, Diogo de Orta ensinava seu irmão "o que devia confessar", caso fosse preso. Pede também notícias do irmão, que deviam vir num pente cuja ponta seria quebrada, ou através de um tanger de sons de diversos instrumentos[9].

9   Processo de Diogo D'Orta, n. 229, Arquivo Nacional da Torre do Tombo – Inquisição de Lisboa. Ver também A. Novinsky, A Família Marrana de Garcia da Orta, o "Correio" dos Judeus, em Gérard Nahon; Henry Méchoulan (orgs.),

58 VIVER NOS TEMPOS DA INQUISIÇÃO

Temos três fontes importantíssimas e bem detalhadas que nos informam sobre o verdadeiro sentido que adquiriu a confissão nos tribunais da Inquisição. Uma, escrita pelo famoso humanista português António Nunes Ribeiro Sanches[10], a outra, atribuída ao notário da Inquisição de Lisboa, Pedro Lupina Freire[11], e a terceira, de autoria do padre Antônio Vieira[12]. O texto de Ribeiro Sanches tem sido utilizado frequentemente pelos historiadores, mas no que tange a Lupina Freire correm ainda diversos mistérios, tanto em torno de sua pessoa como sobre a autoria e publicação das *Notícias Recônditas*[13]. Vieira conhecia Lupina Freire e refere-se a ele numa carta enviada de Roma para o padre Manuel Fernandes (9 de setembro de 1673)[14]. O documento que nos deixou o notário da Inquisição é a mais rica e detalhada informação sobre o que ocorria no interior do tribunal, e o que relata era verídico, confrontado com outras fontes.

O padre Antônio Vieira foi quem mais drasticamente desmascarou a falsidade das confissões e enriqueceu nossos conhecimentos sobre como funcionavam, realmente, os tribunais portugueses. Vieira tentou minar o Santo Ofício, delatando em Roma os crimes da Igreja em Portugal. Redigiu uma carta diretamente ao papa Inocencio XI, onde se refere, textualmente, à falsidade da confissão[15]. Cristãos-novos eram penitenciados, mesmo sendo completamente inocentes do pecado de que eram acusados. Vieira não crê que se possa dar crédito às confissões contidas nos milhares de processos

---

Mémorial I.S. Revah: Études sur le marranisme, l'hétérodoxie juive et Spinoza, Paris: Peeters, 2001, p. 357-369.

10 Cf. António Nunes Ribeiro Sanches, *Christãos Novos e Christãos Velhos em Portugal*, Porto: Paisagem, 1973.

11 Notícias Recônditas do Modo de Proceder da Inquisição Com os Seus Presos, em A. Vieira, *Obras Escolhidas IV: Obras Várias II*, Lisboa: Sá da Costa, 1951.

12 Sobre as "Notícias Recônditas" e as dúvidas acerca do seu autor, ver A. Novinsky, An Account of Cruelties Exercised by the Inquisition in Portugal, *I Found it at the J.C.B. Scholars and Sources*, Providence: Jonh Carter Brown Library, 1966, p. 83-87.

13 *Cartas do Padre Antônio Vieira*, coordenadas e anotadas por João Lúcio de Azevedo, 3 v., Lisboa: Imprensa Nacional, 1971, v. 2, p. 626.

14 Carta do Pe. Antônio Vieira Sobre a Causa do Santo Ofício Escrita ao Santíssimo Pe. Innocencio XI, Lisboa: Biblioteca da Ajuda, códice 49/IV/23, p. 6-8v.

15 Memorial a Favor da Gente da Nação Hebreia Sobre o Recurso Que Intentava Ter em Roma, Exposto ao Sereníssimo Senhor Príncipe D. Pedro, Regente Deste Reino de Portugal, em A. Vieira, *Obras Escolhidas IV: Obras Várias II*, Lisboa: Sá da Costa, 1951, p. 115-135.

O SENTIDO DA CONFISSÃO NA INQUISIÇÃO PORTUGUESA · 59

inquisitoriais. As regras e o funcionamento do tribunal obrigavam o réu sempre a assumir a "culpa", e os crimes eram forjados. Os confessos, escreve Vieira, num memorial dirigido ao príncipe dom Pedro, "revelam o que nunca fizeram e quando negam o crime de que são acusados, morrem. Os réus que se confessam culpados mentem para salvar a vida". O tribunal, escreve ainda o jesuíta, é o lugar onde "os inocentes padecem e os culpados triunfam"[16].

Em outra carta escrita por Vieira quando estava em Roma da primeira vez, e dirigida a um "português e grave", o jesuíta torna a repetir seu argumento sobre a inocência dos réus, pois não acreditava serem verdadeiros os crimes que os réus confessavam, "ainda que mil vezes o confessem"[17]. Judeus eminentes, formados na Universidade de Coimbra ou de Salamanca, que honravam o nome português, confessavam mentiras sob tortura, por medo da morte[18]. Vieira divulgou as atrocidades cometidas pela Igreja e ironizou toda a "farsa" da confissão. Em Roma, escreveu que corria a notícia que dizia que se alguém era inocente, "que o mandassem para Portugal que logo o queimariam"[19]. Por causa das intervenções de Vieira, o papa exigiu que se fechasse o Tribunal da Inquisição em 1674, o que se deu "com grande mortificação dos inquisidores". Mas foi uma trégua fictícia, que piorou a situação dos prisioneiros, que continuaram anos nas masmorras aguardando julgamento. Anos depois, o tribunal reabriu, iniciando uma nova fase, a mais violenta e feroz de toda a sua existência.

A questão da confissão foi tema que suscitou uma acirrada polêmica, na década de 1960, entre o professor do Collège de France, Israel Révah, e o professor António José Saraiva. O primeiro dava completo crédito à confissão dos réus acusados de judaísmo, e o segundo punha em dúvida a veracidade das confissões, alegando que os réus respondiam o que os inquisidores queriam ouvir[20].

---

16 Carta do Pe. Antônio Vieira. Estando em Roma da primeira vez, escreveu a um religioso e que também lá se achava sobre o rigor do estilo das inquisições de Portugal naquele tempo, Lisboa: Biblioteca da Ajuda, códice 49/IV/23, p. 34-38.
17 Ibidem.
18 Ibidem.
19 Ibidem.
20 Sobre a polêmica entre I. Révah e A.J. Saraiva, ver António José Saraiva, *Inquisição e Cristãos-Novos*, 5. ed., Lisboa: Estampa, 1985, p. 211-291.

Joseph Constantine Stadler, Primeiro Grau de Tortura da Inquisição (1814), *água tinta colorida*. Museu Nacional de Arte Antiga, Lisboa. Acervo Luiza Oliveira

Joseph Constantine Stadler, Quarto Grau de Tortura da Inquisição (1814), *água tinta colorida*. Museu Nacional de Arte Antiga, Lisboa

Auto de fé. Autoria desconhecida.

Queimadeiro. Benard Picart, L'autodafe ou l'Acte de foi. Gravura, água forte e buril, 39,3 x 24,3 cm, c. 1722. Museu Nacional de Arte Antiga de Lisboa.

Eugenio Lucas Velazquez (1817-1870), Condenado Pela Inquisição, óleo sobre tela, 41×51 cm. Museu do Prado, Madri.

O SENTIDO DA CONFISSÃO NA INQUISIÇÃO PORTUGUESA

Essa polêmica continua até hoje. Trabalhos publicados em Israel, de autoria de eminentes professores da Universidade Hebraica de Jerusalém, assim como nos Estados Unidos, relutam em aceitar a ideia de António José Saraiva e defendem a ideia de que os cristãos-novos preferiam morrer a deixar sua antiga fé. Em termos gerais, isso não passa de um mito. Havia, é certo, uma minoria de cristãos-novos que não quis abandonar sua religião antiga, mas não foi, certamente, a maioria. Os cristãos-novos fizeram toda sorte de compromissos para viver. Além do mais, identificar-se ou ser chamado de "judeu" não significava sempre ser marrano, pois a religião perdeu, com o passar dos tempos, para muitos cristãos-novos, grande parte de seu significado[21].

O que é importante considerar é que a confissão preenchia uma função política. Cada denúncia trazia para o tribunal novos réus. Sendo a confissão a maior fonte de renda dos tribunais, do número de "pecadores" dependia a manutenção financeira da burocracia inquisitorial.

A confissão foi utilizada pela Inquisição portuguesa e espanhola, durante períodos de crise, para fins políticos, como, por exemplo, durante a Restauração portuguesa, quando os inquisidores apoiavam os Habsburgos e se utilizavam dos réus para extorquir segredos sobre António, prior de Crato, durante a guerra da Catalunha e na guerra de sucessão da Espanha.

A Inquisição prometia salvação, mas em troca de uma colaboração: a confissão. O tribunal era "santo", não podia nele haver nada de contraditório e ninguém podia expressar dúvidas sobre a inefabilidade dos padres inquisidores, legítimos representantes da justiça divina na terra.

Por meio da confissão, o Santo Ofício da Inquisição garantiu a continuidade do poder do tribunal. A confissão foi uma arma política e preencheu uma função político-ideológica.

---

21 Sobre as dúvidas do apego dos conversos à religião judaica, ver Benzion Netanyahu, *The Marranos of Spain: From the Late 14th to the Early 16th Century*, New York: American Academy for Jewish Research, 1966.

O Papa Como Anticristo, século XVI, desenho de autor anônimo. Chiovaro, F. Urbi et Rubi: Deux mille ans de papauté, *Paris: Gallimard, 1995, p. 76-77.*

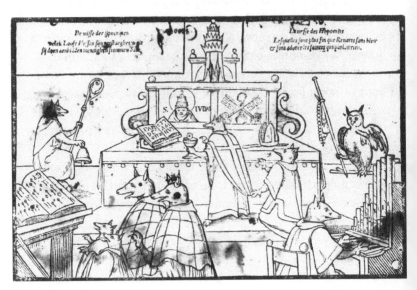

Crítica á Igreja: Missa dos hipócritas.

6. A Ideologia do Confisco

No início desse século, a obra *Os Judeus e a Vida Econômica*, de Werner Sombart, despertou o interesse dos pesquisadores de história econômica para um fenômeno que permanecia ignorado: o papel fundamental desempenhado pelos judeus portugueses e espanhóis, dispersos pelo mundo a partir do fim do século xv, para o desenvolvimento do capitalismo comercial e financeiro europeu. Como diz o próprio autor, buscando enriquecer sua obra, defrontou-se acidentalmente com o problema dos judeus. As pesquisas de Max Weber sobre a relação entre capitalismo e puritanismo levaram-no a aprofundar-se no estudo da influência da religião sobre a vida econômica, buscando encontrar a relação entre as ideias e o comportamento econômico. Tentando compreender a razão do grande florescimento do comércio no norte da Europa e do seu declínio nos países do sul, pareceram insuficientes as explicações que encontrou, atribuindo esse fato ao descobrimento dos novos caminhos para as Índias. Após inúmeras pesquisas, concluiu que um dos fatores essenciais que levou à decadência os países ibéricos e à prosperidade de cidades como Amsterdã, Livorno, Hamburgo, Frankfurt, Antuérpia etc. foi a expulsão dos judeus da Espanha e de Portugal e sua dispersão pelo mundo. E ainda que sua presença seja um fator determinante no desenvolvimento do capitalismo europeu, como os grandes descobrimentos, a exploração das minas de ouro e prata e o aperfeiçoamento da técnica, a ação e os empreendimentos dos judeus ibéricos foram decisivos. A tese de Sombart já foi bastante discutida, tanto pela crítica metodológica como por trabalhos sobre a relativamente moderada participação na vida econômica e financeira do norte da Europa.

Não nos parece realmente, como pensa Sombart, que os judeus tenham sido guiados pelo seu "espírito capitalista", mas não há dúvidas, como diz Fernand Braudel, em *O Mediterrâneo e o Mundo Mediterrânico*, que souberam adaptar-se à geografia e à conjuntura em mudança dos negócios. Essa adaptação foi particularmente fecunda na América, apesar de o grau de atuação dos cristãos-novos na vida mercantil e financeira das colônias portuguesas e espanholas ser ainda pouco conhecido. O próprio Sombart afirmou quão falhas eram as informações de que dispunha, consequentemente às precárias investigações existentes sobre o assunto. Uma das principais lacunas que encontrou e que impedia uma constatação segura, era o desconhecimento que se tinha da "qualidade" dos homens que realizavam o comércio colonial. Lamentavelmente, meio século após as considerações de Sombart, temos de constatar que fizemos um avanço muito pequeno nesse sentido, e pouco ou quase nada podemos acrescentar a favor ou contra a sua tese no que diz respeito às atividades econômicas dos cristãos-novos portugueses na América. É necessário partir, antes de tudo, da determinação de "quem eram" esses homens no centro da atividade comercial da época. Quais suas origens, formação cultural, crenças, valores e quais eram suas vinculações econômicas e familiares. Os arquivos judiciais, uma das fontes mais ricas para os estudiosos das ciências humanas, podem auxiliar-nos enormemente nesse caminho. Permitem-nos resolver problemas ligados à genealogia, ao grau de educação, à profissão, assim como conhecer os grupos sociais, sua solidariedade, rivalidade, disputas, gostos e atitudes. Os cristãos-novos, tanto os que se declararam publicamente judeus como os que praticaram secretamente a religião judaica, e também os demais integrados no catolicismo, misturados há várias gerações com os cristãos-velhos, apresentaram formas de comportamento variadas, e seus modos de pensar e viver ainda não aparecem nítidos e compreensíveis, tendo sido interpretados de maneira estereotipada pela historiografia, tanto a tradicional quanto a contemporânea. Cremos que a contribuição de Sombart foi valiosa por ter chamado a atenção para a importância dos judeus de origem ibérica e suas relações econômicas internacionais.

Sombart partiu de uma afirmação cujo sentido tem de ser cuidadosamente esclarecido, de que "todos" os cristãos-novos espalhados pelas possessões portuguesas e espanholas ou que se encontravam dispersos na Europa, eram judeus. Devido à dificuldade em especificar quem daqueles cristãos-novos era judeu, o historiador encontra-se ante o imperativo de conceituar esse termo. De início confundem-se duas abordagens, a religiosa e a social-econômica. Do ponto de vista religioso, apesar de ter havido, nos países católicos, cristãos-novos que se mantiveram durante séculos ligados à fé judaica, confirmando a "realidade" do marranismo, a maior parte da população portuguesa de origem judaica remota, condenada ou não pela Inquisição, não pode ser considerada judia no sentido estritamente religioso que lhe conferem certos autores. Encarado, contudo, sob um ponto de vista amplo, de "herança cultural", a questão muda radicalmente e se complica ainda mais. Somente poderá ser entendida após o conhecimento profundo do "fenômeno" cristão-novo português, sem as simplistas definições habituais, provenientes da aceitação das fontes oficiais, nesse caso, os processos da Inquisição, sem a necessária crítica.

Também é fundamental entender o mecanismo de funcionamento do tribunal – para o qual, num sentido amplo, todos os indivíduos suspeitos eram culpados – e investigar o que significava "judaizante" para os inquisidores. Uma abertura na direção da psicologia do mental coletivo com certeza poderá trazer enormes esclarecimentos sobre o comportamento, os valores e as visões de mundo de tão ampla parte da população portuguesa. A dramática "condição de judeu" do português, contrariamente ao que se pensa, emanava não de um universo religioso, mas de uma problemática social.

Condições extremamente árduas de sobrevivência, perseguição e extermínio, se de um lado levaram cristãos-novos de volta para a religião judaica ortodoxa, de outro lançaram muitos para os limites da incredulidade. Para Sombart, assim como para os inquisidores, ainda um ou dois séculos após a conversão todos os descendentes dos convertidos, até onde alcança sua lembrança histórica de origem, são considerados judeus.

No que concerne à participação dos cristãos-novos no comércio colonial, as investigações levaram-nos a formular algumas hipóteses, que fazem as afirmações de Sombart, aparentemente exageradas no que diz respeito à atuação dos cristãos-novos no comércio colonial, parecerem menos absurdas e mais providas de fundamento.

Ainda que não possamos estimá-los demograficamente, sabemos que cristãos-novos viveram no Novo Mundo em número extremamente avultado, dispondo de excepcionais condições oriundas de uma longa experiência histórica para aproveitarem "a luz que se lhes oferecia", e não como diz Sombart, que eles "levaram" para o Novo Mundo. Sem terem sido criadores do capitalismo (e alguém o criou?, como pergunta Braudel), tiveram ação sobre ele. Importantes nas colônias das Índias Ocidentais, foram negociantes e plantadores no Brasil, no Suriname, na Jamaica, na Martinica etc. Sua força sobressai, inicialmente, nas relações comerciais e financeiras com a Holanda e depois com a Inglaterra. Contudo, segundo os estudos de Harold Bloom[1], as fortunas dos judeus em Amsterdã eram insignificantes em comparação às dos cristãos da cidade, tendo sido a seu ver uma gota no orçamento comercial da grande Metrópole, apesar de ser uma gota significativa e poderosa.

As conexões dos cristãos-novos com seus correligionários em outros países deram-lhes as possibilidades de sentir o pulso do mercado internacional e desenvolver intensa relação comercial. Nos séculos XVII e XVIII, os termos cristãos-novos e homens de negócio eram sinônimos. O que não sabemos, contudo, é a medida, o grau de participação que tiveram os cristãos-novos do Brasil no comércio exterior. O Brasil foi o lugar onde puderam, mais do que em qualquer outra região, desenvolver amplamente suas habilidades. Apesar de a legislação portuguesa em relação aos homens de origem hebreia ter

1 Harold I. Bloom, *The Economic Activities of the Jews in Amsterdam in the XVII and XVII Centuries*, Williamsport: Bayard, 1937.

A IDEOLOGIA DO CONFISCO 69

sido francamente discriminatória, puderam contornar a situação e habilmente manejar os negócios, adquirindo posições de prestígio e direção. O desafio ante o qual se encontravam, de sobreviver a qualquer preço, já que na pátria as possibilidades de desenvolvimento se apertavam cada vez mais, levou-os a buscar e criar novos campos e métodos de trabalho. Favoreceu-os alguns requisitos ótimos que possuíam, essenciais durante os primórdios do capitalismo comercial, como contatos e ligações familiares, idioma comum e confiança. Mercadores cristãos-novos cruzavam ininterruptamente o Atlântico, trazendo e levando mercadorias e ideias. Eram homens de diferentes graus de cultura, tanto comerciantes como bacharéis de Coimbra ou simples artífices. Não obstante as perseguições inquisitoriais, encontraram possibilidades de enriquecer e ascender socialmente, constituindo parcela da alta burguesia no Brasil.

A partir do século XVII, a crise dos impérios espanhol e português se precipita. A interferência dos confiscos inquisitoriais na economia dos países ibéricos entravou cada vez mais a atividade mercantil, enquanto no norte da Europa se abriam amplas oportunidades para os homens sem linhagem e sem fortuna. Durante o reinado dos Habsburgos na península, a perseguição aos cristãos-novos em Portugal se intensifica, o preconceito e os mitos de pureza obcecam a mente da população, as rivalidades entre cristãos-velhos e novos se agrava, levando à intensificação da emigração. Regiões inteiras se despovoam ante a falta de visão da classe dirigente, enquanto o Brasil se torna, paradoxalmente, lugar de refúgio e degredo. O surto econômico causado pelo sucesso da lavoura canavieira e a euforia proveniente da descoberta do ouro atraíram grande número de refugiados. A Inquisição interferiu durante dois séculos sobre o comportamento e as atividades desses colonos, levando, durante certos períodos, significantes levas de homens e mulheres para as prisões do Santo Ofício. Essas perseguições, apesar de ainda pouco estudadas, deixaram marcas locais, levando muitos a abandonar terras e família em busca de novo exílio. Braudel assinala a correlação existente entre as perseguições, os massacres, as expulsões e as conversões forçadas dos judeus e os movimentos de conjuntura de certos países. Acentua ainda um fato importante, a validade da correlação entre essas conjunturas e vicissitudes, não somente para os grandes acontecimentos e fases de longa duração, como também para as crises menores, no correr dos anos, no dia a dia. Seria interessante investigar as perseguições efetuadas pela Inquisição no Brasil em determinados períodos e as consequentes crises locais.

Praticamente tudo que sabemos sobre os cristãos-novos no Brasil diz respeito ao século XVII, período que dominou a economia açucareira. Sobre sua presença na época da mineração, assim como durante toda a segunda metade do século XVIII, pouco conhecemos. A ausência de pesquisa sobre a ação inquisitorial nos reinados de dom João V, o "Magnânimo", de dom José e de dona Maria torna bastante deficiente o quadro que temos desse período, tanto em Portugal como no Brasil.

7. Morrer Sem Culpa – Coimbra

> *Cristo Senhor Nosso nos ensina que é melhor ficar
> a cizânia entre o trigo, do que com o zelo de tirar a
> cizânia perecer o trigo, e é mais santo e justo ficar o
> crime sem castigo, que castigar-se o inocente.*
>
> ANTÔNIO VIEIRA, *Memorial a Favor
> da Gente de Nação Hebreia*

A fúria fanática que se abateu sobre Portugal, a partir do estabelecimento do Tribunal do Santo Ofício da Inquisição em 1536, obrigou portugueses de origem judaica, cristãos-novos, a se expatriarem. Homens de letras, financistas, homens de negócios, profissionais liberais e artesãos levaram para os quatro cantos do mundo seus conhecimentos científicos, sua criatividade e a experiência que haviam acumulado durante séculos em Portugal, na atmosfera de liberdade que lhes fora garantida pelos reis portugueses nos séculos medievais. O Brasil foi um dos refúgios mais procurados, principalmente a partir da segunda metade do século XVI, e numerosos cristãos-novos que aqui se estabeleceram possuíam um nível superior de educação, alguns deles diplomados pela Universidade de Coimbra.

A medicina foi, na Península Ibérica, praticamente um monopólio dos judeus. Essa tradição estendeu-se ao Brasil, e eram cristãos-novos os médicos, farmacêuticos, boticários e cirurgiões barbeiros nos séculos coloniais[1]. Possuíam "cartas de

---

1   Lycurgo de Castro Santos Filho, *História Geral da Medicina Brasileira*, São Paulo: Hucitec/Edusp, 1977, p. 306: "Foram cristãos-novos e meio cristãos todos os profissionais do século XVI, o mesmo acontecendo, aliás, nos séculos XVII e XVIII."

licença" para exercer sua profissão e gozavam de enorme prestígio. O primeiro diplomado a exercer a profissão de médico no Brasil foi Jorge Valadares, que fez parte da comitiva do primeiro governador geral do Brasil, Tomé de Sousa. Empossado no cargo de "físico-mor" em Salvador, em 1549, manteve-o até 1553 (faleceu em 1557)[2]. Seu sucessor foi o cristão-novo Jorge Fernandes, licenciado e conhecido como "físico da cidade de Salvador da Bahia de Todos os Santos na Costa do Brasil", até 1557[3]. Mestre Afonso Mendes, "cirurgião-mor das partes do Brasil", chegou com o terceiro governador geral, Mem de Sá, trazendo toda sua família, e faleceu em 1577[4]. Iniciou-se em Salvador a estirpe dos Antunes. Podemos dizer que esse foi, depois de São Vicente, o núcleo mais antigo, amplamente documentado, da prática de religião judaica no Novo Mundo.

No século XVII, enriquecidos com o sucesso da agricultura, brasileiros natos e portugueses residentes no Brasil procuraram manter o nível de educação superior de seus filhos, mandando-os estudar em universidades europeias, principalmente na Universidade de Coimbra. A liderança burocrática dessa universidade endossou plenamente a discriminação racial contra os descendentes de judeus, mouros e negros, e os seus estatutos, até fins do século XVIII, ainda registravam a limpeza de sangue entre os critérios na seleção de seus alunos. Em 4 de janeiro de 1779, António Ribeiro de Paiva obteve uma concessão da rainha para que pudesse receber o grau de doutor da Faculdade de Filosofia da Universidade de Coimbra, "não lhe obstando a impureza de sangue"[5]. A conhecida dicotomia em Portugal entre a teoria e sua aplicação prática também funcionou na Universidade de Coimbra, e encontramos portugueses descrentes de judeus convertidos em 1497, cursando livremente Medicina, Leis, Cânones, Matemática, Filosofia etc., durante toda a época moderna.

---

2 Ibidem, p. 307.
3 Ibidem.
4 Ibidem, p. 308.
5 "Excelentíssimo e Reverendíssimo Senhor. Sua Majestade he servida que V. Excelencia Reverendíssima sem perda de tempo passe as ordens necessárias para se conferir o Grao de Doutor na Faculdade a Francisco Ribeiro de Paiva não lhe obstando a impureza de sangue que se lhe augue", apud Maria Luiza Tucci Carneiro, *Preconceito Racial no Brasil Colônia: Os Cristãos-Novos*, São Paulo: Brasiliense, 1983, p. 194.

A análise dos processos inquisitoriais de cristãos-novos presos no Brasil mostra-nos que eles constituíam um grupo social definido que, pelas suas ocupações socioprofissionais, estilo de vida, capital social, trajetória de vida e mentalidade, apresentava certa homogeneidade social e situava-se no âmago da sociedade colonial. A definição oferecida por Adeline Daumard, no seu estudo sobre a burguesia francesa, retrata perfeitamente esse grupo:

Os burgueses eram Criadores que, eventualmente ajudados por sua família e em sua volta, somente acreditavam neles mesmos para construir um futuro que pensavam dominar, a fim de impor o que lhes parecia o melhor, primeiro aos seus próximos – sua família, sua empresa –, e, em seguida, e isto para os mais ativos e os mais influentes, a um círculo mais abrangente, incluindo cidade, região, país, sem esquecer das ambições suscetíveis de se estender além das fronteiras nacionais. Em todos os níveis da escala social, os burgueses do século XIX foram e se sentiam homens socialmente superiores.[6]

Trago aqui os resultados parciais de uma pesquisa mais ampla que estamos realizando sobre os cristãos-novos no Brasil durante a "idade do ouro", principalmente na primeira metade do século XVIII. Apresentarei:

1. O rol de profissionais liberais, sacerdotes e estudantes cristãos-novos, presos no Brasil por ordem da Inquisição e penitenciados em Portugal, pelo crime de judaísmo.

2. Dois processos da Inquisição de Lisboa, o primeiro contra o médico Diogo Correa do Valle, formado pela Universidade de Coimbra, e o segundo contra o seu filho, Luís Miguel Correa, que havia sido estudante de Medicina na mesma universidade, ambos presos no Brasil e queimados no mesmo auto de fé[7]. O estudo exaustivo dos processos da Inquisição portuguesa permite que se faça uma leitura da historiografia contemporânea sobre o Tribunal do Santo Ofício, ou melhor, sobre a chamada

---

6   A la Recherche de la bourgeoisie française au XX siècle: Réflexions de méthode, *Bulletin d'Histoire Moderne et Contemporaine*, n. 14, p. 64.

7   Processo de Diogo Correa do Valle, n. 821, manuscrito do Arquivo Nacional da Torre do Tombo – Inquisição de Lisboa; Processo de Luís Miguel Correa, n. 9249, manuscrito do Arquivo Nacional da Torre do Tombo – Inquisição de Lisboa.

74   VIVER NOS TEMPOS DA INQUISIÇÃO

"Nova História da Inquisição", amplamente divulgada, nessa última década, por historiadores de diversas origens, principalmente espanhóis[8].

A tradição cultural da antiga Universidade de Coimbra não se apagou completamente com a discriminação e a ideologia que a Inquisição impôs à sua direção. Já no século XVI, duas mentalidades se sobrepõem, e encontramos de um lado lentes e estudantes apegados a uma tradição conservadora, cujos nomes ilustres estavam intimamente ligados ao Santo Ofício, ocupando postos de relevo no tribunal, como mostrou Manuel Augusto Rodrigues, e de outro, mestres e alunos com posições críticas e renovadoras que, mesmo silenciadas pelo medo, transpiravam clandestinamente na atmosfera fanática da velha universidade, transformada, nas palavras de João Lúcio de Azevedo, num "covil de heréticos"[9]. Entre o núcleo de brasileiros que circulava pelas cadeiras de Medicina, Leis, Cânones etc., encontramos no século XVI a *intelligentsia* luso-brasileira, revelada nos escritos de Antônio José da Silva, Bartolomeu de Gusmão e outros. Podemos caracterizar as críticas religiosas dos hereges luso-brasileiros como uma "tomada de consciência" dos portugueses, comprimidos entre um governo absolutista de estreitas visões e uma Igreja retrógrada e fanática. Inserido no campo de estudos das heresias na época moderna, portugueses cristãos-velhos ou cristãos-novos acusados do crime de judaísmo podem ser considerados os precursores da crítica religiosa da Europa ilustrada[10]. Para entendermos essa posição antagônica à religião católica, é fundamental conhecer o que significava "judaísmo" entre os próprios cristãos-novos. É também importante saber que qualquer posição crítica em relação à religião católica, se partisse de um cristão-novo, era definida como "judaísmo". Uma questão que continua a desafiar os historiadores, tanto judeus como cristãos, é a "medida" desse "judaísmo", isto é, em que proporção os réus condenados

---

8   Cf. Joaquim Pérez Villanueva, *L'Inquisición Española: Nueva Visión, Nuevos Horizontes*, Madrid: Siglo XXI de España, 1980.

9   O Ambiente Cultural de Coimbra e a Actuação da Inquisição, *Inquisição: Congresso Luso-Brasileiro Sobre a Inquisição*, Lisboa: Universitária Editora, 1989, v. 1, p. 291-302.

10 J.L. de Azevedo, *História dos Christãos Novos Portugueses*, Lisboa: A.M. Teixeira, 1921, p. 179.

MORRER SEM CULPA - COIMBRA

pela Inquisição eram realmente praticantes da religião judaica. Uma resposta absoluta a essa questão é praticamente impossível, pois os processos obedeciam a um formulário repetitivo, utilizando durante séculos os mesmos termos e a mesma linguagem. E consideremos também que, segundo os critérios utilizados pelos inquisidores no julgamento, para livrar-se da morte era necessário confessar-se culpado.

Num recente trabalho publicado na revista *Histoire, Économie & Société*, Bartolomé Bennassar defendeu, a respeito do marranismo, uma tese sobre a "culpabilidade do réu", em desacordo com a que foi apresentada em meu livro *Cristãos-Novos na Bahia*[11]. A velha polêmica travada entre Israel Révah e António José Saraiva, na década de 1960, continua a preocupar os historiadores. Ángel Alcalá também retomou a questão referente à culpabilidade ou inocência dos réus penitenciados, chegando, porém, a resultados diferentes: "os cristãos-novos condenados pela Inquisição não foram mártires do judaísmo, mas mártires do catolicismo"[12].

Há um ponto que nos parece importante no que se refere à interpretação historiográfica sobre o marranismo: a tese revisionista defendida pela "nova história da Inquisição" "desjudaizou" a Inquisição. Iniciou-se um "novo discurso", procurando mostrar que a "lenda negra", criada em torno do tribunal, não corresponde à verdade histórica, tendo sido fruto de atitudes tendenciosas e distorcidas dos historiadores. Os inquisidores emergem, então, com uma nova figura e seu estereótipo de horror vem substituído por uma figura mais justa e mais humana. Propõem-se alguns historiadores contemporâneos a escrever uma "história nova", baseada em fontes inquisitoriais, uma história objetiva, imparcial, em busca de rigor científico, que procura apoiar-se fundamentalmente em dados demográficos, estudos estatísticos e comparativos. As pesquisas que fizemos sobre a Inquisição portuguesa revela um quadro totalmente diferente do apresentado por essa historiografia. Mesmo que cada tribunal

---

11 Cf. A. Novinsky, Estudantes Brasileiros "Afrancesados" da Universidade de Coimbra: A Perseguição de António de Morais Silva (1779-1806), em Oswaldo Coggiola (org.), *A Revolução Francesa e Seu Impacto na América Latina*, São Paulo: Nova Stella/Edusp, 1990, p. 357-371.

12 Mártires foram todos os indivíduos, cristãos novos ou cristãos velhos, acusados inocentemente.

VIVER NOS TEMPOS DA INQUISIÇÃO

possuísse uma certa independência de ação, e obedecesse aos critérios individuais dos inquisidores pertencentes ao Conselho Supremo, as regras e os princípios que norteavam as inquisições ibéricas, espanhola e portuguesa, eram os mesmos: injustiça, arbitrariedade e desrespeito às normas legais.

Alguns trabalhos já foram publicados sobre brasileiros que estudaram ou foram bacharéis na Universidade de Coimbra. Não temos, porém, até o presente, um rol dos cristãos-novos do Brasil, profissionais liberais e estudantes de Coimbra, que foram penitenciados pelo Santo Ofício. Dos 444 casos que analisamos até o presente, dos 227 homens acusados de judaísmo (principalmente na primeira metade do século XVI), cerca de 20% eram profissionais liberais, sacerdotes e estudantes, a maioria com certeza formada em Portugal[13].

Os processos dos cristãos-novos presos (não incluídos os "suspeitos"), cuja relação apresentamos a seguir, permitem-nos reconstruir as suas origens, o seu nível social, as suas ocupações socioprofissionais, os vínculos familiares e matrimoniais, o número de filhos etc. É toda uma trajetória de vida que se articula ante o historiador. Mas o que nos interessa aqui é a sua fé religiosa. O judaísmo de que foram acusados somente pode ser entendido em termos de uma visão de mundo anticatólica, que encontrou seu fomento na secreta atmosfera herética da universidade, durante o percurso de suas vidas estudantis.

O índice de nomes que publicamos não representa a totalidade de cristãos-novos presos no século XVIII no Brasil, pois muitos processos encontram-se ainda "deslocados" nos arquivos portugueses, mas nos fornecem elementos que permitem a reconstrução da atmosfera subversiva da Colônia, assim como seu destino depois que deixaram a universidade.

---

13 Cf. Bartolomé Bennassar, Une Fidelité difficile: Les Nouveaux chrétiens de Bahia et Rio de Janeiro aux XVIIIème siècles, *Histoire, Economie et Société*, n. 2, 1988, p. 209-220; A. Novinsky, *Cristãos-Novos na Bahia: A Inquisição no Brasil*, 2. ed., São Paulo: Perspectiva, 1992; António José Saraiva, *Inquisição e Cristãos-novos*, 5. ed., Lisboa: Estampa, 1985. Anexo "Polêmica Acerca de Inquisição e Cristãos-Novos entre I.S. Révah e António José Saraiva", p. 221-260; Ángel Alcalá, Nuevas Perspectivas en la Polémica Sobre el Motivo Real de la Inquisición, *Chronica Nova*, n. 13, 1982, p. 7-26; A. Novinsky, Jewish Roots in Brazil, em Judith Laikin Elkin; Gilbert W. Merkx (eds.), *The Jewish Presence in Latin America*, Boston: Allen & Unwin, 1987, p. 33-44.

LICENCIADOS

AGOSTINHO DE PAREDES: advogado e senhor de engenho, natural e morador no Rio de Janeiro, preso em 1713, com 56 anos. Sentença: cárcere e hábito penitencial perpétuo.

ANTÔNIO ANDRADE SOARES: juiz, natural do Rio de Janeiro, morador em Arrayolos, preso em 1713. Sentença: cárcere e hábito penitencial ao arbítrio dos inquisidores.

ANTÓNIO RIBEIRO SANCHES: médico, natural do Lugar do Monforte, bispado de Castelo Branco, morador nas Minas de Paracatu, bispado de Pernambuco; preso em 1747, com 37 anos. Sentença: cárcere e hábito penitencial ao arbítrio dos inquisidores.

ANTÔNIO JOSÉ DA SILVA: advogado, natural do Rio de Janeiro, morador em Lisboa, preso em 1726, com 32 anos. Sentença: relaxado à justiça secular.

BALTAZAR RODRIGUES COUTINHO: advogado, natural do Rio de Janeiro, morador em Lisboa, preso em 1726, com 26 anos. Sentença: cárcere e hábito penitencial perpétuo.

BENTO CARDOSO: sacerdote do hábito de S. Pedro, natural e morador no Rio de Janeiro, preso em 1714. Morreu no cárcere.

DAMIÃO RODRIGUES MOEDA: advogado, natural de Idanha-a-Nova, morador no Rio de Janeiro, preso em 1710, com 45 anos. Sentença: cárcere e hábito penitencial ao arbítrio dos inquisidores.

DIOGO CARDOSO COUTINHO: médico, natural e morador no Rio de Janeiro, preso em 1712, com 29 anos. Sentença: cárcere e hábito penitencial ao arbítrio dos inquisidores.

DIOGO CORREA DO VALE: médico, natural de Sevilha, morador em Minas de Ouro Preto, bispado do Rio de Janeiro, preso em 1730, com 58 anos. Sentença: relaxado à justiça secular.

DIOGO RODRIGUES DA CRUZ: mestre em artes, natural e morador no Rio de Janeiro, preso em 1714, com 32 anos.

DIONÍSIO DE ALMEIDA DA COSTA: sacerdote do hábito de S. Pedro, natural do lugar de Lorvão, termo de Coimbra, morador em Minas Gerais, preso em 1727, com 34 anos. Sentença: degradado.

FRANCISCO GOMES DINIZ: advogado, natural e morador no Rio de Janeiro, preso em 1714, com 34 anos. Sentença: cárcere e hábito penitencial perpétuo.

FRANCISCO NUNES MIRANDA: médico, natural de Almeida, morador na Bahia, preso em 1700, com 49 anos. Sentença: cárcere e hábito penitencial perpétuo.

FRANCISCO SIQUEIRA MACHADO: médico, natural e morador no Rio de Janeiro, preso em 1708, com 42 anos. Sentença: cárcere e hábito penitencial perpétuo.

FRANCISCO PAREDES: sacerdote, natural e morador no Rio de Janeiro, preso em 1716.

IGNACIO CARDOSO DE AZEVEDO: advogado, natural e morador no Rio de Janeiro, preso em 1712, com 35 anos. Sentença: cárcere e hábito penitencial perpétuo.

JOÃO LOPES DA VEIGA: advogado, natural do Rio de Janeiro, morador em Extremoz, preso em 1713, com 29 anos. Sentença: cárcere e hábito penitencial ao arbítrio dos inquisidores.

JOÃO NUNES VIZEU: médico, natural de Idanha-a-Nova, bispado da Guarda, morador no Rio de Janeiro, preso em 1710, com 37 anos. Sentença: cárcere e hábito penitencial perpétuo.

JOÃO PERES CALDEIRA: sacerdote do hábito de S. Pedro, natural e morador no Rio de Janeiro, preso em 1714, com 60 anos. Sentença: cárcere e hábito penitencial perpétuo.

JOÃO PINTO COELHO: procurador de causas, natural do Porto, morador em Maragogipe, bispado da Bahia, preso em 1727, com 30 anos.

JOÃO THOMAS DE CASTRO: médico, natural do Rio de Janeiro, morador em Lisboa, preso em 1726, com 27 anos. Sentença: relaxado à justiça secular.

JOÃO PINTO FERREIRA: advogado, natural da Vila de Tomar, morador na Vila Boa de Goiás, bispado do Rio de Janeiro, preso em 1761, com 41 anos. Sentença: cárcere e hábito penitencial ao arbítrio dos inquisidores.

JOÃO HENRIQUES: boticário, natural de S. Vicente da Beira, bispado da Guarda, morador em Minas de Paracatú, bispado de Pernambuco, preso em 1747, com 27 anos. Sentença: relaxado à justiça secular.

JOÃO MENDES DA SILVA: advogado, natural e morador no Rio de Janeiro, preso em 1712, com 53 anos. Sentença: cárcere e hábito penitencial perpétuo.

MANOEL DIAS DE CARVALHO: médico, natural de Idanha-a-Nova, morador em Minas de Ouro Preto, ordem de prisão em 1732.

MANOEL LUIS: médico, natural da Vila de Pinhal, morador no Rio de Janeiro ou Minas, ordem de prisão em 1739.

MANOEL MESA: advogado, natural de Lisboa, morador nas Minas Gerais, ordem de prisão em 1732.

MANOEL LOPES DE MORAES: advogado, natural e morador no Rio de Janeiro, preso em 1712, com 33 anos. Sentença: cárcere e hábito penitencial perpétuo.

MANOEL LOPES DE CARVALHO: sacerdote do hábito de S. Pedro, natural e morador na Bahia, preso em 1723, com 42 anos. Sentença: relaxado à justiça secular.

MANOEL MENDES MONFORTE: médico, natural da Vila de Castelo Branco, morador na Bahia, preso em 1721, com 59 anos. Sentença: cárcere e hábito penitencial perpétuo.

MIGUEL DE CASTRO E LARA: advogado, natural e morador no Rio de Janeiro, preso em 1710, com 40 anos. Sentença: cárcere e hábito penitencial ao arbítrio dos inquisidores.

RODRIGO ALVARES: boticário, natural da Vila de Aviz, bispado de Évora, morador na Bahia, preso em 1707, com 30 anos. Sentença: relaxado à justiça secular.

SEBASTIÃO DE LUCENA MONTARROYO: advogado, natural e morador no Rio de Janeiro, preso em 1714, com 46 anos. Sentença: cárcere e hábito penitencial perpétuo.

SIMÃO LOPES SAMUDA: médico, natural e morador no Rio de Janeiro.

TEODORO PEREIRA DA COSTA: médico, natural e morador no Rio de Janeiro, preso em 1716, com 34 anos. Sentença: cárcere e hábito penitencial perpétuo.

ESTUDANTES

ANDRÉ DA VEIGA FREIRE: estudante, natural e morador no Rio de Janeiro, preso em 1718, com 24 anos. Sentença: cárcere e hábito penitencial perpétuo.

ANTÔNIO COELHO: estudante, natural e morador no Rio de Janeiro, preso em 1712. Sentença: cárcere e hábito penitencial perpétuo.

BELCHIOR DA FONSECA DORIA: estudante, natural e morador no Rio de Janeiro, preso em 1712, com 20 anos. Sentença: cárcere e hábito penitencial perpétuo.

80 VIVER NOS TEMPOS DA INQUISIÇÃO

FRANCISCO ANDRADE: estudante, natural e morador no Rio de Janeiro, preso em 1714, com 20 anos. Sentença: cárcere e hábito penitencial perpétuo.

GUILHERME GOMES: estudante, natural e morador no Rio de Janeiro, preso em 1712, com 21 anos. Sentença: cárcere e hábito penitencial perpétuo.

JOSEPH GOMES PAREDES: estudante, natural e morador no Rio de Janeiro, preso em 1721, com 22 anos. Sentença: cárcere e hábito penitencial perpétuo.

JOSEPH DE SIQUEIRA MACHADO: estudante, natural e morador no Rio de Janeiro, preso em 1712, com 18 anos. Sentença: cárcere e hábito penitencial perpétuo.

Foram presos ainda dois jovens, provavelmente estudantes nos seminários da Colônia:

JERONIMO HENRIQUES: estudante, natural e morador no Rio de Janeiro, preso em 1715, com 13 anos. Sentença: cárcere e hábito penitencial perpétuo.

LUIS FERNANDES CRATO: estudante, natural e morador no Rio de Janeiro, preso em 1712, com 15 anos. Sentença: cárcere e hábito penitencial perpétuo.

Tomaremos a seguir o exemplo de dois cristãos-novos presos no Brasil. Trata-se apenas de um sumário de seus processos, e tem o propósito de acrescentar alguns elementos concretos, extraídos das próprias fontes manuscritas, às divergentes, contraditórias e novas tentativas de interpretação e compreensão do Tribunal do Santo Ofício ibérico. Como já dissemos, somente uma investigação exaustiva, não apenas utilizando os processos, mas examinando também outros documentos pertencentes ao arquivo secreto da Inquisição portuguesa, permitirá entender a motivação verdadeira que levou a Igreja portuguesa a endossar uma violenta perseguição racista, exterminando milhares de portugueses sob o pretexto de judaísmo.

Havia dois critérios para se considerar um cristão-novo suspeito de heresia judaica: a identidade e o comportamento. A identidade foi um dos principais fenômenos que os inquisidores procuraram asfixiar nos portugueses descendentes de

MORRER SEM CULPA – COIMBRA

judeus, e o mais difícil de ser erradicado; talvez jamais o tenha sido na totalidade, pois nos últimos anos presenciamos um acontecimento sem paralelo na história: o retorno dos marranos de Portugal ao judaísmo, após cinco séculos de clandestinidade[14]. Um segundo critério para se identificar um herege judeu, decisivo para o julgamento inquisitorial, era o comportamento e as práticas das cerimônias judaicas, que muitos portugueses preservaram num histórico percurso de longa duração.

Diogo Correa do Vale, médico, formado pela Universidade de Coimbra, e seu filho Luis Miguel Correa, que também havia estudado Medicina nessa universidade, foram queimados pela Inquisição de Lisboa no mesmo dia, 17 de julho de 1732. Ambos foram presos no Brasil, onde residiam há alguns anos, em Vila Rica de Ouro Preto, nas Minas Gerais. Ambos foram condenados pelo crime de judaísmo e considerados convictos, fictos, falsos, simulados, confidentes e diminutos. Todas as denúncias feitas contra eles remontavam há dez, quinze, vinte anos, quando residiam em Vila Real, e Diogo ainda era estudante na universidade, ou quando, já formado, exercia com sucesso a profissão de médico no Porto. O ponto de partida dessa trama foi armado quando praticamente toda a família, inclusive tios, primos, sobrinhos, foi presa entre os anos de 1726 e 1729. Diversas mulheres foram colocadas na tortura, às quais os inquisidores mandaram aplicar um "trato esperto". Uma sobrinha de Diogo Correa, Ana Bernarda, tinha apenas 13 anos, e outras, 15 e 17 anos[15]. Quando Montesquieu mencionou uma criança de 13 anos torturada na Inquisição, estava bem informado.

O exame desses dois processos mostra-nos, nitidamente, os critérios utilizados pelos inquisidores. Pai e filho foram queimados por "negativos", porque não se confessaram culpados do crime de judaísmo. As testemunhas confirmaram o crime, mas repetindo sempre que "não viram", porque não moravam com o réu Diogo Correa, porém "subentendiam" que vivia na lei de Moisés. Alguns confirmaram que fazia também as cerimônias judaicas. Diogo Correa do Vale negou sempre,

14 Sobre os marranos no século xx, ver A. Novisnky; Amilcar Paulo, The Last Marranos, *Commentary*, New York, May 1967, p. 76-81.
15 Processo de Luis Miguel Correa, n. 9249, Arquivo Nacional da Torre do Tombo – Inquisição de Lisboa.

82 VIVER NOS TEMPOS DA INQUISIÇÃO

e quando apresentou para sua defesa cristãos-velhos, nobres e clérigos, todos foram unânimes em afirmar que o conheciam por "seus fiéis atos de cristão". Diogo Correa procurou mostrar aos inquisidores que sua defesa fora mal preparada e citou as palavras do próprio inquisidor, que em doze anos de trabalho na Inquisição de Lisboa "nunca vira semelhante confissão e miscelânia em defesa de nenhum réu". Na apresentação das contraditas, Diogo Correa provou a animosidade que havia entre ele e os membros de sua família e também com outros colegas médicos, por questões de rivalidade, pois discordavam sobre os tratamentos e medicamentos que costumava aplicar. Provou ainda que no dia, mês e ano em que as testemunhas o acusavam de ter praticado o crime, não se encontrava no lugar do delito[16].

Luis Correa cometeu o mesmo erro que o pai: não quis confessar que havia "judaizado", que era culpado de todos os crimes de que o acusavam, nem quis denunciar outros cristãos-novos. Seu processo mostra o ardoroso desejo que tinha de entrar na Igreja, de tornar-se padre, o que lhe foi proibido por causa de sua origem judaica. Apelou a várias autoridades eclesiásticas, a um religioso de São Paulo, ao bispo no Rio de Janeiro, prontificando-se mesmo a vender todos os seus escravos e pagar pela "carta de limpeza" como "tantos faziam", mas parece que não teve sorte, pois todos os religiosos que procurou o desenganaram, alegando que além de ser cristão-novo, havia várias pessoas de sua família nas prisões do Santo Ofício. Luis Correa afirmou ainda a ignorância que tinha sobre sua origem, até o momento em que uma empregada lhe revelou.

Tanto pai como filho cometeram o mesmo erro, contaram a verdade. Somente depois de ouvirem, de mãos atadas, sua sentença de morte, pediram audiência e denunciaram seus parentes como crentes da lei de Moisés e confessaram ter observado algumas cerimônias, "não de coração", mas para se solidarizar com a família. Outro erro. Se Diogo e seu filho tivessem mentido, afirmando que eram crentes e observantes da lei de Moisés, se tivessem denunciado parentes e amigos, é provável que tivessem sido reconciliados pela Igreja. Cometeram três

16 Ibidem.

graves erros: negaram a identidade, negaram a fé e negaram as cerimônias judaicas[17].

De nada valeu a Luis Correa e a Diogo Correa ouvirem o padre que os assistiu nos últimos momentos, e que os aconselhou a "não terem escrúpulos". Os inquisidores examinaram várias vezes os autos e culpas dos réus e suas últimas confissões, e foram unânimes em confirmar a sentença dada, que "não seria alterada". No auto de fé em que pai e filho ouviram suas sentenças de morte, estavam presentes, como sempre, o rei dom João V, além dos senhores infames, inquisidores, muita gente, nobreza e povo.

Os dois processos a que nos referimos dizem respeito a uma problemática: podemos dar crédito aos processos, como fonte fidedigna para apreender o "judaísmo" dos cristãos-novos? Eram eles realmente praticantes e crentes na lei de Moisés ou a Inquisição forjou seu judaísmo, perseguindo-os como elementos pertencentes a um grupo social, entendidos na definição que demos acima? A religião era utilizada como um pretexto para cortar o poder e eliminar a participação dessa ativa burguesia cristã-nova na sociedade brasileira?

O que foi decisivo na condenação de Diogo Correa do Vale e de seu filho Luis Miguel Correa não foi a religião judaica, que os inquisidores podiam mesmo suspeitar que praticassem, mas o problema racial e a classe social, a "suposta" origem judaica dos réus e o que representavam, como parte de um grupo portador de progresso e inovação.

Os inquisidores mandaram investigar em Vila Real, e no Porto foram inquiridas testemunhas, a fim de constatar se a teimosa afirmação de Diogo Correa, de que era cristão-velho, filho de um nobre, e que havia sido adotado pela sua suposta mãe, a cristã-nova Violante de Mesquita, era realmente verdade. O que pesou no destino de Diogo Correa foram os "rumores" de sua "origem", que reforçavam a suspeita de seu judaísmo. Criado por uma cristã-nova, todos em Vila Real e no Porto o tinham por cristão-novo[18].

---

17 Processo de Diogo Correa do Valle, n. 821, Arquivo Nacional da Torre do Tombo – Inquisição de Lisboa; Processo de Luis Miguel Correa, n. 9249, Arquivo Nacional da Torre do Tombo – Inquisição de Lisboa.

18 Ibidem.

Os processos de Diogo Correa do Vale e de seu filho Luis Miguel Correa comprovavam a "singularidade" do Tribunal da Inquisição portuguesa, e se contrapõem aos conceitos defendidos pelos historiadores pertencentes à "nova história da Inquisição espanhola", que defendem conceitos como "escrupulosa justiça" e "respeito às normas legais". É necessário, a meu ver, um estudo comparativo entre os estilos da Inquisição espanhola e portuguesa. Diogo Correa do Vale e seu filho morreram porque tinham uma culpa – a de não ter culpa, conforme se expressou em verso Antônio José da Silva, o "poeta judeu".

8. Cristãos-Novos no Brasil: Uma Nova Visão de Mundo

A expulsão dos judeus da Espanha em 1492 e a sua "conversão forçada" ao catolicismo, em Portugal, em 1497, foram fenômenos de amplas dimensões sociais e econômicas. O Novo Mundo inicia-se juntamente com a era dos cristãos-novos e com o fim do judaísmo ibérico. Atravessando o Atlântico, os judeus irão renascer na América, em um outro contexto e numa outra realidade, para onde transportaram técnicas econômicas, traquejo comercial, além de costumes e práticas religiosas que foram preservados durante séculos entre determinadas facções de cristãos-novos. Com o correr do tempo, essas vagas reminiscências vão se apagando, até praticamente desaparecerem do território americano.

A legislação oficial discriminatória e a violenta propaganda antissemita geraram condições de "alteridade" e "dualidade" que, em alguns segmentos da população cristã-nova, produziu efeitos e reações que os distanciaram fundamentalmente da tradicional cosmovisão do catolicismo.

No que diz respeito à América, mesmo sem aceitar a tese de Werner Sombart em seu clássico trabalho sobre os judeus e a vida econômica, em que nos mostra o papel primordial dos judeus para o advento do capitalismo moderno e o desenvolvimento

86 VIVER NOS TEMPOS DA INQUISIÇÃO

econômico do Novo Mundo, uma constatação deve ser feita: desde o primeiro momento da descoberta da América, os judeus aí estiveram presentes, atuando em todos os níveis da vida colonial, no Brasil, Peru, México, Chile, Argentina, Colômbia, Venezuela etc. Essa constatação torna menos exagerada a frase de Sombart, "America in aller seinen teilen ist ein Judesland" (A América é, em todas as suas partes, uma terra judia)[1]. Gaspar da Gama, que veio com Pedro Álvares Cabral, e Luis Torres, que acompanhou Colombo e ficou em Cuba, foram, ao que parece, os primeiros judeus que pisaram o solo americano.

Piero Rondinelli nos dá a primeira notícia sobre o arrendamento da terra de Santa Cruz a um grupo de cristãos-novos, e o veneziano Lunardo Cha Masser, em 1505, escreve que Firnando dalla Rogna arrendou o Brasil por quatro mil ducados por ano[2]. Enquanto o rei dom Manuel vivia empolgado com as riquezas asiáticas, os judeus tinham suas esperanças voltadas para o outro lado, para um Novo Mundo que se abria. E os navios que aportavam às terras brasileiras, duas vezes ao ano, traziam praticamente só judeus e degredados. Foram esses judeus que constituíram os primeiros elementos populacionais brancos do Brasil.

O mais antigo núcleo de "judaizantes" de que temos notícias localizou-se em São Vicente, onde se tentou também a construção das primeiras fábricas de açúcar. Os judeus já eram conhecidos plantadores na Ilha da Madeira e em São Tomé, onde iniciaram a plantação em grande escala. Aos judeus devemos o transplante da cana da ilha da Madeira e São Tomé para o Brasil[3]. Com a chegada do governador Tomé de Souza, aumentou o número de colonos cristãos-novos que

---

1 Cf. Werner Sombart, *Die Juden und das Wirtschaftsleben*, Leipzig: Duncker und Humblot, 1922; o grupo de Noronha foi pioneiro na indústria e exportação de madeira brasileira. O primeiro contrato, de 1503 até 1505, foi depois prorrogado por mais dez anos. Ver a cópia da carta de Rondinelli, datada de Sevilha, 3 de outubro de 1503, em Arnold Wiznitzer, *Os Judeus no Brasil Colonial*, São Paulo: Pioneira, 1966, p. 192. Cf. Relazione de Lunardo Cha Masser, apud A. Wiznitzer, op. cit., p. 160n17.

2 Arnold Wiznitzer, The Jews in the Sugar Industry of Colonial Brazil, *Jewish Social Studies*, 18, 1956, p. 189-198.

3 Eduardo d'Oliveira França, Engenhos, Colonização e Cristãos-Novos na Bahia Colonial, *Anais do IV Simpósio Nacional dos Professores Universitários de História*, São Paulo, 1969, p. 182-241. Ver também A. Novinsky, *Cristãos-Novos na Bahia: A Inquisição no Brasil*, 2. ed., São Paulo: Perspectiva, 1992.

CRISTÃOS-NOVOS NO BRASIL: UMA NOVA VISÃO DE MUNDO

se dedicou principalmente à agricultura. Eram esses, então, os únicos homens que vinham para o Brasil com intenção de ficar, pois a maior parte das nações europeias não os admitia oficialmente. Pesquisas exaustivas e definitivas sobre suas ocupações socioprofissionais, nas diversas regiões do Brasil, ainda não existem. Sabemos, contudo, que no mínimo 60% dos engenhos de açúcar da Bahia, em princípios do século XVII, pertenciam a cristãos-novos[4]. Com base nos bens que lhes foram confiscados no Brasil, nos séculos XVII e XVIII, principalmente na Bahia, em Minas Gerais, no Rio de Janeiro e na Paraíba, constatamos que a maioria dos cristãos-novos estava centrada na agricultura e no comércio[5].

As novas oportunidades econômicas que se descortinaram com a descoberta da América ofereceram aos cristãos-novos amplas possibilidades para suplantar as restrições que o regime português lhes impunha. "Homem de negócios" passou a ser sinônimo de "judeu". Fernand Braudel, na nova edição de seu livro *La Méditerranée et le monde méditerranéen à l'époque de Philippe II*, escreve que, como se fala do século dos Fuggers, ou do século dos genoveses, podemos, à luz das pesquisas atuais, falar também do século XVII como sendo o século dos mercadores portugueses[6]. A burguesia marrana adquiriu, depois da conversão, uma nova dimensão com o pulso das atividades mercantis da Península Ibérica, e nos séculos XVII e XVIII a expansão do capitalismo comercial está, mesmo que não absolutamente, ligada à sua dispersão pelo mundo.

No Brasil, os cristãos-novos receberam amplos territórios como doações e puderam, com os capitais que trouxeram de Portugal, ocupar "o melhor de todo o estado", conforme testemunha o vigário da Bahia, Manuel Temudo, para os inquisidores em 1632[7]. Isso não significa que não vieram cristãos-novos

---

4   Cf. A. Novinsky, *Inquisição: Inventários de Bens Confiscados a Cristãos-Novos no Brasil – Fontes Para a História de Portugal e do Brasil*, Lisboa: Imprensa Nacional/Casa da Moeda, 1977.

5   Ibidem.

6   Fernand Braudel, *La Méditerranée et le monde méditerranéen à l'époque de Philippe II*, 2. ed., Paris: Armand Colin, 1966, v. 2, p. 152.

7   Cadernos do Promotor da Inquisição de Lisboa, n. 15, manuscrito do Arquivo Nacional da Torre do Tombo, apud A. Novinsky, *Cristãos-Novos na Bahia: A Inquisição no Brasil*, p. 68n21.

88 VIVER NOS TEMPOS DA INQUISIÇÃO

pobretões e miseráveis, mascates, sapateiros, artesãos e foras-
teiros de todo tipo. Os judeus no Brasil fizeram parte de todas
as classes sociais.

É fato curioso e sugestivo que, no Brasil, não registramos,
durante os três primeiros séculos, nenhuma explosão popular
contra os cristãos-novos, nenhum conflito onde cristãos-novos
tenham sido alvo de acusações hostis por parte da população
cristã-velha. Com exceção do período em que os holandeses
invadiram o Nordeste, quando foram responsabilizados pelas
facções dirigentes de cumplicidade com o inimigo, reviveu-se,
no Brasil, principalmente entre as camadas populares, a antiga
coexistência que caracterizou os grupos étnicos na península.
Nem os jesuítas, que foram testemunhas oculares da invasão
holandesa, nem o padre Antônio Vieira, que se encontrava na
Bahia em 1624, mencionam qualquer suspeita sobre a fidelidade
política dos cristãos-novos. A perseguição que os cristãos-novos
sofreram na Colônia provinha diretamente de alguns segmentos
conservadores da Igreja e das elites governamentais, que obedeciam, temerosamente, às ordens dos inquisidores[8].

O marrano, desenraizado do ponto de vista religioso, como
escreve Carl Gebhardt, aprendeu a adaptar-se a um mundo completamente profano e começou a buscar o sentido do mundo no
mundo mesmo, e não em Deus. Foi assim que, com o destino
dos cristãos-novos, nasceu o ceticismo marrano[9].

Numa tese que apresentei sobre os cristãos-novos na Bahia,
caracterizei o cristão-novo como "um homem dividido"[10]. Foi
a partir da tese de Gebhardt que cheguei aos cristãos-novos
brasileiros. E a questão que me preocupou, ao dar continuidade às minhas pesquisas, foi a seguinte: se o marranismo, isto
é, as representações que os cristãos-novos construíram sobre
o mundo, teve influência tão fecunda e profunda, gerando no
século XVII a racional e lúcida filosofia do espinosismo, conforme tese recentemente apresentada, em que medida esse
mesmo marranismo, presente no Brasil em todas as regiões,

8 Cf. A. Novinsky, A Historical Bias: The New Christian Collaboration with
the Dutch Invaders of Brazil, *Proceedings of the Fifth World Congress of Jewish
Studies*, Jerusalem, 1972, v. 2, p. 141-154.
9 Carl Gebhardt, *Spinoza*, Buenos Aires: Losada, 1940, p. 18.
10 A. Novinsky, *Cristãos Novos na Bahia*, 2. ed., São Paulo: Perspectiva, 1992.

CRISTÃOS-NOVOS NO BRASIL: UMA NOVA VISÃO DE MUNDO

do Amazonas à colônia de Sacramento, e em todos os momentos, do século XVI ao XVIII, deixou sequelas nas ideias e na mentalidade brasileiras?

Yirmiyahu Yovel, da Universidade Hebraica de Jerusalém, retomou o conceito de "homem dividido", chamando-o de "a mente dividida", e procurou mostrar que foi esse mundo real, palpável, o mundo da imanência, que abriu o fantástico caminho que prenuncia a *Ética* de Spinoza[11].

Os cristãos-novos saíram de Portugal, diz com razão Carl Gebhardt, não somente por motivos religiosos, mas pela combinação de várias razões: o medo da Inquisição, o espírito de empresa e a nostalgia do judaísmo[12]. O Brasil, onde promessas de uma vida nova se multiplicavam, foi o exílio preferido pela maioria. Perdidos nas selvas brasileiras, após duas, às vezes três, gerações, sem autoridades religiosas, sem livros, sem escolas, sem sinagogas, sem o conhecimento do idioma, sem a leitura das Escrituras e transplantados para um território novo, imenso, estranho, o universo mental dos judeus se modificou e eles buscaram respostas totalmente diferentes das que haviam recebido de seus antigos mestres ortodoxos.

A reconstituição desse universo mental, o trabalho de conhecer a mentalidade dos cristãos-novos brasileiros, é tarefa extremamente difícil, principalmente devido à grande diversidade que marcou o marranismo. Todavia, há uma tônica que emerge nos discursos dos cristãos-novos, que encontramos nas "blasfêmias" e nas "heresias" de que foram acusados, e nos novos mitos que construíram, a crença em um mundo terreno.

Nos tempos em que cada indivíduo estava enquadrado em uma categoria religiosa definida, os cristãos-novos, conforme Gebhardt, debatiam-se entre a tradição e a incredulidade. A grande maioria que vivia no Brasil caracterizava-se, nos séculos coloniais, não pela sua fé religiosa, mas pela descrença. Do seu comportamento, de suas palavras, de suas ações, emerge um ceticismo que mostra quão pouco se importavam com o mundo do além, com a salvação ou com a redenção divina.

11 Yirmiyahu Yovel, *Spinoza and Other Heretics*, New Jersey: Princeton University Press, 1989, 2 v. Ver no volume 1, *The Marrano of Reason*, o capítulo 3, "The Split Mind: New Jews in Amsterdam".
12 Carl Gebhardt, op. cit., p. 16.

A ocupação do Nordeste do Brasil, durante 24 anos, pelos holandeses, rejudaizou muitos cristãos-novos que já haviam vivido no catolicismo há gerações, mas não podemos dizer que houve um "retorno" da maioria dos habitantes de origem judaica. Parte considerável continuou "dividida" sob o domínio holandês, como sob o anterior domínio português.

Do ponto de vista social, os cristãos-novos do Brasil integraram-se, na sua grande maioria, à sociedade ampla, e alcançaram um *status* superior, numa terra onde todos eram aventureiros. Adquiriram prestígio pelas funções que preenchiam numa sociedade na qual a maioria era iletrada. Fizeram parte da governança, dos chamados "homens bons", entraram para as fileiras da Igreja. Contudo, nem a conversão ao catolicismo, nem o poder que adquiriram, conferia-lhes a segurança, mesmo que relativa, de que gozava um cristão-velho. Essa vulnerabilidade marcou-lhes a consciência de que eram "o outro".

Em Portugal medieval, se eram "o outro" na sociedade ampla, eram "nós" na sua "judaria". Depois da conversão de 1497, em lugar de passarem a "pertencer", tornaram-se "o outro" dentro da única sociedade que os circundava, e isso é algo diferente. Toda sua visão de mundo se modificou, dando lugar a novas representações, a partir de valores e padrões que diferiam dos vulgarmente aceitos, principalmente dos valores religiosos que eram forçados a seguir.

Vivendo em território onde o controle social era absoluto, e sob ameaças de um tribunal de terror, os cristãos-novos encobriam suas dúvidas e descrenças sob mecanismos os mais diversos. Há casos em que desafiam as autoridades religiosas, reagindo contra suas imposições, mas na maioria das vezes, o que notamos é um amoldamento. Externamente, não se distinguem dos cristãos-velhos. Sua ruptura com o mundo deu-se principalmente num nível interior, subjetivo, onde todas as mensagens que vinham da Igreja tornaram-se objeto de rejeição e conflito. Não foi uma opção simples o anticlericalismo que os cristãos-novos abraçaram depois da conversão.

Mas, e o judaísmo de que eram acusados, que durante três séculos persistiu nas sociedades ibéricas? Em quais termos situá-lo?

Não me reporto neste artigo aos cristãos-novos que continuaram, por gerações, apegados fielmente à religião judaica, mesmo que sob apagadas imagens, ou aos que foram presos e

CRISTÃOS-NOVOS NO BRASIL: UMA NOVA VISÃO DE MUNDO

exterminados física ou moralmente, ou àqueles que morreram em *kidusch ha-Schem* (pelo martírio da fé). Diversos trabalhos publicados relatam suas práticas e a fidelidade com que seguiram a religião de seus antepassados.

Reporto-me aqui a um judaísmo sob plano mais amplo, a um judaísmo que não se expressa em termos religiosos, mesmo que suas raízes estejam fincadas em concepções judaicas tradicionalmente propostas. No início da época moderna, já encontramos cristãos-novos que, sem assumir nenhum compromisso religioso, identificavam-se como judeus. Em nossos dias, esse fenômeno é comum. Sigmund Freud tornou-se um exemplo clássico. Mas uma tal identidade, sem o comportamento religioso, é algo quase inconcebível nos séculos XVI e XVII. Foi na América colonial que os judeus encontraram um campo fértil para construir essa nova concepção da vida. Judaísmo no Brasil colonial não significava simplesmente seguir os rituais judaicos. Os inquisidores o sabiam. Por curioso que pareça, é aos inquisidores que devemos a caracterização dos cristãos-novos, sem religião, de judeus. No próprio processo o réu era obrigado a confessar o seu "tipo" de judaísmo, se nele havia "práticas" ou apenas "comunicação". Identificar-se como "crente na lei de Moisés" significava ser judeu, independentemente de qualquer comportamento. A visão do marranismo apresentada pela maior parte dos historiadores tende a simplificar e a uniformizar o fenômeno, que teve as mais diversas e mesmo paradoxais facetas.

O que me parece importante registrar, quando falamos em cristãos-novos, não só no Brasil, mas em geral, é o multifacetado fenômeno do marranismo. Não houve um marranismo, e sim muitos marranismos. O marranismo brasileiro, desde seus primórdios, difere de uma região para outra, difere num mesmo meio social, numa mesma família, entre marido e mulher, entre pais e filhos. Ao nos referirmos aos judeus do Brasil no início da colonização, devemos ter em mente a sua instabilidade, sua insegurança, o medo, assim como a falta de um protetor, seja Deus, rei ou um pai, fatores esses responsáveis, talvez em grande parte, pela sua extraordinária criatividade.

Para conhecer e entender o que foi o cristão-novo no Brasil, devemos distinguir três principais categorias que implicam também atitudes e crenças:

92 VIVER NOS TEMPOS DA INQUISIÇÃO

Em primeiro lugar, os descendentes de judeus que assumiram fielmente a religião cristã, integrando-se plenamente na nova categoria, tanto do ponto de vista religioso como político e cultural, tornando-se alguns deles representantes dos mais altos expoentes do catolicismo. Na Espanha, são exemplos bastante convincentes Santa Teresa de Jesus e frei Luis de León. Em Portugal, Francisco Manuel de Melo e Francisco Rodrigues Lobo. No Brasil, lembramos apenas o ideólogo da evangelização, José de Anchieta, o provincial da Companhia de Jesus Ignácio de Tolosa, e o autor da primeira gramática brasileira, frei Leonardo Nunes, entre muitos outros. Na América espanhola, são numerosos os exemplos conhecidos

Em segundo lugar, temos os descendentes de judeus que, no fundo de sua alma, se mantiveram até fins do século XVIII fiéis à religião antiga, mesmo por meio de práticas mal delineadas e às vezes até semi-inconscientes. Foram estes que desfilaram nos autos de fé. Inocentes ou culpados do crime de judaísmo, essa é uma questão que não discutirei aqui, foram os sacrificados, constituindo os verdadeiros mártires do judaísmo, ou do catolicismo, ou melhor, mártires de toda a humanidade.

Em terceiro lugar temos aqueles que, a meu ver, constituíram o maior número de cristãos-novos do Brasil e que são o objeto específico deste ensaio: os judeus que do ponto de vista religioso eram nada, nem judeus e nem cristãos. Atirados a um mundo onde não havia lugar para eles, destoavam de toda classificação, tornaram-se descrentes de qualquer mensagem transcendental. Céticos de qualquer redenção divina, eram homens que respondiam apenas ao "aqui e agora", atitudes que se expressavam com clareza num conceito tradicionalmente transmitido de geração em geração, e que será o lema de muitos cristãos-novos brasileiros: "não há mais do que nascer e morrer".

À exceção daqueles núcleos que se organizaram na Holanda, abraçando o judaísmo dos antepassados com saudosismo, ou dos que emigraram para o Levante, Salônica, Marrocos etc., e que também reconstituíram vivas comunidades judaicas e cujos descendentes estabeleceram-se no século XIX na Amazônia, Argentina, Venezuela, para a maioria dos cristãos-novos

CRISTÃOS-NOVOS NO BRASIL: UMA NOVA VISÃO DE MUNDO

que vivia espalhada pelo Novo Mundo a religião foi, como disse Gebhardt, não um consolo, mas um "problema"[13].

Os cristãos-novos no Brasil não viviam num universo coerente, enquadrados em categorias definidas, cada qual conhecendo seu lugar. O universo mental dentro do qual estavam cingidos mostrava-lhes um outro mundo, o mundo secular, onde Deus não respondia mais a seus apelos. Depois de várias gerações, os cristãos-novos não se integravam mais no judaísmo, tampouco aceitavam o catolicismo, dentro do qual viviam ficticiamente. O estigma clássico dos convertidos repete-se então: são judeus para os cristãos e cristãos para os judeus. E eles próprios, como se sentem? Um brasileiro responde: "nem cristãos nem judeus, mas cristãos-novos com a graça de Deus".

Agora, a questão mais difícil: o que era então o cristão-novo na colônia brasileira? Diferente daquele que o catolicismo e a evangelização se propuseram a criar. Focalizando nossa óptica sobre um panorama social amplo, tanto erudito como popular, ressaltam-se comportamentos e expressões diferentes também daquele marrano que a historiografia judaica nos legou. Com a cristianização da América, nasceu simultaneamente uma "descatolização", cujos exemplos encontramos na permanência de práticas variadas, africanas, indígenas ou judaicas. Mesmo que algumas delas reflitam com nitidez o sincretismo com que foram moldadas, opõem-se claramente aos dogmas religiosos e morais do catolicismo. Em relação ao cristão-novo, a ideologia do sistema de dominação ao qual estava submetido produziu resultados contrários aos intencionados pelos evangelizadores. Foi principalmente nas profundidades da submente, na subsociedade, na subvida dos descendentes dos judeus que viviam na América, que se deram essas colocações.

O fenômeno brasileiro espelha a tese defendida por Yirmiyahu Yovel: o que Spinoza criou em termos de filosofia, os cristãos-novos já o haviam criado em termos de existência[14].

Creio que na formação da mentalidade brasileira, moldada durante os séculos coloniais, a "descatolização" dos cristãos-novos teve um papel primordial. Sua influência se fez sentir de maneira mais nítida no século da Ilustração, na crítica religiosa.

13 Ibidem, p. 10.
14 Cf. Y. Yovel, op.cit.

94 VIVER NOS TEMPOS DA INQUISIÇÃO

Um exemplo dessa mentalidade encontramos entre os brasileiros estudantes da Universidade de Coimbra, que a Inquisição
prendeu, que repetem concepções de mundo correntes no Brasil
nos séculos XVII e XVIII. A Ilustração brasileira, mesmo tendo
sido relativamente pálida e inexpressiva em praticamente todos
os campos, foi vigorosa na crítica religiosa, e os cristãos-novos,
em termos de fé, anteciparam em dois séculos a "descristianização" dos filósofos franceses[15].

Uma atitude racional frente aos fenômenos da natureza, do
homem e da sociedade perpetua-se entre os cristãos-novos, por
todo o período colonial. Yovel afirma que, até o século XVII, esse
racionalismo secular estava confinado apenas ao mundo ibérico,
sem nunca se ter tornado um movimento, afetando apenas vidas
particulares. Aceitando que não foi um movimento organizado,
creio, contudo, que se transformou numa corrente subterrânea,
que pigmentou o pensamento e delineou os caminhos que levaram à "descatolização" do mundo, e que se manifestou através da
negação da religião revelada e na negação da transcendência. Deus
aparece na mensagem marrana numa outra dimensão, identificado com o próprio Universo. Um racionalismo secular se antepõe
à velha religião e alcança algumas vezes os extremos do ateísmo.

Como já dissemos, foram os inquisidores os primeiros a
identificar uma "mentalidade" entre os cristãos-novos. Tinham
pleno conhecimento da "descrença" corrente entre alguns convertidos, que caracterizavam como "judaísmo", como podemos
verificar no edital publicado às portas das igrejas e recintos
principais da cidade, para servir de modelo à população na
identificação dos hereges. Entre outras coisas dizia textualmente o edital: era judeu quem afirmasse que "não há mais do
que nascer e morrer". Era judeu quem "negasse ou duvidasse do
paraíso para os bons e inferno para os maus". Era judeu quem
afirmasse "não ser pecado mortal a fornicação simples". Uma
constante corria tanto entre eruditos como entre populares:
a negação da imortalidade da alma[16].

15 A. Novinsky, Estudantes Brasileiros "Afrancesados" da Universidade de Coim-
    bra: A Perseguição de António de Morais Silva (1779-1806), em Oswaldo
    Coggiola (org.), *A Revolução Francesa e Seu Impacto na América Latina*, São
    Paulo: Nova Stella/Edusp, 1990, p. 357-371.
16 Cadernos do Promotor de Lisboa, n. 25, Edital de 8 de fevereiro de 1641,
    manuscrito do Arquivo Nacional da Torre do Tombo.

CRISTÃOS-NOVOS NO BRASIL: UMA NOVA VISÃO DE MUNDO

No século XVIII, devido às circunstâncias em que haviam vivido durante gerações, na insegurança e na estigmatização, cristãos-novos desacreditaram em qualquer interpretação transcendental e atiraram-se para as mais diversas direções, como o ateísmo, o racionalismo, expressos também, como dissemos, nos sigilosos manifestos dos estudantes brasileiros da Universidade de Coimbra. Na Bahia corria a notícia, que chegou aos ouvidos dos inquisidores, da existência de uma seita milenarista, da qual fazia parte o médico cristão-novo Manuel Mendes Monforte, também formado em Coimbra, e provavelmente o padre Antônio Vieira, seu amigo[17].

Nos primórdios da vida colonial já se queixavam as autoridades reinóis da "lassidão" e "heresia" dos habitantes. Os "bandeirantes" eram conhecidos como "homens sem Deus, sem pátria, sem rei", e João Ramalho, judeu ou não, é um exemplo curioso mas não raro da "incredulidade" dos primeiros moradores de São Paulo quando desacata o mais prestigioso órgão da Igreja, a Inquisição, afirmando que se viesse ter à sua região, a receberia com flexadas. Essa incredulidade ou "descatolização", como prefiro chamar as atitudes de um segmento da sociedade portuguesa no Brasil, é encontrada tanto nos discursos populares como nos eruditos. A sociedade colonial foi um laboratório de dissidências, gerada tanto entre a população autóctone como entre os escravos negros, os ameríndios ou descendentes de judeus. Se não considerarmos essas manifestações em relação à religião oficial e ao poder, não teremos um retrato fiel da sociedade colonial americana.

A religião africana, com suas danças e magias, caracterizada pela Igreja como superstição, a religião indígena, caracterizada em termos de feitiçaria, e a incredulidade dos cristãos-novos, caracterizada como judaísmo, marcam um reverso da história colonial que só recentemente vem recebendo maior atenção. Em termos eruditos ou em termos populares, os portugueses reagiam à repressão da Igreja, que era representada pelos servidores da Inquisição. Foram necessários séculos de doutrinação para uniformizar a população e, pelo medo e pela repressão, inculcar-lhes o catolicismo. De certa forma podemos dizer que

17 Processo de Manuel Mendes Monforte, n. 675, manuscrito do Arquivo Nacional da Torre do Tombo – Inquisição de Lisboa.

96 VIVER NOS TEMPOS DA INQUISIÇÃO

nunca foi uniformizada. Sérgio Buarque de Holanda chamou-nos a atenção para o fato de que a ortodoxia do catolicismo no Brasil sempre foi duvidosa. E a posição dos marranos persiste, ainda no século XIX, na mentalidade do regente padre Antônio Feijó, que tinha a mania de "descatolizar" o Brasil[18].

O "não conformismo" de certos cristãos-novos no Brasil nunca se transformou numa guerra aberta contra o sistema, mas o minou em diversos níveis. A linguagem dúbia que corria entre os cristãos-novos criou um mundo de símbolos, que serviam para a comunicação clandestina. As cartas inseridas nos processos apresentam às vezes enormes dificuldades de entendimento. Segundo Yovel, Spinoza levou essa dissidência ao extremo, e a sua linguagem dual foi herdada diretamente da tradição e cultura marranas[19].

Essa linguagem dúbia é encontrada também nas confissões, onde todas as ocorrências são reveladas em termos de incerteza, desde a idade do réu até seu inventário. O universo marrano gira em torno do "mais ou menos". Havia subterfúgios e táticas clandestinas para enviar mensagens, que muitas vezes, quando capturadas, não conseguiam ser decifradas pelos inquisidores. Encontrar as verdadeiras intenções dos cristãos-novos era frequentemente impossível. Havia comunicações por sinais, como a do cristão-novo que, na época das grandes festas judaicas, amarrava um lenço no dedão do pé e, mancando, ia de loja em loja, e todos o compreendiam. Havia "apertos de mão" e "tiros" de espingarda que ecoavam no silêncio da noite e eram ouvidos nos distantes engenhos. A perseguição que sofria o cristão-novo fazia com que buscasse meios de defesa, adotando uma diversidade de nomes. É frequente encontrarmos cristãos-novos com dois, três ou mais apelidos, com os quais se identificavam, conforme as circunstâncias. O exemplo do menino, em uma classe do colégio da Companhia de Jesus, na Bahia, elucida bem o mundo dividido em que viviam os cristãos-novos.

Perguntando-lhe o padre qual o seu nome, o menino responde: "qual deles, o 'de dentro' ou o 'de fora'?"[20]

---

18 Sérgio Buarque de Holanda, *História Geral da Civilização Brasileira*, São Paulo: Difel, 1964, t. II, v. 1, p. 35.

19 Y. Yovel, op. cit.

20 Cadernos do Promotor da Inquisição de Lisboa, n. 29, Inquisição de 1646, manuscrito do Arquivo Nacional da Torre do Tombo.

CRISTÃOS-NOVOS NO BRASIL: UMA NOVA VISÃO DE MUNDO

Em regiões inóspitas e de difícil acesso e comunicação, o convívio entre as classes populares e as elites era mais frequente que no reino. Conquista ou colonização, era necessária a colaboração de todos. Talvez os campos, os vales e mares abertos tenham acenado aos cristãos-novos a "dimensão da liberdade" que, confrontada com a rigidez da dominação, moldou uma ideia de "tolerância" religiosa, talvez precoce para o tempo e que encontramos na boca dos brasileiros de Coimbra presos pela Inquisição: "devia ser livre a cada um seguir e abraçar aquela [religião] que melhor se lhe ajustasse com a razão e a consciência"[21]. Nos discursos dos cristãos-novos encontramos com frequência menção às palavras "liberdade de consciência".

Afinal, os cristãos-novos tiveram um papel considerável nos estudos científicos que levaram ao descobrimento da América, no financiamento da empresa de Colombo, na povoação e na colonização do Novo Mundo. Marcaram também a mentalidade de uma minoria da população brasileira, de origem judaica ou não, e que correu subversiva e paralela à mensagem imposta pela Igreja oficial.

A "mentalidade marrana" continua em grande parte resguardada nos amontoados de papéis dos arquivos da Inquisição portuguesa, pois foi na crítica religiosa que o seu "mundo dividido" e "descatolizado" mais claramente se expressou.

---

21 A. Novinsky, Estudantes Brasileiros "Afrancesados" da Universidade de Coimbra: A Perseguição de António de Morais Silva (1779-1806), em Oswaldo Coggiola (org.), *A Revolução Francesa e Seu Impacto na América Latina*, São Paulo: Nova Stella/Edusp, 1990, p. 362.

9. Como Nasceu o Marranismo

Na última década do século xv, os judeus passaram, na Espanha e em Portugal, pela mais dramática experiência de sua história na Diáspora. Após terem vivido por quinze séculos na Península Ibérica, foram declarados indesejáveis e obrigados a sair da Espanha, terra que consideravam sua pátria (1492). Cinco anos depois, Portugal, usando da maior crueldade, forçou todos os judeus a se converterem ao catolicismo (1497).

Converter-se não significou para os judeus apenas receber as águas do batismo. Por meio de um drástico decreto, proibiram-se aos judeus os seus costumes, seus livros, suas sinagogas e suas festas religiosas. Tiraram-lhes os seus nomes, sua identidade, tiraram-lhes os filhos para serem criados por cristãos. Os judeus foram obrigados a adotar uma religião e um estilo de vida que lhes eram estranhos.

Essa drástica mudança produziu um trauma em muitos judeus, levando-os ao suicídio e a uma grande confusão mental. Houve judeus que aceitaram com resignação as novas imposições do monarca português, porém uma significativa facção dos convertidos apresentou férrea resistência em abandonar a sua religião que, ante as ameaças de punição, teve que se tornar clandestina. Adotaram uma máscara, usada sempre em público,

VIVER NOS TEMPOS DA INQUISIÇÃO

construíram duas vidas, e representaram um duplo papel por quinhentos anos. Para todos os portugueses iniciou-se a "era dos cristãos-novos".

Pesquisas realizadas por uma equipe de historiadores da Universidade de São Paulo ampliaram consideravelmente os estudos sobre o marranismo, que se revelou um fenômeno totalmente diferente do europeu, um marranismo *sui generis*, que adquiriu características especificamente brasileiras.

O novo *habitat* moldou um novo homem. O vasto continente, a selva, o clima, as diferentes culturas, o medo dos nativos, das moléstias, a luta pela sobrevivência, criaram uma psicologia que condicionou os cristãos-novos a realizarem empreendimentos inconcebíveis em outro contexto. Criou-se também um novo marranismo, influenciado pelas novas condições de vida. Atravessando o Atlântico, os conversos carregaram consigo para o Brasil uma bagagem cultural e heranças que nunca se apagaram de todo, mas se misturaram com representações católicas e ambientais. No Brasil, os cristãos-novos tiveram mais facilidade para se assimilarem, porém, mesmo integrados no sistema, assumiram sempre uma postura crítica no que tange a condições e religião obrigatórias. O pensamento aguçou-se frente à religião supersticiosa, e o ambiente brasileiro contribuiu muito para a sua religiosidade. Tornaram-se cada vez mais descrentes e céticos, e pela sua crítica religiosa podemos considerá-los pioneiros do pensamento ilustrado brasileiro.

O maior número de marranos que deixou Portugal procurou ir para o Novo Mundo. Havia enormes dificuldades para sair do país, leis eram frequentemente promulgadas, proibindo-os de locomover-se. Fugir para o Brasil era mais fácil, pois as naus que saíam dos portos portugueses eram muitas vezes pilotadas por cristãos-novos, que ajudavam seus correligionários de fé.

Segundo um viajante francês, 3/4 da população do Brasil, no século XVII, era constituída de judeus[1]. O familiar do Santo Ofício, Diogo Correa, confirma esse número, e o vigário da

---

1 François Froger, *Rélation d'un voyage fait en 1695, 1696 et 1697 aux côtes d'Afrique, détroit de Magellan, Brésil, Cayenne et Isles Antilles par un escadre des vaisseaux du Roi, commandée par M. de Gennes, faite par le Sieur Froger, Ingenieur volontaire sur le vaisseau Le Faucon Anglais*, Amsterdam: Chez les Héritiers d'Antoine Schelte, 1699.

Conversão forçada. Alto relêvo em metal.

Bahia afirmou que muitos judeus eram senhores de engenhos, o que era o mesmo que ser senhor de vilas em Portugal.

O Brasil oferecia enormes oportunidades de ascensão social e muitos marranos chegaram a ocupar altas posições na política e na vida administrativa. Ligados à agricultura desde o início da colonização, tornaram-se importantes senhores de engenho, possuindo verdadeiros exércitos para defendê-los. Essa é apenas uma das razões de o Tribunal da Inquisição nunca ter se estabelecido no Brasil no século XVII, quando assim o desejavam o rei e o inquisidor. A Câmara no Brasil era, no século XVI, muito forte e mandava na Colônia. A maioria de seus membros era constituída por cristãos-novos, marranos ou livre-pensadores. Naquele século, foram presos no Brasil principalmente os comerciantes, os chamados homens de "ida e vinda", mas não os senhores de engenho. Mesmo ocupando cargos importantes, os cristãos-novos eram "párias", mas eram párias muito especiais, pois, ao mesmo tempo que estavam "fora" da sociedade, estavam "dentro". No século XVII a situação dos cristãos-novos torna-se mais frágil, os estatutos de "pureza de sangue" vigoram com mais eficiência. O intendente, nomeado para as Minas, tinha direito à vida e à morte dos cidadãos; a Câmara enfraqueceu e muitos marranos e cristãos-novos foram presos. Temos o exemplo de um rico capitão-mor que governava a Ilha Grande, Paraty e Itanhaém, acusado de judaísmo, que foi preso e penitenciado e de nada lhe valeu seu cargo de prestígio.

Tanto do ponto de vista religioso como social, na colônia brasileira conviviam os tipos humanos mais extremos – desde criptojudeus fervorosos até ateus, aventureiros, revolucionários e guerreiros. Do ponto de vista político, tinham posições que dificilmente poderiam ocupar em Portugal. O prestígio que alcançaram no reino provinha de suas fortunas, como importantes homens de negócios. Duarte da Silva é o exemplo de um rico financista da Coroa (dom João IV) que não conseguiu escapar dos cárceres inquisitoriais, onde passou cinco anos de sua vida. No Brasil, os postos ocupados pelos marranos não estavam ligados à sua fortuna, mas ao seu talento pessoal e à sua capacidade criativa. Sendo a maior parte da população analfabeta, os homens que sabiam ler e escrever eram muito solicitados, principalmente como escrivães e notários. Diogo Lopes Ulhoa, por exemplo, era o homem das "decisões" no governo de Diogo Luís de Oliveira, cognominado o "mimoso" do governador, e Felipe de Guilhem, também cristão-novo, governava o Brasil no lugar de Tomé de Souza.

Nos primeiros séculos, quase todos os médicos na Colônia eram marranos. Os fugitivos portugueses viam no Brasil grandes possibilidades de progresso em todos os campos, principalmente nas ciências médicas, que estavam completamente travadas em Portugal, devido à estreita mentalidade do clero e da classe dirigente. Quando, no século XVII, o marquês de Lavradio foi indicado para vir ao Brasil como vice-rei, levou consigo, como médico particular, o dr. José Henriques Ferreira, formado na Universidade de Coimbra, que trouxe seu pai, António Ribeiro de Paiva, cirurgião, judaizante, recém-saído dos cárceres inquisitoriais e um irmão, muito perseguido por suas ideias heréticas. José Henriques Ferreira criou a Academia Científica do Rio de Janeiro, inaugurada em 18 de fevereiro de 1772, no palácio do vice-rei. Os portugueses obrigaram Henriques Ferreira a fechar sua academia, paralisando o progresso científico no Brasil.

No século XVIII, a principal suspeita recaiu sobre a crítica política. Os marranos, enriquecidos com o ouro, o açúcar, os diamantes e os negócios em geral, mandavam seus filhos para a Universidade de Coimbra, onde os brasileiros se revelaram o núcleo mais subversivo da universidade. Liam obras dos filósofos franceses, criticavam o fanatismo e a intolerância do governo português, riam-se do inferno e do purgatório e, não conseguindo mais crer nos dogmas do catolicismo, voltavam ao judaísmo. Ridicularizavam o pecado original, colocavam dúvidas sobre as Sagradas Escrituras e escandalizavam os cristãos-velhos quando negavam a imortalidade da alma. Criticavam o celibato dos padres, achando que o casamento era universal e que relações sexuais não eram um pecado, ideias ainda hoje discutidas no Vaticano. Outros cristãos-novos também debochavam do batismo, mergulhando animais e cachorros na água, fingindo que os batizavam. Escarneciam dos frades e do Estado eclesiástico, chamando-os de hipócritas, jacobinos, fanáticos, ignorantes e maníacos. Debochavam do papa e criticavam os inquisidores, dizendo que prendiam os marranos para lhes confiscarem os bens.

Vivendo duas vidas e duas religiões, uma penetrando na outra, o sincretismo no Brasil adquiriu caráter de outra religião. Alguns guardavam o sábado pelo amor de Nossa Senhora e outros guardavam os dois dias: sábado e domingo. Passavam de uma religião para outra cada vez mais confusos, até que, por fim, foram presos, levados para Portugal, acabando seus dias desequilibrados ou mendigando.

Um dos casos mais curiosos de sincretismo, que custou a vida de Tereza Paes de Jesus, foi o de acreditar em Moisés e em Jesus ao mesmo tempo. Rezava o Padre Nosso e a Ave Maria porque lhe disseram que a rainha Ester era a Nossa Senhora e Moisés era Deus, de quem ela era mãe. Entendia que Jesus Cristo era a mesma pessoa que Moisés, filho da rainha Ester, que primeiro veio ao mundo e que era o rei dos judeus, a quem todos, judeus e cristãos, adoravam. Entendia que a lei de Cristo e a lei de Moisés eram a mesma, e que lhe tinham ensinado que o Deus que estava na hóstia consagrada era Moisés, filho da rainha Ester[2].

Pobre Tereza! Como outros cristãos-novos, esperava que ao crer na lei de Moisés ficaria rica. Criou uma outra religião e não compreendia por que sua crença era herética. Tereza foi queimada em praça pública, em 16 de junho de 1720, não devido ao crime de judaísmo, mas por sua "impertinência", "teimosia" e ingenuidade. Numerosos outros sincretismos confundiam a mente dos marranos que adoravam Moisés e Ester como santos católicos.

Ao mesmo tempo que os marranos eram todos denegridos, procuravam valorizar-se, transformando as ofensas em símbolos de honra. A maior vergonha que todo marrano queria esconder atrás da máscara era o fato de ser cristão-novo. Em uma conversa secreta, um marrano dizia, orgulhoso, que "a melhor parte que ele tinha era a cristã-nova"; outro praguejava: "leve o Diabo quem quer ser cristão-velho", e outro ainda afirmava "que se soubesse que tinha alguma coisa de cristão-velho, a lançaria no mar ou a queimaria". O marrano residente em Minas Gerais, Domingos Nunes, diz no seu processo, "que deveria haver uma liberdade de escolha segundo a consciência de cada um"[3].

Havia marranos que desejavam ardentemente pertencer ao povo judeu. Durante os 24 anos que os holandeses ocuparam o Nordeste do Brasil, esse retorno ao judaísmo foi possível. Contudo, as doutrinações da Igreja já se haviam incutido na sua maneira de ser, e foi difícil aceitar o judaísmo rabínico. A ortodoxia judaica tradicional era muito estreita aos olhos dos marranos.

Em todos os séculos coloniais, os marranos usaram suas máscaras para não revelar sua fé e seu pensamento. A partir de suas conversões forçadas, até o fim do século XVI, tanto os céticos como os criptojudeus eram visados pela Inquisição. O que pesava mais no destino de ambos era sua origem, se

2 Processo n. 2218, Arquivo Nacional da Torre do Tombo – Inquisição de Lisboa.
3 Processo n. 1779, Arquivo Nacional da Torre do Tombo – Inquisição de Lisboa.

eram descendentes de judeus. O tribunal era um orgão do mais extremado racismo.

Nos últimos anos, o marranismo tem despertado enorme interesse entre os estudos das ciências humanas, especialmente na psicanálise. O filósofo Richard Popkin atribui a origem do ceticismo moderno às controvérsias religiosas do século XVII, que prepararam o caminho para a rejeição de ambas as religiões, o catolicismo e o judaísmo. Popkin mostra a luta que se travou no século XVII entre os defensores do milenarismo e os céticos. Temos notícias de uma seita milenarista na Bahia no século XVII da qual faziam parte o padre Antônio Vieira e seu amigo, o médico marrano Manoel Mendes Monforte, que foi preso acusado de criptojudaísmo. Desequilibrado, na miséria, acabou seus dias perambulando por Lisboa.

De um lado os marranos queriam integrar-se à comunidade judaica, mas oscilavam entre o desejo de pertencer ao povo judeu ou ficar a uma distância crítica dele. No Brasil, os marranos estiveram completamente abandonados. Nas suas dúvidas adquiriram as feições do brasileiro nordestino física e psiquicamente – generoso, alegre, expansivo, romântico e sentimental. É um outro homem, que nada tem mais em comum com o judeu sefardita que lhe deu origem.É engano supor que para o Novo Mundo não vieram intelectuais e letrados. Naturalmente, menos do que foram para a Holanda e Itália e com menos inquietações filosóficas do que Spinoza e Juan del Prado, mas com bastante curiosidade para ler livros proibidos no *Index librorum prohibitorum*, discutir as Escrituras e comentar sobre as religiões judaica e cristã. O mais ilustre que viveu no Brasil no século XVI foi o poeta Bento Teixeira[4]. Como escreveu Elias Lipiner, com Bento Teixeira Deus ganhou seu primeiro inimigo no Brasil.

Ele foi o primeiro poeta na Colônia e, como os marranos secretos, viveu uma vida dupla, mascarada perante o mundo. Bento Teixeira foi um livre pensador, proclamou a superioridade da razão sobre o tradicionalismo de todas as religiões. O marrano se antecipou ao tempo, pois substituiu o paraíso e o inferno pela consciência humana. No entanto, usou sua máscara para

---

4   INATT-IL, processo n. 5206, Bento Teixeira. Mestre de grande cultura, Teixeira foi um judaizante secreto.

enganar o mundo: comungava, confessava e andava de hábito de Cristo, mas não dava aulas aos sábados.

Bento Teixeira conhecia profundamente o judaísmo, mas não praticava os preceitos judaicos. Era doutor nas letras hebraicas e ensinava a *Bíblia*, que era proibida em língua vernacular. Os amigos chamavam-no para lhes traduzir trechos do *Pentateuco* e dos *Salmos*, do latim para o português, e explicar-lhes certos conceitos do judaísmo. Foi denunciado porque lia livros proibidos, negava os dogmas do cristianismo e de outras religiões. Bento Teixeira lia Ovídio, Horácio, Virgílio e outras obras proibidas, pois tendo sido aluno da Companhia de Jesus, teve acesso às suas bibliotecas. É interessante observar que ele teve em suas mãos a obra de Samuel Usque, *Consolação às Tribulações de Israel*, escrita no século XVI. Vários outros brasileiros marranos foram presos junto com Bento Teixeira por lerem obras proibidas.

Curiosa ironia. Cinco séculos se passaram após o rei dom Manuel ter forçado todos os judeus de Portugal a se converterem ao catolicismo. Os primeiros marranos começaram a chegar ao Brasil em princípio do século XVI – com um judaísmo no coração que palpita até hoje. Espalhados por todo o país, persistem atualmente nas mesmas práticas – enterram seus mortos com mortalha, não comem carne de porco e outros alimentos proibidos, acendem velas às sextas-feiras, colocam pedrinhas sobre os túmulos e outros costumes mais. A maior concentração de sobreviventes de marranos encontra-se no Nordeste do Brasil, principalmente na Paraíba.

Nos últimos anos, com a divulgação do marranismo em livros, jornais e revistas, os marranos secretos começaram a expandir-se, falar abertamente, organizar congressos, muitos estudam hebraico e alguns já visitaram Israel. Os mais abastados vivem isolados, os filhos foram circuncidados e construíram uma sinagoga particular na própria residência. Toda família obedece aos rituais judaicos. A maior parte dos marranos, contudo, pertence à classe mais carente, e por enquanto reza em uma sala, em cuja porta de entrada há uma *mezuzá*; já estão começando a construir uma sinagoga num terreno cedido por um membro do grupo. O número de marranos está aumentando com a adesão de *anussim* (nome que deram para designar os "forçados" de todas as regiões do Brasil).

Os marranos sofreram, durante séculos, um completo isolamento. Os judeus ortodoxos até hoje não reconhecem os marranos brasileiros como judeus. Não podemos precisar seu número, pois muitos vivem ainda em segredo ou não sabem que suas práticas são judaicas.

No entanto, têm enorme curiosidade e sempre procuram saber sobre seus nomes e seus antepassados. Falam com muito amor de Israel e lamentam não serem reconhecidos. Repete-se o mesmo quadro de há quinhentos anos. Não são cristãos e não são judeus. Numa assembleia de *anussim* em Fortaleza, ouvi um marrano idoso levantar e dizer em alta voz: "Nós não somos nada, nós somos o rebotalho do mundo."

10. "Fluctuatio Animi"[1]

Primo Levi, Elie Wiesel e outros sobreviventes da Schoá nos deixaram sugestivas imagens do maior inferno do século xx: a vida nos campos de extermínio nazi. Não existe, entretanto, nenhuma narrativa que se aproxime do horror que foi viver sob o regime e a fiscalização do Santo Ofício da Inquisição. Os suplícios, as longas agonias nos gélidos cárceres, a vergonha, a degradação humana e a discriminação social, infligidos durante gerações aos portugueses que tinham origem judaica, por mais remotas que fossem, e suspeitos de não serem fiéis e obedientes servos da Igreja, não foram até hoje exaustivamente estudados. Algumas crônicas, alguns relatos de testemunhos, algumas imagens literárias e mesmo alguns raros textos que nos deixaram as próprias vítimas permitem-nos uma pálida aproximação daquela realidade vivida por um certo segmento da população portuguesa: os descendentes dos judeus convertidos, pela violência, ao catolicismo, em 1497, chamados séculos depois de "cristãos-novos" e conhecidos pela historiografia contemporânea como marranos. Riquíssimas fontes, existentes nos arquivos europeus, principalmente portugueses, permanecem

---

1 Artigo inédito.

ainda inexploradas, principalmente no tocante ao que os próprios réus pensavam e aos seus sentimentos.

Quais os sinais que a repressão política, a exclusão, a intolerância religiosa, as perseguições do Santo Ofício e a estigmatização social deixaram na personalidade e na alma dos portugueses? Durante os séculos em que a "cultura do segredo" impregnou a consciência individual e coletiva, seus efeitos subconscientes se condicionaram no coração dos oprimidos. Divididos entre dois mundos, o judaico oculto e o católico aparente, os cristãos-novos trocavam de nomes, burlavam as leis, jogavam com as palavras e com a sorte, temendo que fossem encontrados, num longínquo passado, vestígios de algum antepassado judeu. Esses portugueses foram marcados por traumas profundos oriundos de conflitos familiares, religiosos, que se expressam em atos praticados pelos réus, registrados nos "Livros dos Presos Que se Mataram na Prisão" e nos "Livros dos Presos que Enlouqueceram", fontes ainda inexploradas.

O secular antissemitismo ibérico deixou um carimbo na mente e na psicologia dos cristãos-novos, que ultimamente tem despertado o maior interesse de filósofos, historiadores, antropólogos e psicanalistas. Trabalhos recentes têm apontado traços marcantes que permaneceram na personalidade dos marranos, resultantes de uma vida dúbia e clandestina. A perda da identidade e a busca de um "pertencer" transparecem constantemente nos estudos de vidas. Alguns desses traços são, segundo certos autores, cabíveis de serem encontrados também entre judeus em diversas regiões e diversos tempos. Edgar Morin, Richard Popkin, António Damásio, Jean-Pierre Winter, Miguel Abensour, para citar apenas alguns, têm atribuído aos marranos características específicas, capazes de abarcar personalidades desde Tarso de Molina, Michel Montaigne, Baruch Spinoza, Henrich Heine até Freud.

Fugindo das clássicas interpretações que reduzem o marranismo a um modelo único, o criptojudaísmo, o filósofo francês Miguel Abensour mergulhou fundo na busca de uma compreensão do complexo fenômeno marrano, procurando alcançar a difícil e às vezes impenetrável dimensão do "sentimento". Partiu de dois conceitos básicos: o de pária, modelo interpretativo do povo judeu, sugerido por Max Weber, e o da *fluctuatio animi*, proposto por Spinoza. Hannah Arendt tratou exaustivamente da condição de judeus como párias, passando por diversos exemplos como Heine, Chaplin e Kafka, alcançando com este último, sem o saber, a realidade vivida pelo marrano, chegando até as "qualidades" judaicas dos párias, que são "qualidades" marranas, como, por exemplo, o coração judeu, o humanismo, o humor e a inteligência desinteressada. O marrano, como o herói de Kafka no *Castelo*, não pertence à gente comum nem à camada dirigente. À semelhança do herói de Kafka, o marrano "não é do castelo, não é da vila, não é nada". Os marranos, procurando adaptar-se a todos os padrões oficiais de comportamento, ansiavam tornar-se "indistinguíveis", pelo menos para sobreviver.

A necessidade de "assimilar-se" e, ao mesmo tempo, de não poder "assimilar-se" envolvia uma penosa ruptura interior, pois fazia do marrano um solitário, sem pertença. Como os povos párias, os marranos, mesmo quando cristãos, eram hóspedes, como "foram os judeus, mesmo na fase de maior tolerância" de Portugal e da Espanha, quando sua situação social era privilegiada em relação às condições de vida dos judeus além Pirineus. As conversões forçadas de todos os judeus portugueses ao catolicismo (1492) não os tornaram "cristãos iguais", ao contrário, eles emergiram como "novos párias". Os marranos, como os párias, viviam um conflito insolúvel: se recusavam a identificar-se com a sociedade dominante, apresentavam uma forte vontade de não adesão à sociedade ampla, que consideravam fanática, supersticiosa e idólatra, ao mesmo tempo que queriam "pertencer", serem iguais a essa sociedade dominante.

Essa contradição produziu nos marranos uma enorme tensão, pois não podiam pertencer à sociedade na qual viviam, uma vez que esta não os aceitava como iguais, e tampouco podiam voltar à sua comunidade histórica, da qual estavam distanciados culturalmente, há séculos. A "origem" dos portugueses marranos determinava seu lugar na sociedade, e esse estigma marcou a alma dos marranos, como a dos judeus, em diversas fases da história.

Miguel Abensour, para caracterizar os marranos, foi buscar o conceito de *fluctuatio animi* em Spinoza, descrito como uma estrutura do espírito que nasce de dois afetos contrários, do qual resulta uma ambiguidade na alma, que a faz mergulhar num estado obscuro de incertezas, mergulho este que necessariamente engendra sofrimento. A alma se debate ante as incertezas e não sabe para que lado se voltar. Mergulha numa confusão mental, não sabe o que ama ou odeia, e sofre.

Os marranos foram párias "por excelência". A adoção do catolicismo, voluntário ou forçado, os marcou duplamente, como judeus e como conversos. Nunca os judeus foram tão odiados como quando se tornaram católicos. Talvez possamos traçar um paralelo com os nazistas, que odiavam mais um judeu assimilado, secularizado, que falava um alemão sem sotaque, seguindo todas as etiquetas impostas pela educação germânica, do que um judeu ortodoxo, de barbas e cachos, vestido com seu longo capote preto e seu largo chapéu.

Para entender o "pária marrano" é preciso conhecer os mecanismos que o criaram. Primeiro: os judeus foram o único povo para o qual foi criada uma corte de justiça, especificamente para os vigiar e punir. Segundo: a corte de justiça, o Santo Ofício da Inquisição, inspirava medo e horror na população e uma incerteza e insegurança, responsáveis pela criação de uma "cultura do segredo", que durante trezentos anos marcou a mentalidade portuguesa. Terceiro: a marca da origem, o fator biológico, que excluía portugueses desde o nascimento, reforçava as suspeitas do crime de judaísmo.

Cada tentativa de atribuir o crime de judaísmo a um português partia de dois pressupostos: a família e sua origem étnica. Toda engrenagem funcional do tribunal apoiava-se em investigações genealógicas. A Cúria Metropolitana de São Paulo contém numerosos processos testemunhando as investigações sobre a "pureza" de sangue dos candidatos à Igreja.

Após as conversões forçadas dos judeus ao catolicismo na Espanha, em 1391, após a criação dos "estatutos de pureza de sangue" em Toledo, em 1449, após o estabelecimento oficial dos Tribunais da Inquisição na Espanha em 1478 e em Portugal em 1536, passaram a circular pelo país sermões, textos antijudaicos, *slogans* difamatórios, cartazes, obras manuscritas, condicionando a mente dos portugueses para os perigos da heresia judaica e para a danação eterna que cairia sobre os cúmplices e fautores de judeus. O ódio aos judeus, contido em

52 obras que foram escritas nos séculos XVII e XVIII na Espanha e em Portugal, nos permitem avaliar a dimensão que alcançou a propaganda nas nações ibéricas.

Coube ao clero católico a maior responsabilidade pelo ódio aos judeus. Essa propaganda contra os portugueses que tinham antepassados judeus adquiriu uma conotação muito mais ampla do que simplesmente uma exaltação contra a heresia ou os cristãos-novos judaizantes. Estendia-se a "todo" o povo judeu. Nos sermões do púlpito, nos sermões durante os autos de fé, insuflava-se o ódio popular não apenas contra o suspeito da fé, mas contra "todo o povo judeu".

Depois de viverem mais de quinze séculos na Península Ibérica, os judeus convertidos e seus descendentes não eram considerados portugueses ou espanhóis, mas "gente da Nação". Os padres incitavam o povo ao ataque às judiarias, levando à indignação o próprio rei dom Manuel, que reagiu a um sermão antissemita retirando-se da igreja, quando um padre, exaltando os fiéis, pregava: "o que faremos com este povo vil?", "esse povo judeu?" Os cristãos-novos eram distinguidos dos portugueses como "outro povo".

O caráter e as modalidades do antijudaísmo, que se desenvolveram em todo o império espanhol e português, anteciparam, em modernidade, a judeofobia do século XX, pois reuniam todas as fórmulas tradicionais: foi religiosa, política, econômica e racial. Foi também o mais largo e ininterrupto processo persecutório organizado pelos Estados Nacionais contra um grupo humano específico e indefeso. A religião foi um pretexto excelente utilizado pelo Estado e pela Igreja para "construir" o inimigo e garantir às classes dirigentes, durante séculos, seus privilégios e sua perpetuação no poder.

De geração em geração, o ódio aos judeus se expressou por meio de um estigma visível, que não adquiriu a eficiência da tatuagem numérica utilizada pelos nazistas, mas que inspirava medo, horror e repugnância: o sambenito, uma túnica sobre o corpo que muitas vezes, após o processo, era pendurada à porta das igrejas com o nome do executado para que todos os seus descendentes ficassem conhecidos como amaldiçoados.

Leis sucessivas foram publicadas impedindo os cristãos-novos de saírem do país. Só restou aos cristãos-novos fingir e fugir.

Todo o império português viveu a "cultura do segredo". Para entender o universo em que se moviam os portugueses, temos de entender essa "cultura do segredo", que foi vivida não apenas pelos marranos, mas por todos os portugueses, porque ninguém estava absolutamente seguro de seus antepassados.

Podemos buscar as origens dessa "cultura do segredo" da Península Ibérica já no longínquo passado. Durante o período visigodo, judeus foram também forçados a adotar a religião cristã, e a clandestinidade e a simulação permearam a vida dos primeiros marranos conhecidos na história da Península Ibérica, deixando traços marcantes na psicologia do povo português que, no século XX, se revelaram surpreendentemente no neomarranismo. Com a invasão dos árabes em 711, o antijudaísmo arrefeceu e a convivência entre cristãos, árabes e judeus interrompeu o antagonismo que, entretanto, recrudesceu na última década do século XIV. Os judeus, em 1391, reiniciaram a "cultura do segredo" na Península Ibérica. Forçados a abandonar sua religião judaica e a perder sua identidade, os "convertidos", tanto em tempos visigodos como no século XVI e seguintes, construíram no seu imaginário uma justificativa para seu sofrimento e se refugiaram nas "sociedades secretas". Essa "cultura do segredo" sobreviveu às perseguições e aos autos de fé e traçou, de maneira indelével, o caráter do marrano na época moderna e também na contemporânea.

A política absolutista, a repressão religiosa, a falta de liberdade de expressão, o medo da miséria, da exclusão, do abandono, da morte, reuniu os marranos num mundo absolutamente fechado, onde seus valores e sua identidade eram transmitidos por códigos absolutamente secretos, muitas vezes incompreensíveis para os historiadores que hoje se debruçam sobre documentos manuscritos. Nesse universo secreto, entretanto, o sonho de redenção os alimentou, mesmo ante o silêncio do mundo. Como escreveu Gershom Scholem, "há qualquer coisa de grande, mas profundamente irreal, em viver na esperança".

Essa esperança se reavivou e floresceu com o encontro do Novo Mundo. O escape mais fácil para os marranos era a América. Cada nau que saía do Tejo levava portugueses para uma nova "Terra Prometida", como foi chamado o Brasil pelos marranos. As possibilidades de apagar suas origens aumentaram, porém, as mesmas leis, a mesma fiscalização inquisitorial, se transferiram para o Brasil. A prosperidade da Colônia acirrou a ganância dos inquisidores e da Coroa portuguesa, e em finais do século xvi, iniciaram-se as investigações sistemáticas e oficiais. Os irmãos da Companhia de Jesus, apoiados pelo alto clero, foram os principais agentes na "caça aos judeus".

A agricultura foi a principal atividade marrana no Brasil, desde a cultura da cana até sua comercialização, e altas somas foram confiscadas dos "senhores de engenho" e dos "homens de ida e vinda", expostos a longas inquirições que sondavam o comportamento, as atitudes, as palavras e os gestos de cada colono.

Essa vigilância gerou na população uma enorme insegurança, que a obrigava a uma extrema mobilidade e a burlar seus nomes e identidades. A própria linguagem, sempre imprecisa e reticente, ajudou a transformar os portugueses em párias na sua própria pátria.

Apesar das perseguições, muitos cristãos-novos foram favorecidos pela distância da Metrópole, pela dimensão do território e pelas dificuldades de transporte, e conseguiram diluir-se em meio à população, desaparecendo como judeus. Somente cinco séculos depois, em nossos dias, seus vestígios foram encontrados, espalhados por todo o continente brasileiro. Como a principal arma da Inquisição era a família, muitos marranos não conseguiram salvar-se, pois uma vez preso um membro, a família toda o seria em seguida. A intensificação persecutória reforçou o convívio dos marranos nas sociedades secretas, e os ensinamentos judaicos, herdados de pais e avós, continuaram de geração em geração.

A conquista holandesa (1630-1654) mudou o cenário político, religioso e cultural do Nordeste brasileiro e a vida dos marranos. A relativa tolerância religiosa, que os diretores da Companhia da Índias Orientais estenderam para a região conquistada, permitiu a prática do judaísmo e o florescimento de uma vida cultural desconhecida até então.

O comportamento dos marranos foi extremamente diversificado e oscilante. A chegada de judeus, de origem portuguesa, diretamente da Holanda, teve uma influência decisiva sobre os cristãos-novos já estabelecidos no Brasil. Unia-os uma mesma língua, os mesmos costumes, as mesmas saudades das aldeias de origem.

Os judeus que se estabeleceram em Pernambuco levaram muitos a se converterem ao judaísmo, atraídos pelo desejo de "pertencer". O encontro com os judeus, com os quais o estigma os identificava, levou muitos cristãos-novos a regressarem ao judaísmo e a se tornarem membros da nova comunidade criada em Pernambuco. Procuraram viver uma vida autenticamente judaica na Congregação Zur Israel, de Recife. Ajudaram a consolidar a congregação com a criação de escolas, sinagogas e um cemitério para que seus familiares não repousassem embaixo da cruz. Receberam ensinamentos sobre a religião judaica, que pouco conheciam, e deixaram se envolver apaixonadamente na ortodoxia religiosa.

A infância vivida pelos cristãos-novos no catolicismo e na Igreja, no entanto, também deixaram suas marcas. Hábitos e crenças, condicionados durante séculos, dificultaram a integração plena no judaísmo, e traumas foram vividos pelos marranos, com consequências dolorosas.

Enquanto alguns reconvertidos ao judaísmo conseguiram transpor as barreiras psicológicas causadas pelo seu ingresso na ortodoxia judaica, outros ficaram no meio do caminho e permaneceram desajustados, passando por conflitos semelhantes aos vividos pelos marranos que se refugiaram em Amsterdã, Itália, Hamburgo etc. Para estes, o "retorno" foi impossível.

A experiência vivida pelos marranos em Recife ilustra esse conflito. As próprias narrativas dos prisioneiros refletem a confusão de seus sentimentos. Alguns exemplos podem elucidar o drama que esse retorno causou nos marranos, novos párias atirados a uma trama sem solução. Primeiramente, mudaram outra vez de nome, passando a ter nome judaico na congregação. Gabriel Mendes passou a chamar-se Abrão Mendes; Diogo Henriques, Abrão Bueno; Manuel Gomes Chacon, Issac Habib e tantos outros.

A experiência marrana em Recife é extremamente rica de exemplos, as próprias narrativas dos prisioneiros relatam a confusão de seus sentimentos, e alguns exemplos podem ser elucidativos a esse impossível retorno. Eles viveram em Pernambuco durante os anos que os holandeses ocuparam o Nordeste do Brasil, período em que uma congregação judaica foi oficialmente reconhecida e uma vida plena judaica, possível.

Atraídos pelo "pertencer", converteram-se ao judaísmo, tentando acompanhar o modelo imposto pelos rabinos. Manuel Gomes Chacon, cristão-novo, por exemplo, nasceu em Portugal, e morou em Itacoara, capitania de Itamaracá. A vida judaica em Recife o atraiu e ele se converteu ao judaísmo. Quando a mulher e o filho souberam que "judaizava", o abandonaram. Desesperado, Chacon se converteu novamente ao catolicismo, mas como lhe repugnavam os dogmas da Igreja, retornou ao judaísmo. Não conseguindo acompanhar o rigor imposto pelos chefes da comunidade e da religião, foi ao vigário e pediu para ser novamente batizado e se tornou católico. Foi então preso, enviado para a Bahia e depois para Lisboa, onde, nos cárceres do Santo Ofício, continuou a viver o seu tormento espiritual. Pero de Almeida nasceu e foi batizado no Porto. Em Recife, influenciado pelos amigos judeus, se converteu ao judaísmo. Frequentava regularmente a sinagoga e acompanhava as festas judaicas, até que a paixão por uma mulher cristã-velha o fez tornar-se novamente católico. Depois de casado, se arrependeu e retornou ao judaísmo. Outros amigos o convenceram da verdade da religião cristã. Resolveu confessar-se com o vigário e se tornou católico. O vigário mandou prendê-lo. Após ficar nove meses nos cárceres, foi enviado acorrentado para Lisboa, onde a Inquisição se encarregou de julgá-lo. O cristão-novo Gabriel Nunes nasceu no Porto. Com onze anos de idade, após a morte do pai (também penitenciado pela Inquisição), foi enviado pela mãe para Hamburgo e, na comunidade judaica, foi circuncidado. A vida o levou para Pernambuco, onde pertenceu à comunidade judaica de Recife e viveu oito anos como judeu. Teve então um sonho, no qual morria e se havia "perdido". Arrependeu-se de ter abandonado a religião cristã e se reconverteu. Foi então preso e enviado para Portugal. Depois de sentenciado, com "cárcere e hábito penitencial perpétuo", fugiu para o Brasil, onde foi preso pela segunda vez, e novamente deportado para Lisboa. Semelhantes oscilações e angústias foram vividas por Matheus da Costa, Diogo Henriques, Miguel Frances, João Nunes Velho, mergulhados numa *fluctuatio animi*, feridos na alma, sem saber de onde lhes viria a redenção.

Miguel Abensour vai encontrar nesses marranos uma *fluctuatio animi*, uma alma em conflito, de um lado pelo desejo de

118 VIVER NOS TEMPOS DA INQUISIÇÃO

pertencer ao seu povo de origem, de outro, pela inadaptação desse retorno. Spinoza criou esse conceito indubitavelmente levado pela sua própria experiência. Compreendia a alma marrana por sentir-se ele próprio um marrano, e dessa condição extraiu sua filosofia. Era judeu sem pertencer ao mundo judeu. Também nunca pertenceu ao mundo cristão.

O antissemitismo, a exclusão, a discriminação, fizeram dos judeus párias. Adotando o catolicismo, o estigma se reforçou ainda mais e os convertidos se refugiaram, durante séculos, na simulação e no segredo. A possibilidade de viver livres e abertos atraiu os conversos para o retorno ao judaísmo, que para muitos se revelou impossível.

O marranismo brasileiro, sob a óptica filosófica e psicanalítica, jamais foi estudado. São conhecidos os danos causados pela atuação inquisitorial tanto na esfera política como na esfera econômica, mas apenas recentemente emergiram estudos sobre as consequências das rupturas psicológicas sobre os marranos. Os estudos de Miguel Abensour sobre a *fluctuatio animi* da alma marrana mostram o conflito entre o desejo de "pertencer" ao povo judeu e a "impossibilidade" desse "pertencer".

A aventura marrana foi extremamente penosa e dialética. Submeter-se ao controle das autoridades rabínicas mostrou-se intolerável. A cisão da consciência, que é uma característica essencial do pária, continuou mesmo depois que os cristãos-novos se tornaram judeus. Oscilando entre o desejo de pertencer ao seu povo de origem, que alimentava o seu imaginário de pária, e à sociedade ampla que os excluía, o marrano tinha, como escreveu Spinoza, a alma suspensa entre dois derivados, a alegria e a tristeza, a esperança e a crença.

O "pertencer simulado", como escreve Jean-Pierre Winter, jamais foi resolvido na trajetória dos marranos, pois tinham de passar pelo que não "eram" para preservar o que eles acreditavam ser, donde a ambivalência dos afetos e pensamentos[2].

O que distingue o pária (judeu) das outras figuras da opressão é o desprezo, o insulto, a rejeição, a vergonha, que foram vividos pelos marranos. Spinoza, Uriel da Costa, Juan de Prado, na Holanda, experimentaram a dolorosa *fluctuatio*

---

2 Cf. Jean-Pierre Winter, *Os Errantes da Carne: Estudos Sobre a Histeria Masculina*, São Paulo: Companhia de Freud, 2001.

animi, semelhante aos marranos de tantas regiões da Europa nas quais se refugiaram.

Para entender esse conflito, ouvimos filósofos, antropólogos, historiadores e psicanalistas, que permitem uma abordagem nova – a psicanálise. Sejam quais forem as dificuldades metodológicas, a teoria psicanalítica nos propõe um caminho para o entendimento do marranismo, pois, numa história integrada, o historiador deve conhecer a convergência do social e do psicológico. A interdisciplinaridade da história, a cooperação entre história, antropologia e psicanálise, mostram-nos o fenômeno marrano sob um novo ângulo, pois, como reconheceu Marc Bloch, "fatos históricos são, em essência, fatos psicológicos".

Para Miguel Abensour, tanto o que foi vivido pelos que se integraram no judaísmo como o que foi vivido pelos que não se encontraram em nenhuma religião são experiências de párias. Os anos passados como cristãos produziram uma "interiorização do cristianismo" tão profunda que tornou, para muitos, a readaptação ao judaísmo extremamente difícil, não permitindo que os marranos encontrassem uma identidade plena e substancial. Como criptojudeus, viveram uma alienação em seu ambiente católico, mas viveram também uma alienação íntima, dentro de seu "pseudo-ser", ser que eles não podiam revelar. A vida de tantos marranos permaneceu assim, perpetuamente, entre opostos.

O antissemitismo, o estigma e a intolerância geraram um povo pária, os judeus, que continuou pária depois de se tornar católico. Passando do judaísmo "secreto" para o judaísmo "aberto", com regras e restrições ortodoxas, os cristãos-novos criaram um estado de incerteza que os levou a oscilar entre uma e outra religião, sem saber qual a verdadeira. O viver no "segredo" desde a mais tenra idade havia se incorporado de tal maneira nos hábitos marranos que a verdadeira religião somente poderia ser concebida como "secreta". Em Belmonte, no norte de Portugal, que visitei em 1965, ainda se ouvia dizer, entre os sobreviventes marranos, que a "nossa única religião é a secreta".

11. O Papel da Mulher no Criptojudaísmo Português[1]

As informações que temos sobre o comportamento, as crenças, as atitudes da mulher judia, depois de convertida ao catolicismo, constituem uma fonte rara e inexplorada para a história da mulher e da família na cultura portuguesa dos séculos XVI ao XVIII. Entre as raras referências à mulher marrana, encontramos um *responsum* rabínico, no qual a mulher é descrita como líder espiritual, bem como o trabalho biográfico pioneiro de Cecil Roth sobre Gracia Mendes[2].

Sobre as portuguesas que partiram para o Novo Mundo em seguida ao descobrimento, as notícias também são escassas e nenhum tratamento satisfatório existe, como nos diz Charles Boxer, sobre o lugar que ocupou a mulher na sociedade ibérica colonial[3].

[1] A. Novinsky, O Papel da Mulher no Cripto-Judaísmo Português, *Anais do Congresso Internacional: O Rosto Feminino da Expansão Portuguesa*, Lisboa: Comissão Para a Igualdade e Para os Direitos das Mulheres, 1995, p. 549-555.

[2] Cf. Yosef Hayim Yerushalmi, *From Spanish Court to Italian Ghetto: Isaac Cardoso, A Study in Seventeenth Century Marranism and Jewish Apologetics*, Seattle: University of Washington Press, 1981. Ver também Cecil Roth, *Doña Gracia Mendes: Vida de una Gran Mujer*, Buenos Aires: Editorial Israel, 1953; Catherine Clément, *La Senora*, Paris: Calmann-Lévy, 1992.

[3] Cf. Charles Ralph Boxer, *Mary and Misogyny: Women in Iberian Expansion Overseas, 1415-1815 – Some Facts, Fancies and Personalities*, London: Duckworth, 1975.

VIVER NOS TEMPOS DA INQUISIÇÃO

Não é possível fazermos estimativas demográficas, apoiadas em bases científicas, sobre os cristãos-novos no Novo Mundo, pois a qualificação "cristão-novo" não acompanha os nomes dos primeiros colonizadores que ficaram registrados na história. A única fonte que nos permite identificar os portugueses como cristãos-novos, durante a época colonial, são os arquivos inquisitoriais.

O Brasil foi o refúgio preferido pelos portugueses que procuraram escapar das perseguições da Inquisição portuguesa, e sua história, apesar de inseparável de sua cultura portuguesa de origem, apresenta aspectos e características que devem ser entendidos e estudados dentro do contexto brasileiro colonial.

De uma maneira geral, a postura dos portugueses na América colonial em relação à condição feminina foi mais dura, rigorosa e conservadora do que a dos espanhóis. Essa postura se aplica não somente à situação da mulher, mas também a todo o sistema de organização colonial, que não permitiu, nas colônias lusitanas, imprensa, universidade ou a livre leitura. A mulher no Brasil nunca alcançou o *status* da mulher da América espanhola, não obstante as leis discriminatórias terem sido violadas ininterruptamente pelos colonos nas suas vivências cotidianas[4].

Havia uma rigorosa punição aos candidatos a postos oficiais e honoríficos se se casassem com mulheres de ascendência judaica, porém o comprometimento sanguíneo foi uma constante em todo o império espanhol e português. As genealogias de famílias cristãs-novas que analisamos mostram que um grande número delas estava mesclado com cristãos-velhos.

Apesar de não possuirmos ainda material suficiente para construir modelos e estruturas sobre a mulher e a família cristã-nova no Brasil, podemos, na base de processos conhecidos, levantar algumas hipóteses e propor algumas reflexões teóricas[5].

Inicialmente, devemos considerar que houve no Brasil uma religião clandestina, que sobreviveu durante os três séculos coloniais, do Rio Grande do Norte até a colônia de Sacramento.

4   Ibidem, p. 53.
5   Cf. Lina Gorenstein, *A Inquisição Contra as Mulheres: Rio de Janeiro, Séculos XVII e XVIII*, São Paulo: Humanitas, 2002.

O papel que a mulher representou na continuidade desse criptojudaísmo foi fundamental[6].

A religião católica era praticada, em Portugal e no Brasil, por certas facções cristãs-novas como obrigação, enquanto outras seguiam com convicção o catolicismo. Todas as generalizações sobre a religião dos cristãos-novos no Brasil são enganosas. No que diz respeito à condição feminina, ela variou de região para região, dependendo da classe social e do tipo de família a que pertenciam.

Os processos inquisitoriais contêm informações diversas sobre a sociedade colonial e sua análise permite reconstituir a situação econômica das famílias, o nível cultural, o número de filhos, os costumes e as crenças. Um estudo sobre as famílias cristãs-novas do Rio de Janeiro, presas no século XVIII, fornece dados que nos permitem conhecer a estrutura da família nuclear, em que pai, mãe e filhos solteiros viviam numa mesma casa e os filhos casados, em outras, assim como as famílias patriarcais, residentes nas áreas rurais, em seus grandes engenhos de açúcar[7].

Focalizando a família cristã-nova do Rio de Janeiro nesse período, não encontramos na sua organização familiar diferenças consideráveis da família cristã-velha. Os portugueses, cristãos-novos como cristãos-velhos, reproduziram no Brasil a estrutura política e social do reino e carregaram consigo a tendência de copiar os estilos de vida da pátria. No tocante aos cristãos-novos, as diferenças que notamos situam-se mais no plano da mentalidade do que no comportamento exterior. À medida que a Inquisição reforçava sua fiscalização sobre a Colônia, mais os cristãos-novos se fechavam entre si. Não temos, porém, dados para confirmar isso, como num estudo feito sobre o México, onde 96% dos casamentos foram endogâmicos[8]. Creio que a maioria dos cristãos-novos que viveram no Brasil na época colonial não eram criptojudeus. A perseguição

---

6 A. Novinsky, *Una Nueva Visión de lo Femenino: La Mujer Marrana*, em Jorge Núñez Sanchez (ed.), *Historia de la Mujer y la Familia*, Quito: Nacional, 1991, p. 69-80.

7 L. Gorenstein, op. cit.

8 Cf. Solange Alberro, *Inquisition et societé au Mexique: 1571-1700*, Ciudad de México/Paris: Centre d'Études Mexicaines et Centraméricaines/Diff. de Boccard, 1988.

inquisitorial teve um cunho racista, apoiando-se em informações obtidas sobre a origem étnica dos portugueses. Isso obrigava os cristãos-novos a jogar com a sorte, e construir "um mundo dentro do mundo", onde se resguardavam, se apoiavam e se ajudavam mutuamente[9].

No início da colonização havia poucas mulheres brancas no Brasil e os portugueses, cristãos-novos como cristãos-velhos, mesclaram-se com índias e negras. O desenvolvimento econômico intensificou a imigração, e os estudos genealógicos revelam um aumento na tendência endogâmica, principalmente depois que se intensificou a fiscalização inquisitorial. Praticar alguns costumes judaicos ou adotar um nome do *Antigo Testamento* tornou-se extremamente perigoso, particularmente depois que se efetuaram as primeiras prisões, na última década do século XVI[10].

As mulheres eram vistas pelos inquisidores como as hereges mais perigosas. As "confissões" e "sessões de crença" nos permitem extrair um perfil do comportamento feminino e as motivações que levaram à sua tenacidade e perseverança na manutenção da fé antiga. Suas atitudes e opiniões sobre os cristãos-velhos, a Igreja, os padres, a confissão, os dogmas, o papa, Deus, o amor, a morte e principalmente sobre a Inquisição escoam das páginas dos processos e nos fornecem material, às vezes único, sobre o que acreditavam os homens da América.

Apesar da escassez de mulheres nos primórdios da colonização, temos notícias de sua presença no engenho de São Vicente desde meados do século XVI, quando na casa do capitão-mor Jeronimo Leitão já se praticava a religião judaica. O mesmo se deu no famoso engenho de Matoim, na Bahia, onde foram presas as primeiras mulheres da Colônia[11].

A literatura portuguesa da época descreve a mulher em geral como intelectualmente inferior ao homem, mantendo-se a imagem tradicional da tentadora e serva de Satã. Uma exceção chamou-nos a atenção, principalmente por se tratar de um

9   Cf. A. Novinsky, *Cristãos-Novos na Bahia: A Inquisição no Brasil*, 2. ed., São Paulo: Perspectiva, 1992.

10 Cf. Heitor Furtado de Mendonça, *Primeira Visitação do Santo Ofício às Partes do Brasil: Denunciações da Bahia 1591-1593*, São Paulo: Paulo Prado, 1925; Arnold Wiznitzer, *Os Judeus no Brasil Colonial*, São Paulo: Pioneira, 1966.

11 Cf. H.F. de Mendonça, op. cit.

O PAPEL DA MULHER NO CRIPTOJUDAÍSMO PORTUGUÊS

cronista português, porta-voz oficial da Coroa, Duarte Nunes de Leão. Em sua *Descrição do Reino de Portugal*, dedica três capítulos às admiráveis qualidades da mulher portuguesa em diversos campos. Descreve seu "valor e coragem" e sua capacidade para as artes e as letras[12].

A fim de estudar a família e a mulher cristã-nova no Brasil, devemos considerar alguns aspectos básicos do judaísmo referentes à condição feminina, apesar da grande diversidade que sempre apresentaram as comunidades judaicas dispersas pelo mundo. Os judeus se adaptaram à sociedade entre as quais viveram, e o conhecimento da estrutura familiar das comunidades judaicas em Portugal, antes da conversão forçada de 1497, é importante.

Algumas características que encontramos no judaísmo influíram em todas as comunidades judaicas, desde o período bíblico até os dias de hoje. Assim, por exemplo, no judaísmo tradicional, a família era considerada como a menor unidade social em que a herança cultural e religiosa do judaísmo era transmitida. O casamento foi uma instituição que sofreu na Diáspora muitas variações. As interações do judaísmo com múltiplas civilizações, culturas, sociedades criou, durante 3.500 anos de história, uma grande diversidade de costumes matrimoniais. Por conseguinte, apesar de sua origem religiosa comum, as práticas judaicas entre asquenazitas e sefarditas se multifacetaram. A influência da tradição hispano-rabínica não foi a mesma em todas as regiões, e tampouco é idêntica entre as mulheres nas comunidades sefarditas da Europa e Norte da África.

As leis judaicas eram conhecidas apenas pela tradição oral. A instituição do casamento e da família é exaltada e louvada e o celibato é condenado tanto no homem como na mulher. Um judeu que não tem mulher é considerado metade homem. Os rabinos não condenavam, como Paulo, os impulsos sexuais como "um mal em si"[13].

Depois do exílio da Babilônia e da conquista romana, a família judia adquiriu um novo sentido. Com a perda da pátria, a família tornou-se elemento social básico e foi importante para

12 Cf. C.R. Boxer, op. cit.
13 Salo Baron, *A Social and Religious History of the Jews*, New York: Columbia University Press, 1958, v. 2, p. 217.

a evolução do judaísmo, pois as relações familiares foram colocadas sob a direta vigilância de Deus. Quando os judeus voltaram do exílio da Babilônia, os profetas exaltaram os retornados a se preocupar com seus lares, mais do que com o Templo[14].

No Brasil, o sentido da família manteve-se principalmente na prática secreta do Schabat, quando se dava a máxima comunhão entre os membros e a refeição era feita em conjunto, com toda a família e parentes reunidos, velas acesas e uma prece que era pronunciada pela mulher. Também na Páscoa se dava o encontro anual da família, e então o papel da mulher era fundamental.

Quanto mais alta a esfera social, mais fracas eram as práticas clandestinas judaicas na Colônia e mais assimilados eram os cristãos-novos aos costumes cristãos. Na Paraíba, onde o *status* social da comunidade era inferior ao do Rio de Janeiro, o apego à religião judaica parece ter sido mais forte e, em geral, os resquícios do judaísmo que remanesceram até os dias atuais no Brasil estão mais presentes entre a população mais humilde[15].

Condições históricas diversas transformaram o lar, a casa, em um fator vital para a sobrevivência do judaísmo e a preservação de uma maneira "judaica de viver". A casa, no judaísmo, é muito mais importante do que a sinagoga ou a escola. É da casa e da família que provém a maior força para a revitalização e continuidade do judaísmo. É na casa que se realizam as práticas religiosas e cerimoniais. Numa retrospectiva histórica, foi a família, com suas práticas judaicas, que tornou possível os judeus atravessarem dois mil anos e sobreviverem.

Existem, pois, dois fatores básicos para um homem ser judeu: a sinagoga e a casa. Para ser judeu é preciso que o homem conheça as Escrituras Sagradas e cumpra as ordens da lei. Na "sinagoga-escola", as crianças aprendem a ler, a rezar e em casa cumprem os preceitos básicos do judaísmo e as leis dietéticas. No lar é transmitida toda a memória histórica, com a manutenção das festas religiosas judaicas.

No Brasil, proibida a sinagoga, a escola, o estudo, sem autoridades religiosas, sem mestres, sem livros, o peso da casa foi

14 Ibidem, p. 125.
15 A mais numerosa comunidade criptojudaica do Brasil, no século XVIII, foi a da Paraíba. Diversas pesquisas sobre os cristãos-novos da região já foram publicadas.

O PAPEL DA MULHER NO CRIPTOJUDAÍSMO PORTUGUÊS 127

grande. A casa foi o lugar do culto, a casa tornou-se o próprio Templo. No Brasil colonial, como em Portugal, somente em casa os homens podiam ser judeus. Eram cristãos para o mundo e judeus em casa. Isso teria sido impossível sem a participação da mulher. Entre 662 processos de brasileiros analisados na primeira metade do século XVIII, 225 pertencem ao sexo feminino[16]. Em alguns autos de fé de Lisboa, do século XVIII, o número de mulheres penitenciadas ultrapassou o número de homens. No auto de fé de 9 de julho de 1715 saíram penitenciados 78 réus, dos quais 37 homens e 41 mulheres. No auto de fé de 26 de julho de 1712 desfilaram 53 brasileiros, 50 foram acusados de judaísmo, sendo 24 mulheres[17]. A maior parte das mulheres cristãs-novas acusadas de judaísmo recebeu como sentença cárcere e hábito penitencial perpétuo, enquanto as acusadas de crimes menores receberam penas leves.

Em uma década (1726-1736), a Inquisição praticamente dizimou, na Paraíba, uma tradicional comunidade criptojudaica, que podemos acompanhar desde o século XVI. O número de mulheres presas e condenadas ultrapassou o número de homens. Uma mulher, Guiomar Nunes, mãe de oito filhos, foi queimada.

Em Portugal, segundo um estudo de José Gentil da Silva, o número de penitenciadas femininas, como no Brasil, variou no tempo e no espaço. Entre 1725 e 1735, em Coimbra, o número de pessoas do sexo feminino foi superior ao dos homens. Dos três tribunais do reino, foi o de Évora que condenou o maior número de mulheres, 37%; Coimbra vem em segundo lugar, com 35%; e depois Lisboa, com 28% do total das vítimas. Dos que morreram na fogueira, 44% eram mulheres, 37% em Lisboa, 43% em Évora, e 53% em Coimbra[18].

O crime mais grave de que foram acusadas as portuguesas cristãs-novas na colônia brasileira foi o da preservação do

16 Cf. A. Novinsky, *Inquisição: Prisioneiros do Brasil, Séculos XVI-XIX*, 2. ed., São Paulo: Perspectiva, 2009.

17 Idem, Jewish Roots of Brasil, em Judith Laikin Elkin; Gilbert W. Merkx (eds.), *The Jewish Presence in Latin America*, Boston: Allen & Unwin, 1987, p. 33-44; idem, Sephardim in Brazil: The New Christians, em Richard Barnett; Walter Schwab (eds.), *The Western Sephardim*, Grendon: Gibraltar, 1989, p. 431-434.

18 José Gentil da Silva, L'Inquisition au féminin, *Inquisição: Congresso Luso-Brasileiro Sobre a Inquisição*, Lisboa: Universitária Editora, 1989, v. 1, p. 305-323.

Sábado, seguido pela Páscoa e pelo jejum do "Dia Grande" (como era conhecida a festa do Iom Kipur).

Algumas vezes encontramos menção à festa da "rainha Ester" com a qual os cristãos-novos se identificavam de maneira especial, pois Ester teve, como os cristãos-novos, de manter secreta a sua origem. Quando possível, o consumo de carne de porco, lebre e coelho era evitado.

Mulheres cristãs-novas apresentaram no Brasil uma resistência passiva e deliberada ao catolicismo. Foram prosélitas, recebiam e transmitiam as mensagens orais e influenciavam as gerações mais novas. Houve muitas reconvertidas ao judaísmo durante o período holandês no Nordeste brasileiro (1630-1654).

O judaísmo persistiu no Brasil durante 285 anos como expressão religiosa e como uma mentalidade graças a diversos desafios: a discriminação legal, o antijudaísmo das massas, o estigma, a Inquisição. Dois fatores foram fundamentais: a mulher e a memória. Os inquisidores sabiam que as mulheres eram as principais transmissoras da heresia judaica e logo nos primeiros interrogatórios lhes propunham a questão: quem foi que lhe ensinou? A memória histórica, como diz Pierre Nora, é vida, sempre carregada pelos grupos vivos, aberta à dialética da lembrança e da amnésia, inconsciente de suas deformações sucessivas. Enquanto a história é a reconstrução sempre problemática e incompleta do que não é mais, a memória é um fenômeno sempre atual, um lugar vivido no presente eterno. A memória é afetiva e mágica e se apropria dos detalhes que a confortam, a história conhece apenas o relativo, a memória é um absoluto[19]. Ser cristão-novo significava lembrar-se. Lembrar-se de lembrar. Foi a transmissão dessa memória que não permitiu que o judaísmo desaparecesse no Brasil, apesar das perseguições e do medo.

Algumas vezes, se bem que raramente, chegavam mensagens do reino de maneira clandestina. Essas mensagens transmitiam imagens do *Antigo Testamento* e vinham no meio de caixotes de mercadorias ou trazidos pelos pilotos das naus que, frequentemente, eram cristãos-novos.

Eis uma dessas mensagens, onde a memória histórica é evocada, desde o êxodo do Egito, o cativeiro da Babilônia, a perda

---

19   Pierre Nora, *Les Lieux de mémoire*, v. 1, Paris: Gallimard, 1984, p. xix.

José de Brito, Mártir do Fanatismo, *óleo sobre tela*, 1895. Acervo do Museu de Arte Contemporânea de Lisboa.

Despida para Tortura, *gravura do séc. XVII de autor desconhecido.* Em Baigent, M. Leigh, The Inquisition, *Londres: Penguin, 1999.*

130 VIVER NOS TEMPOS DA INQUISIÇÃO

da terra, os sonhos da redenção, até as torturas da Inquisição. Ela exalta a resistência à agressão. Trata-se de um pedaço de papel enviado de Lisboa em princípios do século XVII pela mãe de António Rodrigues para o filho que vivia na Bahia. A extrema raridade de textos deste tipo confere-lhe a legitimidade de um testemunho e é de importância primordial.

Traslado do papel que se achou na algibeira dos calções de António Rodrigues * Senhor, Deus de Abraão, de Isaac, Deus de Jacó, rei e amparo de sua semente e filhos, Senhor, Deus de todo [...] Vós fostes chamado Deus das Maravilhas pelas que usastes com nossos pais em os tirar do cativeiro do Egito e poder do Faraó. Vós sois chamado Deus das Grandesas, pelas que com os mesmos usastes, no deserto, por espaço de quarenta anos. Vós sois Senhor chamado Deus da Justiça pelo que lhe fizestes, em lhes entregar a terra que a seu pai Abraão prometestes. Sois Senhor chamado Deus das Vinganças, pelas que com o mesmo povo usastes tantas vezes até de todo o tirar de sua terra, e levar captivo para a Babilônia pelos grandes pecados; vós Senhor chamado Deus das Misericordias, porque todas as vezes, que nestes trabalhos chamaram por vos lhes acudistes e os livraste, como nesta Babilônia se viu e os trouxestes a suas casas, em pocessão de suas terras, tanto apesar de seus inimigos, por caminho só a vós licito. Vós Senhor chamado Deus das Iras. Porque finalmente irado contra eles, por seus nefandos e abominaveis pecados, sem algum conhecimento dos beneficios de vós recebidos, dados de todo a ingratidão e desconhecimento de vosso Santo Nome, abominavelmente reverenciando os demonios, de todo os destruistes, cansastes e espalhastes pelas regiões do mundo, captivos e sujeitos, a tantos trabalhos e miserias, como padecem até agora e padecemos hoje vendo que todas as gentes, tem recolhimento e terras, onde cabem eles seus filhos, nós de todas as gentes, terras, nações, fomos aborrecidos, sopeados cativos e odiados, submetidos as que vos vedes, todos os dias presos, forçados, desterrados, penitenciados e açoitados e queimados: sem a isto nem ao que mais padecem nossos filhos de vituperio e nossos de deshonra, e, assim toda nossa geração miseravel e triste posta ao extremo que está, deixada de vosso amparo, submetido ao cruel e carniceiro inimigo nosso, que é toda a geração terrestre, sem termos, quem no valha, que nos acuda, se vos bom Deus não sois; vivo sois vós Senhor vivo por certo o vosso Santo Nome, bem vedes nossos trabalhos e miserias, baste Senhor o castigo que temos padecido ,baste o tempo de vossa ausência, baste o mal de nossa peregrinação, acudi Senhor pois sois chamado, Pai e Deus de misericórdia, olhai que somos vossos filhos, olhai que somos vosso povo, olhai que somos semente de vossos servos Abraão, Jacó, Isaac. Não permitais que sejamos consumidos, não permitais que sejamos acabados pelas mãos de cães que não conhecem vosso Santo Nome, que vós não reverenciam nem fazem obras de vós servirem, nem merecem tratar e, vosso Santo Nome tão abominavelmente como fazem, venha-lhes Senhor o que merecem, usai com eles de justiça e não permaneçam mais, não deis ocasião a que de todo pereçamos em suas mãos e posto que nossos pecados merecem muito mais, confessamos Senhor que não merecemos nossos bens por nossos males, nem merecemos levantar os olhos, a vossa celestial morada, mas Senhor Deus das piedades, com quem as haveis de usar senão com os filhos de vosso povo; a quem não vos conhece mostrai já quem sois e o poder de vossas obras, santificando vosso santo nome e mandando-nos nossa saúde para que o mundo veja seu engano, e o vos demos louvores, pois não aguardando nossa conversão senão em meio de nossos pecados, chegais ao vosso poderoso [...] e nos arrebatais de meio deste lago, de onde não poderiamos nunca sair, nem levantar os olhos a vós, com limpeza, se com vossa extremada bondade e grande misericordia nos não livrais, para que em vossa casa e nossa terra, debaixo de Nosso Rei e a sombra de vossos ministros vos louvemos com tanta razão não tendo mais que dizer, que com os corações cheios de alegria darmos graças cantando [...] para sempre. Amen. Com as armas de Abraão andarei armado, com seu manto [cobejado?] Abraão estava no meu corpo, que nunca me vereis preso nem morto nem em mãos de meus inimigos posto. Seja comigo Abraão meu guardador, não me ponhas em olvido, que sou grande pecador, da-me graça e favor para te poder servir e tuas carreiras, servir Abraão meu gram Senhor – laus Deo.[20]

Durante três séculos a identidade judaica foi transmitida pela mulher e pela memória histórica. Enquanto a memória guardou e transmitiu as narrativas, mesmo sem a compreensão do real sentido da religião judaica, já mesclada com a simbologia cristã, a identidade se manteve.

20 Cadernos do Promotor da Inquisição de Lisboa, n. 4, manuscrito do Arquivo Nacional da Torre do Tombo.

12. A Sobrevivência dos Judeus Secretos

Historiadores, antropólogos, filósofos, psicanalistas têm refletido sobre o comportamento e a psique dos marranos, e as razões da sua tão longa sobrevivência. Edgard Morin, Yirmiyahu Yovel, Richard Popkin, António Damásio, Jean-Pierre Winter[1] buscaram no marrano a chave para a compreensão do pensamento de alguns pensadores como Spinoza, Montaigne, Santa Teresa, Tirso de Molina e outros.

De Spinoza partiu a mais lúcida crítica contra o fanatismo religioso, numa época em que Portugal estava mergulhado no mais profundo obscurantismo. Sendo ele próprio descendente de judeus convertidos, Spinoza é hoje compreendido pelos seus biógrafos como marrano. E são unânimes os spinozistas ao afirmar que somente é possível entender sua filosofia e sua mensagem sobre o mundo e a sociedade se entendermos o seu destino como marrano[2].

---

1 Edgar Morin, *Mes démons*, Paris: Stock, 1994, p. 151-152; Yirmiyahu Yovel, *Spinoza and Other Heretics*, New Jersey: Princeton University Press, 1989, 2 v.; Richard Popkin, *The Third Force in Seventeenth Century Thought*, Leiden: Brill, 1992, p. 149-171; António Damásio, *Em Busca de Espinosa: Prazer e Dor na Ciência dos Sentimentos*, São Paulo: Companhia das Letras, 2004; e Jean-Pierre Winter, *Os Errantes da Carne: Estudos Sobre a Histeria Masculina*, São Paulo: Companhia de Freud, 2001.

2 Cf. Carl Gebhardt, *Spinoza*, Buenos Aires: Losada, 1940.

134 VIVER NOS TEMPOS DA INQUISIÇÃO

O mundo e a religião foram para Spinoza sempre um problema. Cresceu em uma comunidade judaica, viveu num bairro judeu, frequentou escola judaica e teve formação talmúdica. Aprendeu o hebraico, apesar de seu idioma materno ser o português. Conhecia a Cabala, e como viveu em um tempo embebido de fantasias messiânicas e milenaristas, referiu-se com desprezo à sua charlatanice.

A questão que preocupou Spinoza foi a sobrevivência dos judeus – durante séculos, não obstante todas as humilhações e perseguições –, a qual procurou responder em seu *Tratado Teológico-Político*[3].

Apesar de toda a sua formação judaica, Spinoza não aceitou o judaísmo que lhe transmitiram seus mestres rabinos, tanto os asquenazitas como os sefarditas. Recusou a Manassés ben Israel, sefardita, latinista, elegantemente pintado por Rembrandt; recusou a Saul Levi Morteira, asquenazita, de espessa barba branca, abrigado numa longa capa preta, à moda dos judeus do Leste, também pintado por Rembrandt.

As categorias religiosas do seu tempo não satisfaziam a Spinoza, e desde muito jovem começou a escrever críticas ao fanatismo e às superstições de todas as religiões. Essas críticas não podiam ser aceitas pelos ortodoxos líderes das comunidades judaicas de Amsterdã, e em 27 de julho de 1656, Spinoza foi excomungado e expulso da sinagoga. Suas ideias foram apontadas como "horríveis heresias". Spinoza saiu de Amsterdã e foi morar sozinho em uma aldeia onde ficava o cemitério da comunidade portuguesa.

Um fato importante marca a personalidade de Spinoza: apesar de ter rompido com o judaísmo e com a religião, continuou judeu, porque, para o seu entendimento, ser judeu não implicava forçosamente ser religioso.

Mas como era a Holanda onde nasceu Spinoza e onde floresceu a mais importante comunidade portuguesa sefardita da Europa?

A Holanda foi o primeiro Estado na Europa que adotou uma política de tolerância religiosa, fruto de uma nova concepção da consciência burguesa. Foi o primeiro Estado da Europa que fez a revolução contra a ordem feudal da Idade Média. Na arte holandesa já está refletida essa mentalidade. Em vez de glorificar

---

3   Cf. *Spinoza, Obra Completa III: Tratado Teológico-Político*, São Paulo: Perspectiva, 2014.

Baruch de Spinoza, filósofo.

os símbolos do mundo extraterreno, glorificava a vida, a existência, e criava o retrato, a paisagem e a natureza morta. A Holanda estava voltada para o mundo, empenhada na conquista do mercado e no domínio dos mares. Foi o único lugar da Europa, no século XVII, onde se podia expressar o pensamento com relativa liberdade. As religiões não calvinistas eram permitidas se fossem praticadas com discrição, e as práticas judaicas autorizadas se oficiadas veladamente. Não era permitido defender o judaísmo publicamente, nem praticar o proselitismo.

Apesar da relativa liberdade religiosa, havia temor na comunidade portuguesa, e a vida dos imigrantes judeus não era totalmente segura. Os calvinistas eram extremamente religiosos e em um falso momento os judeus podiam ser mal interpretados. Os judeus eram visitas úteis, porém não cidadãos iguais. Sempre havia o risco de perder as liberdades civis.

Portugueses fugitivos, para todas as regiões onde se exilavam, carregavam seu grande sonho: a liberdade. A Holanda ofereceu-lhes essa liberdade, apesar de não ser tão ampla como muitas vezes supomos. Permitia-se, contudo, a livre leitura, o debate das novas ideias, e tolerava-se a prática de diferentes religiões. E, principalmente, era possível repensar a natureza humana. Se Spinoza tivesse nascido e crescido em Portugal, talvez a sua filosofia jamais teria vindo à luz.

Para termos um espelho do mundo contraditório no qual viviam os cristãos-novos, quero lembrar que, no ano em que a América foi descoberta, milhares de judeus se converteram voluntariamente na Espanha para poder ficar na pátria. Em Portugal, o quadro foi diferente; eles foram forçados ao batismo e impedidos de partir. Muitos judeus, depois de convertidos, se tornaram leais católicos e tudo fizeram para se integrar na sociedade cristã. Seguiam obedientemente a religião oficial, casavam-se com cristãos e passavam grandes donativos para as igrejas. Com a conversão forçada, rompeu-se o elo comunitário, separaram-se as famílias, e teve fim a longa cultura judaica que havia florescido durante quinze séculos na Espanha e em Portugal.

Os judeus pensavam que, como católicos, além de salvar suas vidas e fortuna, também seriam aceitos pela sociedade ampla. Esse foi seu grande engano, sua grande ilusão. Como em *O Castelo*, de Kafka, o mundo ibérico não estava interessado em receber judeus. E quanto mais o judeu convertido procurava integrar-se, mais afundava na sua solidão. Esse foi exatamente o destino dos cristãos-novos no Brasil, dos quais a Paraíba oferece um dos exemplos mais significativos.

O Estado português, estimulado pelo modelo oferecido pelos reis católicos e continuado por Carlos v, criou o Tribunal do Santo Ofício da Inquisição pela vontade expressa do rei dom João iii, apoiado pelo papa. Quando da sua criação, o tribunal tinha um único objetivo: perseguir e punir os portugueses acusados de praticar secretamente a religião judaica.

Uma feroz propaganda antissemita começou a ser pregada nos púlpitos e nos sermões, e numerosas obras antijudaicas, publicadas na Espanha e em Portugal, prepararam o genocídio de milhares de portugueses.

O antijudaísmo pregado pelos membros do alto clero católico e pelos conservadores dirigentes do Estado português, assim como a legislação discriminatória, produziram resultado imprevisto: aumentou a resistência dos cristãos-novos. Essa resistência em adotar o catolicismo em Portugal não teve paralelo na história. Cristãos-novos armaram-se de estratégias clandestinas que passaram de geração a geração. A sociedade

A SOBREVIVÊNCIA DOS JUDEUS SECRETOS

ibérica ficou dividida em dois mundos, um visível e outro secreto. Esse mundo secreto criou ramificações e produziu consequências, em nível econômico e cultural, que apenas hoje estão sendo estudadas em profundidade.

Os descendentes dos judeus convertidos ao catolicismo em Portugal, em 1497, foram oprimidos e perseguidos durante três séculos em todo o império. Leis continuamente promulgadas proibiam os portugueses cristãos-novos de deixar Portugal. Mesmo assim, em cada nau que saía do Tejo embarcavam fugitivos clandestinos. A maior parte dos cristãos-novos que conseguiu sair de Portugal passou para a América, além de levas inteiras terem se dirigido para o Norte da África, o Levante, a Itália, os Balcãs e principalmente, em fins do século XVI, para a Holanda, considerada pelos portugueses a Nova Jerusalém.

Spinoza foi o primeiro filósofo da época moderna que explicou de maneira sucinta e terrena a sobrevivência dos judeus. Essa mesma explicação, essencialmente secular, foi endossada por Jean-Paul Sartre.

De onde Spinoza derivou sua compreensão sobre a continuidade dos judeus?

1. Dos conhecimentos que tinha da história judaica e da experiência acumulada pelos judeus no exílio.
2. Da práxis. Do seu próprio destino marrano.

No *Tratado Teológico-Político*, Spinoza refere-se à questão da continuidade do povo judeu, depois da perda do seu território e do início de sua dispersão. Não oferece, contudo, nenhuma explicação sobrenatural para esse fenômeno. Não foi por interferência divina, e sim devido a fatores históricos, que os judeus se espalharam pelos quatro cantos do mundo.

Os judeus se separaram de todas as nações, principalmente por causa de seus costumes diferentes e de seus ritos. Conforme explica Yehuda Bauer, na Antiguidade primordialmente três princípios fundamentais do judaísmo diferenciavam os judeus dos outros povos:

1. Todos os homens são livres.
3. Todos os homens são iguais.
4. Todos os homens têm direito de criticar o poder.

Se as nações da Antiguidade aceitassem esses princípios, seus impérios desmoronariam[4]. Imaginemos a Babilônia ou o Império Romano sem escravos. Imaginemos um homem do povo criticar Nero! Mas o profeta Natã criticou o rei David.

Além desses princípios, os judeus criaram um valor: todos os homens, senhores ou servos, e mesmo seus animais, têm direito a um dia de descanso por semana. Lembremos que só no século XIX o mundo ocidental reconheceu aos trabalhadores o direito ao descanso semanal. Os judeus, como diz Bauer, não eram nem melhores nem piores, mas diferentes. E quando se dispersaram pelo mundo carregaram consigo essa diferença. Essa diferença incomodava. É nesse sentido que Spinoza também entendeu o antissemitismo.

Para os portugueses que se refugiaram na Holanda, abriram-se novas oportunidades e muitas vidas se refizeram econômica e familiarmente. Após um século de "exclusão", reacendeu-se entre os cristãos-novos o anseio de "participar" e "pertencer". A religião judaica foi revivida e seguida, apaixonada e fanaticamente, por uma parte dos exilados portugueses. Para que essa revivescência ocorresse, os cristãos-novos tiveram que passar por todo um aprendizado e foram os rabinos do Leste europeu que deram ao judaísmo um novo impulso.

Spinoza criou-se em meio a essa nova comunidade, dividida entre dois modelos diferentes do judaísmo: o sefardita, de origem ibérica, e o asquenazita, de origem europeia oriental. Spinoza fez sua escolha: tentou secularizar a história judaica assim como procurou secularizar a história em geral. Eliminou a ideia de divina providência e da interferência de Deus no destino dos homens e eliminou o sentido do transcendental da história, o mundo aqui e Deus além. Introduziu uma concepção de Deus imanente no mundo, e não fora dele. Rejeitou todas as religiões, tanto o judaísmo como o cristianismo.

Desde o século XVI, a Paraíba foi um foco de judaísmo. Os cristãos-novos que ali viviam não eram abastados como os da Bahia ou do Rio de Janeiro, mas também tinham algumas posses. Tiravam sua subsistência da agricultura e possuíam alguns escravos. Seu número cresceu após a expulsão dos holandeses,

4 Yehuda Bauer, Antisemitism as European and World Problem, *Patterns of Prejudice*, London, v. 27, n. 1, 1993, p. 15-24.

A SOBREVIVÊNCIA DOS JUDEUS SECRETOS

quando judeus que não quiseram deixar o Brasil penetraram fundo no sertão. No século XVIII, viviam principalmente em engenhos situados à margem do rio Paraíba. Constituíam um grupo coeso, fechado, endogâmico e frequentavam a igreja apenas para o "mundo ver". Mas no âmago de seus corações, como no templo de suas casas, faziam as cerimônias que aprenderam de seus pais e avós, e que lhes eram transmitidas há mais de dez gerações[5].

O "judaísmo" dos cristãos-novos da Paraíba se manifestava por meio de dois modelos: a prática de algumas cerimônias e o sentimento de "pertencer". Os cristãos-novos de Camaragibe (Pernambuco) também foram acusados de seguir alguns preceitos da religião judaica. Mas é importante, uma vez para sempre, demolir o mito de que a perseguição aos marranos foi eminentemente religiosa. Tanto na Paraíba como em outras regiões do mundo, o que levou à perseguição dos cristãos-novos foi um antissemitismo existencial, que não dependia exclusivamente da religião, mas, como explica Yirmiyahu Yovel, estava voltado contra o próprio "ser", o próprio "existir" dos judeus. Esse antissemitismo é mais profundo que o antissemitismo religioso[6].

Muito cedo os paraibanos aparecem como suspeitos de judaísmo. O primeiro visitador que a Inquisição mandou ao Brasil já teve ordem de investigar a Paraíba. João Nunes, cristão-novo que ali viveu em fins do século XVI e teve importante papel na colonização local, foi denunciado por ter dito: "quando me ergo pela manhã que rezo uma Ave Maria, amarga-me a boca".

Pesquisas mais exaustivas poderão esclarecer ainda obscuros ângulos da realidade dos "judeus" da Paraíba. As suspeitas aparentes repetiam as seculares acusações de que "faziam ajuntamentos", costumavam estar na igreja com muito pouco acato e reverência no tempo em que se alevantava o "santíssimo sacramento", quando falavam uns com os outros, e "não traziam livros de rezas nem de contas".

---

5   Sobre a Paraíba ver Bruno Feitler, *Inquisition, juifs et nouveaux-chrétiens au Brésil: Le Nordeste, XVIIe et XVIIIe siècles*, Leuven: Leuven University Press, 2003; A. Novinsky, *Inquisição: Prisioneiros do Brasil, Séculos XVI-XIX*, 2. ed., São Paulo: Perspectiva, 2009; e Fernanda Meyer Lustosa, *Raízes Judaicas na Paraíba Colonial, séculos XVI-XVIII*, Dissertação de Mestrado (História), Universidade de São Paulo, 2001.
6   Cf. Y. Yovel, op. cit.

140 VIVER NOS TEMPOS DA INQUISIÇÃO

Na Quaresma de 1673, a Inquisição de Lisboa ordenou que se publicasse um edital na igreja de Nossa Senhora das Neves, conclamando todos os fiéis católicos a denunciar, sob pena de excomunhão. Deviam contar tudo que presenciaram ou "ouviram" contra a santa fé católica. O vigário da igreja de Nossa Senhora das Neves, padre Francisco Arouche e Abrantes, leu o edital no púlpito. A população se agitou e de boca em boca corria a notícia da excomunhão. Amedrontados, sussurravam que as iras do inferno iriam desabar sobre os cúmplices. Acontece então algo surpreendente: apenas oito pessoas se apresentaram perante o vigário para cumprir as ordens da Igreja. Todos repetiram que o faziam por medo. Durante os treze meses que durou o inquérito, de 26 de fevereiro de 1673 a 20 de março de 1674, o vigário ouviu apenas as denúncias desses oito paraibanos.

A maioria dos denunciantes pertencia à governança. A população que ouviu a chamada da Igreja não compareceu para denunciar. Esse fenômeno já havia ocorrido na Bahia, durante a "Grande Inquirição" de 1646[7]. Os oito denunciantes repetiram que "ouviram dizer" sobre feitiçarias e superstições, mas principalmente sobre "judaísmo"[8].

Na Paraíba, a heresia judaica se estende durante séculos. Na investida inquisitorial do século XVIII, quando são presos em poucos anos cerca de cinquenta paraibanos, as evidências sobre as "sinagogas" e as reuniões secretas aumentaram. O Santo Ofício obteve vantagens econômicas com suas prisões, cujo montante ainda não foi avaliado.

O estigma, a exclusão, a perseguição, revitalizaram o judaísmo na Paraíba. Parte dos judeus e cristãos-novos que vivia em Pernambuco, quando foi ordenada a expulsão dos judeus holandeses, não optou pelo exílio, e vamos encontrar seus descendentes ainda praticando o judaísmo, nos sertões da Paraíba, do Piauí, Ceará e Rio Grande do Norte. Entre os paraibanos que foram presos entre os anos 1729 e 1735, diversos nasceram em Pernambuco. Conta-se que no engenho de

7 Ver a carta do inquiridor Padre Manuel Fernandes elogiando o zelo do governador da Bahia, obrigando a população a denunciar. Manuscrito original do Arquivo Nacional da Torre do Tombo, Lisboa. Cf. A. Novinsky, *Cristãos-Novos na Bahia: A Inquisição no Brasil*, 2. ed., São Paulo: Perspectiva, 1992, p. 198-199.
8 Cadernos do Promotor da Inquisição de Lisboa, n. 57, p. 277-281, manuscrito do Arquivo Nacional da Torre do Tombo.

A SOBREVIVÊNCIA DOS JUDEUS SECRETOS 141

São Bento, os cristãos-novos trabalhavam aos domingos e dias santos, e com afrontas tentavam ridicularizar o catolicismo, chamando Jesus de "feiticeiro".

Uma das maiores resistências que os cristãos-novos apresentaram frente à Igreja foi o culto das imagens santas que consideravam "pau e barro cozido". Essas e mais acusações acirravam o ódio ao "diferente", que preservava o sábado em vez do domingo, que comia carne nos dias proibidos e seguia restrições alimentares estranhas da maioria da população. Clara Henriques, mulher simples e sem instrução, costumava dizer que na hóstia e no vinho do cálice, depois da consagração, apenas ficava um pouco de vinho e farinha[9].

Os inquisidores viam com suspeita a comunicação entre os cristãos-novos, pois mesmos aqueles que não praticavam as cerimônias e rituais judaicos, mantinham íntimos contatos comerciais e familiares. Nas secretas reuniões, nos distantes engenhos, Coxim, Engenho do Meio, Engenho Novo, cristãos-novos se encontravam e mantinham viva a memória de sua história, o êxodo do Egito, a história dos patriarcas e a promessa de redenção.

Mesmo que muitos portugueses cristãos-novos tenham conseguido diluir-se em meio à sociedade ampla, infiltrando-se entre as elites da Igreja e comprando "cartas de limpeza", individualmente foram sempre párias.

Os cristãos-novos da Paraíba resistiram durante três séculos às pressões da Igreja. Na segunda metade do século XVIII, com o arrefecimento das perseguições no Nordeste, as notícias sobre os marranos silenciaram. Parecia que haviam sido totalmente absorvidos pela sociedade ampla. Algumas descobertas surpreendentes nos últimos anos, entretanto, revelaram a existência de resquícios do judaísmo no mais distante sertão. Essas pesquisas atualmente têm sido objeto de estudo do antropólogo francês Nathan Wachtel, professor do Collège de France[10]. Cineastas também buscaram, na história dos marranos do Nordeste, inspiração para seus documentários. O marranismo brasileiro vem despertando tanto interesse que hoje faz parte de um curso no Collège de France.

---

9   Processo de Clara Henriques, n. 8479, Arquivo Nacional da Torre do Tombo – Inquisição de Lisboa.
10 Cf. Nathan Wachtel, *La Foi du souvenir: labyrinthes marranes*, Paris: Seuil, 2001.

A ideia de "salvação" dominava a mente dos cristãos-novos portugueses, porém era centrada em Moisés, não em Cristo. Para os cristãos-novos, assim como para os judeus, a salvação não era metafísica, mas política. O salvador não é Deus, mas um homem, Moisés, e uma lei, a lei que desceu do Sinai.

Para Spinoza, a salvação não passa pela religião, nada tem a ver com a fé, nem com Jesus, nem com Moisés. O homem apenas se salva pelo conhecimento e pela razão. Quanto mais o homem tiver conhecimento de como funciona o mundo e o universo, mais próximo está da salvação. No catolicismo se salva o homem. No judaísmo se salva toda a humanidade, porque a salvação é coletiva.

Spinoza escolheu os marranos como o paradigma da história judaica. Marranos não eram só os judaizantes, mas toda a nação conversa, incluindo aqueles que, sem sucesso, tentaram assimilar-se ao cristianismo. A sobrevivência dos marranos, como a dos judeus, se deve ao antissemitismo. O ódio que os cristãos nutriam pelos judeus foi a principal razão que impediu o seu desaparecimento. Trata-se de um mesmo fenômeno que se repete desde a Antiguidade.

A preocupação central de Spinoza foi o destino peculiar dos judeus. Ele conheceu bem as vicissitudes que seu povo de origem estava passando em Portugal. Sabia dos martírios, das torturas, dos autos de fé. E quis entender essa história à luz de causas naturais e não transcendentais.

O que interessava o filósofo marrano era o presente e a explicação da história. Preocupava-o não a religião, mas o povo, o povo que foi capaz de sobreviver durante séculos sem perder sua identidade, sempre alimentando um sonho de redenção. Queria entender essa sobrevivência. Como e por que o povo judeu sobreviveu? E os cristãos-novos portugueses? Como se mantiveram, guardando segredo durante tantos séculos? Procurou dar a essa questão uma resposta natural, baseada em causas históricas, sociais e psicológicas.

Spinoza foi um dos grandes mestres da humanidade. Segundo Edgar Morin, foi uma das máximas expressões da criatividade marrana, e na filosofia é comparado a Platão e Kant. A sua teoria sobre os efeitos é considerada atualmente um conceito fundamental da psicanálise. O conceito do inconsciente, a relação do pensamento e da linguagem, a ambivalência de todos os afetos,

A SOBREVIVÊNCIA DOS JUDEUS SECRETOS   143

a análise do sentimento crítico e o conceito de repressão já estão pronunciados no pensamento e na filosofia de Spinoza. Ele criou um conceito ético moderno de liberdade. Somente com o conhecimento o homem supera as paixões e consegue ser livre.

Foram as ideias de Spinoza que ajudaram a moldar o debate intelectual do século XVIII. Goethe, Freud, Lacan e Einstein sofreram influência de sua filosofia.

Muitas vezes, historiadores têm se perguntado: eram os cristãos-novos realmente judaizantes? Ou será que a Inquisição quis exterminá-los por motivos raciais, por judeofobia, como afirmam António José Saraiva e Benzion Netanyahu?[11]

A resposta está na dialética da história. Ambos os fenômenos são verdadeiros. Os cristãos-novos eram e não eram judeus ao mesmo tempo. Queriam "pertencer" ao mundo católico e não queriam deixar de ser judeus. Amavam e odiavam ao mesmo tempo. Muitas vezes, cristãos-novos no Brasil, como os judeus durante o nazismo, perderam a vida simplesmente porque eram judeus, porque tinham algum antepassado judeu, como expressou o padre Antônio Vieira. Mas havia os que realmente praticavam algumas cerimônias judaicas, apesar de confusas, quase inconscientes. Havia ainda os que seguiam as duas religiões – a judaica e a católica, confusa e sincreticamente.

Mas, como escreveu Spinoza, em um conceito mais largo e profundo, eram judeus tanto os cristãos-novos como eram judeus os assimilados, aculturados ou laicos. Todos os cristãos-novos faziam parte de um só povo, pela sua história, pelo sofrimento e pelo seu destino.

Na Espanha e em Portugal, na época moderna, reuniram-se Estado e Igreja para destruir o judaísmo. No século XX, repetiu-se o modelo e milhares de judeus foram assassinados. E hoje o antissemitismo recrudesce em todo o mundo e adquire cada vez novas faces. A história não nos preparou para o século XX e não estamos preparados para o século XXI. George Steiner, um dos maiores pensadores de nosso tempo, professor na

---

11   Cf. António José Saraiva, *Inquisição e Cristãos-Novos,* Lisboa: Estampa, 5. ed., 1985; Benzion Netanyahu, *The Marranos of Spain: From the Late 14th to the Early 16th Century,* New York: American Academy for Jewish Research, 1966; ▸ ▷ idem, *The Origins of the Inquisition in Fifteenth Century Spain,* New York: Random House, 1995.

144 VIVER NOS TEMPOS DA INQUISIÇÃO

Universidade de Cambridge, pergunta em uma de suas obras "por que a humanidade no sentido mais largo da palavra, por que a fé na cultura e na ciência não nos deram nenhuma proteção diante da desumanidade, ao contrário, até encorajaram a barbárie?"[12]

Por que os grandes humanistas da Renascença e a tradição de convivência étnica na Península Ibérica não conseguiram impedir o estabelecimento de um tribunal, que durante séculos funcionou na base da extorsão e à custa de vidas humanas?

Por que nem os grandes filósofos, nem a música, nem a arte puderam impedir a destruição de milhares de judeus?

A civilização ocidental presenciou a falência do homem. Nós não podemos imaginar do que o homem ainda é capaz. Spinoza explicou o "ódio aos judeus", mas não podia ter imaginado Auschwitz. Como diz Steiner, Bosch pintou o *Apocalipse*, mas não podia ter imaginado as câmaras de gás. A barbárie de que é capaz o homem ultrapassa o limite da imaginação.

E qual a lição que aprendemos com a história? O que pretendemos com nossos cursos de história? E qual a mensagem que queremos passar às novas gerações?

Vou responder com uma carta que um jovem escreveu ao seu professor:

Caro professor,

Eu sou um sobrevivente de um campo de concentração. Meus olhos viram o que nenhum ser humano deve testemunhar.

Câmaras de gás construídas por engenheiros brilhantes.

Crianças envenenadas por médicos graduados.

Recém-nascidos mortos por enfermeiras diplomadas.

Mulheres e bebês assassinados e queimados por gente formada em ginásio, colégio e universidade.

Por isso, caro professor, eu duvido da educação.

Eu lhe formulo um pedido:

Ajude seus estudantes a se tornarem humanos. Seu esforço, caro professor, nunca deve produzir monstros cultos, eruditos, psicopatas e Eichmans educados. Ler, escrever, aritmética, são importantes somente se servirem para tornar nossas crianças mais humanas.

---

12 Cf. George Steiner, *Langage et silence*, Paris: Seuil, 1969; idem, *Barbarie de l'ignorance*, Paris: Aube, 2000.

13. O Mito dos Nomes Marranos

A historiografia romântica sobre marranos e marranismo traz uma série de mitos em relação aos nomes adotados pelos judeus durante e depois da sua conversão forçada em Portugal, em 1497. O interesse crescente pela história sefardita, principalmente depois de 1992, nutriu o subconsciente das pessoas com histórias fantásticas e lendas, que fizeram o capítulo marrano especialmente atraente. Grande impacto se deu quando os historiadores mostraram o apego dos cristãos-novos à religião judaica e a morte de alguns em *kidusch ha-Schem*, pelo martírio da fé. A verdade foi um pouco diferente. Analisando os processos da Inquisição, não podemos estar seguros de que as confissões de judaísmo fossem sempre verdadeiras. Na tortura, os forçados confessavam tudo o que os inquisidores queriam ouvir e acusavam amigos, vizinhos, familiares. Examinando os processos cuidadosamente, percebemos que as respostas dadas pelos réus e os termos das confissões eram sempre os mesmos; frases e palavras foram repetidas, *ipsis litteris*, durante três séculos.

A divulgação indiscriminada de mitos relativos à história dos marranos é perigosa, pois pode levar a uma história distorcida do que foi a realidade.

VIVER NOS TEMPOS DA INQUISIÇÃO

Pesquisas sobre a história sefardita, baseada inteiramente em manuscritos inéditos, estão sendo feitas atualmente na Universidade de São Paulo, abrindo novas perspectivas para a história marrana, que nos permitirá entender melhor o multifacetado fenômeno do marrano.

Em relação aos nomes adotados pelos judeus durante a conversão forçada, em 1497, temos raras referências da época. Crônicas cristãs e judaicas deixaram-nos preciosas informações sobre o que aconteceu durante esses traumáticos tempos, mas silenciam sobre os patronímicos judaicos. O rei dom Manuel autorizou que certos nomes, usados exclusivamente por famílias nobres, pudessem ser adotados pelos judeus convertidos. Nomes como Noronha, Meneses, Albuquerque, Almeida, Cunha, Pacheco, Vasconcelos, Melo, Silveira e Lima abriram, para os cristãos-novos, uma nova linha genealógica e, durante séculos, mantiveram os elos com as raízes judaicas. Espalhados pelo império português, os marranos frequentemente portaram seus nomes judaicos secretos e os transmitiram aos seus descendentes; vários nomes revelam também uma dupla identidade daqueles que viveram num mundo de terror. Esses nomes muitas vezes tinham um significado e uma história transmitidos oralmente de uma geração para outra.

A simbologia dos nomes marranos repete exatamente a simbologia da tradição portuguesa e representa o mundo animal: Leão, Carneiro, Lobo, Raposo, Coelho; ou o mundo vegetal: Pinheiro, Carvalho, Pereira, Oliveira. Algumas vezes, representavam características físicas, tais como Moreno, Negro, Branco; ou acidentes geográficos, como Serra, Monte, Rios, Vales. Os nomes mais comuns entre os marranos eram aqueles que designavam vilas e cidades, como Miranda, Chaves, Bragança, Oliveira, Santarém, Castelo Branco. Os portugueses também tinham o hábito de feminilizar os nomes masculinos, mas no Brasil esse fenômeno aparece raramente.

A Inquisição, como todos sabemos, perseguiu os judeus a partir das famílias, e essa foi uma das razões pelas quais os marranos adotaram simultaneamente dois ou três nomes, para que o trabalho dos agentes inquisitoriais se tornasse mais difícil. Em volumosos livros, onde os inquisidores registravam todos os nomes de prisioneiros e suspeitos de judaísmo, podemos encontrar muitas repetições relacionadas com os nomes, o que deixava os inquisidores confusos, não conseguindo identificar os suspeitos.

Era comum encontrarmos membros da mesma família, como pai, mãe, avós, irmãos, usando diferentes nomes uns dos outros.

Também era comum entre os marranos pular uma ou mais gerações para retornar ao nome inicial dos ancestrais, apesar de tal costume existir desde longa data entre os cristãos-velhos portugueses.

As crianças marranas, quando alcançavam a idade de doze para treze anos, eram alertadas sobre os perigos que poderiam enfrentar pelo fato de serem descendentes de judeus, e esclarecidas sobre os diversos nomes usados pela família.

Com o tempo, a memória sobre a origem judaica dos cristãos-novos se apagava e os marranos acabavam assumindo sua nova identidade. Quando inquiridos, frequentemente respondiam, cheios de orgulho, que eram "cristãos-novos, pela graça de Deus".

Durante a Idade Média, quando os judeus viviam em Portugal em uma sociedade relativamente livre, usavam principalmente primeiros nomes extraídos do *Antigo Testamento*, mas os sobrenomes eram portugueses, como por exemplo, Abraham Franco, Isaque Querido, Moisés Pinto ou Moisés Lobo. Logo após a conversão forçada, quando os nomes e a língua hebraica foram proibidos, ainda encontramos os nomes de origem secretamente transmitidos entre as famílias. Depois de uma ou duas gerações, principalmente quando já se encontravam no Novo Mundo, muitas vezes os cristãos-novos não sabiam mais o que eram.

Nas crônicas da época, não encontramos nenhuma menção de como deve ter sido traumática a experiência de terem sido obrigados a abandonar os nomes tradicionais de família. Que sentimentos e emoções os judeus experimentaram quando tiveram que trocar sua identidade, há tantos séculos ligada aos seus ancestrais? Nós entendemos, naturalmente, que essas mudanças na vida judaica não ocorreram de um momento para outro, e temos que estudá-las considerando cada situação. Entre as numerosas lendas construídas, durante séculos, com

VIVER NOS TEMPOS DA INQUISIÇÃO

relação aos nomes marranos, frequentemente ouvimos que os judeus adotaram os nomes de seus avós, como de regiões, vilas, plantas, árvores, acidentes geográficos. Pode ser que essa lenda tenha alguma base, mas no estágio atual dos estudos, é ainda difícil separar a fantasia da realidade. Para entender o drama da conversão e da destruição do judaísmo ibérico, é importante acrescentar os resultados das novas investigações. É também importante pesquisar os arquivos paroquiais nas vilas portuguesas onde os judeus viviam durante o período da conversão.

A principal fonte para esse estudo são os arquivos do Santo Ofício da Inquisição em Portugal. Os inquisidores ordenaram que fossem registrados, em um caderno intitulado "Livro dos Culpados", os nomes de todos os cristãos-novos portugueses suspeitos de heresia judaica. Essa é a mais importante fonte que temos para conhecer os nomes marranos, tanto daqueles que permaneceram em Portugal como dos que se espalharam pelo império português. O que leva a uma grande confusão é o fato de que os nomes dos marranos são exatamente os mesmos dos usados pelos cristãos-velhos. Como podemos distingui-los? Não temos conhecimento, até hoje, de nenhum documento português específico que esclareça o critério usado na adoção desses nomes, e a única forma de investigação é a análise de sua frequência nos documentos inquisitoriais. Sabemos que uma grande quantidade de manuscritos pertencentes ao Santo Ofício foi perdida, nas últimas décadas, durante o transporte da Biblioteca Nacional, onde estavam mantidos, para o Arquivo Nacional da Torre de Tombo, além da deterioração causada pelas enchentes, dadas as primitivas condições do Arquivo Nacional. Hoje, restam aproximadamente quarenta mil processos. Quase 80% deles referem-se ao crime de judaísmo. Só seremos capazes de falar em termos estatísticos depois de examinarmos todos os processos e documentos.

No que diz respeito ao Brasil, temos evidências mais precisas. O país recebeu o maior número de cristãos-novos imigrantes de Portugal que qualquer outra região do mundo. Os arquivos portugueses retêm uma fantástica quantidade de documentos que testemunham essa imigração. Usei para este artigo, como fonte principal, o "Livro dos Culpados", no qual encontrei registrados 1.819 nomes de marranos presos ou

O MITO DOS NOMES MARRANOS

suspeitos de judaísmo que viviam no Brasil no século XVIII (1.098 homens e 721 mulheres); 1.076 brasileiros foram presos durante o período colonial e a maior parte deles foi acusada do crime de judaísmo. Somente os presos judaizantes receberam a pena capital, a morte na fogueira.

Os inquisidores sabiam exatamente, por meio das denúncias dos réus e de seus agentes que trabalhavam como espiões do Santo Ofício, quais eram os cristãos-novos "suspeitos" que haviam deixado o reino. Como tinham saído sem permissão especial, a Inquisição confiscava todos os seus bens em Portugal.

Quando, em 1965, examinei pela primeira vez o "Livro dos Culpados" no Arquivo Nacional da Torre do Tombo, em Portugal, notifiquei imediatamente o dr. Daniel Cohen, então diretor do Arquivo Nacional em Jerusalém, e o dr. Aryeh Segal, que providenciaram em seguida a microfilmagem do "Livro dos Culpados", que apresenta grandes dificuldades de leitura para os historiadores por causa da desordem com que as informações são apresentadas.

Neste artigo, não me refiro aos descendentes dos convertidos que retornaram ao judaísmo na Europa, no Norte da África ou no Levante, ou em outras regiões. Sua história tem sido escrita recentemente, seus nomes são conhecidos e eles já pertencem ao povo judeu. Minha contribuição para os estudos marranos é dar a conhecer os descendentes dos cristãos-novos, esquecidos pelos historiadores brasileiros. Marranos que durante 285 anos sofreram discriminação e perseguição da Igreja Católica não constavam nos livros de história do Brasil.

Transcrevo, também neste artigo, os nomes de brasileiros que foram perseguidos pela Inquisição de 1700 a 1761 (principalmente entre 1710 e 1736) e indico a frequência com a qual os nomes apareceram nos documentos.

A ordem é por número de menções e não alfabética.

NUNES, por exemplo, é mencionado 120 vezes no "Livro dos Culpados". É também o nome dado à Câmara e distrito de Vinhais, diocese de Bragança, mas pode ter origem espanhola.

RODRIGUES aparece entre os brasileiros 137 vezes. O nome origina-se de Rodrigo, mas pode também ter origem espanhola.

Aparece em Portugal por volta dos séculos XIV e XV. Havia também muitos Rodrigues entre os judeus que, no final do século XVI, início do XVII, emigraram da Espanha para Portugal.

HENRIQUES é mencionado 68 vezes. A origem do nome é diversa, mas, desde 1454, aparece em Portugal em uma moeda de ouro de 22 quilates, denominada "Henriques". O nome tornou-se bastante comum, tanto entre os nobres quanto entre os marranos.

MENDES é mencionado 66 vezes. Sua origem pode ter vindo do patronímico Mendo e é muito comum entre os cristãos-novos.

CORREA é mencionado 51 vezes. O nome pertencia a uma antiga linhagem portuguesa que se misturou com uma família muçulmana de Ormuz.

LOPES é mencionado 51 vezes. É um patronímico que deu origem a vários ramos de diferentes famílias. Encontramos o nome Lopes em Ciudad Rodrigo, uma cidade fronteiriça, através da qual os judeus, expulsos da Espanha, entraram em Portugal. Os Lopes também aparecem durante o reinado de Afonso V. É interessante observar que o patronímico LOPES não tem cruz em seu brasão de armas, mas duas estrelas, cada uma de seis pontas.

COSTA é mencionado 49 vezes. Há uma pequena paróquia, com esse nome, que pertencia à Câmara do distrito de Guimarães. É um nome português bem antigo, conhecido desde o tempo do primeiro rei de Portugal, Afonso Henriques, o qual se tornou mais tarde muito comum entre os cristãos-novos e velhos.

CARDOSO é mencionado 48 vezes. O nome existe desde 1170. Foi nome de um lugar na paróquia de São Martinho dos Mouros. Era muito comum entre os cristãos-novos no passado e ainda hoje em dia entre os sefarditas.

SILVA é repetido 47 vezes. Era uma antiga paróquia no distrito de Barcelos, que pertenceu a uma das mais prestigiosas famílias da Península Ibérica. Segundo uma lenda, o nome é originário do rei de Leão. Foi muito comum entre os cristãos-novos e entre a população portuguesa em geral.

FONSECA figura 33 vezes no "Livro dos Culpados". Pode ter origem espanhola, mas aparece também entre antigas famílias portuguesas.

O MITO DOS NOMES MARRANOS

PAREDES é anotado 32 vezes. Era o nome de uma pequena vila, próxima da cidade do Porto, situada no braço direito do rio Douro. Há também um forte com esse nome.

ALVARES é citado trinta vezes. Há uma paróquia com esse nome em Góis, distrito de Arganil, que pertence à diocese de Coimbra.

MIRANDA é mencionado 28 vezes. É um nome muito comum tanto em Portugal quanto no Brasil. Os judeus podem ter adotado o nome da famosa vila de Miranda. A origem do nome, no entanto, remonta aos tempos do rei dom João II, quando um padre, enviado à França, retornou com uma mulher de nome dona Mécia Gonçalves de Miranda, e ordenou que cada descendente seu pudesse usar o nome Miranda.

AZEREDO é repetido 25 vezes. É nome dado ao lugar onde cresce o louro-cerejo. De acordo com alguns genealogistas, o toponímico Azeredo é um lugar que pertenceu à paróquia de Leça do Balio (no norte de Portugal), município de Matosinhos, na província de Minho.

VALLE aparece 24 vezes. O nome significa uma planície entre duas montanhas ou o pé de uma montanha. Há uma antiga linhagem portuguesa que usava esse nome, mas os judeus começaram também a empregá-lo no século XV. Pode haver relação com o fato de que judeus que emigraram da Espanha para Portugal cruzaram as fronteiras do norte da Ciudad Rodrigo e foram forçados a viver em tendas construídas no vale. Os judeus permaneceram nesse vale por três anos. Na tradição popular, o lugar é conhecido como o "Vale das Cabanas".

BARROS é nomeado 22 vezes. No século XV, era escrito de diferentes formas, como, por exemplo, Barrios, usado pelos sefarditas da Holanda.

DIAS é mencionado 22 vezes. Provém do patronímico Diogo ou Diego; muitas famílias sem nenhum laço de sangue o adotaram.

XIMENES é mencionado dezoito vezes. De acordo com alguns autores, o nome tem origem italiana e começou com André Ximenes de Florença, que veio de Portugal, mas já existia em Navarra. Na *Jewish Encyclopedia*, é mencionado como um nome hebraico.

152 VIVER NOS TEMPOS DA INQUISIÇÃO

FURTADO aparece cinco vezes. De acordo com alguns autores, há uma curiosa lenda a respeito do nome Furtado; (significa "roubado") e vem do tempo do rei dom João II, quando este ordenou que toda criança judia, entre dois e dez anos, deveria ser tirada de seus pais e levada à ilha de São Tomé, onde a maioria delas pereceu, segundo o cronista Samuel Usque, devorada pelas feras.

Encontramos judeus entre os primeiros colonizadores da ilha dos Açores e seus nomes aparecem também no Brasil, como exemplo, os Brum, os Colaça ou Calaça. O primeiro Brum (Wilhelm van der Bruyn) nasceu em Maastricht e, depois de seu casamento, mudou-se para a Ilha da Madeira. Há também Brums nas ilhas Terceira e do Fayal. Os Brums se misturaram às famílias portuguesas que já viviam nos Açores e deram origem aos Brums da Silveira e Brums da Cunha. Uma importante família Brum viveu no Brasil no século XVIII e alguns de seus membros foram presos pela Inquisição.

No Brasil, os judeus puderam praticar sua religião livremente apenas durante o período em que os holandeses ocuparam o Nordeste da Colônia, entre 1630-1654. Nessa época, duas congregações em Pernambuco registraram os nomes de seus membros judeus. Entre eles estavam aqueles que tinham chegado ao Brasil junto com os holandeses, já nascidos judeus, ou aqueles reconvertidos ao judaísmo em Amsterdã, que adotaram nomes judaicos. E havia ainda aqueles que pertenciam à antiga camada da população cristã-nova que, depois da chegada dos holandeses, tentara se converter ao judaísmo. Frequentemente trocavam seus primeiros nomes e adotavam nomes hebraicos, porém mantinham o sobrenome: Duarte Saraiva tornou-se David Senior Coronel (ele adotou o nome de seus antepassados); dr. Fernando Patto tornou-se Abraham Israel Diaz; Luís Dormido tornou-se Daniel Dormido; Simão Franco Drago adotou o nome Isaac Franco Drago; Francisco de Faria passou a ser chamado Jacob de Faria; João de la Faye tornou-se Aron de la Faye; Gaspar Rodriguez tornou-se Abraão Rodrigues.

Não encontrei nenhuma prova documental de que nomes de plantas, árvores, frutas e acidentes geográficos pertenceram apenas, ou principalmente, aos marranos. Isso pode ter

O MITO DOS NOMES MARRANOS

acontecido. Os sobrenomes marranos mais comuns no Brasil, entretanto, estavam ligados a toponímias baseadas em cidades, vilas, províncias, lugares de origem da família. Muitos conversos que fugiram da Espanha e tentaram achar refúgio em Portugal, ou em outros países na Europa ou América, adotaram nomes que remontavam aos seus locais de nascimento em Castela.

É interessante também notar a mudança dos nomes marranos depois do retorno ao judaísmo na Holanda, Inglaterra, Itália, França, Turquia e Marrocos. Na Inglaterra encontramos o lorde Monfort, um membro da família Monfort que fugiu da Bahia quando a Inquisição prendeu seu patriarca, o médico Manoel Mendes Monforte. A família Brandão foi a origem de lorde Brandon. Os Lima, Gomes, Azevedo, Rodrigues e Dias tornaram-se os famosos fundadores da Sinagoga Bevis Marks de Londres, em 1669. Também entre os marranos que se estabeleceram na Turquia, encontramos nomes que remontam aos locais de origem: De Leon, Callvo, Zamarro, Toledano etc.

Judeus marroquinos emigraram para o Amazonas no começo do século XIX. Faziam a rota que partia da Espanha, passava pelo norte da África e seguia para o Brasil, e muitos deles tinham nomes hebraicos, mas os sobrenomes revelavam sua origem portuguesa: Samuel ou Isaac Aguia, Levy Marques, Abraham ou Salomon Salvador Pinto. Frequentemente, preservavam os nomes totalmente portugueses, tais como Armando Soares, Miguel Soares, José Baliero de Souza, Elis José Salgado.

Nas ilhas Baleares, espanhóis e portugueses usaram nomes derivados de seus países de origem, tanto quanto de cores e árvores. De acordo com a lenda, essas famílias têm origens judaicas.

A propaganda antijudaica inculcada pelo clero católico na mente dos portugueses condicionou toda uma mentalidade, e mesmo aqueles que no século XVIII tomaram uma posição contra os métodos do Santo Ofício foram influenciados por preconceitos. Podemos dar o exemplo do famoso refugiado português Francisco Xavier de Oliveira, conhecido como Cavaleiro de Oliveira, que nos deixou importantes escritos contra a Inquisição. Em seu livro *Amusement Périodique* (Recreação Periódica), ele confirma que "não há um único nome em Portugal que não pertença, simultaneamente, à fina nobiliarquia e à extrema classe baixa". Bragança, Pereira, Mascarenhas foram nomes considerados dos "puros de sangue".

Mas esses mesmos nomes são encontrados entre a burguesia portuguesa. Um sapateiro era João de Mascarenhas, assim como o marquês de Gouveia. Um artesão desconhecido competia com marqueses e duques.

Vivendo na Inglaterra, o Cavaleiro de Oliveira conhecia os portugueses que chegavam de Portugal todos os dias. Entre eles encontrou nomes marranos que pertenciam a famosas famílias, os Pereira, Carvalho, Andrade etc. Mesmo com tal visão crítica ele não estava à frente de seu tempo e tentou salvar "seu sangue", mostrando que raros eram aqueles cristãos-novos que carregavam o nome "Oliveira". E comentou ironicamente que o "povo ignorante da Inglaterra e Holanda" pensava que aqueles nomes pertenciam apenas aos judeus e acreditavam que cada português fosse um judeu.

É interessante notar quão grande era a preocupação com a pureza de sangue entre os portugueses. Em versos, eles expressavam essa obssessão:

> Para conhecer os meus antepassados
> Cheio de enthusiasmo, investiguei
> Comecei pelos registros para guiar
> E dali passar ao tanto afim
>
> Oh! Como era bom saber que atrás de nós
> Houve nomes ilustres boa gente
> Morgados, militares, enfim avós
>
> Que sempre se trataram nobremente
> Com escravos, cavalos, criados
> E toda a mais fidalga ostentação
> Sem nunca terem sido infamados
> De ter sangue de infecta nação[1].

Em suma, o que sabemos sobre a toponímia dos marranos? Tomando como base os documentos inquisitoriais, podemos dizer que no Brasil:

---

1   Armando Sacadera Falcão em D. Luiz de Lancastre Tavora, *Dicionário das Famílias Portuguesas*, Lisboa: Quetza, 1989.

O MITO DOS NOMES MARRANOS

1. A maioria dos sobrenomes marranos reflete os nomes das cidades e vilas de onde eles vinham.

2. Alguns sobrenomes marranos foram tirados de antigas famílias aristocráticas.

3. Praticamente todos os nomes marranos repetem os nomes de famílias portuguesas que têm brasão de armas.

4. Os marranos brasileiros adotavam simultaneamente dois ou três nomes.

5. Membros de uma mesma família frequentemente usavam nomes totalmente diferentes.

6. Depois de duas ou três gerações encontramos, com alguma frequência, cristãos-novos adotando os nomes de seus avós.

7. Os sobrenomes marranos são exatamente os mesmos que os usados por cristãos-velhos.

8. Os marranos que viviam na Holanda, Norte da África e Levante e que retornaram ao judaísmo adotaram nomes hebraicos, mas frequentemente mantiveram os antigos sobrenomes portugueses, como se isso lhes desse algum tipo de prestígio.

14. Cristãos-Novos: História e Memória

Os primeiros cristãos-novos que chegaram ao Brasil eram descendentes dos judeus expulsos da Espanha que se refugiaram em Portugal, em 1492, e dos judeus que haviam sido forçados a se converter ao catolicismo em 1497. Para alguns, a América tornou-se a Terra da Promissão; para outros, o grande engano[1].

Em 1536, o papa Paulo III autorizou a introdução e o estabelecimento do Tribunal do Santo Ofício da Inquisição em Portugal, e, a partir de 1640, os primeiros cristãos-novos passaram a desfilar nos autos de fé. A fuga era difícil, perigosa e dispendiosa, e nem todos tinham condições para empreendê-la. E para onde ir? A maior parte dos países não os aceitava como judeus. A grande esperança era o Novo Mundo. Com a ajuda de pilotos e capitães das naus, que muitas vezes eram cristãos-novos, conseguiram embarcar, apesar das contínuas leis que interditavam sua saída. Durante a donataria de Martim Afonso de Sousa, já havia certo número de cristãos-novos em São Paulo, mas foi com Tomé de Souza, em 1540, que chegaram à Bahia

---

1 Para mais conhecimentos acerca da época da expulsão da Espanha e da conversão forçada dos judeus em Portugal, ver Meyer Kayserling, *História dos Judeus em Portugal*, 2. ed. revista, São Paulo: Perspectiva, 2009.

158 VIVER NOS TEMPOS DA INQUISIÇÃO

levas inteiras de convertidos. A partir de então, a imigração de cristãos-novos não mais se interrompeu até o século XIX.

Os primeiros judeus conversos no Brasil concentraram-se em São Vicente, em cujos sertões se praticou a religião judaica a partir dos primórdios do século XVI[2].

A colonização do Brasil, a distinguir da América espanhola, foi eminentemente agrícola, e a maioria dos cristãos-novos dedicou-se à agricultura e ao comércio. A prosperidade chamou a atenção da Inquisição, que desde fins do século XVI passou a interferir intensamente na vida colonial. A Bahia foi a região que sofreu mais severamente a fiscalização do Santo Ofício no século XVII, quando o Brasil se tornou o maior produtor de açúcar do mundo. No século XVII, 60% dos engenhos de açúcar da Bahia pertenciam a cristãos-novos[3]. Devemos ao clero católico as primeiras denúncias contra os judaizantes da Bahia. Em 1580, o bispo já tinha poderes inquisitoriais para prender os hereges e enviá-los a Lisboa. Depois que Portugal passou para o domínio da Espanha, em 1580, por razões políticas, foi reforçada rigorosamente a vigilância na Colônia.

Em 1591, chegou à Bahia Heitor Furtado de Mendonça, o primeiro visitador oficial enviado pelo Santo Ofício da Inquisição. Em nove livros, alguns ainda não encontrados, registrou as denúncias contra os judaizantes baianos. A população tinha trinta dias, chamados "tempo de graça", para confessar seus pecados ou denunciar os de seus familiares ou amigos. Os Antunes, Leão, Lopes, Ulhoa, Nunes etc. aparecem então com suas "esnogas" e com seus "crimes", que eram principalmente guardar o sábado, não comer carne de porco, jejuar no chamado "dia grande do perdão", colocar roupa limpa nas camas, mesas e lavar-se nas sextas-feiras e dias santificados, além de outras tradições que haviam herdado de seus antepassados. Os crimes considerados menores, como bruxaria, bigamia, blasfêmia, foram julgados *in loco*. Muitos homossexuais e sodomitas foram enviados para Portugal.

2 Cf. A. Novinsky, *Cristãos-Novos na Bahia: A Inquisição no Brasil*, 2. ed., São Paulo: Perspectiva, 1992.
3 Cf. Eduardo d'Oliveira França, Engenhos, Colonização e Cristãos-Novos na Bahia Colonial, *Anais do IV Simpósio Nacional dos Professores Universitários de História*, São Paulo, 1969.

CRISTÃOS-NOVOS: HISTÓRIA E MEMÓRIA

Os jesuítas constituíram no Brasil os principais agentes da Inquisição de Lisboa e foi no colégio da Companhia de Jesus, na Bahia, que se armou a primeira mesa inquisitorial na Colônia (1591), liderada por altos funcionários da Igreja.

As notícias da "riqueza" dos judeus chegavam continuamente aos ouvidos dos inquisidores e, em 1618, mandaram pela segunda vez um visitador à Bahia.

O vigário da Bahia, Manoel Temudo, foi o responsável pelas principais denúncias contra cristãos-novos no século XVII. Escreve textualmente aos inquisidores, em 1632, que a "gente da nação" havia povoado a terra em tão grande quantidade por considerarem-na "a melhor do mundo para se negociar e viver" e que "a maior parte dos que habitavam esta terra eram judeus"[4]. Escreve ainda o vigário, confirmando outros relatórios enviados da Colônia para o reino, "que os judeus da Bahia se dedicavam ao comércio com Flandres e França, e muitos eram senhores de engenho e donos de muitas fazendas, eram poderosos e ricos e ocupavam o melhor de todo Estado, sendo vereadores e muitos deles juízes"[5].

Uma outra carta enviada do Rio de Janeiro aos inquisidores de Lisboa pelo familiar do Santo Ofício, Diogo Correa, diz textualmente que ¾ dos habitantes do Brasil eram judeus[6].

Em 1646, realizou-se na Bahia, sob ordens do inquisidor de Lisboa, uma inquirição, cuja responsabilidade foi entregue ao provincial da Companhia de Jesus. Foram inquiridas 120 testemunhas que denunciaram 85 judaizantes, dezoito feiticeiros e sodomitas. Cristãos-novos foram presos e alguns queimados em Lisboa. A maior parte dos cristãos-novos recebeu como sentença "cárcere e hábito penitencial perpétuo", que, seguida à fogueira e às galeras, era a pena mais severa[7].

O alto número de cristãos-novos vivendo na Colônia levou o rei de Portugal e o inquisidor geral a negociarem a introdução de um Tribunal do Santo Ofício da Inquisição no Brasil. Em carta escrita ao bispo inquisidor dom Fernão Martins Mascarenhas, o rei Filipe IV refere-se a essa conveniência, e o conselho

4 A. Novinsky, op. cit., p. 71.
5 Ibidem, p. 71-72.
6 Ibidem, p. 72.
7 Ibidem, p. 80.

do Santo Ofício responde que a Coroa tiraria enormes vantagens com o estabelecimento desse tribunal, uma vez que os hereges eram muitos e ricos e poderiam cobrir todas as despesas necessárias. Apesar do interesse da Coroa e dos inquisidores, o tribunal nunca se estabeleceu na colônia brasileira. Esse fato até hoje não mereceu uma explicação satisfatória por parte dos historiadores.

Focalizando a história colonial de uma maneira geral, ressalta-se um fato curioso. Apesar de todas as denúncias e da propaganda antijudaica, não registramos na Bahia nenhuma explosão ou violência contra os cristãos-novos. As hostilidades provinham principalmente dos portugueses que representavam a Coroa, a nobreza, ou de uma parte do clero católico. O padre Manoel Lopes de Carvalho, nascido na Bahia, foi queimado em 1726 pelo crime de judaísmo, apesar de não haver certeza sobre sua origem.

Outro fato que merece ser ressaltado: a população da Bahia, durante a Inquisição de 1646, recusou-se a ir à mesa inquisitorial denunciar seus parentes, amigos e vizinhos. O governador escreveu ao inquisidor de Portugal e, querendo mostrar-lhe seu grande zelo católico, contou-lhe que teve de mandar um soldado de sua milícia acompanhar cada morador para obrigá-lo a denunciar[8].

A posição política e social que alcançaram os cristãos-novos na Bahia, como "homens bons", com alta representatividade na Câmara – que era, no século XVII, o órgão verdadeiramente dirigente na Colônia –, permitiu-lhes receber seus correligionários fugitivos das perseguições inquisitoriais em Portugal, ajudando-os financeiramente, empregando-os em seus engenhos, confiando-lhes seus negócios e dando-lhes terras. Em pouco tempo, esses novos chegados construíram as bases materiais para seu sustento e aumentaram a pequena burguesia brasileira.

Grande parte dos casamentos entre os cristãos-novos era endogâmica, mas esse fenômeno não pode ser generalizado de forma alguma, pois praticamente todas as famílias cristãs-novas mesclaram-se com as cristãs-velhas[9].

O fenômeno assimilatório no Brasil foi intensivo em todas as camadas sociais. Cristãos-novos mais humildes, artesãos e

8   Ibidem, p. 72.
9   Lina Gorenstein, *A Inquisição Contra as Mulheres: Rio de Janeiro, Séculos XVII e XVIII*, São Paulo: Humanitas, 2002, p. 256-263.

CRISTÃOS-NOVOS: HISTÓRIA E MEMÓRIA

pequenos tendeiros sem grande instrução se mesclaram mais com índios e negros. Aqueles que ocupavam cargos políticos, possuíam fortuna e estavam de alguma forma ligados ao poder constituíram a elite brasileira.

A mais violenta perseguição aos cristãos-novos, em Portugal e no Brasil, ocorreu na primeira metade do século XVIII, em plena época da Ilustração europeia. Num livro intitulado *Inquisição: Rol dos Culpados, Fontes Para a História do Brasil no Século XVIII*[10], registrei perto de dois mil nomes de cristãos-novos dos sexos masculino e feminino, presos e denunciados no Brasil. A grande maioria residia no Rio de Janeiro, e a população judaica da Bahia aparece diminuída. É difícil saber se isso se deve a uma redução da população cristã-nova ou apenas a um maior interesse dos inquisidores em investir no Rio de Janeiro, no confisco dos bens dos cristãos-novos.

Kátia de Queirós Mattoso, num interessante estudo sobre o nível de riqueza dos cristãos-novos da Bahia presos entre os anos de 1706 e 1738, e baseando-se nos inventários de bens confiscados de cristãos-novos no Brasil, mostrou que os cristãos-novos da Bahia se encontravam profundamente adaptados à conjuntura econômica em mudança[11]. Só os cristãos-novos mais antigos da Bahia tinham bens de raiz e eram donos de grandes propriedades. No século XVIII, dá-se uma mudança conjuntural qualitativa na economia baiana, e o poder político passa das mãos dos senhores de engenho aos homens de negócios. Nessa época, é o Rio de Janeiro que se desenvolve como área importante da produção açucareira. Os documentos mostram que houve um empobrecimento entre os cristãos-novos da Bahia e uma mudança na sua ocupação profissional, que passa da agricultura no século anterior para o comércio no século XVIII.

Os nomes mais frequentes que encontramos entre as famílias cristãs-novas presas na Bahia, no século XVIII, são: Miranda, Coutinho, Fonseca, Rodrigues, Garcia, Silva, Ferreira, Ávila, Henriques, Dias, Cruz, Costa, Mendes, Sá, Carvalho, Lopes,

10 Rio de Janeiro: Expressão e Cultura, 1992.
11 Kátia de Queirós Mattoso, Inquisição: Os Cristãos-Novos da Bahia no Século XVII, *Revista Ciência e Cultura*, v. 30, n. 4, abril 1978, p. 415-427; A. Novinsky, *Inquisição: Inventários de Bens Confiscados a Cristãos-Novos no Brasil – Fontes Para a História de Portugal e do Brasil (Brasil Século XVIII)*, Lisboa: Imprensa Nacional/Casa da Moeda, 1977-1976.

Monforte, Nunes, Almeida, Abreu, Campos, Freire, Sodré, Pereira, Álvares, Pinto e Corrêa.

Apesar da integração econômica e social, da posse da terra e do prestígio de que gozavam, os cristãos-novos, na qualidade de comerciantes, tinham consciência de que eram "o outro", e apresentavam uma grande diversidade de comportamentos e crenças.

No que diz respeito à religião, os inquisidores julgavam um cristão-novo de duas maneiras diferentes: pelas "cerimônias" ou pela "comunicação". Eram considerados judaizantes também aqueles cristãos-novos que não praticavam nenhum ritual religioso, mas que se "comunicavam" com a "gente da Nação", isto é, com os descendentes de judeus. Foram os próprios inquisidores que caracterizaram essa "comunicação" como judaísmo. Uma identidade sem religião manifesta-se frequentemente entre a burguesia cristã-nova.

Há uma discordância entre os historiadores quanto à questão da "identidade" dos cristãos-novos. Quando os cristãos-novos se designavam como homens pertencentes à "gente da Nação", o que queriam dizer? O que isso significava? Para alguns autores, como José Faur, por exemplo, os sefarditas entendiam-se "membros da nação judaica" e não "membros de uma religião"[12]. Outros historiadores discordam dessa concepção e consideram que a palavra "Nação" era usada pelos portugueses cristãos-novos num sentido de grupo e nada tem a ver com o sentido moderno de nacionalismo.

Entretanto, é notório que os cristãos-novos conferiam um fundamento histórico à sua existência. Religião e identidade se confundem muitas vezes. Algumas práticas religiosas ficaram fortemente registradas em sua memória, e a memória tornou-se a base da continuidade da identidade judaica.

Os cristãos-novos do Brasil não possuíam livros ou textos que lhes relatassem suas origens, sua história, sua peregrinação pelo mundo, nem as atrocidades a que foram submetidos na Espanha e em Portugal em fins do século XV. Não tinham arquivos nem museus, nem cemitérios, nem arquitetura. Assim mesmo, conheciam, transmitiam e relembravam sua história. Como?

---

12 Cf. José Faur, *In the Shadow of History: Jews and Conversos at the Dawn of Modernity*, New York: State University of New York Press, 1992.

CRISTÃOS-NOVOS: HISTÓRIA E MEMÓRIA

A questão da resistência do criptojudaísmo, que foi uma realidade, qualquer que tenha sido sua simbologia, tem sido um desafio para os historiadores e suscitado numerosas e longas polêmicas. Diversos fatores influíram na sobrevivência da religião judaica e na fantástica resistência que certos cristãos-novos apresentaram frente à assimilação ao catolicismo. A discriminação oficial que sofreram certamente desempenhou um papel essencial, um fator que me parece de enorme significação. A história judaica foi transmitida de geração em geração, oralmente. Raramente encontramos textos escritos, pois a censura no Brasil era muito mais rigorosa do que na América Espanhola. Essa memória, como diz Pierre Nora, é diferente da história, que é a reconstrução, sempre problemática, daquilo que não é mais, uma representação do passado, uma operação intelectual, que pede uma análise e um discurso crítico. História somente conhece o relativo, pertence a todos e a ninguém. Memória é diferente, é vida, carregada por gente viva, um fenômeno sempre real, um lugar vivo no eterno presente. Memória é aflitiva, mágica e se alimenta de simbolismo, memória é absoluta[13]. Quando a perseguição inquisitorial se tornava mais intensa, reforçava-se a oposição dos cristãos-novos. Pela memória, os mitos da história judaica foram transmitidos de geração em geração, conferindo sentido ao sofrimento e moldando uma identidade no grupo. Gostaria de dar apenas um exemplo de como se transmitia essa identidade histórica na Bahia, em princípios do século XVII. Uma mulher enviou de Lisboa uma carta a seu filho, António Rodrigues, que residia com um tio na Bahia. Depois de ler a carta, António colocou-a nas algibeiras de seus calções. No dia seguinte, um amigo veio perguntar-lhe se podia vender-lhe um par de calções, e António lhe deu os seus. Chegando em casa, o amigo de António achou a carta e logo entendeu tratar-se de matéria herética e perigosa. Como era tarde da noite, colocou-a num buraco que fez na parede. No dia seguinte, António, dando pela falta do papel, correu à casa do amigo e ofereceu-lhe "mimos e presentes", pedindo que a devolvesse. Mas o amigo disse não a ter visto. Quando António se foi, correu à casa do vigário e lhe entregou

13 Pierre Nora, Between Memory and History: Les Lieux de mémoire, *Representations*, n. 26, Spring 1989, p. 7-24 (special issue Memory and Counter-Memory).

164 VIVER NOS TEMPOS DA INQUISIÇÃO

a carta. O padre a enviou aos inquisidores de Lisboa, onde fui encontrá-la 355 anos depois.

E o que dizia essa folha de papel? Lembrava do êxodo do Egito até as torturas da Inquisição, passando pelo cativeiro da Babilônia, a perda da terra e os sonhos de redenção. Soa como um apelo: "a Deus, não esqueças de teus filhos, os filhos de teu povo". E finaliza com uma forte determinação: "nunca me vereis preso nem morto nem em mãos de meus inimigos posto".

Durante 285 anos, a história judaica foi repetida e transmitida, através da memória histórica, às futuras gerações. Enquanto a memória conservou essas narrativas, mesmo sem a compreensão do verdadeiro sentido da religião judaica, já mesclada com símbolos, a identidade se manteve. Os cristãos-novos sabiam que pertenciam a um povo. Mesmo rezando o Padre Nosso para Moisés, sabiam que eram judeus...

Em 1821, a Inquisição foi abolida, a perseguição direta, interrompida, a memória histórica gradualmente foi se apagando, e todos acreditavam que o criptojudaísmo havia desaparecido. O marranismo, no sentido de criptojudaísmo, persistiu durante três séculos, tendo sido praticado nas selvas brasileiras, em todas as regiões, do extremo norte à colônia de Sacramento. Em documentos oficiais, viajantes e cronistas eventualmente se referem à presença de judeus na Colônia. A única fonte existente, que pode ajudar-nos a reconstruir a história colonial das famílias, suas crenças e conhecer os conflitos por eles vivenciados, são os documentos inquisitoriais.

No estado em que se encontram as pesquisas, podemos dizer que 90% dos processos inquisitoriais de Portugal referem-se ao judaísmo.

Historiadores contemporâneos, autores da chamada "nova história", têm procurado "desjudaizar" a Inquisição, mostrando que os tribunais na Espanha, no México, no Peru e em Cartagena pouco sentenciaram judaizantes, que os inquisidores eram homens bons e piedosos e que o tribunal era um órgão justo. Minhas pesquisas sobre a Inquisição portuguesa revelaram um quadro diferente: um tribunal arbitrário, um clero corrupto, inquisidores sádicos e voltados para interesses materiais.

E o cristão-novo português, o sefardita convertido? As circunstâncias o tornaram um outro homem, um aventureiro e

CRISTÃOS-NOVOS: HISTÓRIA E MEMÓRIA

muitas vezes um revolucionário, porque só tinha na sua frente o mar distante, o exílio e o Novo Mundo. A Inquisição ensinou-lhe que, para sobreviver, tinha de aprender a dissimular, disfarçar, esconder, fingir, e que essa era a tática no mundo que o rodeava, mundo moldado pelo espírito da contrarreforma. A Inquisição ensinou-lhe a ser um jogador. Jogar com a vida e com a sorte. Arriscava sempre. Sabia que se perdesse, o cárcere, a tortura ou a morte estavam à sua espera. A falta de liberdade, a insegurança, as contínuas ameaças, a discriminação, moldaram esse "novo homem", um homem em constante crise, mas intrépido e corajoso.

O sefardita, depois da conversão, era um homem que nunca podia ter certezas. Sua única certeza era a de que tinha de jogar. Ensinava seus filhos, desde a mais tenra idade, a jogar: com as palavras, com as ideias, com o poder. A realidade o sufocava e tolhia-lhe sua expansão, sua criatividade, cortava-lhe sua plenitude de "ser" no mundo. Mas, em contrapartida, está sempre ansioso em criar uma outra realidade, e essa realidade nova ele próprio a constrói. Constrói seus próprios valores num mundo que se debate entre o antigo e o novo. Foge para o sonho e engana-se. Como engana os outros e os inquisidores. Para o cristão-novo, o fundamental é representar bem. Dessa representação vai depender sua vida e a de sua família.

O cristão-novo não foi um homem coerente. Era contraditório e apaixonado. Para ele, as coisas não são o que "são", mas o que "parecem ser". Por isso, chamado perante o inquisidor, confirma e nega, confessa e revoga, como o pobre soldado da Bahia, Gaspar Gomes, queimado aos 32 anos de idade[14]. O cristão-novo não sabe qual direção seguir, pois, qualquer uma poderá levá-lo à morte. Seu destino não está ligado ao que "é", mas ao que "parecia" aos olhos dos inquisidores.

Grande parte dos cristãos-novos reagiu em aceitar os dogmas. Não acreditava nas verdades absolutas. Eram céticos, homens de contrastes, sempre em tensão. Tinham ânsia de liberdade e desdenhavam todos os limites.

Os judeus tiveram duas grandes ilusões: que a conversão ao catolicismo lhes traria a igualdade e a segurança, e que o

14   A. Novinsky, *Cristãos-Novos na Bahia: A Inquisição no Brasil*, p. 154-158, 162.

Novo Mundo era a Terra Prometida. A conversão não os tornou "iguais", não os salvou da humilhação da miséria ou da morte. E pelo Novo Mundo pagaram um preço alto, sua anulação e desaparecimento como judeus[15].

---

15 Nas últimas décadas do século xx, no Brasil foram descobertos brasileiros que carregavam secretamente, há quinhentos anos, sua fé judaica.

15. A Censura e o Tráfico de Ideias

*Aniquilar um homem é tanto privá-lo da comida
quanto privá-lo da palavra.*

WALTER BENJAMIN

A passagem do século XV para o XVI marcou em Portugal o fim de uma era de convivência e relativa tolerância entre culturas diferentes. Após o estabelecimento dos Tribunais do Santo Ofício da Inquisição, em 1536, não foi mais permitida a circulação livre de ideias e costumes, e qualquer obra impressa ou manuscrita era rigorosamente fiscalizada.

Inocêncio VIII, em 1487, dez anos após o estabelecimento da Inquisição na Espanha, criou a primeira constituição papal regularizando a censura prévia, e no século seguinte, uma comissão de bispos, nomeada pelo Concílio de Trento, publicou o *Index librorum prohibitorum,* estabelecendo que os governos católicos da Europa fariam sua censura acompanhando os ditados da Igreja. Em fins do século XV, o papa Pio V criou a Sagrada Congregação do Índice, que devia examinar e censurar cada livro que fosse publicado. Inicia-se então um trabalho organizado e sistemático do controle de ideias, que perdurou nas Américas até a independência dos Estados coloniais. A partir do estabelecimento da Inquisição, todos os livros que saíssem de Portugal tinham de ser aprovados pelo Santo Ofício. No rol dos livros proibidos em Portugal pelo cardeal dom Henrique, constavam obras de Gil Vicente e Luís de Camões. Igualmente na Espanha,

Carlos v (1500-1558) promulgou diversas leis, e era condenado à morte qualquer indivíduo que possuísse, comprasse, vendesse ou copiasse qualquer livro escrito por um herege ou que constasse do *Index*.

Em meados do século xvi, a Inquisição espanhola intensificou o aparato da censura, e empregou pessoas vinculadas à Inquisição para dirigir esse organismo. O aparelho de controle tinha um duplo objetivo, intelectual e policiador: identificar os dissidentes políticos e religiosos e cortar a difusão de ideias heterodoxas. Os homens que faziam parte desse corpo de controle, denominados "qualificadores", eram principalmente frades vinculados aos tribunais, todos de "sangue limpo", sem mácula de judeu, negro ou mouro. Grande parte dos qualificadores era jesuíta.

Portugal foi o país católico que mais se precaveu contra a infiltração de qualquer indício de "modernidade" e abertura para o mundo, e que mais cautelosamente se protegeu contra a heresia e a "imoralidade" literárias.

A partir dos meados do século xvi, Portugal ocupou, em matéria de controle de livros, posição de vanguarda, e exerceu, por meio de sua censura preventiva e repressiva, uma vigilância absoluta sobre diferentes setores intelectuais – teatro, romance, poesia e ensaios.

A América nasceu assim sob a égide do perigo do tráfico de ideias. Os inquisidores alimentavam verdadeiro pavor de que o pensamento herético penetrasse no Novo Mundo. Proibiram a leitura da *Bíblia* em vernáculo, pois poderia suscitar algumas dúvidas sobre os dogmas, proibiram a leitura de romances, e *Los Siete Libros de la Diana*, de Jorge de Montemayor, foi, junto com as Escrituras "em linguagem" (ou seja, na língua falada no cotidiano), o livro mais visado na colônia brasileira, constando entre as principais denúncias.

Para que a vigilância fosse mais efetiva, foi criada pelo Santo Ofício uma verdadeira rede de espionagem, constituída de funcionários da Inquisição denominados "visitadores das naus". Cada navio que entrava nos portos da América passava por uma vistoria completa, cada caixa de mercadoria era aberta e examinada com o maior rigor e qualquer papelinho ou escrito poderia se tornar comprometedor.

No século XVIII, a infiltração de ideias proibidas se intensificou, as obras de autores franceses penetravam clandestinamente, alimentando o espírito e a mentalidade dos brasileiros contra o absolutismo e a intolerância. Durante o governo do Marquês de Pombal, o controle foi transferido do Santo Ofício da Inquisição para o Estado, pelo alvará de 5 de abril de 1764. Entretanto, na prática, o controle do Santo Ofício continuou e, às vésperas da Revolução Francesa, diversos estudantes brasileiros foram presos na Universidade de Coimbra por possuírem e lerem livros proibidos. As obras de Rousseau, Voltaire e Diderot circulavam secretamente entre brasileiros que residiam na república dos estudantes.

Apesar de todas as leis, controle e punições, o Estado absolutista não conseguiu erradicar a disseminação das ideias consideradas subversivas. O controle, que no início teve um caráter aparentemente religioso, na segunda metade do século XVIII se tornou visivelmente político. O livro era visto como um perigo extremo, e a fiscalização se estendeu dos cargos oficiais à intimidade dos lares.

A Igreja tinha o controle absoluto de tudo o que se escrevia e fosse impresso. Em 1540, o inquisidor geral nomeou três dominicanos para examinar todos os livros que existiam nas livrarias e bibliotecas de Lisboa. Gil Vicente, Luís de Camões, Bernardino Ribeiro, João de Barros e tantos outros tiveram suas obras censuradas.

Em 1589, o papa Sixto V colocou no *Index* os chamados "livros dos judeus", que incluía o *Talmud*, e foram apagados com tinta 420 trechos de livros hebraicos. Maimônides, Manassés ben Israel, amigo do Padre Antônio Vieira, e Spinoza fizeram parte dos autores indexados pela Igreja.

Entre os mais perigosos infratores estavam os mercadores, que eram vistos e conhecidos pelo seu tráfico de livros.

No Brasil colonial, a censura que proibiu o tráfico de ideias durou três séculos e foi muito mais rigorosa do que na América espanhola. Portugal encontrava-se intelectualmente isolado do resto da Europa. A Real Mesa Censória, nos tempos de Pombal, ainda proíbe Hobbes, Voltaire, Locke, Diderot e os mais avançados pensadores. As novas concepções de mundo – o racionalismo, o deísmo, o materialismo, o naturalismo – eram punidas como crimes pelo Santo Ofício. O grande terror vinha principalmente de uma direção: França. Da França entrava em Portugal a mais perniciosa influência, e o termo "afrancesado" é usado para simbolizar os portugueses infiéis à pátria e a Deus. Enquanto proliferavam além-Pirineus os adeptos do ateísmo e da incredulidade, a população portuguesa se mantinha fanatizada, alimentando seus ideais de "limpeza étnica" e "purificação".

O medo impunha uma automática colaboração. Os cristãos-novos nos séculos XVII e XVIII buscavam explicações sobre temas proibidos, sentiam-se ávidos de esclarecimentos, e eram os depositários clandestinos das ideias de tolerância e liberdade. Entre os estudantes brasileiros da Universidade de Coimbra, dos quais faziam parte Alexandre de Gusmão e seus irmãos – o padre Bartolomeu de Gusmão e o frei João de Santa Maria –, Antônio José da Silva e Matias Aires, proliferaram críticas à política do Estado e da Igreja.

As pesquisas nos transportam para o mundo dos sentimentos. Os brasileiros só podiam expandir-se nas sociedades secretas e, durante todos os séculos coloniais, se articularam clandestinamente. Dogmas do catolicismo eram contestados, a imortalidade da alma considerada uma "fábula", pois "só existia nascer e morrer". Escarneciam do pecado original, e as denúncias mencionam nosso primeiro dicionarista, Antônio Morais e Silva, debochando do pecado original, pois, olhando uma escrava em trabalho de parto, exclamou: "eis aí o pecado original de Adão, tudo são efeitos naturais, não há pecado original".

Suas contestações iam até as Sagradas Escrituras, que "só" serviam para "conter" os homens na sociedade, e muito do que estava escrito não passava de fábulas.

Era comum ouvir cristãos-novos repetirem que a prática da sexualidade não era pecado. Entretanto, mantinham nas suas representações certos valores, pois o adultério "podia" ser proibido.

Condenavam o celibato – pois todos os homens deviam se casar e se multiplicar e criticavam o clero ignorante que pregava a castidade.

O anticlericalismo brasileiro foi a tônica mais forte que distinguimos nos pronunciamentos heréticos. Conheciam e acusavam a ganância dos padres que "ganhavam dinheiro com

A CENSURA E O TRÁFICO DE IDEIAS   171

as missas", chamando-os abertamente de "hipócritas, jacobinos, fanáticos, ignorantes, maníacos". Comentavam frequentemente que os padres eram semianalfabetos. Nem o catecismo conheciam. Debochavam do papa e criticavam o Santo Ofício, mostrando que tinha se estabelecido em Portugal usando bulas falsas. A principal ideia que corria na Colônia, impregnando a mente da população mais crítica e esclarecida, era a de que "devia ser livre a cada um seguir e abraçar aquela religião que melhor se lhe apresentasse com a razão e a consciência".

Mas de onde lhes vinham essas mensagens, essas dúvidas, esses questionamentos?

Nos "Cadernos do Promotor da Inquisição de Lisboa" abundam denúncias contra a entrada de obras proibidas. Punições e ameaças não conseguiram bloquear essas entradas, e os estudantes presos foram obrigados a relatar o nome das obras que liam e que lhes povoava de dúvidas a cabeça, instigando-os contra o sistema, contra a Metrópole, contra a religião oficial. Voltaire, Rousseau e Locke constam entre os autores mais lidos, o que levou diversos estudantes à prisão. Francisco de Mello Franco e José Bonifácio estão registrados nas páginas da Inquisição, porque liam obras "perigosíssimas".

O dicionarista brasileiro Antônio de Morais Silva emerge nas páginas da Inquisição como uma personagem descrente, libertina, embebida das ideias dos enciclopedistas. Quando um grupo de seus colegas foi preso na Universidade de Coimbra, ele, Morais Silva, espertamente conseguiu fugir. E, 27 anos depois, o encontramos em Pernambuco, já instituído do título de capitão-mor da freguesia de Muribeca e próspero senhor de engenho, com família estabelecida, escravos, fazendo parte da elite da Colônia. Um grupo de pessoas, das mais prestigiosas de Pernambuco, senhores de engenho e padres, o denuncia à Inquisição. Oito testemunhas o acusaram perante os agentes inquisitoriais portugueses – que, no início do século XIX, ainda farejavam a vida cotidiana dos brasileiros. Encontramos então um homem já maduro, de seus cinquenta anos, cujas ideias espelham fielmente o jovem estudante de Coimbra. Acusam-no de não ter religião, de não ir à missa, reputando-a como inútil e irrisória, de comer carne nos dias proibidos e de obrigar seus escravos a trabalhar aos domingos. Morais Silva demonstrava desdém e indiferença pela religião católica, mantinha a capela de seu engenho "quase vindo abaixo", "desordenada e sem decência alguma". E o brinquedo favorito de seu filho era "arrastar pelo quintal a imagem do menino Jesus". Quando os vizinhos protestaram, escandalizados, o grande dicionarista respondeu que "não fizessem caso, pois aquilo era uma calunga". As denúncias contra o libertino de Muribeca seguiram em dois ofícios para o Tribunal da Inquisição em Lisboa.

A rebeldia contra a opressão do pensamento não conseguiu ser de todo asfixiada, apesar de ter contribuído para bloquear o desenvolvimento da Colônia. Os "libertinos" continuaram a ser denunciados, e durante séculos alimentaram a ideia de que "a vontade é livre" e o Santo Ofício não podia restringir as "vontades do povo".

No século XIX, o cenário histórico-político da Colônia muda, mas o fanatismo que cercou Portugal desde o século XVI continua.

Os desacatos, as blasfêmias, as irreverências, as zombarias contra o fanatismo e as superstições, que atravessaram toda a história colonial, deságuam no século XIX entre os poetas e historiadores portugueses – Guerra Junqueiro, Antero de Quental, Alexandre Herculano, Camilo Castelo Branco.

A circulação de obras clandestinas em Portugal e no Brasil foi mais difícil do que em outros países da Europa. Entretanto, as ideias subversivas eram transmitidas por via oral, nos círculos familiares, profissionais, estudantis, assim como nos próprios conventos.

As ideias traficavam através das sociedades secretas em todo o Brasil, principalmente entre os "conversos" ou marranos do Norte até a colônia de Sacramento. Os católicos e a Igreja foram postos em xeque e, em 1671, corria pela Bahia que os "hereges são melhores cristãos". Uma fração da população brasileira, então, se "descristianiza", muitas vezes dentro da própria Igreja. Ideias consideradas subversivas eram sussurradas nos corredores escuros dos conventos. Os exemplos mais curiosos se multiplicam, como do padre Damião Távora Gramacho, cristão-velho que ensinava a seus fiéis que não venerassem as imagens sagradas, porque a Escritura dizia que eram ídolos e que "tinham boca e não falavam, ouvidos e não escutavam, pés e

A CENSURA E O TRÁFICO DE IDEIAS

não andavam". E que os santos na terra "eram de pau e bronze e outros metais". Foi condenado a cárcere e hábito penitencial perpétuo. O frei Francisco do Rosário, da Ordem Terceira de São Francisco, também natural do Rio de Janeiro, blasfemava contra a virgem e contra os santos, fazendo pasquins contra Deus e a Trindade, e os mandava colocar "às portas de seu convento". E ainda dom Joseph Carreiros – pregador matemático, que andava pela Bahia dizendo que a "religião era invenção para os papas adquirirem dinheiro e a ele não enganavam, pois tinha estado em Roma e 'sabia de tudo muito bem'". Para reconstituirmos a mentalidade brasileira colonial, é necessário buscar os manifestos subversivos, conhecer o que era visível e invisível, o que era "vivido" nas sociedades secretas.

As leituras de Montesquieu, Voltaire, Rousseau, Diderot, e também das "Cartas Cabalistas" (cartas com conteúdo sobre a Cabala, manuscrito que circulou na colônia) se infiltravam na Colônia, e ideias ilustradas influenciaram o pensamento dos brasileiros no século XVIII. Porém, a postura crítica de alguns brasileiros contra a religião não é um fenômeno apenas da Ilustração, pois desde o primeiro século, como disse Sérgio Buarque de Holanda, "foi sempre duvidosa a ortodoxia do catolicismo no Brasil", e isso é uma peculiaridade de nossa formação colonial. Pelos processos, cartas, denúncias, relatórios, vê-se que as ideias eram traficadas e influíram na "descristianização" da Colônia, fenômeno que antecipou em dois séculos a crítica religiosa, desaguando no final do século XVIII na crítica política.

Os marranos tiveram papel fundamental na "descatolização" da sociedade colonial. O ceticismo marrano emergiu juntamente com o destino marrano. E perguntamos: quais os resquícios que ficaram da influência desse pensamento na cultura brasileira?

A ânsia por ideias novas e pela mudança da sociedade repressiva impregnava o universo marrano. "Excluídos" de uma participação ativa na sociedade, os cristãos-novos ou marranos criaram sociedades secretas, onde criticamente repensavam os valores obscuros da época. Uma de suas maiores contribuições foi a fundação de modernas academias, onde a "livre discussão", que não era oficialmente permitida em Portugal, constituía o lema condutor desses centros de cultura.

No ano de 1628, foi criada a primeira academia de letras de Portugal, a Academia dos Singulares, que durou pouco tempo, sendo recriada em 1663 por iniciativa de um cristão-novo, Pedro Duarte Ferrão, sobrinho do poeta e mártir da Inquisição, António Serrão de Castro. O grupo componente dessa academia de poetas e intelectuais era, em sua maioria, de origem judaica, e entre eles encontrava-se Fernão Perez Coronel, de cuja família descende a esposa de nosso maior historiador brasileiro, Sérgio Buarque de Holanda.

Em torno de 1670, diversos membros dessa academia foram presos – Fernão Perez Coronel, João da Costa Cáceres, Manoel da Costa Martins, António Serrão de Castro, Luís de Bulhão, Pedro Duarte Ferrão, Sebastião Francisco Pina, Jerónimo de Faria.

É interessante notar que em 1711, quando foi publicado o terceiro volume da coletânea de poesias da academia, diversos nomes dos seus membros fundadores foram suprimidos e substituídos por indivíduos "não suspeitos".

Uma das mais belas iniciativas na vida cultural da colônia brasileira, também suprimida pelo poder absolutista, foi a criação da primeira Academia Científica no Rio de Janeiro, em 1771, pelo cristão-novo José Henriques Ferreira, médico português do vice-rei do Brasil, o marquês do Lavradio. Foi essa a primeira tentativa de introduzir no Brasil a pesquisa científica, as ciências naturais e os estudos de Literatura e História. A academia foi inaugurada pelo seu fundador em 18 de fevereiro de 1772, no palácio do vice-rei.

É importante lembrar a variedade temática das sessões. Não obstante os setores dedicados à Medicina, Cirurgia, Farmácia e Botânica, diversos de seus membros se dedicavam também à História, Linguística e Literatura. A academia promovia discussões e seminários, sendo particularmente estimulada a livre crítica, que se tornou uma regra, numa época em que pensamento e escrita eram rigorosamente censurados.

Manuel Joaquim Henriques de Paiva, que acompanhou ao Brasil o irmão fundador da academia, é considerado o maior polígrafo de seu tempo e um dos mais prolíferos escritores luso-brasileiros. Mantinha uma botica na Bahia e, quando voltou a Portugal, foi admitido como professor de Química na

Universidade de Coimbra. Tempos depois, foi obrigado a deixar a cátedra, acusado de propagar ideias subversivas e não observar os regulamentos impostos pela Igreja. Debilitado e desiludido, voltou ao Brasil e morreu em Salvador. O que é relevante nesses estudos sobre a circulação de ideias subversivas no Brasil é o espírito renovador que José Henriques Ferreira impregnou na primeira academia de ciências do Brasil. Era regra que os sócios da academia deviam discutir as diversas matérias "sem insinuações oficiosas contra os que não concordavam com suas opiniões". A mentalidade fanática e intolerante dos dirigentes portugueses não permitiu que se promovessem os estudos e que continuassem as pesquisas científicas no Brasil. E numa carta que José Henriques Ferreira escreveu para Paris, endereçada ao ilustre humanista e seu parente António Nunes Ribeiro Sanches, lastima a falta de apoio e de incentivos da sua pátria portuguesa, obrigando-o a fechar um dos centros pioneiros na propagação da ciência e da livre crítica de ideias no Brasil.

A Inquisição, até o século XIX, censurou o pensamento e puniu a transição de ideias com prisão, confisco e muitas vezes a morte.

Privados da palavra, cristãos-novos e cristãos-velhos construíram um mundo impregnado de ceticismo, influenciados pelo pensamento de filósofos e pensadores racionalistas, cujas obras penetraram clandestinamente em Portugal e na Colônia. A Ilustração no Brasil foi beata, escolástica e inquisitorial. Entretanto, a reação contra a tirania intelectual levou a um afastamento da grande diretriz ideológica – a religião. Souza Caldas, Francisco de Melo Franco, Hipólito José da Costa e frei Caneca abriram novos caminhos para a renovação do pensamento e marcaram o Brasil com muitos de seus traços atuais.

Quero lembrar que o controle do pensamento e o impedimento da livre crítica não foram um fenômeno exclusivo dos séculos inquisitoriais, mas vigoraram com uma ferocidade ainda mais drástica do que nos fanáticos dias medievais. Nazistas queimaram livros científicos e literários para a "proteção da nação". A relação dos livros judaicos proibidos pela Gestapo, ao que consta, chegou a 12.400 títulos, de 149 autores. Obras de Scholem Asch, Max Brod, Ilya Ehrenburg, Sigmund Freud, Henrich Heine, Franz Kafka, Stefan Zweig e centenas de outros foram queimadas. Na Hungria, a censura oficial foi introduzida em 1940, e, em julho de 1944, quando seiscentos mil judeus húngaros foram deportados para os campos de extermínio, quinhentos mil livros de autores judeus foram destruídos. Hitler costumava dizer que a "consciência era uma invenção judaica".

O caminho para a conquista de uma liberdade plena para o homem foi árduo.

16. A Tradição Herética do Clero Brasileiro

Ao acompanhar, nos últimos anos, as discussões em torno das ideias dos novos exegetas europeus e americanos, e mais recentemente os acontecimentos relacionados com a Teologia da Libertação, particularmente a inquirição a que foi submetido o frei Leonardo Boff em Roma, perante as autoridades do Vaticano, achei interessante, além de oportuno, lembrar um fenômeno constante, mas praticamente desconhecido, da história do Brasil: o clero católico que, na sua luta pela justiça e liberdade de consciência, foi queimado nas fogueiras da Inquisição portuguesa. Mudaram-se os termos dos debates entre os teólogos, mas as linhas centrais das divergências continuam – a crítica aos dogmas, à hierarquia e à infalibilidade das autoridades religiosas.

É curioso que, nas selvas brasileiras, longe dos centros intelectuais da Europa, e com um reduzido e censurado material de estudo e leitura, tenha florescido uma *intelligentsia* da Igreja, que, vista hoje, com um distanciamento de vários séculos, pode ser considerada precursora do pensamento dos exegetas dos dias atuais, os mesmos que estão, como escreveu José Marins[1], realizando uma verdadeira "revolução cultural

---

1 José Marins, *Folha de S. Paulo*, 8 jun. 1984.

178 VIVER NOS TEMPOS DA INQUISIÇÃO

e negando, pondo em dúvida ou reformulando, os milenares dogmas da fé".

Quero lembrar, *en passant*, que esse espírito crítico frente às doutrinas e à instituição católica sempre existiu no correr da história, sendo mesmo frequente nas sociedades europeias pré-industriais. Emmanuel Le Roy Ladurie e Carlo Ginzburg presentearam-nos com duas obras-primas sobre o pensamento herético[2]. Acontece que o distante Brasil também teve a sua Montaillou nos diversos hereges que foram queimados.

As críticas que são feitas hoje à Igreja Católica Romana, tanto no que diz respeito à doutrina quanto à instituição, foram expressas já há séculos por uma facção do clero católico. Examinando essas "ideias", numa perspectiva histórica mais ampla, creio que podemos falar na existência de uma tradição herética no clero brasileiro.

As heresias que apareceram no Brasil colonial foram as mais diversas, e não é o caso de enumerá-las aqui, já que nosso objetivo presente é chamar a atenção para as dúvidas e críticas expressas contra os dogmas e as autoridades religiosas. Membros do clero passaram pela mesa inquisitorial do "santo" e "supremo" tribunal e, perante os inquisidores, juízes delegados por Deus humilharam-se pedindo perdão e uma "reconciliação" com a Igreja.

A colônia brasileira, com sua sociedade pluricultural, ofereceu uma grande variedade de comportamentos, não faltando mesmo o seu Giordano Bruno na pessoa de um sacerdote baiano, o padre Manoel Lopes de Carvalho, que não quis retratar-se nem colaborar com seus verdugos, sendo queimado pela Inquisição em 1726[3].

A maior parte do clero católico acusado de heresia não foi condenada à morte. Não havia, por parte dos inquisidores, interesse em eliminar todos os hereges. Foram "reconciliados" pela Igreja, mesmo que essa palavra tenha sido hipocritamente usada, pois, mesmo absolvido, o réu ficava para sempre

---

2 Cf. Emmanuel Le Roy Ladurie, *Montaillou, village occitan de 1294 à 1324*, Paris: Gallimard, 1985; Carlo Ginzburg, *Il formaggio e i vermi: Il cosmo di un mugnaio del'500*, Torino: Einaudi, 1977 (edição brasileira, *O Queijo e os Vermes: O Cotidiano e as Idéias de um Moleiro Perseguido Pela Inquisição*, São Paulo: Companhia das Letras, 1987), respectivamente.

3 Processo do padre Manoel Lopes de Carvalho, n. 9255, Arquivo Nacional da Torre do Tombo – Inquisição de Lisboa.

Sambenito: túnica infamante usada pelos réus. Em Pierre Vander (ed.), Galerie Agreable du monde: Diverses figures de ceux qui sont conduits aux Autos de fé séc XVII, *Biblioteca Nacional do Rio de Janeiro*

estigmatizado e era obrigado a usar um saco sobre o corpo, com insígnias de fogo (sambenito). O padre Manoel Lopes de Carvalho foi longe demais nas suas críticas e tenacidade. Desacreditou os procedimentos do Santo Ofício, chamando-o de "herético". Afirmou que a Igreja primitiva de Cristo era a verdadeira. Condenado, apelou ao rei, porém os inquisidores negaram-lhe esse apelo. Pede um procurador – não lhe dão. Os inquisidores repetem que é doido. O padre Manoel, mais que lúcido, pede que lhe provem que é doido na mesa inquisitorial; todos o ameaçam, mas o padre insiste que não está errado, e é um mártir dos algozes e velhacos inquisidores[4]. O padre baiano entrou no cárcere por causa de suas dúvidas e morreu por causa de suas certezas. Junto com ele, todo um rol de padres da Igreja saiu da galeria dos sacrificados em nome da ortodoxia católica para encontrar-se, numa outra extremidade do tempo, com os novos exegetas de hoje.

Entre as negações mais frequentes que encontramos aos dogmas da fé, constam aquelas que negam Jesus ter sido o Messias, Maria ter sido virgem. Jesus nunca ressuscitou, não subiu ao céu, nem fez milagres. Ridicularizavam a ideia da Trindade,

4   Ibidem.

180   VIVER NOS TEMPOS DA INQUISIÇÃO

repetindo que era inadmissível para uma razão esclarecida,
e principalmente que Deus, o criador do Universo, jamais fora
um homem. Para os descrentes da Igreja, Jesus nunca abandonou o judaísmo, tendo sido um profeta judeu, e todas as
histórias que contam sobre ele não passam de lendas inventadas para enganar os inocentes. Nas suas reflexões sobre o
mundo e os homens, os heterodoxos da Igreja foram muito mais
longe, chegando a contestar a ideia da imortalidade da alma.
As denúncias contra os religiosos prenchem milhares de páginas
dos registros inquisitoriais. Homens da Igreja, brasileiros natos
e portugueses residentes no Brasil, cristãos-novos e cristãos-
-velhos, franciscanos, beneditinos, da ordem dos pregadores e
do hábito de São Pedro, desfilaram nos autos de fé em Lisboa.

... MUITO MAIS OUSADOS DO QUE OS ATUAIS

No Brasil, durante o período colonial, uma facção do clero brasileiro travou uma verdadeira batalha contra o que chamava de
"idolatria", ou seja, a adoração de imagens santas. A Igreja tornou-se idólatra quando trocou a religião por superstição, dizia
textualmente o padre Manoel Lopes de Carvalho, enfrentando
os inquisidores[5]. Suas opiniões foram consideradas "propostas
perigosíssimas e perniciosíssimas", cheias de "doutrinas falsas".
O padre reivindicava uma Igreja mais autêntica, mais justa,
mais pura.

Os mesmos textos sagrados que hoje estão sendo sujeitos a
análises científicas, foram pensados e repensados por elementos da própria Igreja colonial, e suas dúvidas e contestações
ventiladas sigilosamente nos encontros fortuitos nos corredores dos conventos, nas portas das igrejas, no confessionário
e no próprio cárcere. Os que tiveram coragem de falar foram
punidos, mas a maioria o medo silenciou. O surpreendente
é que exatamente as mesmas dúvidas e críticas que levaram
membros do clero católico às prisões da Inquisição são encontradas, no século XX, em teólogos como Hans Küng, Edward
Schillebeeckx e outros exegetas. A América Latina aparece hoje

5   Ibidem.

A TRADIÇÃO HERÉTICA DO CLERO BRASILEIRO 181

nas primeiras páginas, em todo o mundo, porque temos uma imprensa livre. Os que a Inquisição queimou ficaram ignorados, suas ideias asfixiadas pelo absolutismo português.

Séculos de fiscalização, de censura e de perseguição deixaram marcas profundas na cultura brasileira, não obstante as ideias avançadas e humanísticas do clero herege terem ficado, juntamente com os nomes de seus autores, arquivadas nas prateleiras da Inquisição.

A "fantástica" revolução da cultura, conforme caracteriza José Marins, a renovação atual do catolicismo brasileiro, teve precursores na época colonial que, pelo arrojo de suas ideias, revelaram-se muito mais ousados do que os nossos tão falados "teólogos da libertação"[6].

---

6 José Marins, *Folha de S. Paulo*, 8 jun. 1984.

17. A Colaboração do Clero Com a Invasão Holandesa

O pesquisador que mergulha na documentação manuscrita concernente a determinados períodos de nossa história colonial vê-se obrigado a reformular alguns conceitos emitidos pela tradicional historiografia brasileira, como, por exemplo, o fenômeno do colaboracionismo português na invasão holandesa do Brasil, em 1630.

Vários fatores, que agiram simultaneamente, devem ser considerados e despidos de nacionalismo romântico se quisermos compreender os motivos que levaram portugueses e brasileiros, religiosos, letrados, latifundiários e gente do povo, cristãos-velhos e cristãos-novos a darem apoio, tanto político como religioso, aos invasores.

Esse fato não pode naturalmente ser entendido como um problema isolado, desprendido da estrutura social e religiosa sob a qual repousava o edifício da sociedade portuguesa no século XVII, e a ele se ligam igualmente fatores de ordem econômica, que agiram em primeiro plano. Esse tema adquire ainda maior interesse em virtude das teses divergentes formuladas a respeito.

Antes de tudo, devemos ter em mente ser indispensável não interpretar comportamentos de épocas anteriores à nossa usando conceitos modernos como "colaboracionismo" ou "traição". Se podemos falar em "atitudes" ou "comportamentos" que em traços largos caracterizaram os primeiros colonizadores, colocados sob o impacto de novas condições, geográficas e econômicas, não podemos confundir essas atitudes com "consciência nacional". A massa da população que constituía a colônia portuguesa tinha pouca consciência política.

Já nascidos no Brasil, muitos portugueses tinham pouca ligação "consciente" com a terra, no sentido atual de "pátria", nem possuíam noção clara de nacionalidade quando a armada holandesa aportou em águas litorâneas do Brasil, no ano de 1630. A reação e as posições assumidas pela população de qualidades tão heterogêneas, de todas as camadas sociais, foram as mais diversas, e a opção política se deu de acordo com os interesses individuais e imediatos, e segundo as influências e opiniões correntes, agindo pelo contágio, de um morador a outro. O território brasileiro estava composto de gente que trazia de seu passado uma bagagem variada. O elemento português era constituído principalmente de pessoas que não encontraram condições favoráveis para progredir em sua terra de origem ou que haviam sido obrigadas, por questões diversas, a refugiar-se no Brasil. Interesses pessoais e econômicos jogavam a cartada mais forte. Tendo a colonização portuguesa se realizado sem firme planificação, os problemas que surgiam eram resolvidos conforme os recursos disponíveis no momento. Não havia um programa "a longo prazo", nem uma concentração de esforços num só sentido, nem ideias comuns. Além disso, quando tratamos do período holandês, devemos lembrar que o português fora condicionado por um longo e profundo antagonismo pelo espanhol, e quando adere ao invasor batavo no Brasil, luta, mesmo que subjetivamente, contra o tradicional inimigo, a Espanha. A religião católica teve certamente papel importantíssimo para a identificação dos portugueses em momentos de crise, porém agiu sobre o povo lusitano mais num sentido "cultural" do que eminentemente místico e religioso. Simbolizada na fé católica, havia para os portugueses que viviam na Colônia toda uma escala de valores – a língua, a terra dos antepassados, os costumes, e principalmente a maneira toda peculiar de exteriorizar a sua religiosidade. Fatores culturais comuns deram naturalmente

A COLABORAÇÃO DO CLERO COM A INVASÃO HOLANDESA 185

força aos portugueses, cristãos-velhos ou cristãos-novos, para opor resistência aos holandeses quando, passados os anos de entusiasmo inicial, o convívio com o estrangeiro demonstrou, na prática, não corresponder às ilusões iniciais. Alguns fervorosos inimigos dos holandeses foram, no início da invasão, seus colaboradores. Temos como exemplo os casos significativos do cronista frei Manoel Calado e de João Fernandes Vieira. Sem Vieira, diz Charles Boxer, teria sido impossível a rebelião de 1645 e, no entanto, ele foi ativo simpatizante dos holandeses, tendo, por motivos pessoais, colaborado na instalação e no funcionamento do governo holandês, exercendo a função de conselheiro municipal na cidade de Maurícia[1].

Além dos fatores econômicos que agiam sobre os interesses desses homens, também devemos considerar certos fatores culturais ligados às suas raízes ibéricas, que marcaram toda a história colonial. Seria interessante, pois, considerando o conteúdo do documento que ora publicamos, voltarmo-nos para o quadro que apresentava Portugal no século XVII, às vésperas da invasão holandesa, tendo em vista cartas e outros escritos que então foram trocados por altas autoridades eclesiásticas, pertencentes ao Conselho Geral do Santo Ofício da Inquisição. Como o Santo Ofício se encarregava de fiscalizar as ideias, são nos seus escritos que se encontram as fontes mais ricas para a compreensão das diversas formas que assumiram as ideias em Portugal e nas colônias de ultramar.

Nos seus textos, encontramos referências aos representantes da ortodoxia católica, preocupados com um problema que consideravam de extrema gravidade: o aumento da heresia. Agentes da Inquisição levavam às autoridades eclesiásticas notícias diversas sobre a diminuição do fervor religioso entre a população colonial e sobre os diversos casos de apostasia. A Inquisição enfrentava problemas que ela não previra. A heresia, que justificava sua existência, transformara-se ao mesmo tempo em arma contra ela. De um lado, a Inquisição, com seu faustoso aparato e suas centenas de funcionários, necessitava dos hereges para legitimar-se; de outro, o alastramento do ceticismo e da crítica podiam significar uma ameaça ao seu

---

1 Charles Ralph Boxer, *Os Holandeses no Brasil: 1624-1654*, São Paulo: Companhia Editora Nacional, 1961, p. 391, 394.

poder. Se considerarmos o número e a qualidade dos portugueses que, no século XVII, saíram nos autos de fé, muitos dos quais eram elementos representativos da sociedade – como professores da Universidade de Coimbra, médicos, clérigos e pensadores ilustres –, podemos entender que, pouco a pouco, os métodos empregados pelo Santo Ofício trabalharam contra ele próprio. A Universidade de Coimbra havia-se transformado, no dizer de seus contemporâneos, num "covil de heréticos"[2].

O judaísmo, que a Inquisição, segundo seus líderes e defensores, tentava extirpar (o que é matéria discutível)[3], aumentava cada vez mais, e as chamadas blasfêmias eram pronunciadas em todas as camadas sociais, desde a gente mais humilde até as autoridades religiosas mais respeitáveis. No reinado de Filipe IV, os cárceres da Inquisição estavam superlotados e os inquisidores, nessa época, se deparavam constantemente com o problema da insuficiência em acomodar tantos hereges[4].

Após quase um século de funcionamento do Tribunal da Inquisição em Portugal, o número de cristãos-velhos acusados de heresias diversas e cristãos-novos acusados de "judaizantes" havia aumentado. Os eclesiásticos culpavam os cristãos-novos de todo o mal, contagiando, com sua descrença, a pureza do espírito dos católicos[5]. Criou-se uma obsessão: o "judaísmo". Abordaremos em outro trabalho o que significa esse judaísmo, esvaziado de seu sentido religioso, que colocava todo um segmento da sociedade portuguesa numa "situação" de excluídos. O que importa salientar aqui é o fato de que as técnicas empregadas pelo Santo Ofício para deter as heresias e impedir o espírito de livre exame haviam produzido uma vasta onda de reação no país. Alguns portugueses se mostraram eticamente

2 João Lúcio de Azevedo, *História dos Christãos Novos Portugueses*, Lisboa: A.M. Teixeira, 1921, p. 179.
3 Benzion Netanyahu, *The Marranos of Spain: From the Late 14th to the Early 16th Century*, New York: American Academy for Jewish Research, 1966. Baseando-se em fontes exclusivamente judaicas, ele mostra que o Tribunal do Santo Ofício da Inquisição na Espanha não visava a heresia judaica do grupo cristão-novo, porém extirpar o grupo cristão-novo da sociedade espanhola.
4 "Cartas que os Senhores Inquisidores Gerais Escreverão ao Conselho e Resposta", MS. 13365; e "Consultas do Conselho", MS. 1364, p. 78, 91, 106, Arquivo Nacional da Torre do Tombo, Lisboa.
5 "Remédios Para Se Atalhar o Judaísmo em Portugal", MS. Fundo Geral 1532, p. 373, seção de Reservados da Biblioteca Nacional de Lisboa.

A COLABORAÇÃO DO CLERO COM A INVASÃO HOLANDESA   187

à altura de um bispo Coutinho[6], e atitudes de repúdio foram constantemente repetidas.

Um fenômeno curioso que merece exaustiva pesquisa diz respeito aos hereges saídos das próprias fileiras da Igreja. O número de membros do clero católico que saiu em autos de fé públicos é bastante significativo: 15 clérigos e 44 monjas professas de um total de 231 apóstatas; 23% dos condenados pertenciam à Igreja[7].

Diversas medidas foram propostas para sanar o mal. Obras foram escritas e sermões pregados com a finalidade de esclarecer a população portuguesa do mal que causava essa "gente da nação hebraica". A ela se atribuía o desastroso estado em que se encontrava o país. Intensificaram-se os rigores na aplicação dos "estatutos" de pureza de sangue. Somente se permitia a entrada nas ordens religiosas, a obtenção de títulos, a ocupação de posições oficiais, o ingresso nas Letras, às pessoas que provassem não trazer em seu sangue nenhuma gota de sangue judeu, negro ou mouro[8]. Muitos brasileiros, ainda no século XVIII, verão seus sonhos e ambições frustrados[9]. A participação nas ordens religiosas havia se transformado, para muitas famílias, num dos meios de evitar que caíssem sobre elas

6   O bispo Fernando Coutinho, de Silves, já no século XVI defendia o ponto de vista de que os cristãos-novos que praticavam o judaísmo deviam ser considerados judeus e não cristãos, pois, como descendiam dos que haviam sido batizados à força, não se podia em seu caso falar de uma apostasia da religião católica. Ver Meyer Kayserling, *História dos Judeus em Portugal*, 2. ed. revista, São Paulo: Perspectiva, 2009. Ver também sobre Coutinho, Marcel Bataillon, *Études sur le Portugal au temps de l'humanisme*, capítulo "Erasme et la cour de Portugal", Coimbra: [s. n.], 1952. Sobre a luta do padre Antônio Vieira com o Santo Ofício, ver António Baião, *Episódios Dramáticos da Inquisição Portuguesa: Homens de Letras e de Ciência Por Ela Condenados*, Porto: Renascença Portuguesa, 1919-1938, v. 1, p. 205-316,

7   Em Portugal, houve teólogos e eruditos que protestaram contra a ação do tribunal, mostrando que nenhum proveito trouxera para Portugal. Ver carta do jesuíta Manuel Fernandes, confessor do rei dom Pedro, ao papa. Apud M. Kayserling, op. cit., capítulo 8. Sobre a pronunciação de membros do clero contra o tribunal, existe ampla documentação ainda não publicada. Apesar de ter sido cristão-novo, seu autor e sua obra ter sido publicada pouco mais tarde, é interessante examinar a edição de Israel Révah de "Un Pamphlet contre l'Inquisition d'António Enriquez Gomez: La Seconde partie de la 'Politica Angelica' (Rouen, 1647)" na *Revue des Études Juives*, n. 121, 1962, p. 115-168.

8   J.L. de Azevedo, op. cit., p. 185.

9   Ver Albert Sicroff, *Les Controverses des status de "pureté se sang" en Espagne du XVe au XVIIe siècle*, Paris: Didier, 1960.

as malfadadas suspeitas, e muitas mulheres e homens, sem nenhuma vocação, descendentes ou não de cristãos-novos, procuravam ingressar na Igreja. Os documentos manuscritos referentes ao clero católico considerado herege são extremamente interessantes e importantes para a compreensão da história da religião em Portugal e no Brasil, pois esses elementos dissidentes, excomungados ou condenados pela Inquisição, eram muitas vezes espíritos altamente esclarecidos e transportadores do que havia de mais progressista na época. É necessário extremo cuidado na utilização das fontes oficiais, sem conhecer o contexto histórico no qual se processou o fenômeno e sem conhecer as razões apresentadas pelos próprios acusados.

O comportamento dos portugueses na colônia brasileira refletia em grande parte a situação do reino, porém a transferência para um ambiente com menos vigilância fez com que se expandissem com maior liberdade, abraçando muitas vezes ostensivamente as ideias condenadas pela Igreja. A atitude dos próprios agentes da Inquisição enviados à Colônia com o objetivo de vigiar e recolher denúncias sobre suspeitos mudava quando chegavam ao Brasil[10]. O exemplo mais significativo nessa metade do século XVII foi certamente o comportamento do visitador licenciado Marcos Teixeira, que em 1618 atuava na Bahia. Exemplos de seu comportamento corrupto ficaram registrados nos arquivos do Santo Ofício. Foi denunciado por seus contemporâneos e processado[11]. A vida escandalosa que levou na Bahia provocou o desrespeito da população, aumentando suas dúvidas sobre a infalibilidade moral de seus pastores. Desavenças e rivalidades contínuas entre as autoridades civis e religiosas persistiram durante toda a história colonial e dividiram a opinião da população, como no caso do bispo dom Pedro da Silva, autor de uma devassa no ano de 1635. Membro do Conselho Geral do Santo Ofício da Inquisição desenvolveu, segundo Amaral Accioli, o mais escandaloso desejo de exercer o governo geral do Estado e foi um dos elementos que mais

10 Temos em preparo a publicação de manuscritos que contêm uma lista de nomes de brasileiros que, no século XVIII, foram rejeitados pelo Santo Ofício da Inquisição por não passarem no exame de "limpeza de sangue".

11 Ver A. Novinsky, A Inquisição na Bahia: Um Relatório de 1632, *Revista de História da Universidade de São Paulo*, n. 74, 1968. Seu processo encontra-se no Arquivo Nacional da Torre do Tombo, em Lisboa.

A COLABORAÇÃO DO CLERO COM A INVASÃO HOLANDESA   189

concorreu para a deposição e a prisão do vice-rei dom Jorge de Mascarenhas. Isso levou à "exasperação de ânimos" contra sua pessoa, pois ele tinha um "gênio insuportável" e "maneiras bem grosseiras". A Câmara da Bahia, em 10 de julho de 1643, mandou um comunicado oficial ao rei sobre a atitude e insolência do bispo e o pedido do povo para que, com toda brevidade, sua majestade procedesse contra o bispo dom Pedro da Silva. Queriam-no tão pouco que, quando seus ossos enviados para Lisboa se perderam num naufrágio, a população mostrou total indiferença[12].

Apesar da pressão que as autoridades religiosas faziam sobre a população para que não tivesse contato com ideias heréticas, o tipo de atividade a que os portugueses se dedicavam – o comércio – contribuía para introduzi-las. Na Holanda estava um dos portos muito frequentados pelos portugueses, e o espírito de liberdade que lá existia contrastava com o fanático ambiente português, polvilhado por funcionários e familiares da Inquisição. Quando os invasores batavos se apoderaram do Nordeste do Brasil, procuraram, visando fins práticos, introduzir o mesmo espírito de tolerância. Ofereceram aos moradores vantagens econômicas e lhes permitiram conservar as propriedades e praticar livremente sua religião. Isso deve ter pesado diretamente sobre as atitudes dos moradores, muitos dos quais permaneceram na região ocupada, não obstante as solicitações contrárias do governador Matias de Albuquerque.

No que diz respeito à "colaboração" com os holandeses, membros da Igreja, portugueses cristãos-velhos e portugueses cristãos-novos aderiram pacificamente ao inimigo invasor. A Inquisição visava principalmente, tanto no reino como nas colônias, os cristãos-novos, os judaizantes, porém outras heresias também fizeram parte de seus interesses. Segundo Arnold Wiznitzer, no México, durante a época colonial, os judaizantes representaram somente cerca de 16% dos julgados pelo seu tribunal. A maioria era de cristãos-velhos, acusados de crimes contra a fé e o comportamento[13].

12 Ignacio Accioli de Cerqueira e Silva; Braz do Amaral, *Memórias Históricas e Políticas da Bahia*, Bahia: Imprensa Official do Estado, 1937, v. 5, p. 71-72.
13 A. Wiznitzer diz que a crença de que os judaizantes foram o maior problema do Santo Ofício no México está definitivamente errada. Ver Cripto Jews in

190 VIVER NOS TEMPOS DA INQUISIÇÃO

As posições assumidas pela população nordestina durante a invasão holandesa não eram muito coerentes, o que se pode perceber das próprias oscilações de seu comportamento. Um exemplo que aparece na devassa realizada pelo bispo dom Pedro da Silva foi o caso de Bento Gozzo, genro de Domingos Ribeiro. Estando junto aos holandeses, e tendo sua mulher dado à luz um filho, batizou-o com o predicante dos holandeses, segundo as cerimônias reformistas. Dirigindo-se aos padres da Companhia de Jesus, vizinhos na vila de Igarassu, a conselho destes tornou a batizá-lo com os ditos padres em cerimônia da Igreja Católica[14]. Muitos colonos nem sabiam ao que estavam aderindo, e é curioso o fato de membros do clero exortarem a população a não resistir ao invasor. Na prática, o convívio com o holandês se mostrou menos correspondente às fantasias dos portugueses, pois, na segunda fase da ocupação holandesa, tanto os proprietários endividados como a população em geral, ambos em péssimas condições financeiras, aderiram à revolução. Nessa altura, fatores culturais, simbolizados pela religião, se manifestaram com mais força.

Considerando, pois, esse quadro de fundo, passemos ao documento – a devassa ordenada pelo bispo da Bahia.

Tendo o bispo dom Pedro da Silva conhecimento de que havia religiosos eclesiásticos que "davam de certa maneira favor aos inimigos", mandou fazer uma devassa com o fim de apurar seus nomes. Iniciou essa devassa em 18 de junho de 1635 na Bahia, inquirindo, em sua casa, a Belchior dos Reis, capelão da armada de sua majestade, que viera à Bahia em busca de socorro. Nos dias 28 e 30 desse mesmo mês e ano foram ainda inquiridos os padres Manoel dos Passos e Frutuoso de Miranda, e Domingos Cabral Bacelar, que prestaram informações sobre os religiosos e leigos que haviam permanecido com os holandeses na Paraíba, depois da retirada de Matias de

Mexico During the Sixteenth Century, *American Jewish Historical Review*, v. 51, n. 3, mar. 1962, p. 176. A constatação do eminente pesquisador não foi comprovada em futuras investigações.

14 Denunciação de Cosme Dias Massiel, cristão-velho. Traslado de alguns testemunhos da devassa que tirou o "Olmo Dom Pedro da Sylva, bispo do Brasil na cidade do Salvador, Bahia de todos os Santos, em dezoito de junho de 635 anos", Cadernos do Promotor da Inquisição de Lisboa, n. 19, manuscrito do Arquivo Nacional da Torre do Tombo.

Albuquerque. A inquirição de testemunhas foi continuada pelo vigário e provedor da Capitania de Pernambuco, Manoel de Azevedo. Depuseram perante o bispo e o vigário 41 pessoas e foram denunciados ao todo oitenta, sendo que oito eram membros do clero católico, 48 cristãos-velhos e 24 cristãos-novos.

Essas denunciações nos mostram que houve dois tipos de adesão aos holandeses: uma política e outra religiosa. Alguns dos simpatizantes apoiaram a ocupação do território, prestando juramento de fidelidade ao príncipe de Orange, e aderiram livremente ao calvinismo. Outros aproveitaram a liberdade prometida para voltar à religião judaica de seus antepassados.

Na devassa, foram acusados de colaboração com os holandeses membros da Igreja Católica e cidadãos cristãos-novos e cristãos-velhos. Do exame desse documento, como de outros que preparamos para publicar, pode-se notar que as razões que levaram a população a aderir ao invasor foram de ordem diversa e pouco definida. Os moradores, como já dissemos, não sabiam muito bem o que queriam e a quem deviam seguir.

Nas denunciações feitas durante a devassa, não transparecem nitidamente as razões que levaram membros do clero católico a dar apoio aos invasores, porém sua atitude deve ter influído sobre as decisões dos moradores, que, segundo a denúncia de João Correia de Almeida, repetiam: "quando os religiosos ficam com os inimigos, que fazemos nós...?"[15] Religiosos como frei António Caldeira, o padre Manuel de Morais, frei Manoel dos Beguinos, conhecido também pela alcunha de Manoel dos Óculos, o licenciado João Gomes de Aguiar e outros exortavam a população a permanecer com os holandeses, lhes traziam passaportes dos holandeses, convencendo-os a não opor resistência, uma vez que os invasores eram bons cristãos e cumpridores de sua palavra. Homens de projeção, como, por exemplo, António de Abreu, "honrado e rico", que fora provedor da Misericórdia de Pernambuco, sofreram igualmente a influência dos padres da Igreja. A personagem mais curiosa entre os religiosos é certamente o conhecido jesuíta Manoel de Moraes. Foi, como diz Charles Boxer, um caso "dos mais singulares entre quantos se deram em qualquer tempo nos anais

---

15 Denunciação de Garcia Lopes Calheiros e de João de Sequeira, escrivão da alfândega e almoxarife, em 5 de novembro de 1636.

192   VIVER NOS TEMPOS DA INQUISIÇÃO

do Santo Ofício"[16]. Figura importante no mundo das letras seiscentistas, dotado de grande capacidade intelectual, falava corretamente o tupi e prestou importantes serviços ao rei. Até 1635, combateu os invasores holandeses, chefiando um grupo de selvagens, mas depois se tornou adepto político fervoroso dos holandeses, além de ter passado para o calvinismo e querer convencer a população que adotasse também a religião reformada. Renegava a adoração das imagens, o que faziam também outros religiosos que haviam passado para o lado dos holandeses, e tomou-se de ódio feroz contra a religião católica.

Ao que parece, António Caldeira, frade agostiniano, foi igualmente um homem violento. O general de guerra da capitania de Pernambuco, Manuel Dias de Andrade, que substituiu dom Luís de Roxas, denunciou-o como causador de grande alvoroço. António Caldeira mandou matar Francisco de Azevedo, que o trouxera preso para a Bahia e, ao que tudo indica, tinha iguais planos em relação a Matias de Albuquerque. Como os demais religiosos denunciados, "convocou e persuadiu muitos homens dos honrados portugueses que se fossem refugiar-se dos inimigos e assim o fizeram alguns"[17]. Antes de viver em Pernambuco, andou pela Bahia, onde teve algumas diferenças com o governador Diogo Luiz de Oliveira. Foi depois assistente em Pernambuco, até a chegada dos holandeses, quando seguiu Matias de Albuquerque, retornando, porém, para o inimigo. Convocou gente como o capitão Bento de Freitas e o contratador de pau-brasil Manoel de Vasconcelos e lhes disse que seriam excomungados se não ficassem, por amizade, com os holandeses[18]. Assim como Manuel de Morais, também lia a *Bíblia* herética, e dizia que se devia adorar um só Deus e não os santos, pois adorar mais de um só Deus era idolatria. Tinha uma atitude crítica em relação à política espanhola e, visando os portugueses em suas casas, criticava a atitude do rei, que "se descuidava tanto em não acudir..."[19].

16   C.R. Boxer, op. cit., p. 380-382.
17   Denunciação de Garcia Lopes Calheiros.
18   Cadernos do Promotor da Inquisição de Lisboa, n. 19, manuscrito do Arquivo Nacional da Torre do Tombo, "Culpas do Padre Fr. António Caldeira, religioso de S. Agostinho Sacerdote e pregador..."; Denunciação de Belchior dos Reis na Bahia, em 18 de junho de 1635.
19   "Culpas do Padre António Caldeira..."

A COLABORAÇÃO DO CLERO COM A INVASÃO HOLANDESA 193

Sobre António Caldeira foi feito um auto, sob ordem do licenciado Manoel de Azevedo, vigário e provedor da capitania de Pernambuco, sendo então arguidas as testemunhas em Camaragibe, termo da freguesia do Porto Calvo, em Camaragibe[20]. Finalmente preso, foi ordenado que se lhe pusessem "em boa arrecadação e segurança os bens que se lhe acharem, como sequestrados e embargados"[21]. Em 4 de setembro de 1635, chegou preso à Bahia. Nesse auto, acrescentaram-lhe outras culpas mais, além das que aparecem na devassa do bispo, inclusive de andar dizendo que "Matias de Albuquerque e seus capitaes vinham abrazando a terra e que os seus capitaes deshonravam as mulheres"[22]. Diziam ainda que, além de influenciar e fazer recolher a António de Abreu (que consta da devassa), também convenceu a "João Velho" e ao "Ramalho", "do que resultou muito dano porque se não fosse a dita nova que o padre trouxe falsa se não forão so moradores..." "a povoação ainda estaria na mão dos portugueses e não houvera tanto trabalho nas retiradas"[23]. Entre os que denunciaram Caldeira, encontravam-se pessoas de projeção: o familiar do Santo Ofício, Manoel da Silva, e o comendador de São Pedro, pertencente à Ordem de Cristo, sargento-mor do Estado do Brasil. Conta este que teve em suas mãos uma carta de amor de António Caldeira, que lhe mostrara Afonso de Albuquerque, escrita por uma certa dama. Parece que o frade era muito sensível à beleza feminina, pois mandou dizer a uma mulher honrada que na Igreja "nenhuma mulher lhe parecia mais formosa que ela"[24].

As informações que possuímos sobre Caldeira não permitem ainda reconstruir a sua personalidade, apesar das numerosas acusações que sofreu. Era amigo do conhecido fidalgo Diogo Gonçalves Lasso, tendo sido, durante semanas

---

20 O traslado das culpas que foram apuradas neste auto consta também nos Cadernos do Promotor da Inquisição de Lisboa, n. 19, manuscrito do Arquivo Nacional da Torre do Tombo.
21 "Culpas do Padre António Caldeira..."
22 Ibidem.
23 Ibidem.
24 "Auto que mandou fazer o Vigário Geral Manuel de Azevedo para por ele perguntar testemunhas e saber a causa da prisão do Padre Fr. António Caldeira", Cadernos do Promotor da Inquisição de Lisboa, n. 19, manuscrito do Arquivo Nacional da Torre do Tombo.

seu hóspede[25]. Quando Matias de Albuquerque quis prender um seu amigo português, Caldeira "o tomou e levou [...] para os holandeses, para salvar e o salvou"[26]. Parece que foi o primeiro sacerdote a prestar juramento aos holandeses, juramento que os capturados eram obrigados a fazer ao príncipe de Orange. Segundo os denunciantes da devassa, a população escandalizava-se com as atitudes de Caldeira, ou comentavam que andava amancebado com uma mulher na freguesia de Santo Antônio, ou que era somítico etc.

Outro frade que aparece na devassa, como abastado proprietário, foi o frei Manoel dos Biguinos, chamado Manoel dos Óculos. Praticou toda sorte de ações condenadas pela Igreja, lia livros proibidos, comunicava-se com os hereges e dizia abertamente, como outros frades, que não se devia adorar os santos e Nossa Senhora. Segundo informações prestadas pelo conde de Bagnuolo e pelo provedor da fazenda de sua majestade, André de Almeida, frei Manoel ajudou os flamengos a virem tomar o Porto Calvo. Era frade de missa e pregador e "persuadiu a pessoas graues, caleficadas se ficassem com eles e que El Rei Nosso Senhor os não podia Restaurar..."[27] Convenceu o sacerdote e pregador Lourenço da Cunha, natural de Pernambuco, que queria retirar-se com Matias de Albuquerque para Alagoas, que não o fizesse, convencendo-o a voltar para casa. E quando a população pedia conselhos a frei Manoel dos Óculos sobre o que devia fazer, respondia que se recolhessem todos com suas armas, pois não havia outro remédio. O padre servia de mediador entre os portugueses e holandeses e interferia pelos prisioneiros.

As denunciações contra frei Manoel não se limitam às que constam dessa devassa. Em 10 de julho de 1636, na casa do bispo, continuaram as acusações, inclusive de outros moradores de Pernambuco[28].

---

25 Diogo Gonçalves Lasso, fidalgo e cristão-novo, era filho de outro com o mesmo nome que fora nomeado capitão das Minas pelo governador Francisco de Souza e tomou parte no descobrimento das minas de ouro e prata na serra da Birassoiaba. Depois de sua morte, o cargo de administrador das minas passou para o filho.

26 "Culpas do Padre António Caldeira..."

27 Denunciação de Domingos Cabral Bacelar.

28 Cadernos do Promotor da Inquisição de Lisboa, n. 28, manuscrito do Arquivo Nacional da Torre do Tombo.

O licenciado padre João Gomes de Aguiar, capelão de São João, no Porto Calvo, parece ter tido uma personalidade diversa dos religiosos mencionados. Aderiu igualmente aos holandeses, os quais admirava, gabando-se também de serem verdadeiros cristãos. "Oxála", dizia aos portugueses, "cumpríssemos as nossas obrigações da nossa lei católica como eles cumprem a sua."[29] Homem letrado, foi chamado para assinar o "conserto" com os holandeses, o que fez juntamente com dois portugueses, Pedro de Abreu e Diogo Nunes Fortes. Foram também denunciados outros membros do clero, como o padre Hyeronimo de Paiva, que pertenceu à Companhia de Jesus, na Índia, e depois se casou com uma portuguesa, abandonou o catolicismo, tornou-se luterano e procedeu abertamente contra os portugueses; frei Tomé, da Ordem da Trindade, também morador no Porto Calvo, sacerdote e pregador, já nascido em Pernambuco e que, diziam, andava fora de seu mosteiro; frei João Coelho, religioso do Carmo, de origem cristã-nova em parte, também pregador e fugido da ordem.

Os demais denunciados nessa devassa, cristãos-velhos e cristãos-novos, acusados de terem permanecido com os holandeses e abraçado o calvinismo ou o judaísmo, apresentam um comportamento longe de uniforme. Houve cristãos-novos que aderiram à religião reformada, como cristãos-velhos que aderiram ao judaísmo. Portugueses assistiam às prédicas dos holandeses e trocavam entre si livros proibidos. Alguns o fizeram por real convicção, outros por confusão ou imitação, e outros ainda por desavenças pessoais, como no caso do fidalgo Matias, que se meteu com o inimigo, confessando ele próprio que o fizera por estar amancebado com uma mulher casada[30]. Portugueses casaram suas filhas com holandeses e sobre eles teciam comentários louváveis acerca do seu cristianismo[31]. As duas sobrinhas do Pimenta, as conhecidas "pimentinhas", casadas com dois hereges, achavam que mais valia um flamengo que muitos portugueses e auguravam que ainda veriam o rei da Espanha "andar vendendo livros e outras cousas pelas ruas como folinheiro"[32]. O próprio Jerónimo de Payva, que havia

---

29 Denunciação de Francisco Correa.
30 Denunciação do capitão Joseph de Soto, em 25 de junho de 1636.
31 Denunciação de Cosme Dias.
32 Ibidem.

196 VIVER NOS TEMPOS DA INQUISIÇÃO

sido padre da Companhia de Jesus, fazia prédicas reformistas na casa do Brucuru, onde os portugueses iam ouvi-lo. Houve ocasiões em que estes se tomaram de tal ódio pelos próprios concidadãos, fato de que se espantavam os próprios holandeses, como no caso de João Vinhoens, casado com dona Catharina, filho de Luciano Brandão, a quem o marido perguntava "por que acusava seus naturais pois era portuguesa como eles".

Dos denunciados na devassa, apenas alguns foram identificados como cristãos-novos. Outros podem tê-lo sido, porém nos limitaremos, no que a isso diz respeito, ao que vai afirmado no documento. A falta de conhecimento da história dos cristãos-novos, de sua mentalidade e da própria evolução histórica do fenômeno judeu na Península Ibérica tem levado historiadores a cometer enganos de interpretação no tocante à sua ação e comportamento em determinados períodos da história colonial brasileira. Assim, parece mais lógico que os cristãos-novos tivessem sido pró-holandeses, visto não serem por estes perseguidos pela sua religião, nem espoliados de seus bens, como o foram pela Inquisição portuguesa e espanhola. Uma análise mais profunda revela um quadro diferente. Entendido o cristão--novo dentro do contexto histórico que o criou, por paradoxal que pareça, não se comportou em relação à invasão holandesa diferentemente dos portugueses. Na sua cultura, na sua psicologia, eles eram portugueses. A marginalidade forçada que lhes conferia um *status* muito definido, uma "situação", no sentido sartriano da palavra, levou-os a se identificar com os cristãos--novos em geral, apagou os traços e a mentalidade portugueses, de homens de uma mesma origem, de uma mesma língua, de mesmos costumes[33]. Devemos distinguir os cristãos-novos que chegaram ao Brasil, vindos do norte da Europa, já educados e doutrinados no judaísmo, que em Pernambuco se empenharam na organização da comunidade nos moldes trazidos da Holanda, daqueles já nascidos no Brasil, ou recém-chegados de Portugal, afastados dos mestres do judaísmo e desconhecedores do sentido verdadeiro da religião judaica. O comportamento destes foi inconsistente, oscilativo e contraditório. Houve, durante o

33 Em princípios do século XVIII, o padre jesuíta Diogo de Aredo observou que os cristãos-novos já estavam incorporados com os cristãos-velhos. Ver António José Saraiva, *A Inquisição Portuguesa*, Lisboa: Europa América, 1956, p. 28.

A COLABORAÇÃO DO CLERO COM A INVASÃO HOLANDESA   197

período holandês, ativo intercâmbio comercial entre o Brasil e o Norte da Europa, e nesse comércio havia cristãos-novos vivamente envolvidos. Porém eles, de forma alguma, constituíam a maior parte da população cristã-nova do Brasil, e o seu comportamento não pode ser generalizado, como se todos os cristãos-novos constituíssem um grupo uniforme. Havia entre os cristãos-novos grandes proprietários e latifundiários, profissionais, lavradores, artesões, alguns já nascidos na Colônia e miscigenados com a população nativa, que não possuíam ideais religiosos ou políticos muito bem definidos. Isso não quer dizer que não se encontrava entre os cristãos-novos o elemento mais rebelde, inquieto, vulnerável à introdução de ideias novas. Os cristãos-novos que viviam espalhados pelo Brasil não receberam a mesma educação que os cristãos-novos que se estabeleceram na Holanda, que permaneceram com os holandeses depois da Restauração, com eles partindo em 1654.

Os cristãos-novos que em Pernambuco constam registrados nos documentos como ligados abertamente à religião judaica eram, em grande parte, homens chegados da Holanda, e que depois influíram sobre seus familiares que já moravam, às vezes de longa data, no Norte do Brasil. Reuniam-se esses judeus em casas particulares, como as de Duarte Saraiva ou Diogo Rodrigues Pereira, o moço. Em casa de Duarte Saraiva, encontravam-se Simão Correa, mercador; Rodrigo Alvarez da Fonseca; Miguel Roiz Mendes; Simão Roiz, irmão de Vicente Vila Real; Gaspar Francisco, irmão de Rodrigo Alvares; João de Mendonça, sobrinho de Duarte Saraiva e seu irmão Gaspar de Mendonça; Baltazar da Fonseca etc. Alguns dos cristãos-novos mencionados na devassa chegaram ao Brasil depois de 1630, como, por exemplo, João de La Faya, que chegou da Holanda em 1633, com outros casais, dizendo que tinham "fugido da Inquisição"[34], e Jacome Fernandes, que havia sido criado na Holanda, apesar de nascido em Portugal[35]. Outros tinham condição semelhante à de Pero Lopes de Veras, que era já antigo na Colônia e com importante atividade no comércio de açúcar.

34 Denunciação de João de Sequeira, escrivão da alfândega e almoxarife da capitania de Pernambuco.
35 Denunciação de João de Sequeira.

VIVER NOS TEMPOS DA INQUISIÇÃO

Tinha um engenho no cabo de Sirinhaém e, depois da chegada dos holandeses, passou a viver em Recife[36].

Manoel Martins da Costa, natural de Viana, assistente em Pernambuco e cristão-velho "pela graça de Deus", confirmou que "em Recife havia quantidade de judeus portugueses públicos, portugueses que vieram da Holanda". Distinguiu-os, entretanto, dos cristãos-novos, dos quais, diz, "não sabe cousa má"[37]. A divisão política algumas vezes levava a desavenças nos casamentos mistos, como no caso de Simão de Carvalho, cristão-novo casado com dona Felipa de Albuquerque, prima irmã de Matias de Albuquerque, cujos interesses e opiniões fê-los tomar partidos opostos[38].

Numerosas informações podem ser colhidas dessa devassa. "Histórias verídicas ou mentirosas corriam em ambos os lados", como escreveu Boxer[39], mas que nos ajudam a conhecer o que esse povo era não através do que pensavam e exprimiam as fontes oficiais, e sim por meio de suas ações e do que eles mesmo proferiam.

36 Herman Kellenbenz, *Sephardim in der Unteren Elbe: Ihre wirtschaftliche und politische Bedeutung vom Ende des 16. bis zum Beginn des 18. Jahrhunderts*, Wiesbaden: Steiner, 1958, p. 477: Pero Lopes de Veras "carregava açúcar em Pernambuco, em 1603, para Manuel Roiz Duarte e Afonso Vaz de Souza, de Lisboa".

37 Denunciação de Manuel Marins da Costa.

38 Denunciação do capitão Joseph de Soto.

39 C.R. Boxer, op. cit., p. 241.

18. Um Preconceito Histórico: A Parceria Cristã-Nova Com os Invasores Holandeses

O preconceito e a mistificação contra os judeus e cristãos-novos na história do Brasil foram instrumentos que distorceram, em certos aspectos, a realidade histórica. Um fenômeno repetido e praticamente aceito pelos historiadores que trabalham com a expansão econômica holandesa no século XVII é o da colaboração dos cristãos-novos portugueses com os holandeses que invadiram o Brasil em 1624 e em 1630. Tivessem os cristãos-novos tomado o partido dos holandeses, seu comportamento poderia ser entendido como coerente, pois estariam procurando livrar-se da perseguição da Inquisição que, desde 1536, agiu com o propósito de punir os descendentes de judeus suspeitos quanto à sua lealdade à fé católica. Os holandeses, ao contrário, concediam aos judeus uma relativa liberdade religiosa e vantagens econômicas para aqueles que desejassem viver em seus territórios.

A tendência geral de dividir os cristãos-novos em dois grupos opostos – de um lado, aqueles que após o batismo voltaram para sua fé judaica e se mantiveram secretamente ligados a ela, e de outro, aqueles que se tornaram leais cristãos – leva a uma visão extremamente simplista do fenômeno marrano. O cristão-novo não foi uma figura de comportamento religioso uniforme.

Condicionado por um ambiente rigorosamente cristão, só pode ser compreendido como um homem "sem situação". Os cristãos-novos eram educados segundo os ensinamentos cristãos e a maioria deles não tinha contato, há várias gerações, nem com a religião judaica, nem com os judeus. Após um lapso de tempo de 150 anos, um numeroso grupo de pessoas com ancestrais judeus diferia do seu grupo de origem, mesmo que alguns traços da antiga cultura judaica perseverassem. Entretanto, é importante considerar que o preconceito antijudaico foi transferido aos cristãos-novos. Instilado nas massas populares pelas classes governantes, o preconceito contra o converso provou ser ainda mais opressivo que o preconceito sofrido, em qualquer época, pelos judeus.

Durante o reinado de Filipe IV, rei da Espanha e de Portugal (como Filipe III, durante a União Ibérica, 1580-1640), a perseguição dirigida contra os descendentes de judeus tornou-se mais intensa. Através de papéis impressos e panfletos distribuídos entre os fiéis, dos púlpitos e durante os sermões, os portugueses de origem judaica eram acusados de serem a causa principal de todos os males que atingiam as nações portuguesa e espanhola.

A legislação oficial baseava-se nos "estatutos de pureza de sangue", que relegaram os cristãos-novos ao nível de párias sociais e proibiu-os de participar das mais importantes atividades. O difícil período entre a invasão holandesa na Bahia em 1624 e sua derrota no Nordeste do Brasil, em 1654, foi agravado em Portugal por crises, fome e guerra. Consequentemente, os cristãos-novos foram usados como convenientes "bodes expiatórios" para justificar os desastres políticos que assolaram o Brasil. O preconceito religioso tradicional foi então transferido para o nível político. Cristãos-novos que tinham, até então, sido desprezados como inimigos da fé cristã passaram a ser considerados inimigos da pátria, traidores, estrangeiros, coniventes e colaboradores dos invasores holandeses.

Essas foram as acusações mais comuns feitas aos cristãos-novos nos relatórios oficiais, cartas e denúncias dirigidas ao Santo Ofício da Inquisição no século XVII. Foi sob a influência desses "clichês" e "estereótipos" que o famoso dramaturgo espanhol Lope de Vega Carpio e o pintor Juan Bautista Mayno retrataram os cristãos-novos, respectivamente na comédia *El*

Brasil Restituido e no quadro *La Recuperación de Bahía de Todos los Santos.*

O quadro de Mayno foi amplamente divulgado entre a população, mas não corresponde a fatos historicamente documentados. Foi criado, alimentado por preconceitos há séculos sedimentados e apoiado por uma série de mitos implantados na mente de portugueses e espanhóis.

No dia 8 de maio de 1624, a armada holandesa, comandada por Jacob Willekens, aportou na costa da Bahia, que era a capital do Brasil. Na manhã seguinte, controlou militarmente a cidade. Não houve resistência – quando os holandeses chegaram à cidade, seus habitantes haviam sido totalmente evacuados. O governador da Bahia, Diogo de Mendonça Furtado, foi preso, assim como o seu filho e os jesuítas encontrados em seu palácio. Logo se espalhou a notícia, em Portugal e na Espanha, de que a perda da Bahia fora causada pela traição dos cristãos-novos, todos eles acusados de serem "judeus".

Em 1621, a trégua celebrada entre Espanha e Holanda havia terminado. O Brasil era então o maior produtor de açúcar e, para os capitalistas e negociantes holandeses, a conquista do Brasil era importante para a sua expansão econômica. Na colônia brasileira viviam numerosos cristãos-novos que possuíam importantes conexões comerciais, capazes de implementar o comércio colonial entre o Brasil, Portugal e a Europa do Norte. Esses cristãos-novos, como já acentuei, de maneira alguma constituíam um grupo homogêneo e coerente, agindo e pensando de uma mesma maneira. Tinham interesses e padrões de vida diferentes, e sua atuação na política e economia variava de região para região e de uma classe social para outra.

No século XVII, a estrutura social da Colônia era composta por duas classes principais: os escravos e seus senhores. Entre esses dois extremos, havia uma diminuta classe média – na maioria, composta de pequenos mercadores, trabalhadores e artesãos. Os nomes dos cristãos-novos que foram preservados até hoje mostram que pertenciam tanto à classe dominante – proprietários de terras, senhores de engenho, ou importantes homens de negócios – como a simples lavradores e artesãos. Tinham poder de mando e atuavam na vida política, enfrentando, muitas vezes, representantes da Coroa portuguesa.

A legislação discriminatória que, em Portugal, impedia os descendentes de judeus de participar de qualquer setor da vida pública vigorava também na Colônia. Entretanto, graças a uma série de fatores e circunstâncias regionais, a disparidade entre a lei e sua implementação provou ser maior nas terras do Novo do que no Velho Mundo.

Cristãos-novos ocuparam postos importantes na Bahia, na primeira metade do século XVII. Participavam da administração local como oficiais da Câmara, procuradores, conselheiros, oficiais encarregados da fixação dos preços das mercadorias (almotacéis), notários e amanuenses. Segundo depoimentos diversos, resultantes de pesquisas atuais, podemos dizer que os cristãos-novos da Bahia representavam mais da metade da população branca, que era de aproximadamente oito mil a dez mil almas. Se tivermos em mente que em Amsterdã, que abrigava a maior concentração de cristãos-novos, havia somente mil cristãos-novos em 1630, podemos avaliar sua importância na capital do Brasil. Eles estavam integrados na sociedade baiana, na sua vida econômica e social – fato determinante para o papel que tiveram durante a invasão holandesa.

Quando, em abril de 1624, os holandeses atacaram a Bahia, a maioria da população havia deixado a cidade, fugindo para o sertão. Apenas um pequeno grupo de portugueses permaneceu na zona ocupada e manifestou sua simpatia pela causa holandesa. Depois que os conquistadores publicaram um edital proclamando liberdade religiosa para todos que decidissem voltar para a cidade, assegurando-lhes os direitos às suas propriedades, mais de duzentas pessoas concordaram em retornar. Não podemos calcular seu número exato, nem podemos saber quem eram esses portugueses, uma vez que os holandeses, depois de expulsos da Bahia, destruíram os registros e arquivos com seus nomes.

Dois documentos conservados pelo Santo Ofício da Inquisição nos permitem conhecer a posição tomada por alguns portugueses durante esse período de guerra, invasão e turbulência social. Esses documentos também nos auxiliam a perceber o grau do exagero que marca a historiografia sobre a alegada colaboração dos cristãos-novos com os invasores holandeses do Brasil.

UM PRECONCEITO HISTÓRICO: A PARCERIA CRISTÃ-NOVA... 203

Um desses documentos diz respeito a uma inquirição realizada sob as ordens de Manoel Temudo, vigário da catedral da Bahia, para descobrir quais foram os súditos portugueses que haviam preferido obedecer aos holandeses, que ficaram na cidade e tiveram contato com os invasores. Dezessete testemunhas foram interrogadas e mais de 22 pessoas foram denunciadas. Seis são identificadas como cristãs-novas.

O segundo documento, que também pertence aos arquivos do Santo Ofício da Inquisição, refere-se a um período posterior, embora ainda relacionado com a invasão holandesa. Trata-se de um inquérito realizado sob as ordens do bispo do Brasil, dom Pedro da Silva, em 1635, na Bahia, para verificar os nomes dos clérigos portugueses que haviam desertado para o inimigo durante a invasão da Paraíba. O documento data de dez anos após a conquista da Bahia, mas ainda assim permite que conheçamos, nessas circunstâncias, algumas das atitudes tomadas pela população em geral. Oitenta pessoas são denunciadas nesse documento, oito das quais eram membros do clero católico, 48 cristãos-velhos e 24 cristãos-novos.

Analisando objetivamente tais documentos, notamos claramente que cristãos-velhos, o clero católico e alguns cristãos-novos apoiaram os invasores holandeses. A ênfase dada pelos contemporâneos à cooperação dos cristãos-novos com os holandeses foi resultado do preconceito, na época fortemente enraizado, contra os judeus que, como dissemos, transferiu-se para os conversos.

Na inquirição de 1625, realizada por Manoel Temudo, os cristãos-novos mencionados como amigos e simpatizantes à causa holandesa são todos homens que viviam há muito tempo na Bahia, alguns nascidos na capitania, completamente integrados na vida regional. Não constituíam os chamados homens de "ida e vinda" que, continuamente, viajavam da Colônia para Portugal e vice-versa. Eram homens que participavam ativamente das atividades administrativas da cidade e tinham com a Colônia laços afetivos. Há um fator que devemos manter em mente quando estudamos as ações dos colonizadores portugueses no Brasil durante o segundo século de sua história. A consciência de uma "nação" brasileira ainda não se havia cristalizado, nem havia um conceito de pátria entre os brasileiros. Podemos encontrar um sentimento regional, uma consciência regional, mas não uma consciência complexa de identidade nacional. Uma série de fatores deve ser mencionada para que possamos compreender o significado de "colaboração" no que tange à invasão holandesa. Não podemos, por exemplo, falar em "colaboração" no sentido moderno da palavra. A participação, tanto no que diz respeito aos holandeses como aos portugueses, implicava principalmente interesses econômicos. O padrão geral dos comportamentos muda de acordo com a direção dos acontecimentos. Não existe um mesmo padrão de comportamento, homogêneo e deliberado, do começo ao fim. Um dos exemplos mais marcantes que temos é o do português João Fernandes Vieira, louvado como um dos principais combatentes e heróis da guerra contra os holandeses, mas que no início da invasão havia colaborado com eles. O mesmo aconteceu com o frade Manoel Calado, de Salvador, autor do célebre *O Valeroso Lucideno*, e com muitos outros. Por outro lado, o padre Manoel de Morais, pertencente à Companhia de Jesus, lutou contra os holandeses no começo da invasão e, em um estágio posterior, apoiou entusiasticamente o inimigo. As massas populares não tinham claras noções sobre os verdadeiros interesses que estavam em jogo, e somente mais tarde, com o avançar dos acontecimentos, alcançaram o sentido vago de nação brasileira.

O comportamento dos cristãos-novos não foi, em relação à guerra com os holandeses, diferente dos cristãos-velhos, pois ambos lutaram para preservar seus interesses. Da mesma maneira que os cristãos-velhos, os cristãos-novos penderam ora para um lado ora para outro. O fator religioso não foi preponderante em nenhum dos grupos, e sua influência nas massas populares da Bahia deve ter sido bem menos importante do que o apontado por alguns historiadores. Ambas as posições têm sido gravemente distorcidas: de um lado, o "ideal cristão" dos combatentes e, e outro, o "desejo de retornar para o seio do judaísmo" dos cristãos-novos. Quando foi oferecida aos cristãos-novos a oportunidade de viver no território ocupado pelos holandeses – isto é, em territórios onde teriam liberdade religiosa para viver o judaísmo –, muitos cristãos-novos não aceitaram. Houve aqueles que, após terem vivido na comunidade judaica de Amsterdã, quiseram voltar a viver em Portugal ou nas colônias portuguesas. Por mais estranha que possa parecer essa preferência, podemos compreendê-la, se levarmos em consideração a espécie de "mundo" no qual o cristão-novo havia se criado, não se assumindo como cristão, mas como "cristão-novo". Somente compreendendo essa nova identidade, que muitos convertidos assumiram ao longo dos séculos, podemos entender a sua participação na defesa do território brasileiro contra os holandeses, prestando ajuda financeira, auxiliando no planejamento e com esforços humanos, como comprovam numerosos documentos.

Em julho de 1619, alguns anos antes da invasão holandesa da Bahia, os senhores de engenho, mercadores e agricultores concordaram em pagar – durante o período de seis anos – um imposto sobre cada caixa de açúcar que era exportada para a Metrópole. A quantia arrecadada seria utilizada para o sustento de soldados – a tripulação de quatro navios e galeões da armada real que o rei português havia ordenado que permanecesse na costa baiana para garantir a segurança do Brasil. Esse pacto foi assinado por 65 súditos, dezesseis dos quais eram cristãos-novos, e entre estes havia dois conhecidos cristãos-novos que ocupavam posições importantes na sociedade baiana: Matheus Lopes Franco e Diogo Lopes Ulhoa. Matheus assinou o tratado em julho, e em dezembro foi preso sob a acusação de ser "judaizante", e levado ao tribunal inquisitorial em Lisboa. Ali, foi condenado à morte, porém essa sentença foi depois comutada. Voltou para o Brasil tão logo foi libertado e, ao chegar à Bahia, adquiriu grandes extensões de terra e tornou-se proprietário de um engenho e de navios que transportavam seus produtos para Portugal.

Diogo Lopes Ulhoa pertencia a uma família estabelecida na Bahia há gerações. Era conselheiro do governador Diogo Luís de Oliveira e, na Colônia, alcunhado de conde-duque. Como senhor de engenho, terras e escravos, participou de importantes decisões sobre a construção de fortalezas para reforçar a defesa de sua terra natal. Por seus serviços, foi gratificado pelo governador com 24 peças de índios. Era um homem de grande prestígio e ocupava postos importantes, como mordomo e oficial da Fraternidade do Espírito Santo. Mais tarde, durante o governo de António Teles da Silva, ajudou na construção de trincheiras e fortes na Bahia. Quando o governador, em 1646, ordenou uma reunião dos mais importantes homens da cidade – almotacéis, juízes, procuradores, entre os quais o reitor da Companhia de Jesus – para decidir questões relativas à manufatura e venda de produtos para financiar a guerra contra os holandeses, encontramos os nomes de Diogo Lopes Ulhoa e de Diogo da Serra como membros desse seleto grupo de conselheiros do governador.

Em 1638, o holandês Maurício de Nassau atacou o Recôncavo baiano, perto da cidade de Salvador. Depois que as tropas locais se dispersaram, o povo da Bahia reuniu-se no engenho do cristão-novo Diogo Moniz Teles e tocou os sinos em protesto contra aqueles que fugiram do inimigo. Diogo Moniz Teles era filho do almotacel da Câmara, Henrique Moniz Teles, de antiga família cristã-nova baiana, descendente da família Antunes. Sua avó, acusada de ser judaizante, foi levada para a Inquisição de Lisboa quando já estava em idade avançada, morreu nos cárceres e foi queimada em efígie. Diogo Moniz nasceu na Bahia e era cavaleiro da Ordem de Cristo, senhor de um engenho em Itaparica e juiz da Câmara durante muitos anos. No final do século XVII, ainda encontramos membros dessa família ocupando importantes posições militares e políticas.

No mesmo ano de 1638, uma frota foi enviada junto com dom Fernão de Mascarenhas, conde da Torre, para Pernambuco, e seguiu diretamente para a Bahia. A situação parecia crítica para os portugueses, que esperavam reforços da Metrópole, que não chegavam. Na Bahia, o conde pediu que o povo, voluntariamente, auxiliasse a frota para que não se perdesse o território, e cinco homens de confiança foram escolhidos a fim de montar um comitê encarregado das doações. Dois deles eram cristãos-novos: Diogo Lopes Ulhoa e Matheus Lopes Franco. No mesmo ano, face às ameaças, o governador pediu que os mais ricos senhores de engenho e agricultores construíssem seus navios com seus recursos próprios para socorrer os engenhos da região do Recôncavo, pois a Coroa portuguesa não tinha condições de fornecer a ajuda necessária. No caso de um ataque do inimigo, os senhores de engenho deveriam navegar em direção da cidade sitiada, com seus escravos e remadores. Vários cristãos-novos estavam entre aqueles que imediatamente concordaram com o pedido do governador, além dos já conhecidos Matheus Lopes

Franco e Diogo Lopes Ulhoa, como Domingos Alvarez de Serpa, António Dias de Morais, Diogo Correa de Sande, entre outros. Cristãos-novos que viviam na Bahia participaram de um plano para ajudar a capitania de Pernambuco em 1633: Aires da Veiga, Rui de Carvalho Pinheiro, Afonso Rodrigues, João Saraiva. No dia 10 de dezembro de 1631, em uma reunião dos membros da Câmara, e na presença de almotacéis, procuradores e homens muito ricos, todos votaram no pedido do governador para um aumento no preço do vinho leiloado, cujos lucros seriam utilizados para fortalecer as defesas da cidade e o sustento daqueles que estavam na guerra. Entre as assinaturas dos presentes, encontramos cristãos-novos como Jorge Lopes da Costa, que era procurador da Câmara; Gonçalo Homem de Almeida, advogado; Vicente Roiz de Souza; Luiz Vaz de Paiva etc. Uma personalidade conhecida na Bahia, António Mendes de Oliveira, cristão-novo, tesoureiro das rendas reais do Estado do Brasil em 1632, foi indicado, em 1640, para arrecadar fundos para o navio Bigonha através de um imposto especial. Era considerada pessoa "confiável", que cuidaria de tão importante missão, pois se precisava de "alguém de alto prestígio e honra".

Em 1638, foi arrecadada uma certa quantia de dinheiro entre os homens mais ricos e de maior prestígio na Bahia. Havia notícias de uma invasão iminente dos holandeses, que com uma grande frota haviam chegado à cidade. Se da soma arrecadada de 6.707$840 deduzirmos a contribuição feita pelo clero, que contribuía como grupo, assim como as quantias especiais e as bulas papais, a soma importaria em 3.577$100, dada por 178 pessoas. Entre elas, podemos identificar 27 cristãos-novos, isto é, 15% das pessoas, que contribuíram com 613$100, ou 16% da quantia. Em 24 de outubro de 1639, quando fundos foram arrecadados de doações para juntar-se aos impostos especiais, encontramos registros das contribuições feitas por 104 pessoas, 23 das quais são identificáveis como cristãos-novos, isto é 22%. Examinando o livro-registro das contribuições em dinheiro feitas pelo povo da Bahia, de acordo com decreto da Câmara de 31 de agosto de 1644, podemos ver que um total de 411 pessoas contribuíram, das quais 39 eram cristãos-novos, isto é, 9,5%. A soma arrecadada foi de 375$660 e a parte dos cristãos-novos chegava a 62$580, o que significa 17%. A média geral de contribuições foi de 1$600, o que indica que provavelmente tinham um melhor padrão de vida que a média.

Outros dados podem ser obtidos no mesmo livro: onze dos contribuintes fizeram doações generosas (mais de 4$000), e desses, cinco eram cristãos-novos. Em outras palavras, cerca de 50% das maiores contribuições foram feitas por cristãos-novos. Bem depois de os portugueses terem reconquistado o território dos holandeses, Manoel Vaz de Gusmão, Álvaro Rodrigues de Menezes, Bento da Silva Bravo, Simão Lopes de Azevedo, o capitão Nicolau Botelho, Pero Garcia de Araújo – todos habitantes da Bahia há muito tempo – continuaram a chefiar os planos de defesa para ajudar no sustento da infantaria assim como dos soldados, e para vigiar e fortalecer a entrada do porto.

Toda uma historiografia foi escrita sem a devida pesquisa dos registros históricos, baseada em estereótipos, preconceitos profundamente enraizados e dirigidos contra os judeus. Historiadores procuraram acrescentar evidências à alegada aliança entre os cristãos-novos e os invasores holandeses, como a formação de um grupo para implementar a ocupação política e econômica do território brasileiro pelos holandeses. Vários autores modernos não hesitaram em proclamar que a captura da Bahia pelos holandeses foi obra da traição dos cristãos-novos.

Nossa pesquisa nos mostra que:

Em primeiro lugar – na Bahia, durante a invasão holandesa, cristãos-novos, assim como cristãos-velhos, aliaram-se aos holandeses.

Em segundo lugar – os cristãos-novos que viveram na Bahia eram, do ponto de vista cultural, diferentes daqueles que viviam na fé judaica na Holanda, ou dos que aderiram à comunidade judaica de Recife durante o período da ocupação holandesa.

Em terceiro lugar – cristãos-novos, assim como cristãos-velhos, que apoiaram a causa holandesa, ou a causa portuguesa, o fizeram não por razões políticas ou religiosas, mas por razões econômicas.

Em quarto lugar – cristãos-novos que viviam na Bahia, capital do Brasil, tomaram parte na defesa do território brasileiro durante todo o período em que houve ameaça holandesa.

Essas conclusões nos mostram que cristãos-novos que viviam na Bahia foram, assim como em outros períodos da história, usados como "bodes expiatórios", sendo descarregada sobre eles toda a responsabilidade pela derrota militar e fraca resistência dos portugueses contra os invasores ou por sua incompetência contra o inimigo estrangeiro.

A historiografia tradicional sobre os cristãos-novos (ou marranos) deve ser totalmente revisada e não deve ser usada como fonte histórica confiável, sendo necessário um estudo abrangente dos manuscritos recentemente encontrados nos arquivos portugueses.

Ainda assim, sem levar em consideração quão indispensáveis e importantes sejam esses documentos – livros, cartas, denúncias, inquirições, confissões – como fonte de informação sobre o assunto, somente podem ser considerados confiáveis se comparados com outros registros do mesmo período espalhados em numerosos arquivos brasileiros.

19. Gente das Bandas do Sul

Uma questão que ainda permanece sem resposta em nossa história colonial é o motivo de a Inquisição não ter instituído um tribunal no Brasil, na maneira com que o fez nos territórios vizinhos aos nossos e em outras possessões portuguesas.

Os documentos que encontramos em recente pesquisa realizada nos arquivos portugueses provam que houve uma constante e ininterrupta vigilância do Santo Ofício sobre a colônia lusitana. Foram feitos diversos tipos de "visitas" ao Brasil, em número muito maior do que se supunha até hoje, nomeadas comissões e enviados emissários especiais, realizados autos de inquirições e devassas.

Os inquisidores sabiam muito bem o quanto blasfemavam e pecavam os moradores dessas regiões, e conheciam o número elevado de "gente da nação hebreia" que aqui continuava a praticar algumas tradições herdadas de seus antepassados. E também não eram tão poucos os hereges protestantes. Os altos dignatários do Santo Ofício possuíam em seu poder longas listas com os nomes dos suspeitos, que teriam levado grandes lucros aos seus cofres se tivessem podido capturá-los todos. Daqui seguiam cartas e mais cartas dos representantes do clero, alarmando as autoridades do reino para a devassidão que reinava nesse

Estado. E chegou-se à conclusão, tanto da parte da Coroa como da parte do Santo Ofício, que era imprescindível e urgente a instalação de um tribunal nas terras do Brasil.

Em 21 de julho de 1621, o rei Filipe IV enviou ao bispo inquisidor de Lisboa, dom Fernão Martins Mascarenhas, uma carta na qual recomenda que, devido à "qualidade" da gente que vive naquele Estado, "conviria introduzir no Brasil ministros do Santo Ofício que assistam naquele Estado de continuo e quais serão bastantes".

Duas semanas depois, em 6 de agosto, a carta foi lida pelo bispo inquisidor-geral perante o conselho e louvou-se o zelo de sua majestade em manter a pureza da santa fé católica. Concorda o conselho que a cidade de São Salvador da Bahia devia ter tribunal e "sem despesa de sua fazenda, preso destas partes pode dar muyto de sy, e acudir a todas despesas que se fizerem".

No ano de 1671, cinquenta anos mais tarde, ainda nada fora resolvido e, em 28 de julho, o Conselho Geral, referindo-se à carta a Felipe IV, examinando uma ordem do rei, e divulgando a carta acima referida, pede novamente que disso se tratasse pois, são suas expressões, revelou-se também um certo tipo de comportamento independente, rebelde e irreverente e, sob alguns aspectos, original.

Livres da asfixiante atmosfera em que os mantinham no reino os representantes do Santo Ofício, os homens que durante os primeiros séculos povoaram a nossa terra traziam, como herança cultural, um certo feitio particularista e independente, fruto da longa, riquíssima e paradoxal cultura peninsular, que possibilitava os primeiros passos para um rompimento com o dogmatismo com que o Santo Ofício vinha impondo suas ideias ao povo português.

No que concerne às razões da não implantação do Tribunal da Inquisição no Brasil, será que não devemos buscá-las na mentalidade que se desenvolveu nos habitantes da Colônia, na predisposição criada entre a gente e na qualidade própria que ela adquiriu?

Analisando a vasta documentação pertencente ao extinto cartório geral do Santo Ofício e das Inquisições, no que diz respeito à expressão popular, e examinando, até onde possível, as manifestações de determinados membros do clero, já então bastante esclarecido, ou as confissões dos réus, ou o número de condenados por fautoria, ou as críticas feitas a portas fechadas, na intimidade, ou o pensamento de certa intelectualidade portuguesa, chegamos à conclusão, talvez diferente de muitos autores, de que os portugueses residentes no Brasil odiavam a Inquisição. E somente através da implantação do terror, a sua organização quase perfeita conseguiu sobreviver na Colônia perto de três séculos.

No reino, a máquina inquisitorial era tão poderosa, e estava de tal maneira enraizada na política estatal, que pueril seria voltar-se contra ela. Isso, no entanto, não deve fazer-nos pensar que não houve luta. Ela se manifestou nas mais diversas camadas da população portuguesa, principalmente na Colônia, onde as condições eram diversas e favoreciam a resistência.

Encontramos um exemplo significativo mencionado numa carta que o vigário da sé da Bahia escreve aos senhores inquisidores de Lisboa sobre os resultados obtidos da "diligência" que fez na cidade de São Salvador da Bahia de Todos os Santos, por ordem do Santo Ofício, no ano de 1646. Nessa carta, escreve o vigário, a população é obrigada, pelas autoridades, a se apresentar perante o encarregado da visitação, que nesse caso era o padre Manuel Fernandes, em substituição ao provincial da Companhia de Jesus do Estado do Brasil, padre Francisco Carneiro, que se encontrava ausente da cidade.

Contudo, o tribunal nunca foi instalado no Brasil.

Não cremos que o motivo devesse ser procurado unicamente na vontade e decisão da Coroa ou da Inquisição, pois esta, segundo alguns autores, conhecia o risco de eliminação do elemento cristão-novo, importante para o desenvolvimento e riqueza da colônia portuguesa. Fosse apenas essa a razão, e dependesse apenas de sua vontade e deliberação, a solução, pelo menos em torno da década de 1640, teria talvez sido a implantação do tribunal. Pois sabemos que nesse tempo, aliado aos Habsburgos, o Santo Ofício nutria pelo representante da casa de Bragança muito pouca simpatia, tomando mesmo, no reino, medidas francamente de luta contra o defensor do trono português.

Não nos parece, portanto, lógico que, conhecendo o relevante papel econômico dos cristãos-novos na Colônia para a manutenção de Portugal como nação independente, os inquisidores, por essa razão, abrandassem aqui no Brasil os seus meios de ação. Podendo enfraquecer Portugal, o teriam feito certamente, com todos os meios de que dispunham. Não foi outra a razão que os fez matar o cônsul de dom João IV, o marquês Manoel Fernandes Vila Real, e prender o banqueiro Duarte da Silva, que mantinha importantes negócios com o Brasil por intermédio de seu genro aqui residente, Jorge Dias Brandão.

Ao procurarmos as razões de não se haver instalado um Tribunal da Inquisição no Brasil, não devemos esquecer as condições mesmas com que o Santo Ofício teve de se deparar na colônia lusitana, e a disposição que se criou entre a gente que aqui vivia. Poderiam talvez tê-lo feito, em meados de nosso primeiro século de existência, mas o então estado de desenvolvimento da Colônia ainda não justificava tal dispêndio de dinheiro e gente. Quando a riqueza brasileira chegou aos ouvidos europeus e a prosperidade de seus moradores justificava a implantação de um tribunal, permitindo-lhe auferir os lucros costumeiros que lhe forneciam os confiscos, já decorrera quase um século e havia outros problemas a enfrentar.

Mesmo que, em meados do século XVII, não possamos nos referir à população brasileira em termos de "nação brasileira" no sentido que o termo implica, ou que não possamos encarar a proteção ao território como atitudes conscientes, políticas e maduras, de defesa de uma "pátria", pois esse sentido consolidou-se apenas com o correr do tempo, já encontramos manifestações entre os brasileiros, que revelam um certo sentimento pela terra.

Na diligência de 1646, são inqueridas 120 testemunhas e denunciadas como blasfêmios, hereges, somíticos e judaizantes. Muitas pessoas chamadas para virem denunciar recusaram-se a fazê-lo. Somente o fizeram quando o governador António Teles da Silva, obrigado a tomar medidas drásticas a respeito, mandou um policial de sua guarda acompanhar cada denunciante. Ou seja, foram, mas à força. Caso contrário, a gente da Bahia recusava-se a testemunhar sobre os pecados de seus concidadãos.

No entanto, o mais interessante se passou nas "bandas do Sul".

Em uma carta enviada pelo prelado administrador da jurisdição do Rio de Janeiro e das capitanias do Sul, António de Mariz Loureiro, aos senhores inquisidores de Lisboa, datada de

1º de julho de 1646, queixava-se ele da gente dessas capitanias que "a hu inquisidor q aqui apedrejarão e lhe não valeo a acolherse a hua iga com ho Christo nas maos tais são os moradores destas capitanias e outros motins a q estamos sogeitos". Que inquisidor foi esse que chegou às capitanias do Sul? O documento que examinamos não explica.

No mesmo tom fala o padre Simão de Vasconcelos, reitor da Companhia de Jesus, da cidade de São Sebastião do Rio de Janeiro, escrevendo aos mesmos inquisidores em 21 de julho de 1646. Acusando o administrador do Rio de Janeiro de ter prendido o vigário da vila de São Paulo, Francisco Pais Ferreira, e lhe confiscado os bens em nome do Santo Ofício, sem ter autorização para fazê-lo, o reitor do colégio defendeu sua atitude, dizendo que o prelado administrador do Rio de Janeiro "foi forçado ao fazer assi, levado do medo q teve q os moradores de Sain Paolo como tam revoltosos, e q com o dito Prelado teverão tantos excessos, como he notorio, lhe tirassem o preso das mãos".

Quando arguidas as testemunhas sobre a questão do prelado administrador, uma delas, Duarte Correia Vasqueanes, governador da capitania do Rio de Janeiro, fidalgo da casa do rei e cavaleiro do hábito de Cristo, também justifica a violência empregada por Loureiro "por razão de os moradores daquela capitania serem pouco tementes às Justiças".

Ainda outras informações semelhantes, que colhemos em documentos nos arquivos portugueses, nos auxiliam a conhecer melhor a gente que habitava as terras brasileiras durante os nossos primeiros séculos. E já percebemos nela a formação de características de uma qualidade própria que, se inegavelmente continuou ligada às suas origens, manifestou-se igualmente com um comportamento, em muitos aspectos, *sui generis*.

20. Novos Elementos Para a História de São Paulo

Investigações realizadas nas últimas décadas sobre os conversos e a Inquisição na América acrescentaram dois novos elementos para a compreensão da guerra que os portugueses de São Paulo, chamados bandeirantes, travaram contra as reduções jesuíticas no Uruguai e na bacia do Prata.

O primeiro diz respeito à origem judaica dos bandeirantes paulistas; o segundo, ao envolvimento do Tribunal da Inquisição de Lima, no Peru, no conflito dos padres da Companhia de Jesus com os paulistas. À medida que os jesuítas evangelizavam os índios e erguiam aldeias, as reduções se alastravam, ocupando extensas áreas que os bandeirantes atacavam, segundo os historiadores, fundamentalmente em busca de índios para suprir suas parcas economias. Depois de 1628, os ataques dos bandeirantes aos aldeamentos jesuíticos se intensificaram. Os famosos bandeirantes Antônio Raposo Tavares, Pedro Vaz de Barros, ambos conversos, e outros destruíram inúmeras reduções de Guairá, Vila Rica, Vila Real, Xerex, e aprisionaram os índios, expulsando os jesuítas do Paraná. Apossaram-se da terra, que foi incorporada ao Brasil, estendendo-se a conquista até a região do Itati, chefiada por André Fernandes, também converso. Foi conquistada a região do Tape e do Uruguai, onde os paulistas se apoderaram de todas as reduções.

O velho antagonismo político entre Espanha e Portugal foi transferido para a América, onde se agravou, acrescido de causas locais. A Inquisição de Lima desfechou-lhes forte golpe, torturando e enviando para a fogueira centenas de portugueses suspeitos de judaísmo. Durante os anos de luta pela independência de Portugal, os portugueses eram vistos como traidores em potencial, que tramavam a sua separação da Espanha. O padre Antonio Ruiz de Montoya, procurador das províncias do Paraguai, repetia sempre que todos os portugueses eram judeus, e foi de Buenos Aires para Madri, a fim de denunciar os hereges e os bandeirantes.

Nas divergências políticas existentes entre Espanha e Portugal, a Companhia de Jesus teve, na América espanhola, uma função política decisiva, muito mais significativa do que na América portuguesa. Durante os sessenta anos de regime filipino, as desconfianças entre Espanha e Portugal foram recíprocas. Quando o padre Montoya foi nomeado superior das missões, em 1620, escreveu uma carta denunciando os bandeirantes, afirmando que queriam abrir caminho para a vila de Potosi e limitar as reduções com a finalidade de poder passar livremente para o Peru.

Os portugueses, durante os anos da União Ibérica, eram considerados "estrangeiros" em terras de Espanha, impedidos de entrar no território espanhol sem licença especial. O antinacionalismo dos portugueses se expressava então como anticastelhano, antijesuítico e antiteocrático.

Quero apresentar alguns resultados e algumas reflexões baseadas em novas investigações sobre a Inquisição, os conversos e a Companhia de Jesus. Primeiro, os jesuítas como principais agentes da Inquisição na América; segundo, o antissemitismo no interior da Companhia de Jesus, principalmente a partir da última década do século XVI; terceiro, a ideologia que motivou a guerra dos portugueses contra as missões; quarto, tendências da historiografia clássica.

No volume I da *História da Inquisição na Espanha e América*, publicado por Joaquim Peres Vilhanueva, o historiador Bartolomeu Escandel Bonet chama a atenção para o fato de que a Inquisição na América é ainda um campo virgem. Pouco realmente se tem pesquisado sobre a ação do Santo Ofício na América espanhola, mas a partir da análise de documentos inquisitoriais, ainda inéditos, pensamos poder preencher algumas lacunas e abrir um novo enfoque para futuras investigações.

Como sabemos, desde a onda de conversões dos judeus ao catolicismo em 1391 e o seu batismo forçado em 1497, em Portugal, a questão judaica não mais abandonou o cenário político da Península Ibérica. A Inquisição estendeu sua fiscalização sobre o Novo Mundo e os conversos, tanto na América lusitana como na espanhola, tornaram-se matéria-prima. A fiscalização era feita tanto por agentes especialmente enviados do reino – os "comissários" ou "familiares do Santo Ofício" – como pelo clero local, liderado pelo bispo. No século XVII, durante a guerra pela Restauração do trono de Bragança, toda a correspondência dos inquisidores para o Brasil sobre a questão das heresias era dirigida diretamente ao provincial da Companhia de Jesus ou, em sua ausência, ao reitor do colégio na Bahia.

A perseguição aos portugueses e espanhóis de origens judaicas representou a continuidade de uma antiga tradição antijudaica da Igreja ibérica, plenamente endossada na época moderna pelo Estado absolutista. A Inquisição funcionou no Novo Mundo como um órgão político nitidamente interessado no usufruto econômico das vítimas adquirido através dos confiscos. O Brasil, objeto específico de minhas pesquisas, nunca teve um tribunal estabelecido oficialmente, como o tiveram Lima, Cartagena e México, mas a Inquisição introduziu em terras lusitanas um sistema de espionagem que atuou com certa eficiência – criou um corpo de agentes nomeados pela Metrópole que foi encarregado de fiscalizar o comportamento da população e da prisão dos suspeitos enviados para os cárceres do tribunal de Lisboa. Nessa fiscalização e perseguição, os irmãos da Companhia de Jesus tiveram um papel fundamental e representaram um braço a serviço da Inquisição portuguesa. Esse fato confunde os historiadores não atentos às contradições da história, pois enquanto em Portugal os irmãos da Companhia de Jesus eram ferozes inimigos dos inquisidores dominicanos e adeptos dos Habsburgos, na América eram seus agentes diretos. Um exemplo muito elucidativo dessa contradição é o jesuíta padre Antônio Vieira, fervoroso adepto do duque de Bragança e infatigável batalhador contra a Inquisição e o antissemitismo. Nas "visitações" que o Santo Ofício enviou ao Brasil em 1591 e em 1618, assim como na "Grande Inquirição" realizada na Bahia em 1646, a mesa inquisitorial, armada para chamar a população para "confessar" e "denunciar" todas as violações religiosas que presenciara ou conhecia de "ouvir dizer", era montada no próprio pátio do colégio. Os reitores serviam como auxiliares dos "visitadores", levando os suspeitos para sua guarda, à espera da chegada das naus que deviam levá-los para os cárceres da Inquisição em Portugal.

Nas regiões mais distantes, aonde não chegavam os agentes da Inquisição, os inquisidores, na ausência dos administradores eclesiásticos, encarregavam os reitores dos colégios de promover as diligências. Os jesuítas também eram, muitas vezes, incumbidos de fazer as inquirições sobre as "origens" dos suspeitos, isto é, sobre a "pureza de sangue" dos habitantes, sobre as quais os inquisidores queriam esclarecimentos. O jesuíta padre Estevão Gandolfi foi um dos encarregados dessa fiscalização, que atingiu os brasileiros até a quinta geração.

No início da formação da Companhia de Jesus, Inácio de Loyola admitia a entrada dos conversos na ordem, sendo dois de seus secretários, Diogo Lainez e João Afonso Polanco, de origem conversa. O número de admitidos no primeiro século foi, ao que parece, extremamente alto, apesar de o antissemitismo já se mostrar flagrante entre alguns irmãos, como comprova uma carta enviada em 1577 pelo padre Geral Mercuriano ao padre José de Anchieta, apóstolo de São Paulo e um dos seus fundadores, pedindo-lhe que não admitisse "tal sorte de pessoas" (conversas) na Companhia de Jesus, não obstante o próprio Anchieta ser de origem judaica. No século XVII, apesar das divergências sobre a admissão de conversos na Companhia de Jesus, o antissemitismo foi plenamente endossado pela maioria de seus membros. O racismo e a xenofobia foram finalmente incorporados ao regimento, e a discriminação contra os judeus e os conversos vigorou até o século XX.

Na América, o antissemitismo jesuítico esteve ligado a interesses políticos e econômicos e adquiriu proporções consideráveis durante os sangrentos conflitos, registrados nas "cartas ânuas", entre os jesuítas e os bandeirantes paulistas que os irmãos enviavam das missões para a Espanha. Nessas cartas, o antissemitismo textualmente se manifesta. Os paulistas eram designados com os mais injuriosos nomes e claramente apontados como "judeus encobertos" e "falsos cristãos". Religião e interesses materiais se mesclam então indistintamente. Até há alguns anos não conhecíamos a origem dos ancestrais dos portugueses que guerrearam contra as reduções jesuíticas. Pesquisas recentes, efetuadas no arquivo da Inquisição portuguesa, oferecem-nos algumas hipóteses interessantes e confirmam que os jesuítas tinham plena noção de quem eram os bandeirantes, suas origens e crenças. A confirmação da origem judaica dos portugueses residentes em São Paulo contribui para a compreensão do acirrado ódio que nutriam contra os jesuítas e muda radicalmente o cenário colonial. Alguns aspectos do quadro da guerra contra as missões criam um significado diferente do que lhe foi conferido até o presente.

O antissemitismo dos irmãos da Companhia de Jesus na América vem amplamente registrado na documentação jesuítica – tanto nos termos ofensivos com que se referiam aos judeus como no seu envolvimento com a Inquisição de Lima, voltada para a perseguição aos conversos.

Ao denunciarem aos seus superiores os "crimes" dos bandeirantes no Brasil, os jesuítas não deixavam de lembrar que "eram cristãos e agiam como judeus" e que estavam todos "infeccionados de judaísmo".

Os jesuítas das missões estavam ligados com a Inquisição de Lima, eram seus homens de confiança e encarregados pelos inquisidores limenhos de fiscalizar, perseguir e excomungar os hereges "conversos". Um exemplo bastante elucidativo da relação dos jesuítas com a Inquisição é o caso do superior das reduções, Diogo de Alfaro, nomeado comissário do Santo Ofício da Inquisição de Lima e incumbido de encontrar os hereges, puni-los e excomungá-los. Os bandeirantes o mataram.

A partir do conhecimento da origem judaica dos bandeirantes, entra no conflito um novo componente – a Inquisição. As tradicionais interpretações sobre as origens econômicas da guerra das missões deixam de ser exclusivas para dar lugar a dois fatores que me parecem igualmente decisivos: a ideologia anticatólica dos bandeirantes e o antissemitismo dos jesuítas.

VIVER NOS TEMPOS DA INQUISIÇÃO

A guerra sangrenta que se travou entre os bandeirantes paulistas e os jesuítas das reduções deve ser ainda analisada sob dois ângulos: o econômico e o ideológico. De um lado, a obra colonizadora, realizada pelos jesuítas, tinha um caráter temporal, pois a Companhia de Jesus era uma empresa mercantil. De outro lado, o índio e o seu comércio garantiam aos moradores da nascente Piratininga uma subsistência básica, mesmo que não explique totalmente o furor, o ódio e a violência com que os paulistas se atiravam sobre as reduções, destruindo e saqueando as igrejas. A razão que deve ser buscada para isso é a resposta dada pelos conversos à desumanidade, ao racismo, à discriminação com que a Igreja, por meio do Tribunal da Inquisição, tratava os descendentes de judeus. Foi a resposta a um longo movimento antissemita que se estendia desde a criação do tribunal na Espanha e Portugal, em 1478 e 1536, respectivamente.

Para o entendimento do conflito entre bandeirantes e jesuítas deve-se considerar, além dos interesses materiais e antagonismos religiosos, uma outra questão: o confronto de duas mentalidades essencialmente antagônicas, a dos jesuítas – conservadora, elitista e descrente – e a dos bandeirantes – aventureira, livre e descrente –, uma representando os interesses territoriais e econômicos dos reis da Espanha, outra reivindicando autonomia territorial e liberdade religiosa. No confronto com os jesuítas em Guairá, Itati, Tape, Paraná e outras reduções, os portugueses se levantaram contra o opressor, pois os jesuítas estavam ligados à Inquisição de Lima. Quando os bandeirantes mataram o comissário da Inquisição, Diogo de Alfaro, o cabildo de Assunção, indignado, escreve ao vice-rei do Peru sobre o crime dos portugueses, que impiedosamente assassinaram o comissário da Inquisição, e pede ao governador do Paraguai que castigue os criminosos. A atitude dos bandeirantes levantou uma onda de protestos a ponto de o procurador-geral da Companhia de Jesus das províncias escrever ao rei da Espanha, Filipe IV, também rogando por justiça e remédio contra "los crímines de los portugueses en Brasil", todos "infeccionados de judaísmo". Os brasileiros sabiam que os jesuítas defendiam os estatutos de pureza de sangue que lhes negavam direitos iguais. As palavras do brasileiro Francisco de Melo sobre a mania de nobreza dos espanhóis revelam a ironia e o deboche com que os conversos encaravam a fobia espanhola de linhagem: "em matéria de nobreza", diz Melo, "poderia por-me corpo a corpo com Deus e o padre Eterno".

A irreligiosidade e a iconoclastia dos bandeirantes escandalizavam os padres que os denunciavam, alegando que colocavam estampas com imagens de Nossa Senhora, São João e padre Inácio na sola de seus sapatos. Entender a mentalidade dos paulistas, nos primórdios da cidade de São Paulo, implica o conhecimento de "quem eram" e de "onde provinham".

Apesar das raras fontes que temos sobre suas vidas no interior de suas casas e sobre suas ideias, alguns fatos podem explicar suas diferentes atitudes durante o conflito, como, por exemplo, sua incredulidade, sua aversão à Igreja, às imagens, aos padres e à confissão. Do ponto de vista político, os bandeirantes eram acusados de favorecer a Restauração da casa de Bragança e a independência de Portugal, mas os jesuítas ressaltavam que não eram fiéis ao rei de Portugal, pois consideravam a terra de São Paulo "como sua", com um rei próprio que seria dom António, prior de Crato, concorrente ao trono de Portugal e representando a facção oposta de dom João IV.

Aventureiros e intrépidos bandeirantes conversos trouxeram consigo um amor à liberdade e constituíram os primeiros troncos das famílias paulistas. É provável que alguns aportaram nas capitanias do Sul, fugindo das perseguições na pátria. No Brasil, formaram verdadeiros clãs familiares, apoiados na solidariedade e no segredo. Mantiveram, como muitos conversos, a endogamia, e organizaram suas entradas pelo sertão com a participação de pais, filhos, tios, sobrinhos. O espírito de cooperação que havia entre os membros da comunidade conversa criou, no início, um ambiente de democracia, sem distinção de classe. A elitização dos dominantes da sociedade paulista se processou gradativamente, até que com o decorrer dos séculos, constituindo as camadas dominantes da sociedade, passaram, eles mesmos, a discriminar.

A vinculação dos conversos com seu passado judaico transparece claramente em seus diversos momentos, como por exemplo, quando o padre António Rodrigues, superior de todas as missões de Guairá, saindo ao encontro de uma capitania de portugueses, pediu-lhes que fossem embora em nome de Deus e sua majestade, ao que os paulistas responderam que não "reconheciam sua majestade por seu rei, que eles o tinham no Brasil", e notou o padre que "traziam armas particulares que não eram de sua majestade".

Sem dúvida nenhuma, o mais representativo dos conversos foi o bandeirante Antônio Raposo Tavares, revolucionário, rebelde, violento, batalhador contra a teocracia jesuítica. As pesquisas realizadas sobre sua genealogia, por José Gonçalves Salvador, trazem surpreendentes dados sobre sua origem e permitem reconstruir alguns quadros de sua vida. A declaração de judaísmo de Antônio Raposo Tavares vem expressa numa frase que pronunciou quando, sendo questionado por um jesuíta sobre a autoridade moral dos paulistas em guerreá-los, respondeu que era com a autoridade "que Deus lhes dava nos livros de Moisés".

Jaime Cortesão ressalta o espírito revolucionário de Antônio Raposo Tavares, que defendia a supremacia da jurisdição civil sobre a eclesiástica, a soberania nacional como superior a qualquer hierarquia religiosa.

Iconoclasta, era acusado, com outros bandeirantes, de ser "homem sem rei, sem lei, e sem Deus". Quando Jaime Cortesão escreveu a magnífica biografia de Antônio Raposo Tavares, não tinha conhecimento da origem judaica de sua personagem. Hoje, com o conhecimento que temos sobre sua origem, podemos entender melhor o que Cortesão chamou de "desmistificação do Universo e da Natureza". Antônio Raposo Tavares enfrentou com seus companheiros a mais prestigiosa ordem de seu tempo – a Companhia de Jesus. Os bandeirantes eram chamados pelos jesuítas de "brutos" que destruíram as reduções para "apoderar-se de los índios despues los venden y los dejan morrir sin extrema unción". Eram acusados dos mais graves delitos, atrocidades e sacrilégios, profanando as coisas sagradas, proferindo blasfêmias, ultrajando e ferindo os religiosos e fazendo-lhes "muy males tratamientos". Os jesuítas, nas "cartas ânuas", especificam os crimes dos bandeirantes e chamam São Paulo de "terra de hereges".

Jaime Cortesão chama a atenção sobre a historiografia clássica, provavelmente influenciada pela literatura jesuítica, que intencionalmente "conspirou" para o silêncio que pairou sobre Antônio Raposo Tavares. Durante séculos, os historiadores silenciaram sobre os seus feitos e sua personalidade, silêncio que foi plenamente endossado pela facção governante. Na destruição das reduções espanholas, Raposo foi a alma da empresa. Ao lado de André Fernandes, também converso, com duzentos brancos e mamelucos e mil índios, destruiu a rede jesuítica espanhola em Itatim.

Antônio Raposo Tavares chegou ao Brasil aos dezoito anos, junto com o pai e um irmão. A madrasta, Maria da Costa, conversa, em cuja casa se criou, era judia fervorosa. Maria da Costa abriu uma nova veia para o conhecimento dos antepassados de Raposo e para a compreensão de sua irreverência religiosa.

Conta o processo de Maria da Costa que ela tentou fugir para o Brasil, onde se encontravam o marido e os enteados, porém foi denunciada e presa. Reduzida à miséria, com duas crianças menores, nunca reviu a família do Brasil.

Antônio Raposo Tavares foi juiz ordinário e depois ouvidor da capitania. Expulsou os jesuítas de Barueri e lutou contra o estreito meio político das classes dominantes da Metrópole, educadas e orientadas pelo espírito da Companhia de Jesus. Em São Paulo, formou um novo conceito de vida, imbuído de liberdade. Os jesuítas tudo fizeram para entregá-lo à Inquisição. Segundo Cortesão, Raposo Tavares foi o descobridor de um continente, pois destruindo as missões do Paraguai, expandiu o Brasil. Situa-se na luta revolucionária, dentro da qual evoluiu e se afirmou o Estado moderno. Sua história, como descendente de conversos, talvez explique sua personalidade e seus valores herdados, que não cabiam na planificação religiosa imposta pela Igreja. Sua vida, sua origem conversa, sua infância em Beja, o destino de sua madrasta, que era prima de sua mãe, até sua aventura nas selvas do Brasil, onde "não ouvia missa, não guardava os dias santos nem os mandamentos da Igreja", foi uma epopeia bem diferente da vida dos conversos no reino ou nos países da dispersão.

Muito se escreve sobre os bandeirantes e a guerra contra as missões jesuíticas, e as teses são as mais controversas. De um lado, temos toda uma corrente historiográfica que se refere aos bandeirantes como "raça de gigantes", exaltando seus bravos feitos, suas personalidades intrépidas e seu papel primordial na expansão e reconhecimento do território nacional. De outro, temos uma demonização, considerando-os desumanos, criminosos e hereges, corrente essa inspirada nas fontes jesuíticas. Jaime Cortesão, historiador português, nos apresenta uma cuidadosa análise crítica sobre as fontes, o conflito bandeirante e a personalidade de Antônio Raposo Tavares. Em primeiro lugar, procurou destruir certos mitos até hoje aceitos pela historiografia clássica, afirmando que não há provas dos crimes de que foram acusados os bandeirantes. Toda a luta dos jesuítas com os paulistas vem amplamente documentada nas cartas que anualmente os irmãos da Companhia de Jesus enviavam para o reino, nas quais transparece, sem nenhum subterfúgio, a identificação dos paulistas com judeus e infiéis. As acusações contra os invasores das reduções, de "cometer graves delitos, atrocidades e sacrilégios, profanando as coisas sagradas, proferindo blasfêmias e ferindo os religiosos", enchem as missivas jesuíticas. O padre Francisco Crespo resume, com a seguinte frase, o quadro paulista: "os portugueses de São Paulo, uns são judeus, outros são hereges".

Segundo Cortesão, os fatos que constam na documentação jesuítica são deformados. As "cartas ânuas" estão cheias de "milagres" e interpretações sobrenaturais. Uma das personagens centrais nessa trama é o padre António Ruiz de Montoya que, junto com seus companheiros, estava constantemente em combate com o demônio e demais espíritos, e todos os dias anunciava milagres. Uma constatação deve, entretanto, estar presente quando nos referimos à mentalidade dos jesuítas. De forma alguma essa mentalidade era uniforme. Havia dentro da ordem grandes divergências ideológicas, não somente sobre a questão dos judeus, mas também sobre a orientação política da Igreja (Inquisição), sobre a cosmologia etc. Havia jesuítas, como, por exemplo, o padre Antônio Vieira, que encaravam os fenômenos sociais como "naturais". Mesmo para o sonhador e messiânico Vieira, os milagres de Deus se davam no foro íntimo da consciência. Causas geográficas, sociais, políticas aproximavam uns e afastavam outros, e o pensamento dos jesuítas na América, como na Índia e na Europa, esteve longe de ser uniforme.

Dois exemplos podem elucidar as divergentes mentalidades: o padre Antônio Vieira e o padre João António Andreoni, também conhecido como Antonil. Ambos viveram um longo tempo no Brasil e ocuparam posições oficiais. Antônio Vieira, ensaísta e pregador, empenha sua vida e reputação na luta pelo direito dos judeus, escreve em profusão cartas e textos diversos para provar as injustiças praticadas pela Inquisição, que matava inocentes que tinham origem judaica. Denunciava o racismo, a discriminação, os crimes da Inquisição, que matava inocentes para apoderar-se de seus bens.

João António Andreoni, provincial e cronista, traduziu do italiano uma das obras mais antissemitas escrita na época: *La Sinagoga Desenganada*. Ambos eram cristãos, mas de um cristianismo totalmente oposto. Duas versões de mundo irreconciliáveis. Vieira foi um homem aberto para o mundo, para a convivência, o comércio livre, o ecumenismo e a aceitação do "diferente". Antonil, cerrado dentro dos princípios rígidos da Companhia de Jesus, nos *Exércitos Espirituais* dizia: "Devemos siempre tener [...] que lo blanco que yo veo, creer que es negro, si la Iglesia jerárquica así lo determina." Na tradução de *Sinagoga Desenganada*, a inveracidade dos textos jesuíticos dos quais fala Cortesão aparece evidente. No capítulo XVI, parágrafo 153 da tradução portuguesa, o cronista transmite aos brasileiros inverdades chocantes. Afirma que "judeus, se quisessem, podiam não se batizar", quando era amplamente difundido em seu tempo o fenômeno da "conversão forçada" a que os judeus tiveram que se submeter em 1497. Sobre os delitos de que eram acusados os conversos nos autos de fé, diz que são "amplamente provados", quando em numerosos escritos, meio século antes, o padre Vieira já relatara ao papa, em Roma, que dos conversos que saíam nos autos de fé, muitos eram totalmente inocentes do crime de judaísmo de que eram acusados e que, por medo da morte, "confessavam o que nunca tinham feito". Andreoni era um homem muito bem informado e dificilmente ignoraria o fato de judeus não terem abraçado o cristianismo voluntariamente. A sua falsa afirmação, entre outras, de que os judeus poderiam, se quisessem, "não se batizar", confirma serem infidedignas as fontes jesuíticas.

A *Sinagoga Desenganada*, escrita pelo jesuíta Giovanni Pietro Pinamonti, foi reeditada no ano de 1911 – o que a tradição antissemita no interior da ordem não interrompeu. Albert Sicroff, na sua clássica obra sobre os "estatutos de pureza de sangue", mostra que a Companhia de Jesus foi concebida com a colaboração de conversos e que Inácio de Loyola foi claro em sua constatação de que a discriminação baseada na origem provinha da corte e do rei da Espanha. Silíceo, arcebispo de Toledo, travou numerosas controvérsias com a Companhia de Jesus e a pressionou para que excluísse os conversos, mas não obteve sucesso. Foram necessárias longas disputas antes que, em 1592, a Companhia de Jesus, em nome da "reputação" da Ordem, endossasse o racismo das outras ordens religiosas e excluísse definitivamente os conversos, pondo fim ao espírito e à prática de Loyola.

Até hoje, historiadores sobre as missões jesuíticas aceitam sem crítica as fontes epistolares (cartas ânuas), assim como as narrativas sobre o conflito no Paraguai, o que tem levado a conclusões e interpretações errôneas. Uma fonte que pode mostrar as distorções das epístolas jesuíticas é a obra do padre António Ruiz de Montoya, *Conquista Espiritual*, publicada em Madri em 1639. O padre Montoya foi o primeiro jesuíta de Guairá encarregado de defender as reduções e entregar os rebeldes bandeirantes ao Tribunal da Inquisição. O rei Filipe IV, em cédula de 16 de setembro de 1639, explica claramente que as causas relativas aos bandeirantes deviam ser remetidas privativamente ao Tribunal do Santo Ofício. Jaime Cortesão mostra que Montoya escondia a verdade e foi quem arrancou do monarca o decreto contra os bandeirantes. Escondeu fatos capitais, fabricou uma "lenda negra" sobre os bandeirantes, que vem sendo continuamente repetida. O plano político de Montoya era criar um Estado teocrático, autônomo e independente de uma política exterior, enquanto os paulistas "hereges judaizantes" acusavam os jesuítas de se apoderar de uma terra que "não lhes pertencia". Novas perspectivas se abrem para a compreensão das guerras das missões, nas quais devem estar presentes algumas realidades: o antissemitismo, o racismo e a discriminação da Companhia de Jesus, e a origem judaica dos bandeirantes paulistas. A luta dos bandeirantes foi antirreligiosa, antijesuítica e antiteocrática, pois nem no catolicismo nem na Companhia de Jesus havia lugar para os judeus. Os conversos aparecem hoje, numa análise sobre as missões, pela primeira vez. A necessidade de manter secreta sua identidade mascarou, muitas vezes, a realidade colonial. Se os bandeirantes conversos não foram judeus pela religião, o foram pela sua história.

21. A Inquisição na Rota do Ouro[1]

Um dos aspectos menos conhecidos sobre o papel dos judeus na expansão da Europa é o papel representado pelos marranos no Brasil no início da época moderna. Cristãos-novos, descendentes de judeus convertidos ao catolicismo, tentaram aproveitar as oportunidades abertas pelas rotas do Atlântico para o oeste e recomeçar suas vidas – vidas que, em muitos casos, se haviam interrompido pelas perseguições do Santo Ofício da Inquisição em Portugal.

Este ensaio focaliza a região de Minas Gerais durante a primeira metade do século XVIII, período em que a Inquisição lançou seu ataque mais feroz contra os descendentes de judeus. Minha pesquisa baseia-se inteiramente em documentos ainda não publicados, especialmente em 57 processos de prisioneiros de Minas Gerais, penitenciados em Portugal. Essa documentação revela a participação de cristãos-novos nas expedições à procura de ouro, na construção das primeiras vilas, na extração de minérios, nas esferas comerciais, políticas, administrativas e

---

1 A. Novinsky, Marranos e a Inquisição: Sobre a Rota do Ouro em Minas Gerais, em Keila Grinberg (org.), *Os Judeus no Brasil: Inquisição, Imigração e Identidade*, Rio de Janeiro: Civilização Brasileira, 2005, p. 161-195.

230   VIVER NOS TEMPOS DA INQUISIÇÃO

culturais, assim como as perseguições que sofreram num mundo novo, porém moldado sobre velhos preconceitos.

A descoberta de depósitos de ouro na passagem do século XVII para o XVIII produziu uma verdadeira corrida para as minas, tanto de Portugal, onde aldeias inteiras se despovoaram, como de São Paulo, do Rio de Janeiro, da Bahia e de Pernambuco. Aproximadamente trezentos mil portugueses foram para as regiões mineradoras do Brasil no século XVIII, dos quais um número considerável era de cristãos-novos.

Antes de discutir a história dos cristãos-novos na região do ouro, quero voltar-me para algumas considerações gerais concernentes ao papel dos judeus na expansão europeia. Alfredo Margarido, eminente professor da Universidade de Paris, escreveu que se a comunidade judaica não existisse, a expansão europeia teria sido mais lenta e os portugueses não teriam alcançado uma presença mundial[2]. Ensaísta reconhecido por seus estudos sobre a cultura portuguesa, Margarido aponta as técnicas, as experiências e a riqueza dos judeus (ou cristãos-novos) como tendo aberto um caminho bem definido para a expansão europeia, que levou ao alargamento do mundo então conhecido. A dispersão dos judeus portugueses e espanhóis criou uma rede de relações entre regiões distantes do império, o que estimulou o comércio durante uma época em que as comunicações eram extremamente difíceis[3].

A introdução do Tribunal da Inquisição em Portugal foi produto da reação ao desenvolvimento de uma classe média mercantil competitiva, ascendente e com grande mobilidade, que se inseria nas esferas do poder, desafiando a hegemonia política e financeira da aristocracia. O tribunal revestiu-se de um manto de "santidade" e estendeu seu controle sobre todo o império. A religião e todas as suas armadilhas simbólicas serviam a um fim prático: prevenir a ascensão de uma nova classe, com novas exigências e novos valores, que contradizia diretamente as crenças dos grupos conservadores de Portugal. O desejo de se apropriar de bens materiais acumulados pela burguesia mercantil cristã-nova foi também um fator que levou

2   Alfredo Margarido, Le Rôle des juifs dans l'expansion européenne, *Revue de l'Universitat d'Estiu*, Andorre, 1984, p. 218-229.

3   Ibidem.

A INQUISIÇÃO NA ROTA DO OURO   231

a Inquisição para as recém-descobertas regiões produtoras de ouro do Brasil[4].

Jonathan Israel, assim como Alfredo Margarido, também chamou a atenção sobre a importante contribuição judaica para a vida econômica no início da época moderna. A proeminência dos judeus sefarditas na economia mundial, segundo o autor, foi um dos mais remarcáveis fenômenos da história[5]. Espalhados pelos quatro cantos da terra, os judeus sefarditas tiveram um papel central no mercado da Europa Ocidental durante três séculos, assim como na interação econômica entre o Oriente Médio, África Ocidental, Índia, o Caribe e o Brasil.

Segundo Jonathan Israel, as razões desse sucesso repousam nos laços sociais, religiosos, culturais e econômicos que esses judeus sefarditas estabeleceram entre comunidades comerciais que estavam muito distantes umas das outras. Numa época em que as comunicações na Europa eram vagarosas e penosas, os judeus sefarditas foram capazes de manter contato com seus correligionários nas mais distantes regiões do mundo[6]. Embora Israel inclua o Brasil nessa rede econômica, não investigou de perto a extensa rede comercial criada pelos cristãos-novos brasileiros, nem considerou sua relevância para o contexto econômico global.

Uma terceira e bastante ousada tese, que tem sido amplamente contestada pelos historiadores tradicionais e conservadores, é a de Ellis Rivkin. Seus argumentos me parecem bastante pertinentes, principalmente em relação ao fenômeno brasileiro[7]. Rivkin acentua a importância dos judeus portugueses no desencadeamento de um "processo de modernização

---

4   Sobre as mercadorias confiscadas aos cristãos-novos presos no Brasil no século XVIII, ver A. Novinsky, *Inquisição: Inventários de Bens Confiscados a Cristãos--Novos no Brasil – Século XVIII*, Lisboa: Imprensa Nacional/Casa da Moeda, 1978.

5   Jonathan Israel, The Sephardi Contribuition to Economic Life and Colonization in Europe and the New World (16th-18th Centuries), em Haim Beinart (ed.), *The Sephardi Legacy*, 2 v., Jerusalem: Magnes, 1992, p. 365.

6   Ibidem.

7   Ellis Rivkin, How Jewish were the New Christians, em Josep M. Sola-Solé; Samuel G. Armistead; Joseph H. Silverman (eds.), *Hispania Judaica: Studies on the History, Language, and Literature of the Jews in the Hispanic World*, 3 v. Barcelona: Puvill, 1980-1984, v. 1: History, p. 105-115; idem, Uma História de Duas Diásporas, em A. Novinsky; Diane Kuperman (eds.), *Ibéria Judaica: Roteiros da Memória*, Rio de Janeiro/São Paulo: Expressão e Cultura/Edusp, 1996, p. 267-275.

e ocidentalização que transformou o destino da Europa". Enquanto os judeus espanhóis estagnaram na Diáspora, os criptojudeus portugueses envolveram-se em empresas oceânicas de larga escala. Rivkin também chama a atenção para um fato importante e original da história judaica, que causou um debate polêmico: a "opção" dos cristãos-novos portugueses de permanecer cristãos-novos. Mesmo quando esses cristãos-novos se encontravam vivendo em regiões da Europa que lhes ofereciam uma relativa tolerância, frequentemente optavam por voltar para Portugal ou viver em terras que pertenciam à Coroa portuguesa, onde sofriam com a discriminação legal, embora se beneficiassem das grandes oportunidades para progredir econômica e socialmente. Na opinião de Rivkin, a identidade religiosa dos cristãos-novos era "negociável", e eles preferiram seu papel de empreendedores à sua identidade religiosa judaica. Cristãos-novos portugueses não eram nem sinceros cristãos--novos nem criptojudeus, mas sim "cripto-individualistas"[8]. Essa caracterização condiz em grande parte com a situação no Brasil, especialmente com relação aos ricos homens de negócios e contratadores. Temos, contudo, de ser cautelosos com as generalizações, pois nem todos os argumentos de Rivkin se aplicam integralmente à complexidade e dinâmica do fenômeno marrano brasileiro.

Uma nova era na história econômica dos cristãos-novos portugueses começou no século XVIII no Brasil com a descoberta das minas de ouro. Relatos sobre as atividades econômicas e a vida cotidiana dos cristãos-novos de Minas Gerais são raros na historiografia brasileira, com exceção do trabalho de José Gonçalves Salvador. Proeminentes historiadores brasileiros minimizaram ou ignoraram o papel dos descendentes de judeus na colonização do Brasil, tanto do ponto de vista econômico como social e cultural. Na sua obra clássica sobre Minas Gerais, Augusto Lima Júnior chama a atenção para a numerosa população cristã-nova, mas afirma erroneamente que "raramente encontramos em Minas Gerais processos contra cristãos--novos por praticar o judaísmo"[9]. Caio Boschi, estudioso da

8 E. Rivkin, Uma História de Duas Diásporas, op. cit., p. 274.
9 Cf. Augusto Lima Júnior, *A Capitania das Minas Gerais*, Belo Horizonte: Itatiaia, 1978.

A INQUISIÇÃO NA ROTA DO OURO

história da Minas colonial, também afirma, enganosamente, em um de seus artigos, que "não há decididamente traços pronunciados da religião judaica na Minas colonial"[10]. A abundante documentação que existe nos arquivos do extinto Tribunal da Inquisição, concernente ao judaísmo e aos cristãos-novos, revela uma realidade diferente. José Gonçalves Salvador, baseando-se em pesquisas genealógicas, encontrou as origens judaicas de uma grande parcela da população mineira e forneceu importantes dados para compreendermos a "qualidade" das pessoas que formaram a sociedade nas Minas[11]. O estudo exaustivo dos cristãos-novos que foram presos e condenados pode nos oferecer um quadro da vida cotidiana e da maneira de pensar dos primeiros mineiros. Esse tipo de análise ainda não foi realizado.

Muitos dos cristãos-novos que vieram para o Brasil penetraram no território virgem de homens brancos, capturaram índios e travaram sangrentos conflitos com os jesuítas. Eram homens com uma mentalidade radicalmente diferente dos judeus asquenazitas ou dos sefarditas convertidos, que se espalharam pela Holanda, França, Itália, pelo Levante etc. Altamente assimilados e distanciados por mais de um século da cultura judaica, seu estilo de vida aventureiro e violento foi muito diverso dos judeus que viviam na Europa Oriental. O grau de assimilação e integração dos cristãos-novos no contexto sociopolítico do Brasil colonial pode ser compreendido pelo exame da vida de três homens de origem judaica que se distinguiram na política e administração de Minas Gerais: Garcia Rodrigues Pais, Miguel Telles da Costa e Manuel Nunes Viana.

Garcia Rodrigues Pais, filho de Fernão Dias Pais, o conhecido "caçador de esmeraldas", organizou a primeira expedição exploradora em Minas Gerais, construindo uma estrada que levava para Minas chamada Caminho Novo, também conhecida como Caminho do Comércio. A estrada diminuía consideravelmente a viagem do Rio de Janeiro, o porto por onde circulavam as mercadorias entre Portugal e Ouro Preto. Em 1702, como

---

10 Caio Boschi, As Visitas Diocesanas e a Inquisição na Colônia, *Inquisição: Anais do Primeiro Congresso Luso-Brasileiro Sobre Inquisição*, v. 2, Lisboa, 1989, p. 965-996, especialmente p. 968.

11 Cf. José Gonçalves Salvador, *Os Cristãos-Novos em Minas Gerais Durante o Ciclo do Ouro (1695-1755): Relações Com a Inglaterra*, São Paulo: Pioneira, 1992.

recompensa pelos serviços prestados à Coroa, Garcia Rodrigues Pais foi nomeado guarda-mor geral das Minas, posição de tal prestígio que o encorajou a requerer sua entrada na famosa Ordem de Cristo. Foi recusado devido à sua origem cristã-nova por parte da avó materna. Atos legislativos e preconceitos contra os descendentes de judeus os atingiam até a quinta ou sexta gerações. Enquanto a luta pela sobrevivência na América diminuía as barreiras sociais entre cristãos-velhos e novos, estes, especialmente os mercadores, ainda eram vistos com suspeita pelo governo português. O fator decisivo para a inclusão dos cristãos-novos na elite local foi seu nível de riqueza, que no Brasil podia tanto "embranquecer a pele" como "apagar a mancha" do sangue judeu.

Não se sabe praticamente nada das práticas ou sentimentos judaicos de Garcia Rodrigues Pais, se é que existiram, uma vez que as principais fontes conhecidas para desvendar os portugueses de origem judaica na América são os arquivos da Inquisição, e Garcia nunca foi preso nem condenado.

Outra figura que atuou na história de Minas Gerais, e que assumiu um posto administrativo importante, foi o capitão-mor Miguel Telles da Costa, sobre quem existem vários documentos, uma vez que foi preso pela Inquisição em 1713, acusado de judaísmo[12]. Miguel Telles da Costa foi nomeado capitão-mor das aldeias de Itanhaém, Ilha Grande e Parati pelo rei português. Tornou-se senhor de terras em Nossa Senhora do Carmo e foi um dos primeiros colonizadores da região. Pertencia à sociedade secreta de cristãos-novos formada por um grupo de mercadores e homens de negócios ligados à mineração, residentes em Rio das Mortes.

Miguel Telles da Costa foi preso no Rio de Janeiro junto com outros cristãos-novos acusados de seguir a "lei de Moisés". Como mercador, ele enviava produtos coloniais para seus associados em Lisboa, um dos quais era seu irmão Francisco Mendes de Castro. Do Rio de Janeiro encomendava carregamentos de mercadorias para Minas Gerais, auxiliado por seu

---

12 Processo de Miguel Telles da Costa, n. 6515, Arquivo Nacional da Torre do Tombo – Inquisição de Lisboa. Ver também Raquel Mizrahi Bromberg, *A Inquisição no Brasil: Um Capitão-Mor Judaizante*, São Paulo: FFLCH/USP – CEJ, 1984.

A INQUISIÇÃO NA ROTA DO OURO

sobrinho Diogo Lopes Flores. Em 1704, levou mais de vinte cargas de mercadorias para Rio das Mortes, região produtora de ouro. Plantava milho e feijão, tinha escravos, cavalos, armas e vários outros bens, listados no seu inventário pessoal[13]. Construiu uma residência permanente em Rio das Mortes, que mais tarde transformou em hospedaria para receber amigos que viajavam a negócios para Minas Gerais[14]. Miguel Telles da Costa era a principal autoridade na região, responsável pela defesa e supervisão da fronteira ao redor de Minas Gerias, cuja entrada era somente concedida com "permissão especial". Havia acusações contra ele que alegavam ter ele autorizado a entrada de "certas pessoas", provavelmente cristãos-novos, "sem permissão". Não obstante seu prestígio e jurisdição sobre considerável parte do território mineiro, Miguel não foi capaz de escapar dos agentes da Inquisição que rondavam pela região. Foi preso, levado para os cárceres da Inquisição, torturado e todos seus bens confiscados. Morreu pobre e louco[15].

Uma terceira figura, entre as mais interessantes personalidades na história colonial, foi a do cristão-novo Manuel Nunes Viana[16]. Temos informações detalhadas sobre sua pessoa violenta, contraditória e incomum, assim como sobre seu envolvimento em uma guerra civil com os "paulistas" pela posse de terras mineradoras. Sabemos pouco sobre seu judaísmo. De origem judaica, era amigo de Miguel de Mendonça Valladolid, negociante cristão-novo, que percorria as rotas comerciais entre São Paulo, Rio de Janeiro, Minas Gerais, Bahia e colônia de Sacramento, e ensinou-lhe orações judaicas[17].

Manuel Nunes Viana nasceu em Viana do Castelo, Portugal, e fez fortuna na Bahia e Minas Gerais, negociando escravos e ouro. Em 1710, era proprietário de várias minas de ouro em Caeté e outras regiões, e mantinha o monopólio do abastecimento de carne para Minas Gerais. Foi líder da facção mineira

---

13 Sobre os bens confiscados de Miguel Telles da Costa, ver A. Novinsky, *Inquisição: Inventários de Bens Confiscados*, p. 223-224.

14 Processo de Miguel Telles da Costa, n. 6515, Arquivo Nacional da Torre do Tombo – Inquisição de Lisboa.

15 Ibidem.

16 Sobre Manuel Nunes Viana, ver J.G. Salvador, op. cit., p. 11.

17 Processo de Miguel de Mendonça Valladolid, n. 9972, Arquivo Nacional da Torre do Tombo – Inquisição de Lisboa.

na sangrenta Guerra dos Emboabas, em 1708, participando de um verdadeiro massacre no Capão da Traição, onde numerosas famílias paulistas, tanto cristãs-novas como velhas, foram mortas. Tornou-se conhecido na história do Brasil como o "rei dos emboabas", e foi proclamado governador da região de Minas. Apesar de seus desentendimentos com o vice-rei, recebeu uma carta de recomendação do rei de Portugal por "serviços prestados". Surpreendentemente, não obstante sua origem judaica, foi aceito pela elite da prestigiosa Ordem de Cristo, o que demonstra a arbitrariedade daqueles que aplicavam as leis de "pureza de sangue".

Embora Manuel Nunes Viana fosse quase analfabeto, cultivava ambições de cultura. Em 1728, financiou a publicação do livro *Compêndio Narrativo do Peregrino da América*, de Nuno Marques Pereira, obra que alcançou enorme sucesso. Conta-se que tinha uma biblioteca e que também financiou a publicação do terceiro volume das *Décadas*, de Diogo do Couto[18]. Manuel Nunes Viana vivia como muitos cristãos-novos – dividido entre dois mundos. Em um deles murmurava orações judaicas, em outro levou suas duas filhas para serem freiras em um convento de Lisboa.

A ocupação de terras em Minas Gerais ocorreu de forma diversa de outras partes da América. Oportunidades para um rápido enriquecimento e ascensão social eram mais frequentes do que em regiões dominadas pela economia açucareira. Espalhados pelo Brasil, os cristãos-novos mantinham uma rede de comunicações entre si, e o fato de estarem dispersos pela América e pelo mundo, tornou possível transações econômicas com as quais os cristãos-velhos não puderam competir. Enquanto Portugal tentava manter um estrito controle sobre a região das minas, especialmente devido ao frequente contrabando nos portos brasileiros e à massa de aventureiros estrangeiros que tentava entrar sem permissão, parece que os cristãos-novos recebiam informações secretas que facilitavam a chegada de seus correligionários a Minas Gerais[19].

---

18 Charles Ralph Boxer, *A Idade do Ouro no Brasil: Dores de Crescimento de uma Sociedade Colonial*, São Paulo: Companhia Editora Nacional, 1963, p. 373.

19 Um livro intitulado *Itinerario Geografico: Com a Verdadeira Descripção dos Caminhos, Estradas, Rossas, Citios, Povoaçoens, Lugares, Villas, Rios, Montes,* ▶

A INQUISIÇÃO NA ROTA DO OURO

Cristãos-novos na região das Minas Gerais estavam envolvidos em uma variedade de atividades: compravam e vendiam escravos e bens necessários para os moradores e, como criadores de gado, supriam carne para toda a região. Participavam na extração do ouro e eram artesãos, médicos e advogados. Adquiriam livros e escreviam poesia[20].

Segundo um estudo baseado na tabulação de bens confiscados pela Inquisição de cristãos-novos de Minas Gerais, somente 23% dos que foram penitenciados estavam envolvidos com a mineração, 64% eram mercadores e 6% agricultores[21]. Cristãos-novos, que combinavam a atividade mineradora com agricultura e tráfico de escravos e outras mercadorias, conquistavam os lucros mais altos. Em Ouro Preto, em 1740, por exemplo, as maiores fortunas estavam nas mãos daqueles cristãos-novos ou velhos que combinavam várias ocupações ao mesmo tempo. Assim, Ignácio Dias Cardoso aparece como agricultor, mercador, mineiro, dono de plantações de milho e feijão e senhor de dois engenhos de cana de açúcar, assim como proprietário de terras dedicadas à extração mineral. Sua fortuna

> ▷ *e Serras, Que ha da Cidade de S. Sebastiaõ do Rio de Janeiro. Atè as Minas do Ouro*, de Francisco Tavares de Brito, publicado em 1732 pela imprensa de António da Silva, foi distribuído em segredo; dava instruções de como viajar para Minas Gerais. A John Carter Brown Library em Providence, Rhode Island, tem uma cópia desse documento.

20 O primeiro poeta do qual temos notícia a aparecer no século XVIII na região mineira de Goiás foi António Ferreira Dourado, também homem de negócios. Preso pela Inquisição em 1761, em Vila Boa de Goiás, foi condenado à prisão perpétua (processo n. 6268). A Inquisição confiscou dele 23.469 kg de ouro, segundo avaliação de Flávio Mendes de Carvalho, em seu trabalho "Inquisição: Uma Avaliação de Bens Confiscados a Judeus Luso-Brasileiros, Século XVIII" (manuscrito pertencente a A. Novinsky). Mais três cristãos-novos acusados de judaísmo foram presos em Goiás: Tomas Pinto Ferreira, um agricultor, no ano de 1761 (processo n. 8659); seu irmão, dr. José Pinto Ferreira, bacharel em Direito pela Universidade de Coimbra, também em 1761 (processo n. 8912); Fernando Gomes Nunes (ou Belmonte), mercador, em 1739 (processo n. 4058). Na região das minas de Paracatu, encontramos outros três cristãos-novos condenados por judaísmo: Miguel Nunes Sanchez, homem de negócios (processo n. 8112); dr. António Ribeiro Sanches, médico formado na Universidade de Coimbra (processo n. 11603); João Henriques, boticário (processo n. 8378). Todos os processos podem ser encontrados no Arquivo Nacional da Torre do Tombo – Inquisição de Lisboa.

21 Ida Lewkowicz, Confiscos do Santo Ofício e Formas de Riquezas nas Minas Gerais no Século XVIII, em A. Novinsky; Maria Luiza Tucci Carneiro (eds.), *Inquisição: Ensaios Sobre Mentalidade, Heresias e Arte*, Rio de Janeiro: Expressão e Cultura/São Paulo: Edusp, 1992, p. 208-224.

238 VIVER NOS TEMPOS DA INQUISIÇÃO

chegava a 26.295.311 réis. Entretanto, poucos cristãos-novos podem ser comparados a poderosos empresários como o cristão-novo Manuel de Albuquerque e Aguilar, talvez o mais rico de todos, com 57.330.000 réis, e nem mesmo Francisco Ferreira Izidro (ou Izidoro), cuja fortuna alcançava 10.709.000 réis[22].

Flávio Mendes Carvalho, brutalmente assassinado, foi um profundo pesquisador sobre Inquisição e cristãos-novos, responsável por um estudo exaustivo e pioneiro, baseado em 129 inventários, fornecendo o valor aproximado dos bens confiscados dos cristãos-novos condenados em várias regiões do Brasil[23]. O resultado de seus cálculos lança alguma luz sobre a condição financeira dos marranos: 78% dos 129 condenados pertenciam à classe média, e somente 5,4% eram magnatas poderosos que individualmente contribuíram com 52% de todos os bens confiscados. Quase metade do total que a Inquisição arrecadou provinha dos proprietários de engenhos.

Baseado nos 129 casos estudados por Carvalho, a lista abaixo mostra a distribuição do patrimônio confiscado em cada capitania entre 1704 e 1761 medida em ouro (em termos de valores atuais, em gramas)[24].

Rio de Janeiro	3.144.917
Bahia	976.915
Minas Gerais	752.846
Goiás	68.476
Paraíba	23.811
Pernambuco	16.452
São Paulo	2.106
Sergipe	1.044
Total	4.986.567[25]

Durante seu reinado, dom João V recebeu em rendas do Brasil 107 milhões de cruzados (379 toneladas) de ouro[26].

---

22 Ibidem.
23 F.M. Carvalho, op. cit. Ver A. Novinsky, *Inquisição: Inventário de Bens Confiscados a Cristãos Novos*, Lisboa: Imprensa Nacional/Casa da Moeda, [s.d.].
24 F.M. Carvalho, op. cit.
25 A avaliação do equivalente a 379 toneladas de ouro foi feita por F.M. Carvalho, op. cit., p. 15.
26 Ibidem.

A INQUISIÇÃO NA ROTA DO OURO

O tráfico de escravos foi a força motriz da economia do Atlântico, e essa atividade tornou-se um dos mais lucrativos empreendimentos comerciais do Brasil. Os contratadores do tráfico negreiro, autorizados pela Coroa portuguesa, vendiam africanos para comerciantes cristãos-novos nos portos do Rio de Janeiro e da Bahia, de onde eram transportados para Minas Gerais e revendidos normalmente a crédito. José Gonçalves Salvador, em um de seus trabalhos, afirmou que os "magnatas do tráfico negreiro" eram principalmente cristãos-novos. Entretanto, não apresenta nenhuma prova empírica, e quando lista o nome desses traficantes, baseia-se meramente em evidências onomásticas[27].

Buscando como fonte os inventários de propriedades de cristãos-novos presos no Brasil na primeira metade do século XVIII, encontrei 25 cristãos-novos que eram moradores, ou estavam regularmente presentes, nas Minas Gerais[28]. Quando inquiridos, nenhum desses 25 cristãos-novos se identificou como traficante, mas apenas como comprador, revendedor e transportador de mercadorias entre as várias regiões do Brasil. Esses mercadores eram economicamente distintos dos contratadores internacionais do tráfico negreiro que viajavam para a África em busca de escravos, frequentemente em seus próprios navios.

Também no Rio de Janeiro, não encontrei, entre os 71 cristãos-novos inventariados, nenhum que declarasse ter recebido cargas de escravos do além-mar. Na Bahia, a situação era levemente diversa, pois três dos prisioneiros inventariados traziam escravos da África: José da Costa, que fora para Angola e Sudão em busca de escravos; António Cardoso Porto, também chamado Belchior Mendes Correia, que transportava escravos do Sudão; e Tomás Pinto Correa, que trouxe cargas de escravos de Angola por encomenda de vários indivíduos[29].

---

27 Cf. J.G. Salvador, *Os Magnatas do Tráfico Negreiro*, São Paulo: Pioneira, 1981.

28 A. Novinsky, *Inquisição: Inventário ...* É uma questão complicada determinar o local de residência dos cristãos-novos, uma vez que eles frequentemente moravam em uma região, mas estavam regularmente presentes em outra; tampouco eram muito precisos quando davam declarações a esse respeito. Entre os que mencionei, incluí Miguel de Mendonça Valladolid, que viveu tanto em São Paulo como em Minas Gerais.

29 Ibidem, p. 157, 168, 247.

240   VIVER NOS TEMPOS DA INQUISIÇÃO

Laços familiares eram de importância fundamental nas transações comerciais dos cristãos-novos, tanto em Minas Gerais como em outras regiões. David de Miranda, Damião Rodrigues Moeda, Francisco Nunes de Miranda e João de Moraes Montesinhos trabalhavam em conjunto com seus parentes.

Havia uma enorme mobilidade entre os cristãos-novos na Colônia. Francisco Nunes de Miranda, por exemplo, tinha residências na Bahia, no Rio de Janeiro e em Rio das Mortes. Fazia negócios com o rico empresário Francisco Pinheiro e com seu parente José da Costa, que transportava escravos da Costa do Marfim e Angola para o Brasil.

Contrabando, fraude e roubo eram ocorrências cotidianas em Minas Gerais. Por volta de 1725, o contrabando alcançou níveis alarmantes. O próprio governador, dom Lourenço de Almeida, estava ativamente ligado ao contrabando de diamantes. Cristãos-novos e velhos participavam no comércio ilegal, que na época não era encarado como uma violação ética ou moral, mas como prática comercial, parte essencial dos negócios sob um regime imperial e colonial[30]. Mercadorias contrabandeadas faziam parte, no século XVIII colonial, da vida diária na Corte, nos mares e nos mercados. Funcionários do governo, membros da Igreja, mercadores, donos de minas, senhores de engenho, profissionais liberais e artesãos consideravam inevitável seu envolvimento no contrabando[31]. Entretanto, o controle e a fiscalização da Coroa portuguesa eram intensos e contínuos. O cristão-novo Manoel de Albuquerque Aguilar aparece envolvido com a fundição ilegal.

Pesquisas recentes sobre os cristãos-novos de Minas Gerias, realizadas por Daniela Levy, da equipe de pesquisadores do núcleo Anita Novinsky da Universidade de São Paulo, permitem afirmar que uma porcentagem relativamente elevada da população era de origem judaica, principalmente se incluirmos também aqueles residentes no Rio de Janeiro e na Bahia, mas que regularmente passavam longos períodos de tempo

30 Ernest Pijning, *Controlling Contraband: Mentality, Economy and Society in Eighteenth Century Rio de Janeiro*, Dissertação de Doutorado, John Hopkins University, Baltimore, 1997.
31 Cf. A. Novinsky, *Inquisição: Rol dos Culpados, Fontes Para a História do Brasil no Século XVIII*, Rio de Janeiro: Expressão e Cultura, 1992.

A INQUISIÇÃO NA ROTA DO OURO

em Minas Gerais. Cento e cinquenta cristãos-novos, que eram moradores permanentes ou temporários na região, constavam no livro *Rol dos Culpados*, um inventário compilado pelos inquisidores contendo os nomes de cristãos-novos espalhados pelo mundo, suspeitos, acusados ou presos pelo Santo Ofício[32]. É surpreendente que o número de cristãos-novos residentes em várias cidades brasileiras excedesse o número total de judeus que vivia em Amsterdã no século XVIII, que concentrava então a mais numerosa comunidade sefardita do mundo. O número total dos cristãos-novos no Brasil sempre permanecerá uma incógnita, uma vez que só temos informações sobre os cristãos-novos que foram presos ou acusados como judaizantes pela Inquisição. A maioria dos portugueses de origem judaica que viera para o Brasil não foi presa, e diluiu-se em meio à população brasileira ou desapareceu no vasto território. Até o presente, podemos identificar aproximadamente quinhentos nomes de cristãos-novos em Minas Gerais que foram acusados ou presos, mas esse número é modificado com o avanço das pesquisas.

Para essa análise, foram identificados os processos de 57 cristãos-novos de Minas Gerais presos e condenados pela Inquisição. O maior número desses cristãos-novos foi preso durante os anos de maior produção de ouro, 1728, 1729, 1730, 1732 e 1734. Os mais altos números registrados foram nos anos de 1728 e 1729, quando oito pessoas foram presas em cada ano. Vinte e nove cristãos-novos do Brasil foram condenados à morte pela Inquisição (sete fugiram ou faleceram antes da execução da sentença e 22 foram queimados)[33]. Entre os queimados em carne, oito moravam em Minas Gerais (permanentemente ou parte do tempo), isto é, aproximadamente 42,11%. É importante considerar que, entre os prisioneiros do Brasil, somente os acusados de judaísmo receberam sentença de morte e foram queimados.

Os cristãos-novos de Minas Gerais queimados em carne foram: Miguel de Mendonça Valladolid, (1731); Diogo Correa do Valle, (1732); Luis Miguel Correa, (1732); Domingos Nunes, (1732); Manoel da Costa Ribeiro, (1737); Luis Mendes de Sá, (1739); Martinho da Cunha Pessoa de Oliveira, (1747); João

---

32 Ibidem.

33 Cf. A. Novinsky, *Inquisição: Prisioneiros do Brasil, Séculos XVI-XIX*, 2. ed., São Paulo: Perspectiva, 2009.

242 VIVER NOS TEMPOS DA INQUISIÇÃO

Henriques, (1748). Não incluímos nessa listagem, nem entre os 57 cristãos-novos presos previamente mencionados, o judaizante e cabalista Pedro de Rates Henequim, que foi queimado em 1748 depois de ter vivido durante vinte anos em Minas Gerais[34].

O regime autoritário português foi estendido para a colônia brasileira, onde o controle do comportamento, das crenças e das ideias da população era realizado através das investigações, as "visitas", conduzidas pelos bispos e com o auxílio do clero local. As investigações inquisitoriais, também chamadas "visitas", eram ordenadas por Portugal e conduzidas por oficiais visitantes ou comissários. Estes atuavam como agentes religiosos trabalhando para a Inquisição, ou podiam ser leigos, os "familiares" do Santo Ofício, e eram designados para espionar e prender suspeitos. Os inquéritos organizados pelos investigadores diocesanos foram amplamente pesquisados e analisados em trabalhos recentes. Encontramos nessas visitas uma clara distinção entre as camadas mais pobres da população, constituídas principalmente de cristãos-velhos, negros, escravos e pardos, que ficavam sob a jurisdição do bispo, enquanto os cristãos-novos, a classe média, homens de negócios, mercadores influentes, profissionais liberais e mesmo artesãos autônomos, permaneciam sob a responsabilidade dos agentes inquisitoriais[35].

Nas visitas episcopais, os crimes – particularmente os cometidos por cristãos-velhos – eram feitiçarias, blasfêmias, usura, apostasia, bigamia, proposições heréticas, solicitação e ofensas contra os costumes. Essas infrações eram julgadas localmente e os castigos, brandos, com admoestações feitas pelo bispo ou doações oferecidas à Igreja. Nas inquirições realizadas pelos

---

34 Sobre Pedro de Rates Henequin, ver A. Novinsky, The Inquisition and the Mythic World of a Portuguese Cabalist in the 18th Century, *Proceedings of the Eleventh World Congress of Jewish Studies*, Jerusalem, 1994, p. 115-122.

35 Para estudos sobre Minas Gerais baseados nas visitas diocesanas, ver Laura de Mello e Souza, *Desclassificados do Ouro: A Pobreza Mineira no Século XVIII*, Rio de Janeiro: Graal, 1982; Luciano Raposo de Almeida Figueiredo, *Barrocas Famílias: Vida Familiar em Minas Gerais no Século XVIII*, São Paulo: Hucitec, 1997; e idem, *O Avesso da Memória: Cotidiano e Trabalho da Mulher em Minas Gerais no Século XVIII*, Rio de Janeiro: J. Olympio, 1993; Francisco Vidal Luna e Iraci Del Nero, Devassa nas Minas Gerais: Observações Sobre Casos de Concubinato, *Anais do Museu Paulista*, v. 31, São Paulo, 1982; C. Boschi, op. cit., p. 965-996.

A INQUISIÇÃO NA ROTA DO OURO

funcionários do Santo Ofício, entretanto, o crime mais frequente era o judaísmo. Os acusados eram praticamente todos cristãos-novos presos e que seriam julgados em Portugal, e todas as suas posses eram sequestradas no ato da prisão. Esses dois sistemas de controle não obedeciam a fronteiras precisas, mas podiam ser distinguidos pela classe social.

Embora cristãos-novos judaizantes fossem o alvo primordial da Inquisição em todo o Brasil, em Minas Gerais também foram presos outros suspeitos de praticar feitiçaria, ou solicitação (a sedução de mulheres por padres, no confessionário), sodomia, crimes sexuais[36]. Segundo Caio Boschi, as visitas diocesanas complementavam as fiscalizações inquisitoriais e podiam ser consideradas como verdadeiros tribunais itinerantes[37]. O visitador ia de aldeia em aldeia, inquirindo a população. Quando os crimes eram considerados "menores", a sentença era dada *in loco*; quando eram "maiores", o caso era transferido para o tribunal eclesiástico estabelecido em Mariana. Em casos muito raros, a questão era enviada diretamente para a Inquisição em Lisboa. Minhas pesquisas, entretanto, não revelaram evidência alguma que apoiasse a afirmação de que havia participação direta de agentes do Santo Ofício nas visitas diocesanas. O maior número de investigações episcopais ocorreu na década de 1730, coincidindo com o período em que a Inquisição realizou o maior número de prisões na Colônia.

A maioria dos cristãos-novos de Minas Gerais transportados para a Inquisição de Lisboa foi acusada do mesmo crime: judaizar. A culpabilidade ou a inocência dos réus continua a ser uma questão controversa entre os estudiosos da Inquisição. Até que ponto os prisioneiros praticavam o judaísmo, e em

36 Cf. Laura de Mello e Souza, *O Diabo e a Terra de Santa Cruz: Feitiçaria e Religiosidade Popular no Brasil Colonial*, São Paulo: Companhia das Letras, 1986; Lana Lage da Gama Lima, Guardiões da Penitência: O Santo Ofício Português e a Punição dos Solicitantes, em A. Novinsky e Maria Luiza Tucci Carneiro (eds.), *Inquisição: Ensaios Sobre Mentalidade, Heresias e Arte*, Rio de Janeiro: Expressão e Cultura/São Paulo: Edusp, 1992, p. 703-738; Luiz Mott, Justitia et misericordia: A Inquisição Portuguesa e a Repressão ao Abominável Pecado de Sodomia, em A. Novinsky e Maria Luiza Tucci Carneiro (eds.), *Inquisição: Ensaios Sobre Mentalidade, Heresias e Arte*; Ronaldo Vainfas, *Trópico dos Pecados: Moral, Sexualidade e Inquisição no Brasil*, Rio de Janeiro: Campus, 1989; C. Boschi, op. cit., p. 991.

37 C. Boschi, op. cit., p. 991.

244   VIVER NOS TEMPOS DA INQUISIÇÃO

que medida o sistema precisava de culpados para a preservação e legitimação da instituição inquisitorial. Em que medida manufaturavam judaizantes por meio de estratégias e manipulações? Diante das teorias controversas dos historiadores (como Israel Révah e António José Saraiva), é importante que busquemos o auxílio dos contemporâneos, daqueles que tiveram a coragem de expressar suas críticas ao sistema inquisitorial e, quando possível, ouvir as vozes dos acusados. Há uma quantidade considerável de informações que podem ser encontradas no intercruzamento de fontes diversas[38].

Os próprios marranos sabiam como o tribunal operava e quais os métodos usados para incriminar cristãos-novos. O jesuíta Antônio Vieira deixou um dos testemunhos mais elucidativos sobre as injustas perseguições aos cristãos-novos, e seu depoimento é irrefutável, uma vez que se tratava de um homem de "dentro" da Igreja. Em uma carta famosa, endereçada ao papa Inocêncio XI, Antônio Vieira expôs os interesses materiais e a injustiça das sentenças do tribunal português[39]. Referências irônicas dos próprios condenados, sobre as razões das perseguições que sofriam, também revelam que na época havia uma consciência bastante nítida dos interesses materiais da Igreja.

Para escapar da morte, o cristão-novo tinha que confessar ter praticado o judaísmo. O tribunal precisava de criminosos para sobreviver, uma vez que a instituição retirava sua principal sustentação financeira dos confiscos. Se o acusado insistisse na sua inocência, era considerado "negativo" e "obstinado", suspeito de esconder cúmplices e sujeito à pena capital. A anedota

38 No que diz respeito ao debate relativo à interpretação das fontes, ver a discussão entre I.S. Révah e António José Saraiva, Polêmica Acerca da Inquisição e Cristãos-Novos, em António José Saraiva, *Inquisição e Cristãos-Novos*, Lisboa: Editorial Estampa, 1985, p. 211-291.

39 Carta do Pe. Antônio Vieira Sobre a Causa do Santo Ofício Escrita ao Santíssimo Pe. Innocencio XI, Lisboa: Biblioteca da Ajuda, códice 49/IV/23. Ver também A. Novinsky, Padre Antônio Vieira, a Inquisição e os Judeus, *Novos Estudos Cebrap*, n. 29, v. 1, mar. 1991, p. 172-181; A. Novinsky, Sebastianismo, Vieira e o Messianismo Judaico, em Carlos Alberto Iannone, Márcia Valéria Zamboni Gobbi e Renata Soares Junqueira (orgs.), *Sobre as Naus da Iniciação: Estudos Portugueses de Literatura e História*, São Paulo: Editora Unesp, 1998, p. 65-79. Essa carta enviada a Inocencio XI, segundo Hernâni Cidade, não é considerada como escrita por Vieira. Eu a incluo entre os textos de Vieira, pois é totalmente compatível com as ideias por ele defendidas.

A INQUISIÇÃO NA ROTA DO OURO

seguinte ilustra como os cristãos-novos agiam para escapar da pena de morte. Ao deixar a prisão, um cristão-novo encontrou um amigo que lhe perguntou: "então, como foi que você escapou da prisão?" E o amigo respondeu: "como todos, confessando que era judeu".

Dos 57 presos pela Inquisição em Minas Gerais, escolhi alguns poucos exemplos que demonstram o comportamento conflituoso dos cristãos-novos, sua dupla identidade, seu livre pensamento, seu judaísmo. O caso de Diogo Correa do Vale e seu filho Luiz Miguel Correa confirma a opinião do padre Antônio Vieira sobre os métodos do tribunal. Nascido em Sevilha, Diogo Correa do Vale era viúvo e vivia no Porto. Graduado em Medicina pela Universidade de Coimbra, após vários membros de sua família serem presos pela Inquisição, fugiu para o Brasil com o filho, estabelecendo-se em Vila Rica de Ouro Preto. Em 12 de setembro de 1730, foi preso com seu filho Luiz Miguel Correa[40]. De uma carta enviada para o Tribunal da Inquisição pelo agente do Santo Ofício, dr. Lourenço de Valadares Freire, em 1730, de Vila Rica, ficamos conhecendo as palavras que Luiz Miguel Correia proferiu perante o tenente Martinho Alvarez, oficial que o prendeu: "Dizem que o Santo Ofício é justo, mas eu vejo agora que não é, pois está acusando um homem inocente."[41]

As acusações de judaísmo contra Diogo Correa do Vale e seu filho baseavam-se inteiramente no período vivido no Porto, vinte anos antes, quando Luiz ainda era criança. Os inquisidores não conseguiram compilar evidências sobre os longos anos em que ambos viveram em Minas Gerais. A prisão de Diogo foi, aparentemente, fundamentada em antigas rivalidades profissionais entre médicos do Porto devido a divergências de opinião sobre os tratamentos dispensados aos pacientes. Quando preso, seus amigos no Porto tentaram intervir em seu favor, atestando sua conduta honrada e seus sentimentos

40 A. Novinsky, A Inquisição no Brasil: Judaizantes ex-Alunos da Universidade de Coimbra, *Universidade(s): História - Memória - Perspectivas: Actas do Congresso "História da Universidade" (no. 70. Centenário da sua Fundação)*, Coimbra: Comissão Organizadora do Congresso "História da Universidade", 1991, 5 v., v. IV, p. 315-327.

41 Processo de Luiz Miguel Correa, n. 9249, Arquivo Nacional da Torre do Tombo – Inquisição de Lisboa.

246 VIVER NOS TEMPOS DA INQUISIÇÃO

caridosos, tanto como cristão quanto como médico, pois "cuidava dos pobres sem cobrar". Apesar de todos os esforços do dr. Diogo para se defender, afirmando até o fim de seu julgamento que todas as acusações contra ele eram falsas, os inquisidores não mudaram sua sentença de morte. Diogo insistiu que havia sempre vivido sob as leis cristãs e que nelas queria morrer, mas sua origem judaica selou seu destino[42].

O caso de seu filho, Luiz Miguel Correa, foi ainda mais trágico, uma vez que a sua fidelidade à fé cristã é convincente em todo o decorrer do processo. Sentindo uma grande vocação para a vida religiosa e desejando tornar-se padre, foi até o Rio de Janeiro procurar a ajuda do bispo. Este imediatamente o dissuadiu de sua ideia, citando o absurdo de suas ambições, uma vez que era um cristão-novo, e muitos membros de sua família haviam sido condenados pelo Santo Ofício. Em uma última e desesperada tentativa, Luiz informou ao bispo sua disposição de vender todos seus escravos e bens terrenos para "comprar" a prova de sua "pureza de sangue", como muitos faziam. Foi em vão. No último dia de seu julgamento, ainda diante dos inquisidores, pediu que, mesmo se o declarassem inocente, o sentenciassem a cárcere por toda a vida, para que ele pudesse conquistar sua salvação "uma vez que não podia tornar-se padre devido à mácula de seu sangue". Disse também que o medo da morte o havia colocado em tal estado de "desespero" que falsamente denunciara a si mesmo, e injustamente acusara outros de terem praticado a "lei de Moisés". Até o fim reafirmou sua inocência do crime de judaísmo. Foi queimado na mesma tarde que o pai[43].

Os estatutos de "pureza de sangue" eram aplicados com menos rigor no Brasil do que em Portugal. Um grande número de cristãos-novos com "sangue infecto" foi recebido no seio da Igreja, quando havia interesses para isso, ou quando o cristão-novo oferecia dinheiro ou altos donativos. Em Portugal, o inquisidor Martins Mascarenhas ficou conhecido por vender "certificados de pureza" a preço fixo.

O marranismo é um fenômeno multifacetado. Como repeti várias vezes, não havia um, mas vários marranismos

---

42 Processo de Diogo Correa do Vale, n. 821, Arquivo Nacional da Torre do Tombo – Inquisição de Lisboa.

43 Processo de Luiz Miguel Correa, op. cit.

A INQUISIÇÃO NA ROTA DO OURO

em Minas Gerais, assim como no resto do Brasil. O fenômeno inclui vários tipos de comportamento, e não deve ser entendido somente no sentido sugerido pelo filósofo francês Edgar Morin[44]. O marrano representa a condição do homem – universal e frequentemente inconsciente. O marrano é um homem que vive em um mundo sem pertencer a ele. Nesse sentido, encontramos em Minas Gerais, assim como no resto do Brasil, comportamentos que não podem ser definidos como meras observâncias das leis dietéticas judaicas, dos jejuns ou do descanso sabático. O marranismo entre os portugueses do Brasil foi, em grande parte, uma atitude mental, um sentimento, uma visão de vida, mais do que uma observância religiosa[45]. Se um número substancial dos cristãos-novos conseguiu superar as barreiras étnicas, sociais e religiosas e ingressar na sociedade ampla, outra parte permaneceu leal às tradições herdadas de seus ancestrais. Paradoxalmente, a memória histórica de séculos de sofrimento, além da experiência direta da exclusão legal e social, reforçou cada vez mais a resistência em adotar a religião oficial. A contribuição dos cristãos-novos brasileiros para o pensamento ilustrado do século XVIII foi a contrarreligiosidade[46].

Diogo Nunes Henriques, rico homem de negócios, foi preso em Minas Gerais em 1728 por ter declarado que "cada pessoa deveria viver e morrer de acordo com a lei que mais condissesse com sua conciência"[47]. Sua experiência foi diversa da de Luiz Miguel Correa. O crime que o levou para as prisões lisboetas foi sua adesão ao livre pensamento, uma postura inconcebível para a maioria de seus contemporâneos portugueses. Tão logo os inquisidores receberam sua acusação, mandaram investigar sua vida detalhadamente: "de que país ele se originava", seu "modo de vida", "em que parte" de Minas Gerais vivia, e seu "passado étnico". Novas informações foram coletadas, inclusive

---

44 Edgar Morin, *Mes Démons*, Paris: Stock, 1994, p. 138-184.
45 Ver A. Novinsky, Cristãos-Novos no Brasil: Uma Nova Visão de Mundo, *Arquivos do Centro Cultural Calouste Gulbekian*, v.34, Lisboa, 1994, p. 387-397.
46 Com relação à experiência brasileira em termos de um enfoque crítico da religião, ver A. Novinsky, Estudantes Brasileiros "Afrancesados" da Universidade de Coimbra: A Perseguição de António de Morais Silva (1779-1806), em Oswaldo Coggiola (org.), *A Revolução Francesa e Seu Impacto na América Latina*, São Paulo: Nova Stella/Edusp, 1990, p. 357-371.
47 Processo de Diogo Nunes Henriques, n. 7487, Arquivo Nacional da Torre do Tombo – Inquisição de Lisboa.

248 VIVER NOS TEMPOS DA INQUISIÇÃO

o fato de que sua casa, em Ouro Preto, era o quartel-general de uma sociedade secreta de cristãos-novos e que congregava a elite mineira. Lá se encontravam David Mendes; Domingos Nunes (sobrinho de Diogo Nunes Henriques); o senhor de engenho Domingos Rodrigues Ramires, que tinha residido no Rio de Janeiro; João da Cruz, o mercador de panos; David de Miranda; Francisco Nunes; Duarte Rodrigues; Manuel Nunes da Paz (filho de Diogo Henriques); Manuel Nunes Sanches; entre muitos outros, todos vizinhos[48].

Diogo Nunes Henriques aparece retratado como um homem de certo nível cultural, uma vez que uma das testemunhas o acusa de ser "inclinado a ler numerosos livros". Outras testemunhas afirmaram que nunca o haviam visto rezar ou ensinar a seus escravos as doutrinas da fé cristã, como era o costume nas áreas rurais. Um alfaiate declarou aos inquiridores que nunca havia visto Diogo com um rosário, que ele não obedecia às regras da Quaresma, e ensinava práticas heréticas aos seus escravos. Segundo alguns vizinhos cristãos-velhos, chamava a atenção, pois sempre que estava cansado, exclamava: "Oh Deus!", e nunca pronunciava o nome de Jesus. E Diogo Henriques cometeu mais um crime: reunia em sua casa vários membros da família Miranda e outros amigos "para ler livros"[49].

Um dos sobrinhos de Diogo Nunes Henriques, Domingos Nunes, também fornece interessantes informações sobre a sociedade secreta de Minas Gerais. A Inquisição o procurava desde 1726. Uma ordem para sua prisão havia sido emitida em 1728, embora ele fosse capturado somente dois anos e sete meses mais tarde, sendo entregue à Inquisição de Lisboa em 12 de outubro de 1730[50]. Quinze associados, com os quais ele havia comerciado no Brasil, e que foram presos subsequentemente, o denunciaram: Gaspar Fernandes Ferreira (ou Pereira), homem de negócios em Ouro Preto; Miguel da Cruz, homem de negócios, também morador no Rio de Janeiro; Manuel Nunes da Paz, homem de negócios, morador nas Minas Gerais; Gaspar Henriques, mineiro, residente na Bahia; Manuel Nunes

48 Ibidem.
49 Ibidem.
50 Processo de Domingos Nunes, n. 1779, Arquivo Nacional da Torre do Tombo – Inquisição de Lisboa.

A INQUISIÇÃO NA ROTA DO OURO 249

Bernal, um capitão de navio, morador no Rio de Janeiro; Jerônimo Rodrigues, comerciante, morador na Bahia; Joseph da Cruz Henriques, dizimeiro, morador no Ribeirão do Carmo; Joseph Rodrigues Cardoso, sem ocupação, originariamente da Bahia, mas que residia no Ribeirão do Carmo; o tio de Domingos, Diogo Nunes Henriques, homem de negócios, morador em Ouro Preto; Antônio da Fonseca Rego, lavrador de cana de açúcar, natural de Pernambuco e morador em Paracatu; Antônio Rodrigues Campos, lavrador de mandioca e morador na Bahia; Diogo Dias Correa, sem ocupação, morador em Santos; Luiz Vaz de Oliveira, natural da Espanha e residente em Ribeirão do Carmo; David Mendes da Silva, morador em Ouro Preto; e Miguel Henriques, mercador em Ribeirão do Carmo[51]. As atividades dos cristãos-novos exigiam que viajassem para regiões distantes e criassem vínculos comerciais para seus negócios. Esses associados secretos ofereciam uns aos outros suporte, segurança e crédito, apesar de saberem que, se presos, todos os membros denunciariam uns aos outros.

Numerosas dúvidas e questões emergem com relação à natureza do judaísmo de Domingos Nunes. Parece que desde a infância havia sido instruído na fé judaica. Tinha casa montada em Minas Gerais, para onde levava carregações de mercadorias diversas. Viajando por diversas regiões da Colônia, entrou em contato com todos os principais mercadores. Quando submetido à tortura, denunciou todos os seus associados que viviam nas regiões de Caeté, Cachoeira, Paraopeba, Congonhas, Vila Pitangui, Arraial de Antônio Pereira, Minas do Fanado, Serro Frio, Rio das Mortes, além de muitos do Rio de Janeiro, da Bahia e de Santos. Domingos tentou salvar sua vida de todas as maneiras possíveis. Os vigias que guardavam sua cela 24 horas por dia o acusaram de ter "jejuado de maneira judaica", de ter "olhado para o céu", de ter feito "gestos judaicos", de ter escrito algo "secreto" na cabeceira de sua cama, e imediatamente ter apagado o que havia escrito para que ninguém o pudesse ler. Depois de ter usado todos os argumentos possíveis, incluindo que ele havia jejuado em sua cela porque queria se suicidar, Domingos Nunes acabou como os demais acusados – confessando sua

51 Ibidem.

250 VIVER NOS TEMPOS DA INQUISIÇÃO

cumplicidade no judaísmo. Ainda mais grave, repetiu uma oração na qual adorava um só Deus, Criador do universo, pedindo Seu perdão e ajuda.

Vós sois o que governais o mundo da perdição
Ouvi senhor nossa Oração
Recebe a nossa Aclamação
Não nos façais andar triste
Pela Alma que nos destes
Infinito Vosso Santo Padre
Que fizeste luz e dia
Com grande sabedoria fizestes anoitecer
Grandes são nossos pecados
Maior é vosso Santo Poder
Já nos temos
Confessado Senhor
De toda Verdade
Livrai-nos de escuridades
Que as nossas Almas sejam salvas
Diante de Vosso Santo Poder
Senhor
Amém

Grande Senhor Criador do Universo
Como grande pecador
A ti Senhor me confesso
Por tal me reconheço
Perdão Geral te peço
Não sou digno de tão alto perdão
Olha Senhor minha aflição
A que eu mereço
Olha o que eu padeço
Dá-me ajuda alto poderoso
Grande Senhor Amém[52]

Domingos foi queimado em 1732.

As sociedades secretas criadas em Minas Gerais seguiam a rota do ouro. Reuniões clandestinas eram imediatamente organizadas em cada cidade ou aldeia fundada nas regiões produtoras de ouro, como, por exemplo, em algumas casas em Ouro Preto, Tijuco (região de mineração de diamantes), Rio das Mortes e Ribeirão do Carmo. Durante essas reuniões,

52 Ibidem, orações confessadas durante a sessão de 12 de outubro de 1730.

A INQUISIÇÃO NA ROTA DO OURO 251

ocorriam transações comerciais, a confiança era consolidada, e afirmava um "sentimento" particular do mundo: o marranismo. Entre os participantes desses grupos clandestinos havia criptojudeus convictos, descrentes, agnósticos e outros muitos cristãos-novos identificados como judeus não por sua conduta ou crença, mas devido à sua ascendência. As sociedades secretas de Minas Gerais, formadas por criptojudeus e agnósticos, não foram um fenômeno novo, mas produto de um longo processo, que durante dois séculos preservou a herança de seus antepassados. No Brasil, esse processo começou logo após seu descobrimento, durante a formação dos primeiros núcleos em São Vicente, São Paulo, Bahia e Pernambuco.

Assim que foi encontrado o caminho do ouro, os inquisidores ordenaram um controle absoluto principalmente sobre a população de origem judaica mais rica, como no Rio de Janeiro e em Minas. Os cristãos-novos da Paraíba, ao contrário, que eram muito modestos, também foram intensamente perseguidos no século XVIII (aproximadamente 49 presos). Constituíam uma comunidade de lavradores com poucas posses, mas detentora de alguns bens, inclusive de alguns escravos, o que dava certo lucro ao Santo Ofício.

A perseguição aos cristãos-novos em Minas Gerais seguiu os mesmos padrões dos dois séculos anteriores. Afetou aqueles cristãos-novos cujos pais, avós e irmãos já tinham sido presos, inclusive os que pertenciam às mais antigas famílias da Colônia.

Em geral, podemos dividir o comportamento dos marranos no Brasil e em Minas Gerais em dois grupos principais: os criptojudeus, que praticavam algumas cerimônias judaicas, e os céticos e agnósticos, para quem a religião era um problema mais do que um conforto. O "segredo" fazia parte tanto do mundo dos marranos céticos e descrentes como dos religiosos, pois estavam ligados por uma identidade comum.

As práticas judaicas em Minas Gerais eram imbuídas de simbolismo e as comunicações secretas se davam frequentemente por meio de códigos. As cerimônias religiosas praticadas pelos cristãos-novos no Brasil e em Portugal eram semelhantes às da América espanhola. Aparecem algumas omissões com práticas ortodoxas, já apagadas pelo tempo, e também algum sincretismo. As observâncias religiosas concentravam-se principalmente no jejum de Iom Kipur, a guarda do Schabat, a celebração do Pessakh e a festa em honra da rainha Ester, além de algumas das restrições dietéticas. Para completar o quadro da religião marrana, havia um fator primordial, a crença em um Deus único, criador do universo. Os cristãos-novos rejeitavam a salvação através de Cristo e tinham aversão às imagens religiosas. E havia um importante fator divisório entre os cristãos-novos criptojudeus e os cristãos-velhos, que era a questão do Messias.

O conteúdo geral das orações criptojudaicas entre os marranos de Minas Gerais expressava o mesmo que em outras regiões – o sentimento de "culpa e redenção". As vicissitudes da vida eram consideradas como estágios no processo da redenção. A religião marrana cumpria assim uma função social: a libertação da opressão. A religião marrana estava inexoravelmente ligada à ideia de salvação através da "lei de Moisés", e compensava a condição marrana de ser o "outro". Havia uma mensagem que os marranos recebiam clandestinamente, de geração para geração, que encorajava os perseguidos e dava sentido às suas vidas. Atividades diárias e encobertas conferiam aos marranos da região do ouro conforto e significado. Nas palavras de Max Weber, podemos dizer que as demandas religiosas dos marranos eram demandas por compensação, típicas daqueles que estão em desvantagem. A memória das origens históricas dos judeus tinha primariamente um efeito simbólico sobre os cristãos-novos, pois lhes oferecia uma justificativa para sua existência. Suas crenças representavam esperança, enquanto os laços que uniam marranos descrentes e agnósticos com criptojudeus garantia a todos um sentimento de "pertencer". Com suas diferenças regionais, o marranismo no Brasil foi um fenômeno de longa duração, com traços que desafiam generalizações. O marranismo brasileiro precisa ser entendido no contexto da formação da cultura brasileira, uma cultura que inconscientemente os marranos ajudaram a criar.

22. Os Antepassados de Fernando Pessoa[1]

> *Que sei eu do que serei,*
> *eu que não sei o que sou?*
>
> Tabacaria,
> FERNANDO PESSOA (ÁLVARO DE CAMPOS)
>
> *Temos todos duas vidas:*
> *A verdadeira, que é a que sonhamos na infância,*
> *E que continuamos sonhando, adultos,*
> *[num substrato de névoa;*
> *A falsa, que é a que vivemos em convivência com outros,*
> *Que é a prática, a útil,*
> *Aquela em que acabam por nos meter num caixão.*
>
> Dactilografia,
> FERNANDO PESSOA (ÁLVARO DE CAMPOS)

George Steiner escreveu, em um artigo publicado na revista *The New Yorker*, que o exército, o serviço público e a música figuravam no passado da família do poeta Fernando Pessoa.

Há trinta anos venho pesquisando e levantando material sobre a família de Fernando Pessoa, desde os velhos tempos, quando o Arquivo Nacional da Torre do Tombo ainda se encontrava no belo largo de São Bento. Foi aí que me confrontei pela primeira vez com os antepassados do poeta, através de um quadro genealógico que me foi oferecido por um jovem estudante, hoje eminente jurista, António Vasconcelos Saldanha. As origens judaicas de Fernando Pessoa despertaram minha curiosidade e reuni dezenas de processos de membros da família Pessoa, presos e penitenciados pela Inquisição, todos acusados de judaísmo. O trabalho acadêmico, com seus infindáveis compromissos, impediu-me então de trabalhar a cópia desses manuscritos, que guardei cuidadosamente no meu arquivo particular.

---

1 A. Novinsky, Fernando Pessoa, o Poeta Marrano, *Revista Portuguesa de História*, t. 33, Coimbra: Faculdade de Letras da Universidade de Coimbra/Instituto de História Econômica e Social, 1999, p. 699-711.

Há alguns anos tive o privilégio de visitar o Fundão, onde conheci o admirável crítico e jornalista Fernando Paulouro Neves, com o qual troquei algumas ideias sobre o meu projeto: escrever uma história do judaísmo no Fundão, particularmente da família de Fernando Pessoa. Foi então que Paulouro gentilmente me mandou um artigo, escrito há dezesseis anos, por Arnaldo Saraiva, intitulado "Fernando Pessoa e o Fundão". Nesse artigo li uma frase que durante anos me voltava sempre à mente: "estudar a ascendência pessoana é bem mais do que satisfazer uma curiosidade mundana e bairrista, é perseguir pistas para o entendimento de um homem e de uma obra que hoje interessa a todo o mundo culto". Saraiva se refere também a um lado "obscuro" da árvore genealógica do poeta e do seu tetravô Sancho Pessoa da Gama, judeu que foi preso pela Inquisição de Lisboa e saiu em auto de fé no ano de 1706.

Não há dúvidas de que Fernando Pessoa conhecia a história de sua origem. Com certeza estava a par das principais obras que foram escritas sobre os cristãos-novos durante o período de sua vida, como *História dos Cristãos-Novos Portugueses*, de João Lúcio de Azevedo; *Os Judeus em Portugal*, de Joaquim Mendes dos Remédios; *Consolaçam as Tribulaçoens de Israel*, de Samuel Usque – editado por Mendes dos Remédios. António Baião já tinha revelado os tesouros retidos nos arquivos do extinto Tribunal da Inquisição, e Alexandre Herculano era conhecido pelos eruditos da época. Então, por que Fernando Pessoa não assumiu abertamente sua condição de judeu? Suas origens judaicas de um lado e seus pronunciamentos anticlericais de outro o colocavam exatamente no mesmo lugar que seus antepassados judeus, hostis à Igreja e marcados por um estigma muitas vezes impenetrável.

É possível, até provável, que Fernando Pessoa não conhecesse a perseverança com que os membros de sua família se mantiveram judeus. Mas um enigma permanece: Fernando Pessoa tomou dos marranos inúmeros aspectos de sua vivência e de sua psicologia. Diversos trabalhos que publiquei mostram, em traços nítidos, a condição e a psicologia marrana: os heterônimos, a ânsia de fugir, a angústia do jogo, a dualidade do "ser", a busca de uma identidade. O conhecimento do destino que tiveram os judeus de sua família, o "drama em gente", parafraseando o próprio Pessoa, abrange um novo cenário para o entendimento do universo pessoano, e introduz personagens, cuja alma vem curiosamente retratada por Fernando Pessoa. E responde também à dúvida colocada por Arnaldo Saraiva de que apesar de psicologicamente "o lado Pessoa ser o que mais se afirma na personalidade do poeta, a família Pessoa sempre esteve 'ausente' na sua vida social". "Corpo" e "psique" remetem, na obra pessoana, diretamente a essa "ausência", que está sempre "presente".

Maria Teresa Rita Lopes, no prefácio a *Poesies et proses*, de Álvaro de Campos, refere-se a uma nota autobiográfica que Fernando Pessoa escreveu, no ano de sua morte (1935), na qual não se esqueceu de acrescentar: "Ascendência geral: uma mistura de nobres e judeus." Contudo, não foi com muita simpatia que Fernando Pessoa respondeu ao dr. Carlos Lobo de Oliveira, quando este lhe mostrou sua árvore genealógica, em que provava sua ascendência judaica. Contrariado, Fernando desabafou: "Preferia não a ter, mas não é por isso que vou me atirar no Tejo."[2]

Desde sua volta definitiva a Portugal, em 1905, até sua morte, Fernando Pessoa sempre se mostrou avesso à Igreja Católica, conforme nos mostra Teresa Rita Lopes, em uma carta ainda inédita que Pessoa escreveu ao cura da igreja onde foi batizado, qualificando a Igreja Católica de "poderosa e estúpida, irracional e decrépita".

Pessoa conhecia a acirrada luta dos sionistas e a controversa "questão judaica", tão em voga em seu tempo. Sempre se interessou "pelas teorias e práticas judaicas", como lembra Teresa Rita Lopes. Mas o que queria dizer Álvaro de Campos quando, numa entrevista fictícia, jamais publicada, anuncia o "futuro império de Israel", ao qual devemos aderir em massa? Fernando Pessoa sentia a "alma errante", como uma nostalgia da Terra Prometida, que sempre esperava por uma redenção. Peregrinou por todas as crenças, buscou resposta em todas as mensagens e filiou-se a todas as seitas: rosa-cruz, maçonaria, templários, cabalistas e tantas outras sem, contudo, nunca se encontrar. No messianismo judaico do padre Antônio Vieira achou uma inspiração.

2   Apud Luís Pedro Moitinho de Almeida, *Fernando Pessoa no Cinquentenário de Sua Morte*, Coimbra: Coimbra Editora, 1985, p. 100.

Curiosamente, Fernando Pessoa calcou na história dos cristãos-novos seus heterônimos, assim como a essência psicológica e dramática de suas personagens. Os heterônimos, semi-heterônimos, desdobravam-se, como diz José Augusto Seabra, não só com nomes portugueses, mas estrangeiros, assim como os marranos que se expatriavam e adotavam dois ou três nomes, hebraicos, italianos, alemães, holandeses, ingleses. Os nomes de seus antepassados acusados de judaísmo encontram-se nos registros inquisitoriais desde os princípios do século XVII, mas sua origem remonta aos tempos da conversão forçada de todos os judeus ao catolicismo, em 1497. Ameaçada, uma parte de sua família fugiu para o Brasil. Nas Minas Gerais viveram, no século XVIII, três sobrinhos de seu tetravô Sancho Pessoa: Martinho da Cunha Pessoa de Oliveira, Pereira da Cunha e Miguel da Cunha.

Contar sobre Martinho da Cunha Pessoa de Oliveira é dar vida às personagens pessoanas. Criado no Fundão, pertencia a uma numerosa família de tradicionais judeus clandestinos. A partir dos treze anos, idade em que os pais revelavam aos filhos o "grande segredo", Martinho passou a viver duas vidas, a de "fora" e a de "dentro". Viveu um "outro" e tentou continuamente ser esse "outro". Talvez essa dualidade tenha levado Martinho a se tornar artista de teatro. Participou da "sociedade secreta" dos marranos no Fundão até os vinte anos, quando, em 1713, a Inquisição o prendeu. Viveu então uma nova farsa: se dobrou perante os inquisidores, pediu perdão, simulou seu arrependimento e foi reconciliado no auto de fé de 6 de agosto desse mesmo ano. Sonhou então em fugir, procurar outros mundos e foi para o Brasil, onde permaneceu 25 anos. Em Minas Gerais, ingressou na "sociedade secreta marrana", que já era numerosa, onde encontrou amigos e parentes do Fundão. Tirou então a máscara de "reconciliado" e voltou à sua antiga vida de judeu secreto. Fez fortuna nos negócios de diamantes, andou por distantes e desertos sítios, mas um dia resolveu outra vez partir. Voltar! Voltar para o Fundão! Na vila de Covilhã, montou uma fábrica de "tingir panos". E, no Fundão, representava comédias e trocava novamente as máscaras. Dois anos depois de ter voltado para o Fundão, uma nova onda de prisões levou família e amigos para os cárceres da Inquisição. Os conversos sabiam que uma vez preso alguém da família, outros o seriam

OS ANTEPASSADOS DE FERNANDO PESSOA 257

em seguida. Martinho só viu um caminho: outra vez fugir! Planejou tudo, avisou os membros da família ameaçados, tratou com o cônsul de Hamburgo em Lisboa. Pagou alta soma a um piloto português para transportar o grupo até uma nau estrangeira, que os levaria para onde "pudessem ser livres para seguir a religião de seus pais".

Um dia, às oito ou nove horas da noite, 26 pessoas entre homens, mulheres e crianças reuniram-se no sítio de Bela Vista levando seus trastes, baús com roupas, móveis, camas e outros pertences. O piloto português António da Silva, fragateiro, devia transportá-los até fora da Barra, onde os esperava uma nau estrangeira. Mas o destino mudou-lhes os planos. Um barqueiro de Seyxal os denunciou. Quando já se encontravam na direção das Torres, foram todos presos e obrigados a voltar. Faziam parte do grupo, entre outros: André Nunes, mercador, com sua mulher e três filhos, Teodosio, José e Manuel, todos do Fundão; uma família de Benavente, Manuel Nunes Sanches, com um sobrinho homônimo; outra família da mulher chamada Ana Pereira, solteira, irmã de Branca Pereira, a viúva do sapateiro João Cruz, e seus filhos, António da Cruz, fundidor, e Francisco da Cruz.

Viu-se assim a pobre gente do Fundão novamente lançada à terra, suas arcas arrombadas pelos barqueiros que lhes levaram os bens, extorquiram-lhes dinheiro, os enganaram e, por fim, os abandonaram. Foram todos levados para os cárceres inquisitoriais, onde Martinho deu entrada em 2 de março de 1746.

Martinho da Cunha Pessoa de Oliveira foi acusado do mesmo crime do qual sua família fora acusada durante dois séculos: ser judeu. Procurou enganar os inquisidores e, nas diversas sessões que com ele fizeram, negou sempre ser judaizante. Apresentou contraditas, nomeou gente de prestígio, todas cristãs-velhas que, quando consultadas pelos inquisidores, confirmaram que Martinho sempre fora bom cristão e praticava todas as obrigações da Igreja. Dava dádivas à Igreja e era mordomo e irmão na igreja de São Pedro, na vila de Covilhã. Martinho procurou provar que todos os acusaram falsamente. Nada lhe valeu. Pesavam sobre ele gravíssimas acusações: era "relapso", tentara "fugir" e era "fautor" de hereges, isto é, encobria seus cúmplices. Vencido pelas ameaças e pelo medo, Martinho acabou "assumindo" o crime

258 VIVER NOS TEMPOS DA INQUISIÇÃO

e confessou que praticara a religião judaica desde os treze anos de idade, tendo sido ensinado por um parente, Manoel Neves. Seguira a lei de Moisés no Fundão, em Castelo Branco, em Idanha Nova e também seguiam a lei de Moisés nas Minas Gerais, nos sítios de rio Jequetinhonha, Guarapiranga, Mina dos Fanados, Serro Frio e Tijuco, onde faziam parte da "sociedade secreta dos marranos", frequentada também pelos seus irmãos Miguel da Cunha e Manuel Pereira da Cunha, e por João de Matos Henriques, António de Sá de Almeida, Luís Mendes de Sá e outros cristãos-novos, todos presos.

Um dos seus amigos de Minas Gerais, que o denunciou, Luís Mendes de Sá, foi marcado por um destino estranho: nasceu nos cárceres da Inquisição de Coimbra e morreu queimado, trinta anos depois, no auto de fé de Lisboa, de 18 de outubro de 1739[3].

Os juízes consideraram Martinho da Cunha convicto, relapso, negativo e pertinaz. Ordenaram que lhe fossem confiscados todos os seus bens, que foram repartidos entre os cofres da Coroa e da Igreja. No dia 22 de abril de 1747, o réu recebeu no cárcere o licenciado Tomás Feio Barbudo, que o notificou, em nome dos senhores inquisidores, que "no domingo próximo, que se conta vinte e quatro deste mês, iria ao auto público ouvir sua sentença, pela qual estava 'relaxado à justiça secular'". Os guardas do cárcere lhe ataram as mãos. Martinho da Cunha Pessoa de Oliveira foi queimado em 24 de abril de 1747, depois de passar um ano, um mês e 22 dias nos cárceres da Inquisição[4].

Os processos da família de Fernando Pessoa revelam a persistência de uma velha tradição fundoense: o judaísmo. Esse judaísmo se caracterizava muitas vezes por um amargo ceticismo, porém marcado por uma forte identidade judaica, que durante gerações foi transmitida aos seus descendentes. Nas sextas-feiras, enchiam-se de festas as casas do Fundão, quando se acendiam as candeias com "troxinhas de estopa" pelas almas de seus queridos que foram sacrificados pela Igreja. As tradicionais cerimonias eram seguidas sempre no interior de suas casas, transformadas em templo: jejuavam no chamado "Dia Grande" (Iom Kipur), que

3 Processo de Luís Mendes de Sá, n. 8015, Arquivo Nacional da Torre do Tombo – Inquisição de Lisboa.
4 Processo de Martinho da Cunha de Oliveira, n. 8106, Arquivo Nacional da Torre do Tombo – Inquisição de Lisboa.

caía nos meses de setembro ou outubro, quando lavavam todo o corpo, cortavam as unhas dos pés e das mãos, vestiam roupas novas. Guardavam os sábados, não comiam carne de porco, não acreditavam nos dogmas da Igreja, esperavam o Messias, "como os judeus esperam". Os Pessoa do Fundão conheciam oralmente as orações judaicas, que sempre louvavam a um só Deus.

> Desde o Nascente até o Poente
> Seja Deus louvado para todo o sempre
> A quem servirei que me dê bom pago?
> A Deus do céu bendito e louvado
> Deitei os olhos a Deus do campo
> Louvado seja Deus, que tudo é Santo.

Para compreendermos o marranismo de Fernando Pessoa, é preciso entender o que foi realmente o fenômeno marrano em termos de existência, de um "sentimento do mundo". Podemos ver na extraordinária criatividade inventiva de Pessoa o "ser" marrano, no sentido em que o foram Santa Teresa de Jesus, Montaigne e Spinoza, conforme nos mostrou Edgar Morin.

As múltiplas personalidades em que se dividiu Fernando Pessoa refletem as múltiplas vidas que tiveram os marranos. Seu mundo fragmentado foi o mundo fragmentado de todos os portugueses que tinham origens judaicas, vivendo aos pedaços, sem nunca poder ser "eles mesmos": "O bom português é várias pessoas… Nunca me sinto tão portuguesmente eu como quando me sinto diferente de mim."

Em que medida Fernando Pessoa não se inspirou na sua própria história e de seus antepassados para criar suas personagens? É uma questão que permanece.

Ler sobre a vida de Martinho da Cunha é fazer viver uma personagem pessoana. Estava sempre a representar, a jogar na vida, como no palco. O marrano, como mostrei em artigo já publicado, tinha sempre de jogar, como Ricardo Reis, jogar com a sorte, jogar com as palavras, jogar com os inquisidores. Desde cedo ensinava os filhos a jogar. E tinha de ganhar sempre, pois perder lhe seria fatal.

Para o marrano, o que ele "era" lhe pesava como um estigma. Tinha sempre de "parecer". "Parecia", mas no fundo era "nada". Passava de uma terra a outra: Espanha, França, Itália, Brasil,

260 VIVER NOS TEMPOS DA INQUISIÇÃO

mas o abismo o atraía e muitas vezes acabava voltando para a pátria, como Martinho Pessoa, para morrer.

"Não posso estar em parte alguma. A minha Pátria é onde não estou."[5]

Quem entendeu e penetrou tão profundamente na alma marrana como Pessoa?

"Quem, que seja português, pode viver a estreiteza de uma só personalidade, de uma só nação, de uma só fé?"[6]

O mundo dividido de Fernando Pessoa não é o mundo dividido de seus avós, bisavós, tetravós? O marrano estava sempre a procura de seu Deus. Onde encontrá-lo?

"E há em cada canto de minha alma um altar a um Deus diferente."[7]

Forçado a viver em um mundo sem fazer parte dele, o marrano tornou-se aquilo que os inquisidores queriam que ele fosse: judeu. Assumia sempre a culpa, mesmo se fosse inocente, como a história do índio zuni, mencionado por Lévi-Strauss, que foi acusado de ser feiticeiro[8]. O índio nega, nega sempre ter poderes mágicos, até que, vendo-se perdido e ameaçado pelos juízes, resolve assumir o crime, e confessa, sim, era mesmo um feiticeiro! Os juízes, satisfeitos, o absolvem. Mas, em que medida, pergunta Lévi-Strauss, o índio zuni não se tornou deveras um feiticeiro? Quantos marranos inocentes, depois de penitenciados, se tornaram realmente judeus? Teresa Rita Lopes caracterizou as personagens de Fernando Pessoa sob as quais Álvaro de Campos se revelou, como o ator e o espectador, o que vive e o que se vê viver, e que muitas vezes se deixa levar pelo papel que ele representa e se identifica à ficção que ele está para criar. Para o marrano, a fuga de si mesmo é impossível[9].

---

5 Apud Maria Teresa Rita Lopes, *Fernando Pessoa et le Drame Symboliste: Héritage et Création*, Paris: Fondation Calouste Gulbenkian, Centre Culturel Portugais, 1985, p. 337. Poema Opiário, Fernando Pessoa (Álvaro de Campos).

6 Ultimatem e Páginas de Sociologia Política: Fernando Pessoa, *Revista Portuguesa*, Lisboa, n. 23-24, 13 out. 1923.

7 Apud L.P. Moitinho de Almeida, *Fernando Pessoa no Cinquentenário de sua Morte*, Coimbra: Coimbra Editora, 1985, p. 100. Poema Sentir de Todas as Maneira, Fernando Pessoas (Álvaro de Campos), *Passagem das Horas*.

8 Cf. Claude Lévi-Strauss, *Structural Anthropology*, New York: Basic Books, 1974.

9 Cf. Fernando Pessoa, *Livro (s) do Desassosego*, organização de Maria Teresa Rita Lopes, São Paulo: Global, 2015.

OS ANTEPASSADOS DE FERNANDO PESSOA   261

E deste medo, desta angústia, deste perigo do ultra-ser,
Não se pode fugir, não se pode fugir, não se pode fugir!
"Ah, Perante Esta Única Realidade, Que É o Mistério",
FERNANDO PESSOA (Álvaro de Campos)

Eu sou o que sempre quer partir
E fica sempre, fica sempre, fica sempre
Até à morte fica, mesmo que parta, fica, fica, fica...
"Passagem das Horas", FERNANDO PESSOA (Álvaro de Campos)

Na solidão da cela, o marrano se debate sobre: o que dizer? O que confessar? A quem acusar? Pede audiência, denuncia pais, irmãos, amigos. Volta à cela, a consciência o tortura, pede nova audiência e nega tudo o que disse. Pede nova audiência e torna a revogar o que havia dito. Quantas vezes hesita e oscila entre esse ir e vir? Ao lermos o "Livro dos Presos Que Se Mataram na Prisão", lembramos de Álvaro de Campos, no poema "Se Te Queres Matar, Por Que Não Te Queres Matar?"

E o pobre Martinho, marrano, eternamente a se despedir... de "mãos atadas", a subir no queimadeiro.

Adeus, adeus, adeus, toda a gente que não veio despedir-se de mim
Minha família abstrata e impossível...
Adeus dia de hoje, adeus apeadeiro de hoje, adeus vida, adeus vida.
"Marinetti Acadêmico", Fernando Pessoa (Álvaro de Campos)

E numa captação genial do outro, que é o outro e é nós:

Ali...
Ali vai a conclusão.
Ali, fechado e selado,
Ali, debaixo do chumbo lacrado e com cal na cara
Vai, que pena como nós,
Vai o que sentiu como nós,
Vai o nós!
Ali, sob um pano cru acro é horroroso como uma abóbada de cárcere
Ali, ali, ali... E Eu?
"O Descalabro", Fernando Pessoa (Álvaro de Campos)

Nas personagens pessoanas, o mundo fictício, secreto, fingido permeia os versos e as entrelinhas. Nas personagens marranas, a realidade concreta é o jogo, a simulação. A busca contínua de novas mensagens é também o paradigma da angústia marrana. No seu inconformismo com a vida e o mundo, Pessoa legou, como diz João Gaspar Simões, uma divisa para a eternidade, que transferimos do mártir grão-mestre dos templários para os tempos obscuros da Portugal inquisitorial: "o combate aos três assassinos – a Ignorância, o Fanatismo, a Tirania".

A impossível reconciliação entre o que "é e o que parece ser" é símbolo do mundo marrano e do mundo pessoano. A extraordinária criatividade de Fernando Pessoa talvez lhe tenha vindo de seu destino marrano. Sonhou com a liberdade, com o Messias, com a redenção. Mas a liberdade é uma ilusão, e o Messias nunca veio. Mesmo conhecendo suas origens judaicas, Fernando Pessoa nunca assumiu a identidade judaica. Mas em seus múltiplos "outros", assumiu-se como marrano.

23. Inquisição e Judaísmo na Ilha da Madeira

O Tribunal do Santo Ofício da Inquisição em Portugal estendeu gradativamente sua ação sobre todas as possessões portuguesas de ultramar.

Analisando a atuação inquisitorial portuguesa, quero chamar a atenção para alguns episódios relacionados com a ação do Tribunal do Santo Ofício na Ilha da Madeira, que nos revelam, de um lado, a preocupação que tinham os inquisidores em averiguar o grau de ortodoxia dos seus habitantes, e, de outro, a resistência que eles apresentaram em aceitar a doutrina, a moral e a explicação do mundo dadas pelo poder, representado de um lado pela Igreja e de outro pela Coroa.

A importância que os estudos sobre heresiologia adquiriu nas últimas décadas acrescentou às pesquisas sobre as atividades da Inquisição na Ilha da Madeira uma dimensão nova, pois chamam a atenção para um mundo submerso, de águas profundas, que acumulam durante longos períodos seus detritos e, ao serem revolvidas, trazem à tona resíduos que nem sequer são percebidos quando no repouso das superfícies. A partir do Congresso de Royaumont, realizado em 1962, do qual participaram mestres inovadores de abordagens até então pouco enfatizadas, como Michel Foucault, Robert Mandrou, Georges Duby, Leszek

Kolakowski, Jacques Le Goff e outros, as preocupações dos historiadores voltaram-se para esse universo obscuro, ausente dos livros e compêndios escolares tradicionais. Começaram então a ser procuradas novas fontes, visando encontrar o reverso da história. Uma dessas fontes, riquíssima para se conhecer o mundo submerso e profundo das crenças proibidas, é o arquivo do extinto Tribunal do Santo Ofício da Inquisição. Entre seus núcleos mais importantes, encontram-se os cadernos elaborados pelos promotores do tribunal inquisitorial. Em cada tribunal – Lisboa, Coimbra e Évora – os promotores elaboravam seus cadernos, onde anotavam todas as denúncias e culpas de que tinham notícia. Em minhas pesquisas nos arquivos da Inquisição, hoje concentrados principalmente no Arquivo Nacional da Torre do Tombo, encontrei esses cadernos completamente desordenados, perdidos em meio a milhares de papéis. Comecei a ordená-los, e foi quando, em 1965, com a nova direção da Torre do Tombo, iniciou-se sua catalogação. Já nesse tempo, minha atenção tinha sido despertada para as heresias da Ilha da Madeira, pela frequência com que apareciam os delitos de seus habitantes.

Sabemos que os portugueses, cristãos-novos em grande parte, espalharam-se a partir do século XVI por todos os quatro cantos do mundo. Desintegrados dentro da sua própria cultura, viveram sob um sistema altamente repressivo, imposto a todo o império português a partir do estabelecimento do Tribunal da Inquisição, que permaneceu ativo perto de três séculos. Um clima de medo marcou fundo a alma dos portugueses, e sua revolta se expressa tanto pelo seu comportamento como pelas suas ideias heterodoxas.

Vejamos primeiro o contexto amplo: Portugal aparece no cenário do século XVI e XVII como uma sociedade infiltrada de ideias subversivas, em que muitos portugueses cristãos-novos e também cristãos-velhos se moviam com desconforto, portadores que eram de uma visão de mundo e de um comportamento proibido pelos que se diziam donos da direção do mundo. É fato que, quanto mais violenta se tornava a perseguição movida pelo Tribunal do Santo Ofício, mais aumentava o número de contraventores e mais heresias se difundiam, atingindo todos os setores da sociedade e marcando tanto o pensamento filosófico

INQUISIÇÃO E JUDAÍSMO NA ILHA DA MADEIRA 265

como a cultura popular. No império português, criaram-se condições excepcionalmente favoráveis para a multiplicação de heresias e nelas encontramos a semente de muitas ideias, que depois irão romper com a visão de mundo tradicional. O clima de medo e ameaça que se implantou no reino levou muitos a emigrarem. Portugal forneceu assim à Europa, ao Oriente e ao Novo Mundo uma massa de exilados que trouxeram, junto com a dor do exílio, o horror da ortodoxia. Homens cuja experiência de vida os abriria para todo tipo de inovações. Nas ilhas do Atlântico, na América, na Europa, portugueses inspiravam movimentos heréticos, alguns importantes como o dos sabataístas na Holanda e os dönme na Grécia. Mas o que nos interessa aqui são os acusados de judaísmo, que se expressavam individualmente, isolados, solitários no debate com sua própria alma dividida.

A Ilha da Madeira recebeu levas de portugueses, colonizadores, comerciantes, aventureiros fugitivos de Portugal, e foi um foco de fermentação herética.

Uma questão que se impõe inicialmente a qualquer investigação sobre as atividades da Inquisição nas regiões onde não havia tribunal oficialmente estabelecido (como, por exemplo, no Brasil e nas ilhas do Atlântico) é determinar quem exercia o poder na instituição inquisitorial. Os réus acusados do crime de heresia na Ilha da Madeira (como no Brasil), eram julgados pela Inquisição de Lisboa que, de tempos em tempos, segundo a emergência, enviava um alto funcionário do reino para realizar sua visita. Conforme o caso, o preso era remetido para Lisboa, ou julgado *in loco*. Mas entre um visitador e outro, quem eram os executores das ordens dos inquisidores? É óbvio que, havendo bispo, este sempre estava colocado no centro, sendo auxiliado pelo vigário, o clero em geral, e um vastíssimo número de familiares do Santo Ofício. Mas, para a compreensão do relacionamento Igreja-Inquisição, é fundamental saber que, na Ilha da Madeira e também no Brasil, os membros da Companhia de Jesus exerciam o poder em nome da Inquisição. São frequentes as referências que encontramos sobre o antagonismo entre religiosos das duas grandes ordens rivais, dominicanos e jesuítas. A oposição dos jesuítas frente ao Tribunal da Inquisição tem que ser entendida na sua justa significação. O fato de o padre

Antônio Vieira defender, na década de 1640, a Restauração portuguesa em oposição aos Habsburgos, assim como a longa luta que travou em Roma e no reino contra a Inquisição, não significa, em absoluto, que os jesuítas, nem como instituição, nem individualmente, tenham se oposto à existência do Santo Ofício. Os documentos comprovam que foram os jesuítas o braço que possibilitou ao tribunal atuar sobre as colônias.

Os manuscritos que examinamos sobre as relações da Inquisição de Lisboa com a Ilha da Madeira e com o Brasil mostram que membros da Companhia de Jesus foram fiéis servidores da Inquisição, sendo seus homens de confiança. As incumbências e ordens dos inquisidores de Lisboa para Madeira eram enviadas diretamente ao reitor do colégio e da Companhia de Jesus. Cremos que a Inquisição não poderia ter exercido seu controle sobre as possessões de ultramar se não tivesse o apoio e a confiança da prestigiosa ordem.

Na Ilha da Madeira, na primeira metade do século XVII, as investigações e inquéritos em matéria do Santo Ofício foram entregues à responsabilidade dos reitores da Companhia de Jesus, os padres Domingos Teixeira e Domingos Barbosa. Um fato ainda mais significativo reforça a tese sobre a confiança que os membros do tribunal depositavam nos jesuítas: sendo muitas vezes reitores do colégio, tinham títulos de comissários nomeados pelo Santo Ofício, portanto, homens de dentro da Inquisição. Como foi o caso também dos jesuítas das missões, que eram comissários da Inquisição de Lima.

A Inquisição funcionava de uma maneira semelhante à polícia política do século XX. Tinha montado, em todas as suas colônias, um esquema de fiscalização para executar seus serviços, do qual fazia parte os "visitadores das naus". Funchal era um porto importante e não podia dispensar a ajuda desses visitadores. Cada navio que chegava era cuidadosamente inspecionado. Os visitadores tinham a responsabilidade de verificar cada caixote de mercadoria, cada papel escrito, livros, cartas etc. Na Ilha da Madeira, no período que estudamos, exerceu tal função o dr. Francisco Pinheiro de Abreu, que ainda acumulava uma quantidade de cargos como comissário do Santo Ofício, capelão de sua majestade, deão da sé da cidade de Funchal, governador do bispado, provedor e vigário-geral e comissário da bula da cruzada.

Também prestavam importantes serviços aos inquisidores os homens do mar, pilotos e donos das naus, que nas suas constantes viagens tinham contato com os portugueses de outras regiões, fugitivos para a Holanda, França e Brasil, entre outras. Assim souberam os inquisidores, por intermédio de Francisco Gomes Simões, cristão-velho, homem do mar, morador na Ilha da Madeira, os nomes de numerosos portugueses que viviam em Amsterdã, entre eles Diogo Rabelo, que frequentava a sinagoga e esteve em Pernambuco; António Martins Viegas, mercador do Porto que tinha assento no Brasil (Bahia) e voltou para Portugal, reuniu a família e foi para Amsterdã; Fulano Rosado, que havia sido mercador em Lisboa; e também Diogo Nunes Belmonte, da Ilha da Madeira, que há dez anos fora com mulher e filhos para Amsterdã. A família Belmonte adquiriu grande prestígio na Holanda, onde, segundo Meyer Kayserling, Diogo Nunes chamava-se Jacob Israel Belmonte. Foi, segundo esse autor, o fundador e primeiro presidente da comunidade portuguesa de Amsterdã.

Na primeira metade do século XVI, a riqueza da Ilha da Madeira está concentrada na produção e exportação do açúcar. Quando o Brasil começou a produzir açúcar em grande escala, a Ilha da Madeira ficou prejudicada, desenvolvendo, então, suas plantações de uvas. Funchal foi, nos séculos XVI e XVII, porto de escala obrigatória para grande parte dos navegadores portugueses e, segundo Arnold Wiznitzer, é provável que cristãos-novos liderados por Fernando de Noronha, na sua passagem pela Ilha da Madeira e por São Tomé, tivessem transportado a cana de açúcar para o Brasil. Judeus e cristãos-novos viviam desde há muito em Madeira, sendo conhecidos como proprietários de terras e plantadores de cana em grande escala. Nos séculos XVI e XVII, exerciam importante papel no comércio diretamente com Flandres, Brasil e outros países estrangeiros. A Ilha da Madeira se caracterizou pela sua população extremamente heterogênea, e ideias pouco ortodoxas eram ventiladas nas ruas, esquinas, reuniões familiares ou entre grupos profissionais, sendo captadas por parentes, amigos, vizinhos, que as transmitiram aos agentes da Inquisição. O comerciante aparece, então, como o elemento instigador de ideias novas. Como homem de "ida e vinda", é importante veículo de transmissão de notícias, em uma época em que a indústria cultural ainda é pobre. Conhece o pulso dos negócios e está enfronhado a respeito das críticas e comentários sobre a orientação do mundo. O mercador burguês sempre foi, na Península Ibérica, o homem perigoso para a preservação do antigo regime e da ortodoxia religiosa.

Em meados do século XVI, a Ilha da Madeira tinha cerca de cinquenta mil habitantes, cuja quinta parte residia em Funchal. Não sabemos qual o número de judeus e cristãos-novos que ali vivia nesse período. Num trabalho sobre a historiografia referente a obras publicadas sobre cristãos-novos entre 1960 e 1975, Gérard Nahon refere-se, em algumas linhas, aos Açores, mas nada indica sobre os cristãos-novos da Madeira.

As notícias sobre as heresias na Ilha da Madeira são muito diversificadas e imprecisas. Sabemos, contudo, que muito cedo a Inquisição começou a preocupar-se com as ilhas e, em 1561, chegou em Lisboa um castelhano morador em Funchal, Diogo Lopes Leão. Formado em Medicina, exercia sua profissão na ilha, e suas ideias sintetizavam de maneira muito clara a essência do que os cristãos-novos pensavam sobre a Igreja e o catolicismo. Foi denunciado por diversas pessoas, desde o cônego até um simples sapateiro.

Suas ideias eram conhecidas em Funchal como escandalosas e comentavam que era blasfemo e um mau cristão. Afinal, o que chamavam de mau cristão? Diogo Lopes Leão expunha suas críticas sobre o papa, não acreditava nas suas absolvições, considerando que não eram válidas nos céus. Apresentava sobre a salvação opiniões semelhantes às do judaísmo: o homem não precisava de ninguém para salvar-se. Sua salvação dependia dele mesmo e de sua própria vontade. A ideia do judaísmo sobre a vida sexual como sendo um fenômeno da natureza, do qual todos os homens devem participar, também as conhecia certamente, pois opina contra o celibato dos padres, achando que seria bem feito se casassem. O médico de Funchal não queria obedecer às leis da Igreja e, para espanto de muitos, comia carne às sextas-feiras.

Uma das maiores resistências apresentadas pelos cristãos-novos à religião católica relaciona-se ao problema das imagens. Diogo compartilhava esse sentimento geral, pois não acreditava em milagres, espantando os que ouviam-no dizer que ninguém curava como ele.

INQUISIÇÃO E JUDAÍSMO NA ILHA DA MADEIRA 269

Processado, pediu perdão e foi condenado a sair com uma vela acesa na mão em um domingo ou dia de festa, para ouvir sua sentença. Abjurou publicamente, no auto de fé do dia 1º de fevereiro de 1562, e teve como sentença cárcere e hábito penitencial ao arbítrio dos inquisidores.

Foi através do bispo de Funchal, em carta de 9 de agosto de 1561, que os inquisidores tomaram conhecimento das blasfêmias e do judaísmo de Diogo Lopes Leão. Juntamente com esse caso, o bispo comunica aos inquisidores também a culpa de dois hereges, Bartolomeu da Costa e um mulato, suspeitos de "cousas graves". Queixa-se o bispo de que na Ilha da Madeira não se podia fazer justiça como suas culpas merecem, por causa do "pouco aparelho que há nesta terra". Era o bispo quem fazia visitas em nome do Santo Ofício. Zeloso, entregou os presos a Matheus André, mestre de um navio que seguia fretado para Lisboa e, para maior segurança, mandou um homem para acompanhá-lo.

Depois de um ano, Diogo Lopes Leão escreveu aos inquisidores solicitando licença para voltar à Ilha da Madeira, a fim de cobrar seus lucros, dinheiro e outras coisas, antes que fossem destruídas. Pediu aos inquisidores, "pelas chagas de Cristo, que o mandem despachar, e se lhes parecer que não é serviço de Deus estar naquelas terras, onde tanta necessidade há dele, voltará a Lisboa, ou seja, irá para sua terra ou onde os inquisidores mandarem". Foi autorizado a ir para a "terra de católicos", mas não para a Ilha da Madeira, devido ao escândalo que causou com sua má vida e costumes. Depois de dois anos, escreveu novamente aos inquisidores pedindo compaixão, pois já estava enfermo e velho e, como estrangeiro, gastara tudo o que tinha e queria retornar à Ilha da Madeira. Em 21 de janeiro de 1564, os inquisidores concordam, "pois o povo o pede por lá necessário para curar em física como em cirurgia".

Em 1591, deu-se a primeira visitação oficial do Santo Ofício às partes do Brasil e também foi ordenada uma visitação oficial à Ilha da Madeira. Não foram encontrados os livros dessa visita, mas temos informações sobre os implicados no "Livro das Ratificações" e de um "Relatório de Culpados na Visitação da Ilha da Madeira", que traz como data de encerramento 20 de fevereiro de 1592. Desse índice de culpados, de um total de 174 madeirenses registrados, mais de 94 eram cristãos-novos, acusados de judaísmo. Um caso, extremamente interessante e muito típico dos judaizantes merece ser descrito. É a história de Ana Mendes (não confundir com a homônima denunciada em 1618), que contou ter aprendido o judaísmo com a mãe, a cristã nova Izabel Fernandes, quando tinha vinte anos. Disse que a mãe lhe falava: "filha, não hás de crer senão em Deus que está nos céus", "a imagem de Nossa Senhora, que está na Misericórdia, é de uma mulher de carpinteiro". Tanto Ana Mendes como a irmã, Leonor Ribeiro, ajudavam a mãe nas tradições judaicas, colocando lençóis lavados nas camas às sextas-feiras, entre outras coisas, mas afirmou que a mãe não dizia que tudo aquilo era coisa da lei de Moisés, por isso não sabia com que intenção o fazia. Só depois que colocaram o édito de fé na porta da igreja, descobriu que fazer as ditas coisas era da lei dos judeus. Os inquisidores não consideraram sua confissão como fidedigna, mas Ana morreu em 7 de abril de 1592. Os seus herdeiros foram chamados à mesa inquisitorial e, em 2 de outubro de 1597, os inquisidores mandaram que seus ossos fossem desenterrados e queimados em detestação de tão grave crime, no auto de fé do dia 3 de setembro de 1597.

Apesar do alto índice de cristãos-novos implicados nessa visita de 1591 e do alarme causado, o judaísmo continuou a aparecer com frequência no correr da primeira metade do século XVII. Se as acusações eram verdadeiras ou falsas, problema importante para a compreensão do fenômeno do cristão-novo em sua totalidade, não interessa a este trabalho. O que conta aqui é o fato de que cristãos-novos continuaram suspeitos e acusados de judaísmo. Ser judeu não significava, no século XVII, como também não significa hoje, unicamente seguir a religião judaica.

A perseguição contra os cristãos-novos portugueses continha no fundo uma razão político-econômica muito mais que religiosa, e a análise dos processos de judaísmo não sustentam a tese da Inquisição como um tribunal puramente religioso, nem dos condenados terem sido verdadeiramente culpados do crime de judaísmo. As acusações constituíam um amontoado de termos e palavras-chave, que se repetem quase idênticas através dos séculos, muitas vezes sem nenhuma alteração.

Os cristãos-novos, em número considerável, eram homens descrentes da religião. Um exemplo dado por Herman Prins

Salomon sobre Gaspar Lopes Homem, cristão-novo de Funchal que, apesar de viver na Holanda, nunca se fez judeu e acabou sendo enterrado na Igreja Nova em Amsterdã, reflete bem a realidade de muitos portugueses e o mito que se criou sobre o seu judaísmo de que todos cristãos-novos eram judaizantes. Gonçalo Lopes disse aos guardas de seu cárcere: "querem me matar, ora, matem-me, que por mais perrarias que me façam, não hei de dizer o que não fiz".

As heresias que encontramos entre a população madeirense situam-se, como em todo o império, em dois níveis, no comportamento e nas ideias. Refletindo sobre a heresia judaica, que era o que mais preocupava a Igreja, também não é a prática do judaísmo puro que encontramos. As denúncias que examinamos sobre os cristãos-novos na Ilha da Madeira mostram (como no Brasil) mais uma negação em aceitar os dogmas da religião católica do que propriamente a prática de outra religião. Isso, lembramos de passagem, a meu ver, não os exclui de serem, mesmo como portugueses e cristãos-novos, parte integrante do povo judeu, uma vez que compartilharam o seu destino. Ser judeu na Ilha da Madeira, do mesmo modo que em Portugal e no vasto império português da época moderna, foi uma condição imposta de fora para dentro, porém assumida inteiramente pelos cristãos-novos que viviam essa condição das maneiras as mais diversas, conforme suas personalidades individuais. Eles interiorizavam esse estigma, o que os preparava potencialmente para muitas vezes aderir, de modo consciente, à prática ao judaísmo, quando se estabeleciam na Holanda ou em regiões onde a religião judaica era permitida. Mas isso não acontecia de maneira absoluta, como mencionamos antes.

Depois da visitação de 1591, a referência mais antiga que encontramos sobre a ação inquisitorial na Ilha da Madeira data de 1617. É interessante que os documentos mencionam nesse ano a presença em Funchal de um inquisidor, Francisco Cardoso de Tornéo, responsável pelas inquirições das testemunhas contra o caso da cristã-nova Ana Mendes. O exame das culpas de Ana Mendes durou alguns anos, e as investigações foram realizadas nas pousadas do senhor inquisidor do Santo Ofício, Francisco Cardoso.

Os inquisidores de Lisboa escreveram ao visitador Francisco Cardoso que averiguassem os livros da visitação, depois do perdão de 1605, e as testemunhas que depuseram contra Ana Mendes; que ratificassem o que lá haviam dito e mandassem tudo para Lisboa no primeiro navio. Terminada essa tarefa em 5 de fevereiro de 1618, o notário do Santo Ofício da Madeira transladou bem e fielmente o que os inquisidores haviam pedido, e depois de consultar tudo com o visitador Francisco Cardoso, enviou os papéis para o reino.

Ana Mendes sobressaía-se com sua tenacidade e opiniões. Desafiou respeitáveis clérigos, família, amigos e vizinhos. Não sabemos quais as bases sobre as quais assentava suas críticas à Igreja e aos dogmas da religião. Viúva de posses, as testemunhas que a acusavam mencionam que criava muito bem as filhas e que dirigia com inteligência seus negócios. Mas nunca se levantava durante a leitura do Evangelho, não batia no peito nem se ajoelhava, e quando erguiam a imagem do Cristo fazia toda sorte de trejeitos e gestos que escandalizavam os fiéis na igreja e os vizinhos na rua. Uma frase captada de Ana Mendes revela a lucidez de seu raciocínio: puderam castigar Adão porque pecara, mas por que haviam de castigar aos outros que não tiveram culpa? Sensível às injustiças, Ana Mendes, sem o saber, rejeita o sistema que as legitima.

No mesmo texto dirigido aos inquisidores, no qual se davam as informações sobre Ana Mendes, o inquisidor Francisco Cardoso mandou notícias sobre o ouvidor da cidade de Funchal, o cristão-novo Manuel Alvares (Farausto). Reporta-se também ao licenciado Pero Gonçalves de Barros, que contou, preocupado, que estando a Ilha da Madeira tão longe da Inquisição, não se tratava com consideração as coisas da fé, e que na ilha estava servindo de ouvidor um homem letrado, natural de Elvas, e que era da Nação. Critica-o por "ser pouco moderado em suas ações e em seu falar, dizendo proposições que muito escandalizavam os moradores e por ser a terra onde batem muitos estrangeiros que os mais deles são hereges a quem ele mais favorece, e tem um bom intento, mas o termo de suas palavras e nação, fazem tudo nele ser suspeito". Recusava-se a ouvir missa, duvidava do Espírito Santo, não acreditava na salvação, dizendo ainda que ele era cristão e que tinha em si a divindade de Cristo.

As denúncias sobre as heresias aumentaram a partir da década de 1630. São então feitas diretamente ao reitor da

INQUISIÇÃO E JUDAÍSMO NA ILHA DA MADEIRA 273

Companhia de Jesus, o padre Domingos Teixeira. Aparecem nos documentos menções aos "Livros de Visitações" realizadas depois do Perdão Geral[1]. Os nomes dos culpados que conhecemos provêm das informações prestadas pelas testemunhas diretamente ao reitor do colégio da Companhia de Jesus. Judaísmo é o crime frequente, mas desfilam perante o padre reitor também feitiçarias, blasfêmias, desacatos, bigamia, amancebamentos, sodomia, solicitações no confessionário, entre outros. Também o padre Antônio Vieira traz informações sobre os portugueses cristãos-novos que judaizavam em Funchal.

Denúncia em 5 de fevereiro de 1639, na capela do colégio, contra o cristão-novo Belchior Gomes de Leão, dizendo Pero Gonçalves Brandão, morador na rua dos Mercadores, que Belchior não comia carne de porco. Isso foi o suficiente para que os inquisidores exigissem um inquérito, e depõe contra ele um servo, o escrivão judicial da cidade João Correa (Tordelo) e o juiz ordinário Abraham Vaz (de Cairos).

É difícil saber o que pensavam os portugueses perseguidos sobre o Tribunal da Inquisição. Os madeirenses não lhe poupavam críticas. Um documento onde transparece essa atitude traz o seguinte título: "Advertências que Se Fazem aos Senhores do Escândalo Que Dão Certas Pessoas da Nação Com Seu Viver na Ilha da Madeira". Escandalizara-se o denunciante com Bento de Matos Coutinho, homem da Nação, residente em Funchal, que mantinha negócios com judeus e conversos foragidos em Flandres e no Brasil, por falar mal dos procedimentos dos inquisidores, tendo-os por injustos por procederem contra a gente da Nação em excessos, tiranicamente, contra o direito e a justiça. E o viver escandalosamente significava certamente o que fazia Luiz Fernandes de Oliveira, também homem da Nação, casado com mulher da mesma origem, cujo tio foi queimado pela Inquisição e que se expressava sobre o sábado com profundo respeito e reverência. O sogro de Luiz Fernandes de Oliveira, Simão Vila Real, também da Nação, era irmão de outro Vila Real, que fora queimado pela Inquisição. Quando estava para morrer, o cura

---

1   Muitas vezes, em troca de vultuosa soma de dinheiro, o papa concedia Perdão Geral a todos os conversos que estavam encarcerados. Em contrapartida, com frequência o rei também oferecia uma soma que suplantava a dos cristãos--novos para que o Perdão não fosse concedido.

da sé foi levar-lhe o santíssimo sacramento. Tomou-o na boca por cumprimento, mas não engoliu, e assim que o padre deixou o recinto, o cristão-novo Simão Vila Real cuspiu a partícula.

Ao falarmos sobre a Ilha da Madeira no século XVII, surge sempre a figura do poeta Manuel Thomás, autor da *Insulana* (publicada em Anvers, 1635) e da *Fénix da Lusitânia*, dedicado a dom João IV (1649) que, segundo Kayserling, era filho de um médico judeu, Joseph Abravanel. Quando Diogo Rodrigues, mercador residente na Ilha da Madeira, prestou informações aos inquisidores sobre os portugueses cristãos-novos que viviam em Amsterdã, cita entre eles Manuel Thomás, natural de Guimarães. Será o poeta? Conta ainda Diogo Rodrigues que havia em Amsterdã perto de 12.500 pessoas de origem portuguesa, e que quando partiu das ilhas para Amsterdã, o visitador e inquisidor das ilhas, Francisco Cardoso, encomendou que fizesse, na Holanda, uma diligência sobre as pessoas da Nação que para lá fugiram. Diogo Rodrigues cumpriu as ordens e mandou o resultado de volta para as ilhas, onde foi entregue ao inquisidor. Relata nesses papéis a vida que os portugueses levavam em Amsterdã, como eram, como se vestiam e como se comportavam.

Na década de 1640, as notícias sobre os hereges madeirenses continuavam a chegar em Lisboa e, como na década anterior, dirigidas ao reitor do colégio da Companhia de Jesus, Domingos Barbosa. Aparece, então, implicado, um alferes da Ilha da Madeira, dom Francisco, por comer presunto às sextas feiras. Denúncias e mais denúncias se avolumavam sobre a mesa do promotor: matéria de fé, higiene, sexualidade, as atitudes mais diversas, expunham os madeirenses perante a Inquisição.

A fiscalização do Santo Ofício da Inquisição abrangia todas as ilhas, e queremos lembrar que numerosas referências aparecem sobre São Miguel, Ponta Delgada Terceira, Angra, Graciosa, Cabo Verde. Falava-se de uma sinagoga onde se juntava o povaréu para rezar, e que duas mulheres, Maria da Sylvia e outra cujo nome não consta, se reuniam em casa de uma outra mulher, mãe de um clérigo que chamavam de Rego, e faziam feitiços, pois queriam saber se a dita moça Maria da Sylva haveria de se casar ou não com certo homem.

Seguem ainda casos diversos com reflexões curiosas, como o de Joana Gomes, que ridicularizava a simbologia da hóstia

INQUISIÇÃO E JUDAÍSMO NA ILHA DA MADEIRA

como o corpo de Deus, dizendo "que o senhor do mundo está no céu e vem cá entrar na nossa boca? E que o metem na boca da gente fazem-no cá de farinha da terra"; Guimane Mendes, chamada de "refinada judia", jejuava duas vezes por semana e não comia carne de porco; Maria do Rosário supostamente enfeitiçara o escrivão do colégio da Companhia de Jesus, impedindo-o de ter relações com sua mulher; António Gonçalves, natural e morador na freguesia da sé da cidade de Funchal, conta que, ao se confessar com o cônego Pero de Lourenço, o padre lhe tocou o corpo, acometendo-o para atos desonestos.

São vagas, imprecisas, inconsistentes, as descrições das violações e das graves culpas, nas palavras do bispo de Funchal. Mas revelam um universo mental reprimido com o qual os madeirenses lutavam, fazendo frente à sociedade repressiva, baseada no conceito de culpa e de pecado.

Dentro do próprio seio da Igreja criou-se a reação à imposição forçada da moral e da religião. Membros do clero foram condenados pelo tribunal pelos crimes mais variados, desde solicitação, blasfêmia, desobediência, sodomia, críticas ao Santo Ofício e judaísmo. A crítica aos dogmas católicos é uma constante nessas denunciações. Fazer parte da Igreja diminuía o perigo de suspeita de heresia e cada família queria nela ter pelo menos um filho, pois isso afastava também as suspeitas de impureza de sangue, uma vez que só os puros podiam servir a Deus.

Os cristãos-novos, não obstante a legislação discriminatória que lhes vedava esse direito, conseguiram muitas vezes, mediante pagamento, ultrapassar as barreiras separatistas, e diluíram-se no vasto mundo da Igreja. Esse teria sido o destino do cônego da sé de Funchal, António Vasconcelos, cristão-novo, acusado pelo chantre da sé e provisor do bispado, Pero Gonçalves de Fontes, se não tivesse sido denunciado por seus desacatos ao Nosso Senhor dentro da própria sé.

Pesquisas mais exaustivas permitirão conhecer os rumos que os inquisidores deram a cada um desses denunciados. É fato significante que, tanto no caso do cônego quanto na denúncia que o licenciado Pero Gonçalves de Barros fez ao ouvidor da cidade, aparece a condição de "homens da Nação". O próprio chantre da sé diz textualmente: "o que o move a fazer a denunciação é ser o dito António de Vasconcelos, cristão-novo por parte de pai e mãe". Averigou a origem do cônego minuciosamente, chegando a saber que era o quarto neto de Jorge Dias, judeu converso em uma ilha dos Açores, e de Guiomar de Menezes, que havia sido presa por decreto da Inquisição, sendo, pelo lado materno, neto de Brás Fernandes Silveira, tido e havido na ilha como cristão-novo. A denúncia seguiu para Lisboa em uma carta datada de 3 de junho de 1649, assinada pelos ministros da sé e autoridades diversas. Convém lembrar que uma pessoa penitenciada na família aumentava a vulnerabilidade de todos os membros.

Parece que Cabo Verde foi um dos fecundos centros de judaísmo. Foram acusados de fazerem escândalo, procedendo em tudo como judeus, Diogo Lopes, Alvaro Quaresmo, João Lopes Velho, o clérigo António Mendes e Pero Henriques Bezerra. Também foi preso, em 12 de outubro de 1646, o negro Bento Roiz de Jesus, por hipocrisia. Encontramos referências a outro cristão-novo, Diogo Pelegrino, rabino da sinagoga. Um visitador fiscalizava a região, pois sabia-se que em Cabo Verde não se obedecia ao Concílio de Trento.

E o que podemos concluir desse quadro de heresias que se escondiam nas malhas da sociedade das ilhas? Não terão sido os hereges portugueses precursores de um pensamento esclarecido, que vai explodir no século XVIII? As ideias que expressavam em sussurros apenas, as críticas aos dogmas, ao celibato dos padres, a aversão às imagens, as dúvidas relacionadas à salvação, as críticas ao tribunal foram sintomas da descristianização pela qual estavam passando os portugueses cristãos-novos e cristãos-velhos, que anteciparam em três séculos o racionalismo e o pensamento ilustrado em matéria de religião, moral e costumes. Os hereges da Madeira, como das outras ilhas dos Açores, expressavam, parafraseando George Duby, a tomada da consciência da sociedade em que viviam.

24. Sionismo Político na Renascença Portuguesa (Damião de Góis)[1]

A expulsão dos judeus da Espanha, em 1492, foi sentida pela maior parte dos judeus como uma punição divina pelos seus pecados, e interpretada pelos judeus eruditos e ortodoxos da época em termos de culpa e punição, pecado e redenção.

Após os traumáticos eventos do século xv, a esperança messiânica judaica tradicional sofre uma drástica mudança, influenciada pelas ideias de Isaac Luria, no século xvi, e por Natã de Gaza, no século seguinte[2].

O misticismo judaico, gradualmente, transformou a redenção messiânica em um processo histórico, como resultado do comportamento humano religioso. A esperança judaica de redenção ganhou um novo sentido. A ideia de que o homem é capaz de influenciar a redenção divina introduziu, no coração do processo messiânico, uma figura humana, Sabatai Tzvi, que emergiu como um mensageiro de Deus, dotado de poderes

---

1 Cf. A. Novinsky, Political Zionism in the Portuguese Renaisssance (Damião de Gois), em Jodi Magness; Seymour Gitin (eds.), *Hesed ve-Emet: Studies in Honor of Ernest S. Frerichs*, Atlanta: Scholars Press, 1998.

2 Cf. Gershom Sholem, *As Grandes Correntes da Mística Judaica*, 3. ed., São Paulo: Perspectiva, 2008; Joseph Dan, Scholem's View of Jewish Messianism, *Modern Judaism* 12, n. 2, may 1992, p. 117-128.

Sabatai Tzvi. Gravura.

divinos e com a missão de conduzir as etapas do processo messiânico[3].

Um novo tipo de Messias foi introduzido na imaginação dos judeus, um Messias que já está "aqui e agora" e é uma parte do processo histórico. O social, o cósmico, o nacional serão redimidos, mas sempre através das mãos de Deus[4].

Se examinarmos as orações dos marranos em Portugal e na América, do século XVI ao XVIII, encontraremos sempre um constante sentimento de culpa. Esse sentimento de culpa foi transmitido aos cristãos-novos por gerações, incorporado em suas almas e vivido por eles intensamente. Em suas orações, o marrano sempre invoca "Deus, Adonai, perdoa-nos." Eles suplicam por "redenção" e "salvação", que somente poderia vir "de cima".

Quero apresentar duas abordagens diferentes sobre a conversão forçada de 1497 em Portugal. Duas visões de mundo, que também refletem a mentalidade da época, de dois renomados pensadores do Renascentismo português, um judeu e um cristão: Isaac Abravanel e Damião de Góis[5].

---

3   Ver Roland Goetschel, *Isaac Abravanel: Conseiller des princes et philosophe*, Paris: Albin Michel, 1996, capítulo 6, "Le Messianisme".
4   Cf. Damião de Góis, *Chronica do Felicissimo Rei D. Emanuel*; editado pela primeira vez em 1566-1567.
5   Ibidem.

Desejo assinalar que não encontrei, entre os escritos dos convertidos portugueses e espanhóis, nenhum texto que falasse sobre a dramática experiência judaica em termos "seculares" ou "históricos". Tudo o que ocorreu após a expulsão, a própria "expulsão" e o destino do povo judeu, foi entendido pelas vítimas em termos religiosos e transcendentais dos desígnios de Deus.

A história, vida e obra de Isaac Abravanel são bastante conhecidas, não havendo necessidade de uma exposição mais extensa. Quero apenas me referir brevemente à ideologia que nutriu e consolou os exilados em sua dramática situação para que melhor se compreenda seu contraste com a abordagem secular e empírica do humanista português Damião de Góis.

Para o exegeta e filósofo judeu Isaac Abravanel, a consolação aos seus irmãos judeus baseou-se em pontos de vista teológicos e messiânicos. Ele alimentou os desafortunados judeus com esperanças de redenção, que estaria próxima, pois a salvação e redenção foram anunciadas pelo exílio. O Messias há de vir e guiar os cativos para Sion, onde todas as tribos perdidas se reunirão de novo. Eles serão conduzidos pelo Messias para a Terra Prometida. Mas os judeus espanhóis que se converteram ao cristianismo "voluntariamente", porque desejavam "escapar ao destino do povo judeu", não seriam incluídos entre os redimidos. Apenas aqueles "forçados", os *anussim*, seriam perdoados e fariam parte de Israel[6].

O mito bíblico do retorno dos judeus à Terra Prometida, nutrido durante séculos, tanto pelos judeus asquenazitas, quanto pelos sefarditas, continha em si mesmo uma conotação messiânica sagrada. Os judeus tinham que esperar, pacientemente, até que fossem conduzidos para Sion pelas mãos do Todo Poderoso. Apenas "Ele" pode decidir quando isso irá acontecer. É interessante lembrar que somente uma minoria dos judeus, durante os tempos medievais ou modernos, escolheu voluntariamente ir para a Palestina. Na segunda metade do século XIX, a ideia de retorno à Terra Prometida adquiriu uma nova forma. O sionismo político nasceu depois que novas ondas de perseguições dizimaram comunidades judaicas e após a Europa

6   R. Goetschel, op. cit., p. 161.

280 VIVER NOS TEMPOS DA INQUISIÇÃO

passar por várias transformações políticas. Moldou-se uma nova consciência, com a ideia firme de que o momento de agir havia chegado e que os judeus deviam dirigir seu próprio destino. Um sionismo distante da ortodoxia religiosa foi liderado por judeus seculares e agnósticos. A identidade religiosa foi então substituída pela identidade nacional, e transformou-se em um movimento que não existia antes do século XX. Não encontramos, até então, nenhuma sugestão ou expressão significativa que revelasse que os homens tinham o poder de moldar o seu próprio destino, separado do poder divino. A "história", o "retorno" e os "tempos messiânicos" dependiam da vontade única e exclusiva de Deus.

Em Portugal, no século XVI, encontramos, pela primeira vez, uma abordagem totalmente diferente em relação à história judaica, com um enfoque sociopolítico secular, que interpreta a vida e o destino dos judeus independente da vontade de Deus. Essa nova abordagem da história judaica foi expressa, pela primeira vez, nas palavras de um humanista, Damião de Góis. Escrevendo a *Chronica do Felicissimo Rei D. Emanuel*, Damião de Góis examina as "causas" de os judeus estarem expostos a tantas injustiças, usando uma abordagem histórica. Podemos assim considerar Góis o primeiro sionista político dos tempos modernos, com uma mensagem precursora do contemporâneo sionismo político, que inspirou a primeira geração da *aliá*[7].

Marcel Bataillon, ilustre hispanista e professor do Collège de France, em seu trabalho *Testigos Cristianos del Protosionismo Hispano-Portugués*, chamou a atenção para a obra do judeu português Joseph ha-Cohen que, no seu livro *Emek ha-Bakhá* (O Vale do Pranto, 1575), se refere aos membros da célebre família marrana Mendes Nassi como os primeiros sefarditas que formularam um ideal de reconstrução das ruínas de Tiberíades e de colonização da comarca[8]. O livro de Cohen é a principal

7 "Subir, subida", empregado na *Bíblia* em referência às peregrinações a Jerusalém por ocasião das Grandes Festas; na atualidade refere-se às vagas de retorno ao país (no plano individual) e de repovoamento (no plano coletivo) de Israel. Nesta última acepção há, historicamente, três principais, entre a segunda metade do século XIX e a primeira do XX. (N. da E.)

8 Marcel Bataillon, Testigos Cristianos del Protosionimo Hispano-Portugués, *Nueva Revista de Filología Hispánica*, Ciudad de México, t. 24, n. 1, 1975, p. 125-141.

SIONISMO POLÍTICO NA RENASCENÇA PORTUGUESA

fonte hebraica que existe para mostrar o papel desempenhado por Joseph Nassi (também conhecido como João Migas Mendes) na concretização do ideal do retorno[9].

É interessante mostrar ainda que as ideias protossionistas do português Damião de Góis foram apresentadas na *Chronica do Felicissimo Rei D. Emanuel* nove anos antes de Cohen ter publicado seu *Vale do Pranto*. Góis dá uma explicação política às desventuras dos judeus que foge totalmente da mentalidade dos eruditos ortodoxos, antecipando, em quase três séculos, o sionismo político contemporâneo. Segundo alguns autores, a tentativa de Joseph Nassi de estabelecer uma espécie de centro político judaico na Palestina foi a única tentativa prática que conhecemos nesse sentido desde o século IV ao XIX.

Damião de Góis e Joseph Nassi estiveram na mesma Universidade de Louvain. Góis pertencia a uma geração anterior a Nassi, pois era 22 anos mais velho, e tudo leva a crer que conhecia a diversidade e a complexidade que a questão judaica havia assumido.

Nassi tomou posse das terras de Tiberíades em 1558 ou 1559 e certamente Damião teve conhecimento desse fato, uma vez que viajou e contatou humanistas e reformistas da época. Em 1565, Nassi terminou a reconstrução das ruínas de Tiberíades um ano antes de sair a primeira parte da *Chronica* de Góis. Difícil crer, acompanhando a sua biografia, seus contatos, as ilustres personalidades que hospedou, os amigos influentes que teve e as viagens que realizou, que Góis não tivesse conhecimento do interesse de Nassi pela Palestina. Não temos, entretanto, elementos para saber qual a intenção de Nassi; se tinha a mesma concepção que a apresentada por Góis em sua *Chronica*.

Na opinião de Marcel Bataillon, o protossionismo português já havia começado, meio século antes de Mendes-Nassi ter iniciado em Constantinopla seus contatos com a Terra Santa. Em princípios do século XVI, o espanhol frei Antonio de Aranda e o português frei Pantaleão de Aveiro, foram à Palestina, deixando um riquíssimo testemunho da presença de comunidades

---

9   Joseph ha-Cohen, *Emek ha-Bakhá*, 1575. Publicado pela primeira vez em francês por Julian Sée, Paris, 1881. Apud Paul Grunebaum-Ballin, *Joseph Naci: Duc de Naxos*, Paris/La Haye: Mouton, 1968, p. 78-79.

282 VIVER NOS TEMPOS DA INQUISIÇÃO

judaicas na Galileia[10]. Segundo estatísticas turcas do ano de
1548, Safed era então centro de um distrito de 282 aldeias, onde
havia cerca de 1.900 famílias, das quais 716 eram judias, a maioria espanhola e uma parte de origem portuguesa. Segundo
Aranda, a língua que falavam era o espanhol e muitos desses
judeus tinham sido criados como cristãos na Península Ibérica[11].

Marcel Bataillon considera o relato do monge português
Pantaleão de Aveiro muito mais marcante e explícito que o seco
e displicente comentário de frei Antonio de Aranda.

É importante, para a compreensão do complexo fenômeno
marrano, o "saudosismo português" que Aveiro encontrou entre
as mulheres que, com lágrimas nos olhos, se lamentavam de
terem saído de Portugal, abandonado a pátria, para uma terra
que pensavam ser da promissão, mas que se revelou uma "terra
de desesperança"[12]. Esse fato revela que judeus exilados ainda
não se haviam dado conta de sua fragilidade social, nem ligavam sua sorte ao fato de não terem um solo nacional. Os relatos
de Pantaleão de Aveiro mostram também que cristãos-novos
saíram de Portugal por medo da Inquisição e não por ideais
nacionais ou convicções religiosas. Fugiram por terem seus
familiares presos e queimados. Encontramos ainda exemplos
da perda de toda fé entre alguns desses judeus portugueses.

Mas cheguemos ao ponto crucial: como se expressou o
sionismo político de Damião de Góis? Quem foi esse homem
que vislumbrou a trajetória histórica dos judeus em termos tão
racionalistas, objetivos, modernos, que antecipou em trezentos anos o sionismo político, eliminando, na interpretação do
destino dos judeus, a interferência divina, as fantasias messiânicas e todas as explanações que mistificavam fatos históricos?

Damião de Góis, um homem da Corte, ligado aos mais
altos expoentes intelectuais foi, durante algum tempo, contemporâneo de Francesco Guicciardini, humanista da Renascença,

---

10 O texto de Antonio de Aranda chama-se *Verdadera Información de la Tierra
    Sancta*; o do frei Pantaleão de Aveiro, *Itinerário da Terra Sancta e Suas Particularidades*. Essas informações encontram-se em M. Bataillon, op. cit., p. 128n5
    e p.131n9, respectivamente.
11 M. Bataillon, op. cit., p. 128n7, 129.
12 Apud M. Bataillon, op. cit., p. 137.

SIONISMO POLÍTICO NA RENASCENÇA PORTUGUESA

que tão friamente justificou a política dos reis católicos[13]. Na sua *Chronica do Felicissimo Rei D. Emanuel*, Damião de Góis interpreta a sorte dos judeus de maneira "totalmente original"[14].

Relembremos a história: dom Manuel prometeu, por razões amorosas e políticas, na cláusula de casamento com a filha dos reis católicos da Espanha, Fernando e Isabel, que expulsaria de seu reino todos os infiéis, árabes e judeus, concedendo alguns meses de prazo para que pudessem sair aqueles que não desejassem se converter à "santa fé católica"[15].

Revogou depois essa ordem em relação aos judeus e não permitiu mais a sua emigração, obrigando todos a se batizarem e a se converterem ao cristianismo. Mandou ainda que se tirassem às famílias judias todos os filhos de até quatorze anos, para serem criados por famílias cristãs. Aos árabes que não quisessem se converter, dom Manuel permitiu a livre saída, proibindo qualquer violência contra eles. Não ordenou que se lhes tirassem os filhos e ainda prestou auxílio material para saírem do reino.

Por que dom Manuel não deu qualquer outra opção aos judeus e deixou os árabes partirem? Por que tiraram os filhos aos judeus e não aos mouros, quando ambos não quiseram receber o batismo?

Segundo Damião de Góis, a causa dessa diferença está no fato de serem os judeus um povo sem terra e senhorios, cidades e vilas, e em toda parte onde vivem são peregrinos, sem poder nem autoridade para executar suas vontades contra as injúrias e males que lhes fazem, enquanto os muçulmanos têm reinos e grandes senhorios e podem vingar-se dos cristãos que habitam suas terras. Essa foi a causa por que dom Manuel deixou sair os árabes de Portugal com seus filhos e bens, e não aos judeus. Aos judeus se podia fazer todo o mal possível.

Muitos dos iudeus naturaes do Regno & dos que entraram de Castella tomaram ha aguoa do baptismo, & hos que se nam quiseram converter começaram logo a negoçiar has cousas que lhe convinham pera sua embarcaçam, no qual tem el Rei, per causas que ho a isso moveram, ordenou que em hum dia çerto lhes tomassem a estes hos filhos & filhas

---

13 Ver Léon Poliakov, *De Maomé aos Marranos: História do Anti-Semitismo II*, 2. ed., São Paulo: Perspectiva, 1996, p. 171.
14 António Álvaro Dória, *Damião de Góis*, Lisboa: A.M. Teixeira, 1944, p. 53-56.
15 A cláusula do casamento foi assinada em dezembro de 1496.

de idade de "14" annos pera baixo & se destribuissem pelas villas & lugares do regno, onde à sua propria custa mãdava que hos criassem & doctrinassem na fé do nosso salvador Iesu Christo. & isto concluiu elRei com seu cõselho estado em Estremoz, & dalli se veo a Evora no começo da quaresma do anno de m.ccccxcvij [1497] onde declarou que no dia assinado fôsse dia de Pascoela.

& porque nos do conselho nam houve tanto segrêdo que se nam soubesse ho que açerqua disto estava ordenado & ho dia em que havia de ser, foi neçessario mandar elrei que esta execuçam se fezesse loguo per todo ho Regno antes que pe modos & meos que estes Iudeus, poderiam ter mandassem escondidamente hos filhos fora delle, a qual obra nam tam sómente foi de gram terror, mesturado com muitas lagrimas, dor & tristeza ahos Iudeus, mas ainda de muito espanto & admiraçam, ahos christãos, porque ninhua creatura do de padecer, nem sofrer apartar de sim forçadamente seus filhos, & nos alheos por natural comunicaçam sente quasi ho mesmo prinçipelmete has raçionaes, porque com estas comunicou natureza hos effectos de sua lei, mais liberalmente do que ho fêz com has brutas irracionaes.

Ha qual lei forçou muitos dos christãos velhos moverense tanto a piedade & misericordia dos bramidos, choros & plantos que faziam hos paes & mais a tuem forçadamente tomavam hos filhos, que elles mesmo hos escondiam em suas casas por lhos nam virem arrebatar dentremãos, & lhos salvarão cõ saberem que nisso faziam contra ha lei & prematua de seu Rei & Senhor ahos mesmos iudeus fêz usar tanta crueza esta lei natural, que muitos delles mattaram hos filhos, afogando hos & lançando hos em poços & rios & per outros modos, querendo antes vellos acabar desta maneira, q nam apartaloos de sim, sem sperança de hos nunqua mais verem, & pella mesma razão muitos delles se mattavam a sim mesmos.

Emquanto se estas execuções fazião , nam deixava elrei de cuidar no q convinha à saúde das almas desta gente, pelo que, movido de piedade, dissimulava cõ elles, sem lhes mandar dar embarcaçam, & de três portos de seu Regno que lhe pera isto tinha assinados, lhes vedou hos dous & mandou que todos se viessem embarcar a Lisboa, dandolhes hos estaos pera se nelles agasalharem, onde se ajuntaram mais de vinte mil almas, & com estas delõguas se lhes passou ho tempo que lhe elRei limitou pera sua saída, pelo que ficavam todos captivos. Hos quaes, vendosse em estado tam misero, cometeram muitos delles por partido a elrei que lhes tornassem seus filhos & lhes prometessem que em vintannos se nam tirasse sobrelles devassa & que se fariam Christãos, ho que lhes elRei conçedeo, cõ outros muitos privilegios que lhes deu; & ahos que nã quiseram ser Christãos mandou loguo dar embarcaçãm, quitando-lhes ho captiveiro em que encoreram & se passaram todos a terra de mouros.

Hora he que se poderá reputar a descuido nam dizermos que causa houve elrei mãdar tomar hos filhos dos Iudeos & nam hos dos mouros, pois assi hus quomo hos outros se sahiam do regno por não quererem

SIONISMO POLÍTICO NA RENASCENÇA PORTUGUESA

receber ha aguoa do Baptismo & crer ho que crê ha Egreja Catholica Christam. Ha causa foi porque de tomarem hos filhos ahos Iudeus se nã podia recreçer ninhum damno ahos Christãos que andam espalhados pelo mudo, no qual hos Iudeos por seus pecados, nam tém regnos nem senhorios, cidades ne villas, mas antes e toda parte õde vive sam peregrinos tributários, sem terem poder, nem authoridade pera executar suas vontades contra has injúrias & males que lhes fazem. Mas ahos mouros, per nossos peccados & castigo, permitte Deos terem occupada ha mór parte de Asia & Africa & boa de Europa onde tem Imperios, Regnos & grandes senhorios, nos quaes vive muitos christãos debaixo de seus tributos, allém de muitos que te captivos, & a todos estes fôra mui perjudiçial tomaremse hos filhos dos mouros, porque ahos que se este agravo fezera, he claro que se nam houveram desquecer de pedir vingança dos Christãos q habitavam nas terras dos outros mouros, depois que se lá acharão & sobretudo dos Portugueses de que particularmente nesta parte se podiam queixar. E esta foi ha causa porque hos deixaram sair do Regno com seus filhos & ahos Iudeus nam, ahos quaes todos Deos, per sua misericordia, permitta conhçere ho caminho da verdade, pera se nella salvare[16].

O cronista português certamente conviveu na Antuérpia e na Turquia com judeus e marranos. Culto, curioso, também devia ter conhecimento da mentalidade mística e religiosa de muitos judeus que, fugitivos da Espanha, se espalhavam por toda a Europa, o Levante, o Norte da África, o Oriente. Historiador, humanista, diplomata, dotado de um cosmopolitismo, segundo palavras de Marcel Bataillon, da mais nobre espécie, Damião de Góis não teve ilusões sobre as razões que levaram os judeus a uma sorte mais adversa do que a das outras nações: a falta de um território nacional.

É interessante conhecer algumas peculiaridades da personalidade de Damião de Góis, para entender sua tão arrojada e pioneira visão sobre o destino dos judeus. Depois de íntimos contatos com Lutero e Melanchton, encontra-se na Basileia, em 1534, na companhia de Erasmo, em casa de quem se hospedou. Voltou para Portugal em 1545, tendo sido, três anos depois, nomeado guarda-mor dos Arquivos da Torre do Tombo.

O Tribunal do Santo Ofício já estava em pleno funcionamento, tendo iniciado seus espetáculos de autos de fé em 1540. No mesmo ano em que Góis voltou a Portugal, foi denunciado

16   Apud A.A. Dória, op. cit., p. 53-56.

à Inquisição por um antigo companheiro da Universidade de Pádua, mas, por razões que desconhecemos, não foi preso. Continua sua vida de grande senhor, com casa aberta aos estrangeiros, resplandecente de luxuosas festas. Corresponde-se com os cultos amigos que havia deixado na Itália, Suíça etc. Cultiva a música erudita da época, ama e coleciona obras de arte. Góis é o representante genuíno do homem da Renascença[17].

Portugal, após seus dias gloriosos de expansão e descobrimentos, entrou em profunda decadência e transformou-se no mais fanático e intolerante país da Europa. Após 1500, o reino português tornou-se incapaz de manter sua tradicional coexistência social étnica e o humanismo nacional. A mentalidade de Damião de Góis não foi compreendida pelos portugueses de seu tempo e, em 1571, ele foi novamente denunciado ao Santo Ofício e, dessa vez, preso. Naturalmente, as suspeitas sobre sua amizade com Erasmo e Lutero pesaram sobre sua sorte. É interessante notar que grande parte das acusações que sofreu dizia respeito aos mesmos crimes de que eram acusados os cristãos-novos: comer carne às sextas-feiras, ler livros proibidos, falar mal dos padres, não gostar de ir à missa, elogiar a seita de Lutero.

Diziam dele que "não cria mais em Deus do que numa parede, que não era mais cristão do que as paredes, pedras e paus".

Durante seis anos, Damião havia rejeitado a confissão oral. Acreditava que "todas as almas se podem salvar", e que "a salvação só estava nas mãos de Deus". Como os judeus, criticou a adoração das imagens sagradas, e acusou muitos papas da Igreja de serem "tiranos". Ouviram-no dizer que Deus não estava no santíssimo sacramento do altar e que não se devia rogar aos santos, mas só a Deus.

A vida na prisão tornou-se miserável e Damião implora que o tirem do cárcere onde estava morrendo de sarna, apodrecendo mentalmente, sem livros. Foi condenado a cárcere e hábito penitencial perpétuo[18].

---

17 Sobre a biografia de Damião de Góis, ver Elisabeth Feist Hirsch, *Damiao de Gois: The Life and Thought of a Portuguese Humanist: 1502-1574*, The Hague: Martinus Nijhoff, 1967; sobre seu processo na Inquisição, ver Raul Rego, *O Processo de Damião de Goes na Inquisição*, Lisboa: Excelsior, 1971.

18 R. Rego, op. cit.

SIONISMO POLÍTICO NA RENASCENÇA PORTUGUESA

Logo depois de publicar a primeira parte de sua *Chronica*, Damião de Góis caiu em desagrado e não recebeu mais nenhuma mercê. Foi alvo de várias críticas. A obra foi mal recebida, destruída, e dela fizeram outra tiragem emendada. Uma das críticas referia-se à frase escrita por Góis sobre "os poucos bens" do rei dom Manuel. Chegaram a propor que se queimasse a obra. Terá sua crítica sobre a falta de ética de dom Manuel influído no desagrado em que caiu? Não sabemos o que foi censurado na *Chronica*, mas o trecho referente à injusta atitude de dom Manuel para com os judeus se manteve na edição de 1566.

Sabemos ainda muito pouco sobre seu relacionamento com os judeus portugueses cultos e exilados na Itália, Holanda, Hamburgo. Há um fato curioso, pouco conhecido, que pode nos ajudar a entender que Góis tinha planos diferentes e sabia o que estava ocorrendo em sua pátria, e que sugere sua relação, em Ferrara, com o poeta cristão-novo Diogo Pires, conhecido como Pirro Lusitano. Numa carta extremamente sugestiva, Diogo escreve a Paulo Jóvio referindo-se a Damião de Góis, e menciona o fato de Góis ter voltado a Portugal com a intenção de depois seguir para a Índia (América), que era "o mais brilhante refúgio dos infelizes"[19]. A volta de Damião para a pátria foi desastrosa. Morreu em 1574 em estado lamentável e, segundo alguns autores, pode ter sido assassinado.

Voltando para nossa proposta inicial, verificamos a diferença entre duas mentalidades de dois eruditos renascentistas: o judeu sefardita, político e financista, místico e messiânico, esperando a redenção pela mão divina, e o cristão português, pragmático e racionalista, que se antecipou três séculos ao sionismo político, vinculando o trágico destino dos judeus à falta de um território nacional.

---

19   E.F. Hirsch, op. cit.

25. O "Correio" dos Judeus

> Eu sou o que sempre quer partir,
> E fica sempre, fica sempre, fica sempre,
> Até à morte fica, mesmo que parta, fica, fica, fica...
>
> Passagem das Horas,
> FERNANDO PESSOA (Álvaro de Campos)

Israel Révah, em seu artigo sobre a família marrana de Garcia de Orta, baseando-se na reconstituição genealógica feita por Augusto da Silva Carvalho sobre membros da família Orta, afirma que o acadêmico português, com seu estudo, integrou definitivamente Garcia de Orta na história do criptojudaísmo peninsular[1]. Essa integração da família não agradou muito a certos historiadores portugueses, preocupados em colocar as glórias nacionais no contexto da ortodoxia católica. O fato de o Santo Ofício exumar os ossos do famoso pioneiro do experimentalismo científico do século XVI, Garcia de Orta, para queimá-los como se fossem os de um herege judeu, não convenceu o acadêmico português Luis de Pina, professor de História da Medicina do Porto, que se revoltou contra a afirmação de que Garcia de Orta era um judeu secreto. Apoiou sua indignação uma biografia escrita pelo reverendo padre doutor Abílio Martins sobre "O Catolicismo de Garcia de Orta", na qual o

---

1   Israel Salvator Révah, La Famille de Garcia da Orta, *Revista da Universidade de Coimbra*, Coimbra, v. 19, 1960, p. 3. A divulgação da origem judaica de Garcia de Orta levantou protestos de revolta, e muitos consideraram essa afirmação como calúnia.

290   VIVER NOS TEMPOS DA INQUISIÇÃO

padre expressa sua revolta contra a "calúnia" de que Garcia de Orta era um marrano.

Refere-se ao famoso botânico como um "crente sincero que vai normalmente à missa" e mantém íntimas relações com a Companhia de Jesus. Dando alguns exemplos que revelam a falta de conhecimento do eminente padre sobre as bases nas quais foi construído o mundo marrano, procura comprovar o catolicismo de Garcia de Orta pela sua linguagem de cristão convicto e de seu comportamento exterior. Considerar Garcia de Orta um judaizante é, para o padre Martins, "rebaixar sua figura", fazendo dele um hipócrita e covarde. Considerá-lo um criptojudeu é "atraiçoar e insultar a sua memória"[2].

Novas pesquisas realizadas sobre a família de Garcia de Orta revelam um quadro bastante diferente do idealizado pelo padre Martins. Tanto os que ficaram em Portugal como os que emigraram para a Itália, continuaram durante séculos vinculados ao judaísmo, mesmo assumindo diferentes posturas e envolvimentos com a religião judaica. Depois de Portugal introduzir o Tribunal do Santo Ofício da Inquisição, portugueses foram forçados a construir uma sociedade subterrânea e manter uma dualidade no comportamento. O sigilo tornou-se parte integrante de seu cotidiano e o criptojudaísmo foi compreendido entre os cristãos-novos como indissolúvel da própria religião judaica. A ideia de "hipocrisia", que o poeta e ensaísta português Antero de Quental considerou um vício nacional introduzido pela Inquisição, deve ser entendida no contexto de um regime repressivo e despótico, como o que regulou a vida dos portugueses dos séculos XVI ao XIX. É preciso tirar desse conceito sua conotação negativa para entender que, num regime totalitário, a subversão é uma atitude corajosa, revestida da mais alta significação.

Durante várias gerações, membros da família de Garcia de Orta foram perseguidos pela Inquisição portuguesa. Alguns conseguiram fugir para a Itália no século XVI, concentrando-se principalmente no gueto de Veneza, onde eram conhecidos como "judeus públicos" e onde atuaram como "agentes secretos" e fervorosos propagadores do judaísmo. Mantiveram com a pátria portuguesa um contato constante, não obstante

---

2   Luís de Pina, O Método Científico no Luso-Tropicalismo de Garcia de Orta, *Garcia de Orta*, Lisboa, v. 11, n. 4, 1963, p. 631-662.

O "CORREIO" DOS JUDEUS   291

as dificuldades e os perigos que isso implicava, e criaram verdadeiras redes internacionais, com a finalidade de salvar seus correligionários do terror inquisitorial.

Os cristãos-novos eram, principalmente, "homens de negócios" que atuaram na manutenção desse elo entre Portugal e as novas comunidades judaicas no exílio. Em suas repetidas visitas a Portugal, esses cristãos-novos eram muitas vezes presos, e suas confissões mantinham os inquisidores continuamente atualizados sobre a vida e os negócios dos fugitivos portugueses[3].

O retorno dos cristãos-novos à religião judaica na Itália não foi absolutamente fácil. Alguns permaneceram cristãos, outros aderiram a uma rígida ortodoxia judaica e muitos permaneceram indiferentes a qualquer religião. Cristãos-novos laicos participavam dos prazeres mundanos, das danças, e escandalizavam os judeus ortodoxos com jogos de azar, o teatro e o carnaval[4].

Desde 1516, encontramos cristãos-novos convivendo no gueto de Veneza com judeus asquenazitas e levantinos. Nesse microcosmos, falavam-se diversos idiomas: hebraico, turco, português, polonês, alemão, ídiche e dialetos italianos.

A sinagoga portuguesa era a maior do gueto e centro da vida judaica, onde se encontravam tanto judeus fervorosos como libertinos. Faziam negócios, brigavam, falavam o dialeto judeu-espanhol e colhiam "mensagens" que levavam para os parentes em Lisboa. Apesar das polêmicas e desentendimentos que surgiam constantemente entre os judeus provenientes de tão diferentes culturas, havia entre eles uma certa união devido à discriminação que sofriam que obrigava a todos eles a usar os "distintivos". Os contatos com os cristãos, na vida cotidiana, também eram frequentes.

Veneza tinha um Tribunal da Inquisição funcionando desde 1547, e os imigrantes portugueses sempre foram considerados suspeitos. O crime de judaísmo, porém, foi menos visado do que as outras infrações à fé e aos costumes, e os marranos gozavam

---

3 Fernando Goes Loureiro, abade de São Martinho de Soalhães, elaborou, no bispado do Porto, um "Catalogo dos Portugueses Christàos novos que se iam declarar judeus à Itália com a relação das copiosas sommas de dinheiro que levavam", manuscrito citado por João Lúcio de Azevedo, *História dos Christãos Novos Portugueses*, Lisboa: A.M. Teixeira, 1921, p. 364n2.

4 Sobre a vida no gueto de Veneza, ver Riccardo Calimani, *Histoire du Ghetto de Venise*, Paris: Denöel, 1997.

292 VIVER NOS TEMPOS DA INQUISIÇÃO

de relativa liberdade para praticar a sua religião[5]. Em 1586, já viviam no gueto de Veneza 1.694 judeus[6], e a diversidade de suas histórias revela as contradições, oscilações e inquietações do universo judaico italiano.

Israel Révah leu e examinou diversos processos da família Orta, e publicou algumas genealogias, porém não interpretou suas vidas no contexto do drama marrano. A persistência de Révah em crer na veracidade absoluta dos processos o levou muitas vezes a perigosas generalizações sobre o marranismo. A integração dos marranos no judaísmo foi uma realidade, porém extremamente variável[7].

Entre os judeus italianos e os marranos recém-chegados, criaram-se contínuas animosidades[8], porém, ao examinarmos os documentos e processos, nos quais suas vidas são muitas vezes reveladas, encontramos uma enorme solidariedade entre os expatriados e os seus familiares que haviam permanecido em Portugal.

Exploremos, neste artigo, a vida de Diego de Orta, sobrinho-neto do cientista Garcia de Orta, que andou pelas mais distantes regiões, mas viveu principalmente entre Veneza e Lisboa. Era filho de Manuel de Orta e Guiomar Peres, e neto de Catarina de Orta, irmã do célebre Garcia de Orta, que morreu

5   Cf. Brian Pullan, *The Jews of Europe and the Inquisition of Venice* (1550-1670), Oxford: Basil Blakewell, 1983.

6   R. Calimani, op. cit.

7   Rabi Saul Levi Mortera (1596-1660) escreveu, em Amsterdã, sobre o multifacetado comportamento dos conversos de uma maneira bem mais simplificada do que o foi na realidade. Menciona primeiro os que não podiam sair de Portugal; em segundo, os que viviam em Portugal, mas que podiam sair; e em terceiro, aqueles conversos que se tornaram cristãos verdadeiros, porém confessavam que eram judeus para salvar a vida. Na ortodoxia rígida de Mortera, somente mereciam salvação aqueles que não podiam sair da terra da idolatria. Os que podiam deixar o país e não o faziam estavam condenados à eterna desgraça. As classificações de Mortera mostram que conhecia muito bem a relatividade da confissão, e suas ideias coincidem muitas vezes com as do padre Antônio Vieira, seu contemporâneo. Devemos ainda acrescentar a essas classificações uma quarta: o grande número de marranos que, depois de deixar Portugal, continuamente voltavam à pátria apesar de todos os perigos. Ver o artigo de Yosef Kaplan, From Apostasy to Return to Judaism: The Portuguese Jews in Amsterdam, em Joseph Dan (ed.), *Binah: Studies in Jewish History, Thought and Culture*, v. 1, New York: Praeger, 1989, p. 101.

8   Sobre judeus na Itália, ver Ariel Toaff, Nuova luce sui Marrani di Ancona (1556), em Elio Toaff (a cura di), *Studi sull'ebraismo italiano: In memoria di Cecil Roth*, Roma: Barulli, 1974.

O "CORREIO" DOS JUDEUS 293

queimado pela Inquisição. Tinha dez irmãos: Fernão, Luis, Jorge, António, Duarte, Francisco, Catarina, Maria, Izabel e Felipa[9].

Servindo como "agente secreto", Diogo de Orta teve um papel fundamental na propagação do judaísmo entre os marranos e, nas suas próprias palavras, também foi importante como "correio", levando e trazendo notícias, planos e ajuda financeira aos sobressaltos marranos de Portugal. Transportava cartas secretas que vinham com nomes cristãos, nomes que os marranos já haviam abandonado na Itália, mas que mantinham no mundo dos negócios. Nessas cartas, iam e vinham informações diversas sobre as famílias, os condenados, os negócios e também notícias políticas, como, por exemplo, a respeito da luta de Portugal pela sua independência da Espanha, assim como sobre a conspiração contra o domínio espanhol.

Os marranos de Portugal mandavam buscar judeus da Itália, conhecedores da religião judaica, para ensiná-los na lei de Moisés e sobre os costumes judaicos. Ricos mercadores mandavam seus filhos para as escolas de Veneza, especialmente criadas para ensinar os portugueses e espanhóis a se "fazerem judeus". Quando estes voltavam, traziam clandestinamente livros de orações que distribuíam entre os cristãos-novos de Portugal e, ao retornar para a Itália, levavam esmolas para os judeus pobres do gueto e para o sustento das sinagogas.

A reconstituição desse movimento clandestino entre Portugal e Itália nos é fornecida minuciosamente por Diogo de Orta quando, em uma de suas missões a Portugal, foi preso, torturado e forçado a denunciar essa "rede de comunicação", enumerando, nome por nome, os portugueses que na Itália haviam se tornado judeus.

Como homem de negócios, Diogo de Orta havia perambulado pelas principais praças europeias. Em 1591, foi para a Índia e depois tornou a voltar para Portugal, partindo em seguida para Angola. Na África, ficou cinco meses, retornando ao Brasil, onde passou onze dias. Em 1594, voltou a Veneza e novamente

9 Processo de Diogo Dorta, n. 229, manuscrito do Arquivo Nacional da Torre do Tombo – Inquisição de Lisboa. O nome Dorta aparece sob diversas formas. Há quem escreva "de Orta", outros usam "da Orta", em alguns documentos aparece Horta. No processo que analisamos, vem escrito "Dorta".

294   VIVER NOS TEMPOS DA INQUISIÇÃO

foi para Portugal onde, em 5 de março de 1596, a Inquisição o prendeu sob a acusação de criptojudaísmo.

A história que Diogo de Orta revelou aos inquisidores também nos fornece um quadro sobre a vida dos marranos que viviam no gueto de Veneza, verdadeiro entreposto comercial, que servia de trânsito para os cristãos-novos que negociavam com os importantes centros comercias da Europa e África.

Os autos do processo de Diogo de Orta foram examinados três vezes pelo Conselho Geral. Durante as numerosas sessões que com ele fizeram, os inquisidores não se mostraram satisfeitos. Em 5 de dezembro de 1598, mandaram-no para a câmara de tortura. Tiraram-lhe a roupa, ataram-lhe os polegares e deram uma volta com a correia. Como gritava muito, pedindo que queria confessar, os inquisidores mandaram desatá-lo. Alquebrado, Diogo confessou então a história de sua vida, seu ingresso no judaísmo em Veneza, suas práticas secretas depois que voltara a Lisboa, seu papel como "correio". E satisfez o desejo dos inquisidores: denunciou dezenas de judeus de Portugal, da Itália e de outras regiões pelas quais passara. Conta que tinha onze anos quando seu pai o mandou com um irmão para a casa de seu tio Duarte Gonçalves de Orta, rico banqueiro, que não tinha filhos e morava em Veneza. Ali viveu cinco ou seis anos, acompanhando o tio nas suas constantes viagens a Roma, onde teve a oportunidade de frequentar um seminário e aprender latim.

Em Veneza, Diogo foi iniciado no judaísmo por um judeu chamado Santó Cohen, e desde os quinze anos "se dizia judeu". Explicou-lhe Santó Cohen as razões pelas quais devia ser judeu. Lia para ele livros em castelhano, onde estava escrito "Adonai, nuestro Dios", dizendo-lhe que "Cristo Nosso Senhor não era Deus nem Nossa Senhora virgem, e que Jesus era filho de um carpinteiro e discípulo de um judeu sábio, e que os judeus o mataram porque dizia que era filho de Deus". Santó Cohen ainda lhe contou que chegara uma senhora que disse aos judeus que haveria de matá-los se não lhe dessem Cristo ressuscitado, e então Deus o ressuscitou[10]. A estranha história de Santó Cohen mostra a confusão que reinava no imaginário dos cristãos-novos, mesmo depois de se reintegrarem ao judaísmo. Santó

10   Ibidem.

lhe havia também ensinado as cerimônias judaicas: o jejum no dia de Iom Kipur, que caía na lua de setembro ou outubro; o jejum em março, que se chamava "Páscoa do Pão Azimo"; o da rainha Ester; e outro jejum em junho ou julho, em memória da destruição do Templo de Jerusalém. Diogo conta que em Veneza frequentava a grande sinagoga dos portugueses e ficava sem comer até a noite, mas não se revela muito ortodoxo, pois algumas vezes quebrou os jejuns, fingindo para os judeus que os fazia.

Em toda parte por onde andou, Espanha, Turquia, Norte da África, Diogo encontrava-se com seus correligionários portugueses, secretos judaizantes, e com eles se "descobria", isto é, se "identificava", como o fez, por exemplo, com dois homens que andavam em "hábitos de cristãos" em Constantinopla, mas que eram judeus "encobertos".

Com sua família, os Orta-Pimentel, que residiam em Veneza, compartilhou as cerimônias judaicas: com Gaspar D'Orta, filho de Manoel Lopes Chaves (casado com Leonor Lopes Chaves), que lhe disse que "guardava a lei dos judeus em seu coração"; com os primos Garcia Pimentel e sua mulher Leonor Guterres; com Manoel Pimentel e sua mulher Ana; com Álvaro Pimentel e Catherina Pimentel; com o tio Duarte D'Orta e a tia Felipa Gomes. Diogo conta a um companheiro seu de cárcere que, sabendo que devia voltar sempre a Portugal, não se tinha "cortado" (circuncidado), pois se os inquisidores "o vissem cortado lhe fariam mal"[11].

O processo de Diogo de Orta é longo e bastante raro, pois traz anexado diversas mensagens escritas de próprio punho, totalmente codificadas, dirigidas para seu irmão Fernão de Orta. Foi grande o seu empenho em fazer o irmão retornar ao judaísmo. As mensagens que Diogo lhe mandou quando estava preso, por intermédio de seu companheiro de cárcere, António de Mello, foram escritas em um pedaço de pano rasgado de sua camisa, e para redigi-las preparou a tinta com vinagre e fumo de candeia, que tirou de uma telha, fazendo a pena de um pau de vassoura. Costurou os panos entre o forro dos calções de seu companheiro de cárcere e colocou o traslado do quarto pano na

11 Ibidem.

296 VIVER NOS TEMPOS DA INQUISIÇÃO

algibeira direita. Nessas mensagens codificadas, Diogo instruía seu irmão sobre como deveria proceder para salvar-se caso se encontrasse frente ao tribunal. Pede notícias minuciosas do irmão, se está solto, preso ou morto, e indica os códigos secretos para a resposta, que deveria vir em um "pente", cuja ponta seria quebrada e marcada conforme as indicações que dava, ou por um tanger de sons de diversos instrumentos.

O companheiro de cárcere, António de Mello, não levou as "mensagens" ao irmão de Diogo, mas as entregou aos inquisidores e ainda revelou os segredos que Diogo lhe havia confiado: que era judeu secreto, neto de Diogo Fernandes Badajoz[12], que fora penitenciado pela Inquisição, e que já se havia "descoberto" ao seu irmão Fernão, isto é, já havia lhe confessado ser judeu. Na "mensagem do pano", revela uma especial afeição pelo irmão, afirmando que não o denunciaria ainda que o "queimassem". Para os inquisidores, que se sustentavam na base da denúncia, essa declaração era grave.

Diogo enviou quatro mensagens a Fernão, pedindo-lhe que se entregasse à Inquisição (porque ele já o havia denunciado), e que repetisse aos inquisidores as mesmas palavras que ele, Diogo, lhe havia dito, que "devia crer na lei de Moisés, porque ele, Diogo, também cria nela"[13].

Além do António de Mello, Diogo de Orta foi também denunciado por outros prisioneiros, inclusive pelo poeta Bento Teixeira, que viera preso do Brasil. Tendo estado com Diogo na mesma cela, confirma aos inquisidores que Diogo repetira que "ainda que soubesse que iria morrer não haveria de fazer mal ao seu irmão"[14].

Em Lisboa, Diogo residira em casa de sua mãe, Guiomar Peres, que era católica convicta e praticante. Diogo conta que fez de tudo para torná-la judia, conseguindo por fim persuadi-la, realizando com ela diversos jejuns, "pela mercê que Deus fez de iluminá-la"[15]. Entre as cartas secretas que trouxera constava

12 Processo de Diogo Fernandes Badajoz, n. 12360, manuscrito do Arquivo Nacional da Torre do Tombo – Inquisição de Lisboa.
13 Agradeço a Ana Isabel Cannas da Cunha por ter me enviado a transcrição dessas mensagens.
14 Processo de Diogo Dorta, n. 229, manuscrito do Arquivo Nacional da Torre do Tombo – Inquisição de Lisboa.
15 Ibidem.

O "CORREIO" DOS JUDEUS   297

uma, de Viena, que fora enviada pelos parentes de Diego Nunes
Caldeira, cristão-novo contratador da alfândega de Lisboa, e que
ao recebê-la lhe confiara que "esperava em Deus clemente cedo
ir para o Levante e lá viver na lei de Moisés como Deus mandava". Trouxe também uma carta para Heitor Mendes Bravo,
rico banqueiro, contratador de pimenta da rua Nova, cujo irmão
Jacob Abendana vivia em Veneza[16].

Os inquisidores, além de quererem saber os nomes dos portugueses que viviam na Itália e que vinham a Portugal ensinar a
crença judaica aos cristãos-novos, exigiam que o réu contasse,
nos mínimos detalhes, as cerimônias judaicas que praticava
com seus cúmplices. Diogo descreveu-lhes como se realizava
a cerimônia judaica de casamento em Veneza: "Põem um véu
branco no rosto de ambos os noivos, e depois lhes dão um copo
com vinho e bebem dele e depois quebram o copo derramando
vinho pela casa, vindo em seguida um 'pregador' e cantam
todos em hebraico"[17].

Em sua confissão, Diogo também nomeia diversos amigos
cristãos-novos que encontrou em Lisboa: a viúva de Estevão de
Samora, que foi queimado pela Inquisição, sonhava "chegar um
dia a Piza, onde já se encontrava seu filho", sobre o qual Diogo
lhe trouxera notícias, de que "o vira andar em Veneza de 'bar-
rete vermelho', uma das insígnias imposta aos judeus". Denuncia
também António Fernandes Caminha, cristão-novo mercador
de panos em Lisboa, cujo genro vivia em Viena; Álvaro Pires,
também mercador de panos na rua Nova, cujo irmão estava
em Veneza; além de outros portugueses que já se encontravam
fora de Portugal, como Simão Fernandes Travesso, que em
Viena se chamava Abraham Israel; Diogo Fernandes Tenes;
João Lindo, cirurgião, e sua mãe; Jerónimo Freire, meio cristão-novo que se fez judeu; Diogo, que andava com o "sinal";
João Ribeiro, que estava em Bordeaux e depois foi para Piza;
Manoel de Morais, que agora estava em São Tomé; João Freire
Pinto, filho de Ambrósio da Cruz; João Bautista Revalsaques,
mercador; Jorge Carlos, filho de Diogo Fernandes, biscoiteiro;
Manuel Pimentel, primo do réu, que nasceu na Índia e era filho

16 Ibidem.
17 Ibidem.

298 VIVER NOS TEMPOS DA INQUISIÇÃO

de Bastião Mendes Pimentel, que andara por Veneza, mas no momento se encontrava em Amsterdã[18].

Contou ainda que em Veneza, na rua Real, encontrou-se com Isaac Israel, (Domingos da Fonseca), e este lhe deu uma carta para entregar "em mãos" a António Lopes Ulhoa quando chegasse a Lisboa. A carta aconselhava António Lopes Ulhoa que fosse para Veneza, o mais cedo possível. Quando, onze dias antes de ser preso, Diogo entregou a carta a Ulhoa, este lhe perguntou o que devia fazer para passar seu dinheiro para Veneza e o censurou pelo fato de ter voltado a Portugal, quando "os de cá queriam ir para lá"[19].

Na longa lista de nomes que Diogo forneceu aos inquisidores, repetiu alguns e acrescentou novos: Santó Cohen; Manoel da Costa; Simão Roiz; Gonçalo Nunes; Branca Dias; António Nunes; a mulher de Estevão da Camara; o filho de Estevão da Camara; António Fernandez; António Rois; Heitor Mendes; Jacob Abendana; João Franco; Simão Franco, um sobrinho do dito João Franco; Diogo Ferraz; João Lindo e sua mãe; Jerónimo Freire; Manuel de Morais; Duarte Gonçalves; Pero Freire; Jorge Cardoso; Manoel Pimentel; Gaspar Dorta; Fernão Cardoso; Paulo Lopes, um filho de Heitor Mendes, Felipe Mendes, um velho de Murcia, António Roiz, Diogo Francisco Telles, Pero Roiz de Morais, Fernão Dorta, João Moreno, Felipa Gomes, Pero Fernandes, Domingos da Fonseca, Jorge Nunes, Diogo de Andrade, Diogo Roiz, João de Camargo, a mulher de Duarte Gonçalves, Álvaro Pimentel, Garcia Pimentel, Lianor Gutierres, Anna Linda, João Valentim, Francisco de Pallacios, o irmão de Heitor Mendes, Fernão Dias, Bastião Mendes Pimentel[20].

Na terceira vez que o Conselho Geral examinou os autos de Diogo de Orta, os inquisidores acharam que ele não tinha feito inteira confissão, e que um só tormento não havia sido suficiente para obrigá-lo a contar tudo. Mandaram atá-lo uma segunda vez e Diogo reafirmou que não sabia mais nada, que já tinha denunciado a todos. Os inquisidores ordenaram que lhe fossem "atados ambos os braços um sobre o outro, com dois cordéis pelos cotovelos, joelhos e pulsos, para com ele irem dando

18 Ibidem.
19 Ibidem.
20 Ibidem.

O "CORREIO" DOS JUDEUS

voltas..." e lhe foi dito que "se quebrasse algum membro a culpa seria dele, do réu". Depois de sofrer a primeira volta no cordel, Diogo não aguentou e pediu para acabar de confessar suas culpas. Novamente inicia a descrição das cerimônias judaicas que praticava em Veneza e em Lisboa, outra vez nomeia amigos, parentes, contando onde moravam, que negócios faziam, como judaizavam, dando a descrição física de cada um.

Revela que nas viagens anteriores a Lisboa, há sete, oito ou nove anos, tivera encontros secretos com cristãos-novos e o grande esforço que fizera para torná-los judeus. Tentou converter diversas pessoas de sua família, inclusive uma prima, casada e chamada dona Mariana, com quem falara de amor, pois pretendia com ela se casar. Disse-lhe que "como já era sua mulher", queria que cresse no mesmo que ele, na lei de Moisés, "porque essa lei era boa" porque "Deus a dera pela sua mão a Moisés"[21]. Inicialmente Mariana se zangou, levando a mal suas palavras, mas pouco a pouco Diogo a convenceu a deixar a lei dos cristãos porque "não se podia salvar nela" e porque "não cresse nas imagens que eram pinturas e paus" porque "somente cresse em um só Deus dos Céus". Mariana acabou deixando a lei de Cristo e se tornou judia, prometendo-lhe que nunca mais "rezaria por contas" e ensinou a mesma lei à sua irmã Catarina, que era casada com Baltazar da Silva, pertencente ao "hábito de Cristo". Prometeu ainda a Diogo que, de ora em diante, faria cousas de cristã só por "cumprimento do mundo", isto é, por fingimento[22]. Diogo conta também que converteu ao judaísmo, além de sua mãe, suas duas irmãs Catarina e Filipa. Lembra de seu pai Manuel Dorta, da avó Constança Peres e seus filhos e netos, todos identificados como judeus. E lembra Lucrecia Dorta, sua parente, irmã do dr. Henrique Dorta, que quando lhe disse que devia crer na lei de Moisés lhe perguntara: "Que lei é essa dos judeus?", ao que Diogo respondeu que era a "lei que Deus dera a Moisés no monte, para que os judeus a guardassem e não trabalhassem aos sábados e não comessem cousas afogadas"[23].

Depois da longa confissão, Diogo foi desatado da tortura e levado para o cárcere. Mudou então de atitude e passou a negar

21 Ibidem.
22 Ibidem.
23 Ibidem.

o que havia dito no tormento, afirmando que "mais queria morrer que levantar falso testemunho a ninguém"[24].

Os inquisidores advertiram-no do perigo a que se expunha e cinco dias depois Diogo mudou novamente. Perante a mesa inquisitorial do Conselho Geral, disse que a confissão que fizera durante a primeira tortura estava correta, mas a segunda não, pois a fizera sob a pressão da dor.

Ainda dessa vez os inquisidores não se mostraram satisfeitos, achando que as revogações do réu eram nulas, uma vez que as havia feito por medo. Mas Diogo lhes confiou um segredo: que havia mercadores ricos como Heitor Mendes, de Lisboa, que tinham bulas e privilégios outorgados pelo papa para a Inquisição não proceder contra eles. Quando os inquisidores lhe perguntaram quem lhe havia dito que o papa isentava da perseguição inquisitorial os mercadores ricos, Diogo respondeu que em Veneza todos o sabiam[25].

Pondo-se de joelhos e de mãos levantadas, Diogo afirmou que estava arrependido de sua revogação, pede perdão e misericórdia e, chorando, confirma de novo que tudo o que dissera anteriormente era verdade.

Num domingo, 31 de janeiro de 1599, Diogo de Orta ouviu sua sentença no auto de fé na sala da Inquisição, pois devido à epidemia da peste o auto não se podia realizar como de costume, na praça da Ribeira: cárcere e hábito penitencial perpétuo, "herege, apóstata da Nossa Fé Católica e como tal incorreu em sentença de excomunhão maior, com confisco de seus bens para o fisco e camara real e nas mais penas de direito contra os semelhantes antes estabelecidas. Mas como usando ele de melhor conselho confessou suas culpas pedindo delas perdão e misericórdia com mostras e sinais de arrependimento, com o mais que dos autos resultou, recebeu o réu Diogo Dorta a unsão e reconciliação da Santa Madre Igreja..."[26]

Altos dignatários estiveram presentes nesse auto de fé, entre eles o deputado do Santo Ofício Heitor Furtado de Mendonça, que em 1591 havia sido designado a fazer as primeiras investigações sobre heresias no Brasil.

24 Ibidem.
25 Ibidem.
26 Ibidem.

O "CORREIO" DOS JUDEUS

Diogo de Orta assinou o chamado "Termo do Segredo", jurando que tudo que se passara com ele durante seu processo seria mantido no mais absoluto sigilo[27].

Mandam levá-lo para os cárceres das Escolas Gerais, para "ser instruído nas questões da fé, necessárias para a salvação de sua alma". Dos bens que lhe foram confiscados pagou ao tribunal, pelo seu processo, 4.617 réis[28].

Nove meses se passaram, Diogo volta ao tribunal e pede audiência aos inquisidores, alegando que já estava "instruído" na fé. Estes designaram-lhe então que ficasse preso em uma casa no bairro de Santa Marinha, onde acabaria de cumprir sua pena. Não deveria sair dela sem licença da mesa inquisitorial e tinha de usar o "hábito penitencial", que era uma túnica infamante que os réus judaizantes deviam usar em cima de suas roupas. Foram-lhe impostas penas espirituais e também a obrigação de rezar cinco vezes o *Pater noster* e a Ave Maria, e se "apartasse de comunicação com pessoas suspeitas na fé que lhe pudessem causar dano em sua alma"[29].

E assim termina a vida de um dos homens mais ilustrados, abertos e modernos do século XVIII português, cujo pensamento de vanguarda antecipou em séculos a Ilustração e a crítica religiosa em Portugal.

27   Ibidem.
28   Ibidem.
29   Ibidem.

26. Sebastianismo, Vieira e o Messianismo Judaico [1]

Estudos sobre o messianismo têm preenchido milhares de páginas de literatura, e servido de inspiração às mais diversas correntes. Sua relação com o sebastianismo recebeu da historiografia portuguesa variadas interpretações. De um lado, Oliveira Martins, Teófilo Braga, António de Sousa Silva Costa Lobo, João Lucio de Azevedo, passando pelo fascismo de António Sardinha; e de outro, Sampaio Bruno, Joel Serrão, Eduardo Lourenço, António Sérgio e António José Saraiva. Aos dois últimos devemos, a meu ver, a mais lúcida e racional "interpretação não romântica" do sebastianismo[2].

Procurando analisar um ângulo do sebastianismo português na sua relação com o messianismo judaico, focalizei três momentos históricos:

1. Nascimento e divulgação das *Trovas* de Gonçalo Anes, o Bandarra, muito antes de dom Sebastião;

---

1 Este artigo foi publicado em Carlos Alberto Iannone; Márcia Valéria Zamboni Gobbi; Renata Soares Junqueira (orgs.), *Sobre as Naus da Iniciação: Estudos Portugueses de Literatura e História*, São Paulo: Editora Unesp, 1998, p. 65-79.

2 Cf. António Sérgio, *Breve Interpretação da História de Portugal*, Lisboa: Sá e Costa, 1978; António José Saraiva, *História e Utopia: Estudos Sobre Padre Vieira*, Lisboa: Ministério da Educação/Instituto de Cultura e Língua Portuguesa, 1992.

2. Desaparecimento do rei dom Sebastião, e a anexação de Portugal à Espanha;

3. A Restauração – a luta de Portugal pela recuperação de sua independência nacional.

Cada um desses momentos corresponde a uma crise material e espiritual, e o sonho messiânico português está inserido em cada um desses contextos.

Uma constatação que me parece fundamental para a compreensão do fenômeno sebastianista é a sua vinculação com a "questão judaica", aspecto já lembrado por diversos autores.

Coincide com a vida de Gonçalo Anes Bandarra a introdução do Tribunal do Santo Ofício da Inquisição em Portugal. O tribunal foi um golpe que desestruturou a sociedade portuguesa, moral e socialmente, separando o povo em dois grupos distintos e oficialmente antagônicos – os cristãos-novos e os cristãos-velhos.

Os anos que vão de 1497 – quando todos os judeus portugueses, e também os judeus espanhóis que, expulsos da Espanha, se refugiaram em Portugal e foram convertidos violentamente ao catolicismo – até a época em que viveu Bandarra, correspondem ao período no qual germinou e se consolidou um fenômeno novo em Portugal – o "português encoberto". O meio século que decorreu após o batismo forçado permitiu aos convertidos se adaptarem a uma vida clandestina, dividida entre dois mundos, um subterrâneo e outro aparente. A vida cotidiana nessa dupla sociedade passou a ser permeada de segredos expressos em gestos, sinais, símbolos, e os tempos que contornaram o estabelecimento do tribunal e a sua inauguração foram de apreensão e medo.

A consciência judaica havia sido profundamente abalada pela catástrofe da expulsão da Espanha em 1492, e os judeus sefarditas a sentiram como o terceiro êxodo, o terceiro desastre de sua história. Nabucodonosor, Tito, Fernando, o católico, estavam bem presentes na memória das primeiras gerações após a conversão de 1497. A experiência de um novo exílio avivou nos judeus espanhóis e portugueses antigas expectativas messiânicas, e com esses sonhos se alimentaram em suas peregrinações pelos quatro cantos do mundo. Foi essa esperança judaica na chegada de um Messias redentor que contagiou o pobre sapateiro de Trancoso, levando-o às suas fantasiosas profecias sobre o "Encoberto".

Portugal passava, então, por um período de crise econômica que Vitorino Magalhães Godinho chamou de "viragem de estrutura" (1545-1552)[3]. O desequilíbrio português era sentido em todo o império. A aristocracia assumiu o poder e o povo foi cada vez mais impelido à miséria e ao fanatismo.

Dom João III negociou com o papa o estabelecimento de um Tribunal da Inquisição nos moldes espanhóis. Os portugueses tinham plena consciência do que se passava no país vizinho. Tenebrosas notícias chegavam, continuamente, sobre homens e mulheres acusados de judaísmo, queimados após ouvirem suas sentenças nos autos de fé. Houve protestos dos portugueses contra o projeto do rei e mesmo membros da Igreja se pronunciaram contra essa medida cruel e injusta, de fiscalização, a que iria ser submetida toda a população.

As mais humanas palavras foram expressas pelos bispos dom Fernando Coutinho, de Silves, e Diogo Pinheiro, do Funchal[4]. Mas eles não foram ouvidos. O tribunal foi, após longas negociações, finalmente introduzido em solo lusitano, e em 1540 realizou-se o primeiro auto de fé público em Lisboa. Inaugurou-se uma nova era para Portugal.

A desconfiança propaga-se por todo o país, ninguém sabe quem é amigo, quem é delator, quem será denunciado amanhã. O clima social, misto de insegurança e esperança, torna os homens receptivos para uma mensagem de salvação, e os cristãos-novos a encontram nos versos do sapateiro de Trancoso. Os cristãos-novos foram os primeiros a tomar conhecimento das *Trovas*, e o tosador Heitor Lopes a reproduziu e distribuiu. Uma cópia caiu em mãos do desembargador da Mesa de Consciência e Ordem, Afonso de Medina, que as entregou ao Santo Ofício. Bandarra foi preso e acusado de ser "muito inclinado aos cristãos-novos"[5].

---

3 Cf. Vitorino Magalhães Godinho, *Mito e Mercadoria, Utopia e Prática de Navegar. Séculos XIII- XVIII*. Lisboa: Difel, 1990.

4 Meyer Kayserling, *História dos Judeus em Portugal*, São Paulo: Perspectiva, 2. ed. revista, 2009, p. 158-159.

5 João Lúcio Azevedo, *A História dos Cristãos Novos Portugueses*, Lisboa: Clássica, 1975, p. 127.

306 VIVER NOS TEMPOS DA INQUISIÇÃO

Gonçalo Anes Bandarra vivia nas Beiras, na vila de Trancoso – região que concentrava então importante núcleo de "judeus encobertos" –, e em sua sapataria reuniam-se todos os dias o populacho, cristãos-novos e velhos, para comentar as Escrituras, discutir seus textos, falar dos "maus tempos" e sonhar com o Messias, que viria estabelecer na terra, para sempre, o império do direito e da justiça. Não podemos nos referir a esse primeiro momento sem lembrar que afloraram então muitos surtos messiânicos em Portugal, na Espanha e em diversos outros países[6].

Em 1526 chegou a Portugal David Reuveni – que se apresentou ao rei como descendente da tribo perdida de Rubens (Reuven, em hebraico) – para anunciar a próxima redenção dos judeus. Os apreensivos cristãos-novos o seguiram, vendo nele a concretização das suas esperanças. Foi recebido pelo rei dom João III, pelo papa e pelo imperador Carlos V, mas de nada lhe valeram todas as honras, pois a Inquisição acabou por prendê-lo. Seu discípulo favorito, o cristão-novo Diogo Pires, escrivão da Casa da Suplicação, endossou com paixão o judaísmo, mudou o nome para Salomão Molkho e acabou na fogueira. Também morreram queimados, entre outros, o sapateiro Luís Dias e o juiz de fora e desembargador Gil Vaz Bugalho[7].

Nesse universo repressivo, sombrio, envolto em mitos, fantasias, superstições, criou-se Bandarra. Suas promessas de redenção corriam de mão em mão e todo o povo português se embebeu das suas *Trovas*.

O segundo momento: em 1580 morre dom Sebastião. Portugal é anexado à Espanha. A aristocracia conheceu então sua grande vitória. As condições econômicas do país continuavam desastrosas e a nobreza usufruía de todos os privilégios. Durante o domínio dos Habsburgos, a Inquisição intensificou a perseguição aos portugueses "encobertos", estendendo sua ação para Cabo Verde e Brasil. A estrutura social polarizada é rígida, situando-se de um lado a nobreza, constituída de famílias poderosas que ocupavam aproximadamente 90% das terras,

6 Um "Encoberto" apareceu na Espanha em 1532, na pessoa de um judeu misterioso que capitaneava os sublevados de Valência. Morreu no patíbulo. Ibidem, p. 19-20.

7 Ibidem, p. 92, 447.

e de outro a massa miserável, cada vez mais numerosa, que vivia como verdadeiros "insetos humanos", na expressão de Joel Serrão[8]. As necessidades condicionavam a vagabundagem, a mendicância e aumentavam no povo os anseios de redenção. Nesse clima de tensões é que deve ser introduzido e entendido o fenômeno sebastianista. Entram em cena ideólogos e sonhadores, como dom João de Castro, que divulga as *Trovas*, alimentando as suas fantasias de grandeza e exaltação nacional. A nação já tinha se transformado, havia um século, numa "ilha de purificação", e a ortodoxia estreita conseguiu fanatizar o espírito da nação. Não há mais em Portugal nenhuma criação científica e o único ensino dominante é o religioso. O povo se alimenta de passadas glórias, valoriza o sobrenatural, as superstições, crenças milagrosas, e a mente popular recebe, ansiosa, a revivescência do bandarrismo.

O sentimento de perda da autonomia nacional, a perseguição sanguinária crescente da Inquisição e a miséria foram, a meu ver, fatores decisivos para a transformação de dom Sebastião no "Salvador Encoberto", transformando-o em algo mais importante do que ele realmente foi. Visões e mensagens ocultas traziam as novas: o rei não morreu, e voltaria para libertar Portugal e restaurar sua antiga grandeza! A ideia de que riquezas iriam jorrar por todos os lados, inaugurando uma era de fartura e beatitude para Portugal, povoava a mente dos cristãos-velhos e novos.

À medida que os autos de fé se propagavam, a fé messiânica judaica penetrava mais fundo na alma dos perseguidos, que a difundiam nas esquinas, nas boticas, aos sussurros. Mesclavam-se os sonhos dos portugueses cristãos-novos e cristãos-velhos, ambos numa aspiração salvacionista. O sebastianismo se espalha e alimenta a nação. As massas famintas o endossam apaixonadamente, o distorcem, o deformam, e o adaptam às suas aspirações.

1640. Chegamos ao terceiro momento. A nação está envolvida numa luta de libertação nacional. Abre-se, então, uma nova cena e aparecem duas personagens, que tiveram decisiva importância nos rumos políticos do país: um jesuíta, o padre Antônio Vieira, e um judeu "oculto", o financista da Coroa, Duarte da Silva.

---

8 Cf. *Dicionário da História de Portugal*, Lisboa: Iniciativa Editoriais, 1968, v. III.

Como nos dois momentos anteriores, o país naufraga culturalmente. O Santo Ofício português apoia a casa da Áustria e empenha-se furiosamente em desprestigiar e derrubar, econômica e ideologicamente, dom João IV, prendendo os homens que podiam defender e sustentar a nova monarquia de Bragança. O "cinturão de castidade" continuava resguardando os portugueses do contágio do exterior, enquanto o tribunal e seus funcionários mergulhavam fundo na corrupção.

Nesse momento chega do Brasil o padre Antônio Vieira. A animosidade entre os inquisidores dominicanos e a nova monarquia, assim como a corrupção dos funcionários do tribunal, podem ser facilmente reconhecidas pela análise dos bastidores do Santo Ofício, que aparece numa documentação recentemente estudada: a correspondência secreta entre cristãos-novos presos[9]. As manobras da cúpula inquisitorial vêm, então, desmascaradas em toda sua nudez. A religião é utilizada como arma política contra o novo rei, e os homens de confiança de dom João IV são presos.

O palco social situa-se então, como nos dois primeiros momentos anteriores, em dois planos: o visível e o invisível, o aparente e o velado. Os portugueses foram marcados, indelevelmente, durante 150 anos, pela coexistência de duas posturas: uma pública, em sociedade, e uma velada, na intimidade. E também com duas linguagens – uma hermética, de adulação aberta, e outra, crítica, de reprovação interior.

Uma obra recentemente publicada na França oferece-nos um quadro bastante sugestivo e sutil desse "mundo dividido" conhecido como marranismo, mostrando-nos como as condições de vida, ambígua e encoberta, desaguaram numa extraordinária criatividade: no "misticismo" de Santa Teresa de Jesus (o avô fora queimado pela Inquisição); no "Que sei eu?", de Montaigne (a mãe era conversa); e no "Deus imanente" de Spinoza (a família cristã-nova reconverteu-se ao judaísmo).

O fenômeno sebastianista, durante o período em que Portugal procurava consolidar sua independência nacional e resgatar seu prestígio junto às nações europeias, coincide novamente com uma onda de propagação de mensagens messiânicas e

---

9　Cf. Denise Carollo, *Homens de Negócios e a Transformação do Antigo Regime*, tese de doutorado defendida na FFLCH da Universidade de São Paulo, 2002.

militaristas. Messias, pseudo-messias, falsos messias prometem tempos gloriosos de paz na face da terra. É nesse contexto que situamos também o messianismo do padre Antônio Vieira, diretamente embebido nas Sagradas Escrituras e no messianismo judaico, e o seu papel no movimento sebastianista português.

Mas, antes de nos determos no conceito messiânico do famoso jesuíta para compreender como suas ideias foram aproveitadas e usadas pelos sebastianistas, passemos brevemente pelo messianismo judaico, que tanto o influenciou e sem o qual não será compreensível seu "paraíso imaginário".

O messianismo é um aspecto básico na concepção judaica da história. Para Gershom Scholem, famoso estudioso do misticismo judaico, compreender a dialética do desenvolvimento do misticismo judaico significa compreender a visão judaica de sua própria história social e mesmo cósmica[10]. A principal diferença entre o judaísmo e o cristianismo em relação à redenção está no fato de que o conceito messiânico de redenção cristã passou da arena da história para o nível da psicologia, enquanto o judaísmo insiste em que o messianismo é uma ocorrência histórica situada no exterior. Segundo o conceito messiânico judaico, o social, o cósmico, o nacional é que serão redimidos[11].

Foi no final do século XV que se iniciou a dramática mudança na atitude judaica em relação ao messianismo, que culminou no século XVI com a cabala de Isaac Luria e com o movimento sabataísta do século XVII. Essa evolução ideológica produzida no seio do judaísmo foi consequência direta da expulsão dos judeus da Espanha. O exílio, após a destruição do maior e mais influente centro judaico da Europa medieval, havia adquirido para os judeus um novo sentido. Como consequência desse desastre, as ideias cabalistas muniram-se de novas forças e de um novo significado, que pode ser resumido no seguinte: "o homem é capaz de influenciar o processo divino", isto é, o homem tem o poder de abreviar a vinda da redenção. Essa revolução constituiu a essência da cabala luriana. A nova atitude contém elementos comuns à espiritualidade do messianismo do início da cristandade, mas apresenta também, em

10 Joseph Dan, A Visão de Sholem do Messianismo Judaico, *Modern Judaism* 12, 1992, p. 117-128
11 Ibidem.

310 VIVER NOS TEMPOS DA INQUISIÇÃO

relação a ela, uma diferença fundamental, pois enquanto no cristianismo o processo de redenção e seus efeitos se processam no interior da alma do indivíduo, na cabala luriana o resultado desse processo molda a sorte dos próprios poderes divinos, do cosmos como um todo e do processo histórico exterior. O que faltou no messianismo judaico desde os tempos talmúdicos até o século XVIII foi a figura de um Messias "pessoal", de um "indivíduo" que "trouxesse" a redenção[12].

A razão dessa ausência se explica, segundo Gershom Scholem, pelo fato de o messianismo judaico não ter uma figura pessoal no centro do drama messiânico, enquanto o messianismo cristão está centrado em torno de uma figura pessoal, a de Jesus[13].

O que é interessante são as drásticas mudanças que se deram no messianismo judaico com o movimento de Sabatai Tzvi, pois a teologia de Natã de Gaza, que inspirou o falso Messias, colocou no coração do processo messiânico a figura de um indivíduo, o próprio Sabatai, que aparece então como um mensageiro divino, com poder divino e com a missão de carregar as etapas do processo messiânico, já que o homem não as pode suportar sozinho, apenas ajudado pelos mandamentos éticos e religiosos. Vemos, então, surgir no judaísmo uma nova forma de Messias: um Messias que está "aqui" e "agora" e que já é uma parte do processo histórico.

Retornando ao messianismo do padre Antônio Vieira: quando este pregava seus sermões sobre o "Encoberto", oferecia, aos marranos que o escutavam, um "sentido" para a sua vida e uma esperança para o seu futuro. Com suas palavras "a morte de quem morre por Deus e para Deus não é o que parece, é uma aparência de morte debaixo da realidade da vida", que maior consolo podia transmitir aos desamparados marranos da Bahia que tinham suas mulheres e filhas a arder em Portugal? E quando o falso Messias de Esmirna, Sabatai Tzvi, se converteu ao islamismo e passou a praticar o judaísmo em segredo, quando deu à seita sabataísta os seus pressupostos teóricos – segundo os quais através do pecado e da apostasia os judeus se

12 Ibidem.
13 Ibidem, p. 125.

salvariam –, os marranos, que sentiam estar vivendo no pecado, encontraram resposta e conforto para as suas angústias.

Vieira conviveu longamente com judaizantes portugueses, tanto em Portugal como na Bahia, e tinha íntima amizade com cristãos-novos penitenciados pelo Santo Ofício e com o financista de dom João IV, Duarte da Silva. Em Roma, atacou o Santo Ofício junto ao papa e defendeu os judeus infiéis em seus escritos e em sua correspondência. Os inquisidores apreenderam uma carta que Vieira enviou ao bispo do Japão e alegaram que possuía "odor de judaísmo". Nela encontramos a essência da visão messiânica vieiriana, marcada pela influência simultânea que sofreu do milenarismo, do joaquinismo e do messianismo judaico. Suas ideias políticas se mesclaram com seu filossemitismo, como, por exemplo, quando propõe ao monarca português a salvação econômica de Portugal por meio de uma ação concreta: chamar os judeus de volta à sua pátria e permitir que construam sinagogas para a prática de sua religião.

Para perceber os devaneios messiânicos de Vieira e suas propostas concretas, é imprescindível que nos familiarizemos com sua experiência pessoal durante os anos em que atuou como diplomata na França, em Londres, Amsterdã e Roma. A sua *Esperanças de Portugal*, a sua *História do Futuro* e a obra que fecha seu ciclo inventivo, a *Clavis prophetarum*, foram o produto direto de duas experiências: da influência que sofreu do líder da comunidade judaica de Amsterdã, Manassés ben Israel, e do encontro que teve com os judeus portugueses na França. A António Sérgio devemos a percepção sutil dessa influência quando escreveu que o "Deus de Vieira é muito mais o Deus do *Velho Testamento* do que o Deus dos cristãos"[14].

Em *Esperanças de Portugal*, Vieira levou às últimas consequências seu projeto messiânico, que é o próprio messianismo judaico: "o Império de Cristo será na Terra e da Terra e não no Céu e do Céu". A terra se transforma então num lugar de harmonia e paz, onde só haverá uma religião.

Devemos ao saudoso mestre António José Saraiva a mais profunda análise do messianismo vieiriano. Lembra-nos, primeiro, que não foi mera coincidência Vieira ter intitulado sua

14 António Sérgio, Interpretação Não Romântica do Sebastianismo, *A Águia*, Lisboa, jul-ago, 1917, p. 179-184.

312 VIVER NOS TEMPOS DA INQUISIÇÃO

obra de *Esperanças de Portugal*, mas sim uma visível e consciente cópia da obra *Mikvê Israel* (Esperança de Israel) de Manassés ben Israel. Em segundo lugar, que havia uma intenção "encoberta" em Vieira, que visava a "união das duas religiões, a judaica e a cristã".[15] E mais: os judeus, enquanto esperavam o Messias que viria salvá-los da Inquisição, deviam estar "encobertos".

A fim de entendermos como se deu essa influência e como se moldaram as "intenções" de Vieira, devemos trocar brevemente o cenário, focalizar Amsterdã e o encontro de Vieira com Manassés ben Israel[16]. O jesuíta ficou dez meses em Amsterdã. Com o erudito judeu português discutiu longamente a questão do Messias e das dez tribos perdidas e parece que juntos elaboraram a sua concepção de uma nova Igreja, que abrangeria judeus e cristãos, onde os destinos dos judeus e cristãos estariam unidos. A concepção da questão judaica para Vieira diferia totalmente da cúpula diretiva da Igreja e do Estado português. A Restauração do trono português, assim como a sua concepção do Quinto Império, estava ligada aos judeus. Materialmente, a guerra de Portugal contra a Espanha estava sendo sustentada por judeus portugueses, principalmente por Duarte da Silva, e da Holanda mandavam pólvora, armas, munições para a defesa do país. Essas ações eram coordenadas por cristãos-novos radicados em Portugal. Para Vieira, o Quinto Império dependia do regresso das tribos perdidas à Terra Prometida, e da filiação do povo judeu ao povo português. Ele acreditava que a aliança dos portugueses com os judeus era providencial. Israel era o povo de Deus, mas como pecara, seu papel havia sido transferido para Portugal. Deus deu um território pequeno aos judeus para que eles espalhassem ao mundo a luz da sua fé, a fé do verdadeiro Deus. Os judeus foram submetidos ao cativeiro, ao exílio, e Deus os dotou com o talento para o comércio. O rei português também era o rei do comércio. Segundo António José Saraiva, se no texto de Vieira substituirmos a palavra "judeu" pela palavra "português", teremos o resumo da teoria religiosa da expansão mundial dos portugueses.

Vieira explica: depois da conversão de todos os judeus ao catolicismo, nos tempos de dom Manuel, os judeus se

15 A.J. Saraiva, op. cit., p.101.
16 Manoel Dias Soeiro, seu nome português.

misturaram com portugueses cristãos, e a esses portugueses, resultantes da mescla de cristãos e judeus, foi prometida a Terra Santa. O mais curioso nas constatações de Vieira é que não se podia distinguir portugueses de judeus, uma vez que se tinham misturado portugueses cristãos, portugueses judeus e judeus vindos da Espanha. Foi a vontade de Deus que trouxe os judeus espanhóis para Portugal, para que fossem reunidos num mesmo território ambos os povos, ambas as religiões, num império universal. A profecia bíblica se aplica a Israel e Portugal. Em resumo, não se pode distinguir portugueses de judeus, uma vez que estão ambos mesclados. Portugal aparece assim, profeticamente, não como rival ou sucessor dos judeus, mas como o seu prolongamento. A missão de Portugal é uma continuidade de Israel[17].

O que Vieira buscou foi uma síntese de conciliação entre judeus e cristãos, entre judaísmo e cristianismo, e a sua mensagem reflete em grande parte a posição que assumiu em face dos acontecimentos provocados pelas violentas perseguições inquisitoriais.

A influência que o padre António Vieira sofreu de Manassés ben Israel, à exceção dos trabalhos de António José Saraiva, não foi ainda devidamente estudada. Tampouco se conhece a medida de penetração do bandarrismo em Amsterdã. Autores judeus como Gershom Scholem, Joseph Dan e outros pesquisaram exaustivamente o messianismo de Sabatai Tzvi, mas desconhecem totalmente o capítulo português, o que impossibilita uma visão global da questão e o preenchimento de numerosas lacunas, tanto no campo social como no campo das ideias. Alguns fatos curiosos sugerem que as *Trovas* de Gonçalo Anes Bandarra eram conhecidas em Amsterdã, pois a história que o recém-chegado da América, António Montezinos, contou a Manassés ben Israel sobre as tribos perdidas que encontrou nas selvas do Novo Mundo, respondia exatamente à profecia de Bandarra[18]. Para António José Saraiva, o padre Vieira tinha

---

17 Ibidem.

18 Sobre a curiosa história narrada por António Montesinos sobre índios praticantes do judaísmo, veja-se "The Narrative of Aharon Levi, Otherwise António Montesinos", de Menasséh ben Israel. Veja-se também, do mesmo autor, *Esperança de Israel*.

314 VIVER NOS TEMPOS DA INQUISIÇÃO

conhecimento da história de Montezinos e este, por sua vez, conhecia as *Trovas* do sapateiro de Trancoso.

Ainda uma hipótese interessante foi levantada por Saraiva: quando Vieira se encontrava na França e na Holanda, em missão diplomática, tomou conhecimento de duas obras publicadas naqueles países. A obra francesa foi escrita por Isaac de La Peyrère, intitulada *Du Rappel des juifs*, e relata a volta dos judeus à Terra Santa quando houver um só rebanho e um só pastor. A obra de Amsterdã, *Bonum nuncium israeli*, foi escrita por um reformado, Paul Felgenhauer, e compilada por Manassés ben Israel; nela o autor se refere ao bandarrismo de Manuel Bocarro Francês, um médico, matemático e alquimista criptojudeu que também profetizou a vinda de um "encoberto" para o ano de 1653[19]. Tanto as ideias de La Peyrère como as de Felgenhauer coincidem com as de Joaquim de Fiore e as de Bandarra. Saraiva aponta as extraordinárias coincidências entre as ideias de La Peyrère e Vieira, e crê que ambos devem ter se encontrado em Paris. Coincidem também as ideias de Manassés ben Israel, contidas em sua obra *Piedra Gloriosa*, com as expressas na *História do Futuro* de Vieira: "o reino dos Justos será na Terra"[20]. Essa ideia contrastava fundamentalmente com a doutrina da Igreja, para a qual o Quinto Império será celeste e começará com o fim do mundo. Cremos que a mais convincente assimilação do messianismo judaico pelo padre Antônio Vieira está na sua concepção de que o reino do Messias e o Quinto Império serão temporais[21].

No Quinto Império, a redenção de Israel será certa. Saraiva chama a atenção para o fato de que Vieira prefere a palavra "redenção" a "conversão". Não se trata, para ele, da "conversão" dos judeus à doutrina da Igreja, mas uma participação no terceiro estado da Igreja, tendo sido o primeiro, a sinagoga;

---

19 Manuel Bocarro Francês escreveu a *Anacephaleoses da Monarchia Luzitana*, obra que glorifica a nação portuguesa e que foi publicada sob os auspícios de Galileu, em 1626. Em 1644, teve nova edição. Sobre Bocarro, ver o trabalho de Israel Révah, Une Famille des nouveuax chrétiens: Les Bocarro Frances, *Revue des Études Juives*, 116, 1957, p. 73-89.

20 A obra de Felgenhauer, *Bonum nuntium Israeli*, foi, segundo Saraiva, citada na bibliografia de *Piedra Gloriosa* (1655), de Manassés ben Israel. A.J. Saraiva, op. cit., p. 88.

21 A.J. Saraiva, op. cit.

o segundo, a Igreja (de seu tempo); e o terceiro, a igreja universal. No terceiro reino perfeito, o Reino da Terra, cristãos e infiéis estarão unidos.

Até os últimos anos de sua vida, Vieira não abandonou seus projetos messiânicos e, ainda na Bahia, sonha com a futura Igreja que excederá o judaísmo e o catolicismo.

Foi com a tradição messiânico-judaico-portuguesa que nasceu em Vieira a ideia de uma conciliação entre as duas religiões. Esse acordo, essa assimilação do judaísmo e do cristianismo, foi o resultado de situações sociais concretas, principalmente das amplas consequências da conversão dos judeus ao catolicismo. Depois que voltou de Amsterdã, Vieira elaborou seus conceitos teóricos sobre uma "nova igreja", onde cristãos e judeus estariam em casa, cristãos-novos e cristãos-velhos vivendo o mesmo destino histórico, de dimensão universal[22].

Mas como foi que o messianismo do padre Antônio Vieira foi apoderado e usado pelos sebastianistas portugueses? Vieira não foi um sebastianista. Em agosto de 1655, assim se expressa sobre o "Encoberto": "eu tenho a seita sebastianista por muito boa para rir, mas não para crer"[23].

Situando a sociedade portuguesa, que fez proliferar o sebastianismo e o transformou, a longo prazo, numa verdadeira bandeira nacional, devemos focalizar o tempo, a situação e os diversos momentos de sua expansão. Devemos considerar a sociedade dividida entre classes privilegiadas e massas carentes, a existência de um órgão altamente repressivo, a Inquisição, e a existência de um mundo judaico, português, subterrâneo, "encoberto".

O sebastianismo foi uma aventura fantástica à qual os portugueses se lançaram para fugir de sua própria realidade. A negação de ver o passado era para eles, como diz Eduardo Lourenço, uma maneira de negar o presente. Falar de "alma portuguesa" parece querer esconder a história e suas situações concretas. Lucette Valensi analisou a transmissão das marcas dos vencedores e dos vencidos e a formação e transição das

22 Ibidem.
23 Carta de Antônio Vieira, de 10 de agosto de 1655, ao irmão do duque de Cadaval, dom Teodósio, apud João Lúcio de Azevedo, *História dos Cristãos Novos Portugueses*, Lisboa: Livraria Clássica Editora, 1947, p. 89).

VIVER NOS TEMPOS DA INQUISIÇÃO

lembranças, e mostra que os portugueses apresentaram uma obstinada resistência em aceitar a realidade histórica. Criaram várias formas de defesa contra um passado que não quiseram aceitar, inventando uma fábula dos combatentes de Alcácer-Quibir, uma alucinação que os fez duvidar mesmo do que viam. Mistificaram um rei e seu reinado, fabricando similares e falsos dom Sebastiões, ocultaram a lembrança penosa de Alcácer e a perda do rei, que substituíram por um objeto escondido. Produziram fantasmas e transformaram a realidade em um sonho a mais[24].

O sebastianismo português foi universalizante na medida em que Vieira deu a Portugal uma conotação de "eleito" e uma dimensão universal, inspiradas no messianismo judaico que, como mostra Gershom Scholem, é uma ocorrência histórica que redimirá o social, o cósmico, o nacional.

Historiadores portugueses e intelectuais ainda se confrontam na interpretação do mito sebástico, alguns procurando ver no próprio dom Sebastião um genuíno representante da "alma" portuguesa. Mas talvez tenha razão Eduardo Lourenço, ao propor a necessidade de uma autêntica psicanálise do comportamento global português, um exame sem complacências, pois a grandeza de Portugal é uma ficção e o sebastianismo foi a máxima expressão de uma existência irrealista e representativa de uma consciência delirada de uma fraqueza nacional[25].

Qualquer que seja a corrente historiográfica a que nos filiemos, em larga medida o sebastianismo português não deixa de ser, como diz José Augusto Seabra, de Bandarra ao padre Vieira, de Sampaio Bruno a Fernando Pessoa, um prolongamento do messianismo judaico, ligado à esperança de redenção universal que tentamos resumir nestas páginas[26].

---

24 Lucette Valensi, *Fables de la mémoire: La Glorieuse bataille des trois rois*, Paris: Seuil, 1992.

25 Eduardo Lourenço, *Nós e a Europa ou as Duas Razões*, Lisboa: Imprensa Nacional, 1988, p. 19, 22.

26 As ideias de José Augusto Seabra dão continuidade ao pensamento de António Sérgio e de António José Saraiva.

27. Um Padre Católico e Sua Luta Por Justiça: Antônio Vieira[1]

Durante os três séculos de perseguição e eliminação dos descendentes dos judeus convertidos em Portugal, nenhuma manifestação de protesto, ninguém teve coragem de levantar a voz contra a bárbara instituição inquisitorial.

Ao longo da vida do padre Antônio Vieira, os judeus foram sua preocupação central. Viveu em íntima relação com os judeus secretos, durante seus primeiros anos na Bahia, e com a comunidade judaica de Amsterdã e Rouen, durante sua carreira no serviço diplomático.

Em Portugal, Vieira cercou-se de amigos marranos e, em 1649, junto aos homens de negócio fundou a "Companhia Brasileira de Comércio", que foi em grande parte responsável pela reconquista da região Nordeste ocupada pelos holandeses. Enquanto esteve em Amsterdã a serviço diplomático, Vieira tornou-se amigo de Menassés ben Israel, tendo sido influenciado fortemente por ideias messiânicas, e frequentemente visitava a sinagoga portuguesa.

Vieira colocou a questão da discriminação e do racismo como prioridade entre os problemas religiosos e políticos de seu tempo.

---

1 Artigo apresentado no Fifteenth World Congress of Jewish Studies, University of Jerusalem, 2009.

Escreveu que, antes de conquistarmos a unificação de todas as nações (o que era seu grande ideal), seria preciso resolver os problemas políticos e sociais imediatos. O problema imediato para Vieira era a questão do ódio aos judeus. Em muitos de seus escritos, ele discutiu os complexos e injustos problemas da conversão forçada. A legislação discriminatória contra os judeus levou a um contínuo êxodo de cristãos-novos portugueses e a danos econômicos causados pelo confisco de bens das vítimas.

O sistema político absolutista e o medo de cair nas mãos dos inquisidores, produziram uma subcultura clandestina em Portugal, que deu origem a uma identidade dividida nos convertidos. Tiveram que desenvolver um comportamento para o mundo exterior e outro para se comunicar com seus irmãos de fé. É difícil penetrar no coração de uma sociedade secreta onde a linguagem é hermética e as ideias são veladas.

O padre Antônio Vieira sabia perfeitamente o que estava acontecendo por trás das grossas paredes do Palácio dos Estaus (sede da Inquisição portuguesa). Tinha contato constante com os marranos e estava familiarizado com as suas condutas. Em cartas oficiais e privadas, em propostas ao rei, em sermões, artigos e memórias, Vieira expressou: preocupações com a decadência econômica de Portugal e com o retorno dos judeus à sua Terra Prometida, a Palestina; sua esperança de reconciliação entre o judaísmo antigo e o catolicismo; e, principalmente, o seu desejo de que os judeus pudessem ser aceitos em Portugal como plenos e legítimos cidadãos.

No ano de 1646, Vieira denunciou oficialmente ao rei de Portugal o caráter racista da perseguição aos cristãos-novos e a obsessão dos portugueses em provar que eram "puros" e não "infectados" por sangue mouro, judeu ou negro. As ideias de Vieira transcendem seu tempo e influenciaram centenas de portugueses estudiosos e políticos. Quando Vieira escreveu "que o valor de cada homem deve ser medido pelo que ele é e não por sua origem, e que cada homem é o que faz", estava se referindo à obsessão dos portugueses com seu *status* de nobreza e fidalguia. Completamente envolvido nos problemas políticos e sociais, muitas vezes acusou seus colegas sacerdotes de "passividade e inércia". A passividade, escreveu, deve ser condenada. "Agir é a essência de uma mente racional e livre." A ação tem

Padre Antonio Vieira. Carlo Grandi (1729-1742), Celeber us. P. Antonius Vieyra. Biblioteca Nacional de Lisboa.

que ser prioridade. "Quando for perguntado, 'quem é você?', não responda por seus antepassados, mas analise o que tem feito e julgue suas próprias ações".

Vieira começou sua luta intensa contra o antijudaísmo que estava crescendo em seus país, acusando a Inquisição de perseguir inocentes a fim de extorquir-lhes os bens, e lamentou o silêncio de seus concidadãos, dizendo que "as omissões eram mais perigosas do que os pecados".

Vieira nunca se integrou ao estreito ambiente político e religioso de seu tempo. Sua visão de mundo, sua noção de justiça e tolerância, sua opinião crítica contra a Igreja, sua concepção do outro e sua opinião sobre aqueles que eram "diferentes", lhe conferem um lugar definido entre os que acreditavam que os judeus tinham os mesmos direitos que qualquer outro ser humano. A mentalidade pragmática e moderna de Antônio Vieira confrontou-se com as mentes estreitas e fanáticas da classe dominante portuguesa. Seus sonhos utópicos tinham um propósito prático: unificar todas as nações em uma época de harmonia.

Não é importante para este ensaio considerar suas opiniões de que, para alcançar a era de harmonia, todos os povos tinham de unificar-se em uma única fé. A fim de compreendermos o sentido disso, teríamos de considerar suas ideias teológicas, o que foge aos propósitos do presente artigo. Vieira, neste trabalho, deve ser entendido sempre por sua preocupação social, como um mestre de justiça, com a função de defender uma minoria desprezada.

O retorno dos judeus à Palestina era, para Vieira, não apenas uma promessa feita por Deus, mas um direito legítimo. Quando o fim dos dias chegarem, afirmou, todos os judeus voltarão à sua terra prometida, pois viviam subordinados a estranhos e todos os homens devem viver livres e não em cativeiro. "Os judeus têm o direito de aguardar o momento em que voltarão para a sua terra de origem. E então, chegará o tempo messiânico e haverá paz na terra."

O retorno dos judeus à sua terra, para Vieira, era a solução para os problemas que os afligiam. E era a razão por que colocou esse retorno como uma prioridade entre os conflitos sociais de seu tempo. Defendendo essa tese, Vieira devolveu aos judeus o seu antigo orgulho e sua identidade.

Vieira pagou um alto preço ao lutar pelos direitos dos judeus contra os princípios discriminatórios da Igreja. Foi condenado pela Inquisição a viver recluso e impedido de pregar por dois anos. Os inquisidores foram muito perspicazes e perceberam que suas obras tinham um "odor de judaísmo". Mesmo depois da condenação, Vieira não desistiu de sua luta. Viajou para Roma, onde se encontrou com o papa e denunciou os crimes cometidos em Portugal, "em nome de Deus". Sua carta ao papa

Sermão do padre Antônio Vieira na Igreja de Santo Antonio da Bahia, em que celebra o Triunfo das armas portuguesas alcançado na defesa da cidade atacada pelos holandeses. Gravura de João da Cunha Neves e Carvalho (1784-1856), em Galeria Pitoresca da História Portuguesa, Façanhas, *Paris: J. Aillaud, 1842.* Biblioteca Nacional de Lisboa

Inocêncio XI é uma acusação aberta contra a Igreja. Essa carta não tem sido considerada autêntica por Hernâni Cidade, porém não concordo com a opinião do eminente professor. As ideias expostas ao papa são exatamente o que pensava Vieira. O espírito de deboche e um tanto burlesco do texto não é exatamente o estilo de Vieira, mas as ideias, opiniões e críticas são de Vieira.

Suas acusações contra o Santo Ofício deixaram os inquisidores furiosos. Vieira só escapou da morte porque teve a proteção do papa.

Depois de uma vida inteira lutando por seus ideais, Vieira morreu na Bahia, velho e doente. Ainda escreveu o que consideraram sua obra prima, *Claves prophetarum*.

Na *Claves prophetarum*, o padre Vieira fez a proposta mais surpreendente: "No Quinto Império, as cerimônias judaicas seriam permitidas, porque elas não tinham sido proibidas por Deus, mas sim pela Igreja." E ele continua: "No Quinto Império, a Igreja iria reconsiderar as proibições e dar aos judeus convertidos liberdade absoluta, para seguir seus próprios rituais, principalmente no Templo de Jerusalém." Foi ainda mais longe sobre a circuncisão, argumentando: "uma vez que era muito difícil para os judeus abandonarem suas cerimônias e hábitos, a circuncisão seria permitida pela Igreja no final dos tempos".

O messianismo, uma das questões cruciais do conflito cristão-judaico, também foi magistralmente tratado por Vieira, que procurou penetrar profundamente na essência do judaísmo. O Messias esperado não havia chegado, a profecia não havia sido cumprida, a violência, a guerra e a corrupção eram piores em seu tempo que no passado, e a promessa profética de paz sobre a terra não havia se realizado.

O historiador português António Sérgio comentou a influência judaica sobre o sebastianismo que, no século XVII, foi um movimento nacional português.

Quando o sapateiro Gonçalo Anes Bandarra escrevia suas trovas messiânicas, anunciando o retorno do rei vencido, a Inquisição já estava bem estruturada em Portugal, e os cristãos-novos que viviam em insegurança foram os primeiros a receber os versos do sapateiro. A loja de Bandarra era um centro de reuniões de cristãos-velhos e novos, onde discutiam as Sagradas Escrituras, os tempos difíceis que corriam e sonhavam com o Messias que chegaria em breve para trazer paz e justiça ao mundo. Essa fé na vinda do Messias alimentou a alma do marrano, em seu mundo de secreto sofrimento.

Na concepção de Vieira, depois que os judeus se converteram ao catolicismo em Portugal, em 1497, se misturaram aos cristãos-velhos com tal intensidade, que a promessa da Terra Santa de Deus passou a valer tanto para os cristãos-novos quanto para os cristãos-velhos. O mais curioso na concepção de Vieira foi a ideia de que o português e o judeu não podiam mais serem distinguidos um do outro; Deus havia trazido os judeus espanhóis para Portugal (1492), de modo que ambos os povos e ambas as religiões poderiam ser unificados em um único território, que ele chamava de "império universal". A profecia judaica estava direcionada tanto para Israel quanto para Portugal. Em Vieira, as profecias portuguesas não eram rivais, mas complementares, e a missão de Portugal era ser uma continuidade de Israel.

António José Saraiva explicou a influência de outras personalidades contemporâneas sobre as ideias messiânicas do padre Vieira, entre eles, o rabino Manassés ben Israel, de Amsterdã. O messianismo de Manassés ben Israel foi moldado, pelo que ele ouviu do viajante António de Montezinos (também conhecido como Aharon Levi), sobre o seu encontro com uma das tribos perdidas de Israel nas selvas do Novo Mundo. Essa ideia corresponde em muitos aspectos às profecias de Bandarra, e Saraiva acreditava que Vieira conhecia a história de Montezinos e Montezinos conhecia os versos do sapateiro de Trancoso.

A hipótese de Saraiva em relação a uma personalidade interessante que Vieira conheceu quando estava em missão diplomática na França e na Holanda, é a familiaridade com o trabalho de Isaac de La Peyrère, intitulado *Du Rappel des juifs*, no qual o autor se refere ao retorno dos judeus à Terra Santa. De acordo com de La Peyrère, o reino perfeito na terra chegaria quando os cristãos e infiéis se unissem, num tempo de paz.

Na obra de Vieira, *Esperanças de Portugal*, notamos a influência do messianismo judaico inspirado por Manassés ben Israel: "O império de Cristo será nesta terra e desta terra e não no céu e do céu." Em outras palavras, a terra será um lugar de harmonia e paz e haverá apenas uma religião. Saraiva acredita que não foi por acaso que a *Esperança de Portugal*, de Vieira, tinha um nome semelhante à obra de Manassés ben Israel, *Esperança de Israel*.

Quando Vieira estava em Amsterdã, teve longas conversas com seu amigo Manassés ben Israel sobre o Messias e as dez tribos perdidas. Essa amizade talvez tenha mudado a concepção que Vieira tinha sobre os judeus. Aliou a Restauração da monarquia portuguesa e seu conceito de Quinto Império à restauração do judaísmo. O Quinto Império, o retorno das dez tribos perdidas para a Terra Prometida e a união do povo judeu ao povo português estariam conectados. Os israelitas eram o povo de Deus, mas perderam suas terras quando foram punidos por seus pecados, e sua missão no mundo continuou em Portugal. Deus deu apenas um território muito pequeno para os judeus, a fim de que eles espalhassem a luz de sua fé e do verdadeiro Deus por todo o mundo.

Vieira escreveu, na *História do Futuro*, que o reino dos justos seria nesta Terra. Isso é semelhante à visão que Manassés ben Israel expressou na *Piedra Gloriosa*. Tal ideia está em conflito com a mensagem da Igreja de que o Quinto Império estava no céu e que começaria no final dos tempos. A assimilação mais convincente do messianismo judaico por Vieira pode ser encontrada em sua concepção de que o Messias e o Quinto império pertenciam a este mundo.

No Quinto Império, a redenção de Israel estaria garantida. Saraiva chamou a atenção para o uso que Vieira faz da palavra "redenção", ao invés de "conversão". Ou seja, os judeus participariam dessa quinta etapa da Igreja. No Quinto Império, no reino perfeito, no Reino da Terra, cristãos e judeus estariam unidos. A postura mais paradoxal é evidenciada pela sua declaração corajosa de que qualquer homem pode ser alvo fora da Igreja. Esta foi a afirmação mais revolucionária feita por qualquer pessoa dentro da Igreja.

Na concepção de Vieira, os judeus não estavam em Portugal por acaso. Deus uniu portugueses e judeus. Os cristãos portugueses e os judeus portugueses eram um povo único. Eles não estavam unidos pela história, mas pelo desejo de Deus. Ambos estariam juntos no fim dos dias, e Portugal e Israel, unidos, construiriam um único império.

Vieira foi um mundo de contradições, desempenhou diferentes papéis em toda sua vida. Foi um excelente jogador e manipulador de uma mentalidade barroca, o que significa que não pode ser lido facilmente por seus adversários. Suas obras foram conhecidas manuscritas, muito antes de serem impressas.

O *Antigo Testamento* foi a base de sua abordagem pragmática do mundo. Vieira trouxe para o estreito universo português uma nova mensagem. Em certo sentido, foi um rebelde e dissidente, e teve até o século XVIII seguidores silenciosos. Ofereceu um modelo ecumênico para judeus e cristãos coexistirem. E nos deixou uma mensagem mais humanista e moderna: os cristãos-novos tinham o direito legítimo de ser judeus, e os judeus tinham o direito legítimo de regressar à Terra Prometida. Pensando nas ideias de Vieira, António Sérgio escreveu: "O Deus de Vieira é mais o Deus do *Antigo Testamento* do que da concepção cristã de Deus."

Em suma: o padre Antônio Vieira foi a única voz oficial que falou a favor dos judeus no século XVII. Juntamente com seu conterrâneo Damião de Góis, no século XVI, Vieira pode ser considerado um dos pioneiros do sionismo político. Góis argumentou que todos os sofrimentos dos judeus eram consequência de não terem uma terra própria. Vieira defendeu ainda o conceito secular de que o retorno dos judeus à Terra Santa não era apenas uma promessa de Deus, mas um legítimo e justo direito. Resumirei as principais ideias do padre Vieira em dez pontos:

- A única solução para "a questão judaica" é o retorno dos judeus à sua terra, e isso deve ser visto como prioridade ao analisarmos os problemas sociais do mundo.
- A Igreja, e não Deus, proibiu a prática das cerimônias judaicas
- A Igreja deveria dar aos judeus convertidos ao catolicismo absoluta liberdade de seguir seus rituais, incluindo a circuncisão.
- A paz é a condição central para a vinda do Messias, e como a paz não existe no mundo, o Messias ainda não chegou.
- Judeus e portugueses estão unidos e não querem ser separados. Portugal é um complemento de Israel.
- Deus deu um território pequeno para os judeus, a fim de que eles se espalhassem pelo mundo e levassem a luz de sua fé e do Deus verdadeiro a todos os povos
- O Quinto Império seria na Terra e não no céu.
- A redenção de Israel estaria assegurada.
- Todo homem pode ser salvo fora da Igreja.
- Os judeus convertidos tinham direito a serem judeus.

Nessas proposições, Vieira contrariou as concepções fundamentais da Inquisição em relação aos judeus e cristãos-novos. Vieira defendeu exatamente o oposto do que foi a ideologia do Santo Ofício e da Igreja. E, ao fazê-lo, deu ao povo português uma compreensão completamente diferente do povo judeu, até mesmo dos cristãos-novos e do seu destino.

28. Machado de Assis, os Judeus e a Redenção do Mundo

A relação de Machado de Assis com os judeus aparece diversas vezes na sua obra, tanto em prosa como em verso: "O Dilúvio", "A Cristã-Nova", "António José", "Viver". Entretanto, não existe, nas milhares de páginas que já escreveram sobre Machado, uma análise exaustiva a respeito de seu envolvimento com a história e destino dos judeus.

Sabemos que em sua biblioteca figuravam vários clássicos portugueses, que ele tinha grande admiração por Alexandre Herculano, cuja obra *História da Origem e Estabelecimento da Inquisição em Portugal* possivelmente lhe serviu de referência ao escrever "A Cristã-Nova". Em suas estantes constavam também as obras do cronista português Garcia de Rezende, que se refere aos judeus, e o livro antissemita de frei Amador dos Arrais. Machado se revelou profundamente familiarizado com as estratégias utilizadas pelo Santo Ofício na perseguição aos judeus do Brasil, e em seu poema mostra a Inquisição como responsável pela retomada da identidade judaica entre os cristãos-novos. Como escreveu versos sobre Spinoza, talvez conhecesse as ideias desse filósofo sobre as razões que levaram à sobrevivência do judaísmo através da história.

328 VIVER NOS TEMPOS DA INQUISIÇÃO

Machado de Assis nasceu em 1839. O Tribunal do Santo Ofício foi extinto em Portugal em 1821, porém vigorou na Espanha até alguns anos antes do nascimento de Machado. As memórias de uma carga de trezentos anos, com seus horrores e torturas, ainda estavam frescas entre o povo e soavam bem nítidas nos ouvidos dos intelectuais, jornalistas e literatos de Portugal e do Brasil. Gonçalves de Magalhães já tinha inspirado a sua peça teatral no processo de António José da Silva; Camilo Castelo Branco inspirou-se na vida *na vida de Antônio José da Silva*, autor das *Óperas,* para escrever seus dois volumes sobre *O Judeu*; Alexandre Herculano desmascarou a corrupção nas negociatas entre a Coroa portuguesa e a cúria romana, que levou ao estabelecimento do Tribunal da Inquisição em Portugal, além de romances e artigos que corriam pela Europa. Machado de Assis estava sempre bem informado e certamente conhecia o que foi escrito sobre os cristãos-novos nessa época. Além disso, tinha um gosto especial pelos profetas do *Antigo Testamento* e pela *Bíblia* em geral, um de seus livros preferidos. Inspirou-se nas Sagradas Escrituras para escrever "António José", brasileiro queimado pela Inquisição – cujas sátiras cômicas faziam rir os espectadores do teatro do Bairro Alto, em Lisboa:

> António, a sapiência da Escritura
> Clama que há para a humana criatura
> Tempo de rir e tempo de chorar;
> Como há um sol no ocaso e outro na aurora.
> Tu, sangue de Efraim e de Issacar
> Pois que já riste, chora.

Machado olhava para o percurso dos judeus através da história com tão profunda simpatia, que transparece em sua obra, principalmente em dois momentos: quando escreveu a "A Cristã-Nova"[1], no início da sua vida, e "Viver", já na maturidade. Em ambos os textos, é na história que vai buscar sua inspiração, e é esse Machado que interessa a este ensaio. Em "A Cristã-Nova", baseia-se em fatos. Conta a história de um velho cristão-novo que, olhando a bela Guanabara, sonha com os rios

---

1   Ver A. Novinsky, A Cristã-Nova, em *O Olhar Judaico em Machado de Assis*, Rio de Janeiro: Expressão e Cultura, 1990.

da Babilônia... Machado mostra conhecer profundamente o conflito intenso vivido pelos cristãos-novos, cuja alma "nem toda era de Cristo, nem toda de Moisés". E em sua grande solidão, enquanto lê no "máximo de todos os livros", o cristão-novo suspira: "Junto aos rios da terra amaldiçoada de Babilônia, um dia nos sentamos, com saudades de Sião amada."

Poetas brasileiros retomaram a imagem de Angela, de "A Cristã-Nova": Alberto de Oliveira ("Alma em Flor"): "Mártir, alma em flor aberta apenas..."

E Olavo Bilac

> Sorrindo a terra moça
> Noiva parece que o virgíneo seio
> Entrega ao beijo nupcial do amado...

No poema "A Cristã-Nova", não há nenhuma mensagem de esperança, em nenhum momento o autor sugere o fim do sofrimento do povo judeu, ou seu possível retorno à pátria – Palestina.

O poema está sempre relacionado com o sentimento de perda, como algo que acabou, e reflete a imagem da ruína e da fatalidade. Por fim, é o mal que vence. O sonho com a Terra Prometida se choca com a realidade implacável – a Inquisição –, que vem buscar o judeu no Brasil. Tudo se perdeu para os judeus no naufrágio do passado. "Só se salvou Deus."

"A Cristã-Nova" está impregnada da nostalgia e do ceticismo de Machado. No mundo que evoca, o vencedor é o carrasco. Não há esperanças. Para que o amor, a lealdade e a justiça voltem, os judeus terão de esperar até a eternidade. Então, talvez o bem vença e Deus possa se compadecer e "levar em conta o muito amor e o padecer extremo dos judeus".

Em "Viver", Machado se volta para os dois mil anos de história.

Inspirou-se numa velha lenda sobre o judeu errante, que já dera origem a numerosa literatura, entre romances, poesias, obras antissemitas, políticas e redentoras. A lenda parece originária de uma passagem do Novo Testamento, na qual um oficial do alto sacerdócio rejeita Jesus. A lenda tinha conexões indiretas com os judeus, mas no decorrer da história, novos detalhes foram acrescentados, mudando diversas vezes o seu sentido.

330 VIVER NOS TEMPOS DA INQUISIÇÃO

No século XIII, em Bolonha, foi registrada a primeira notícia escrita que mencionava o judeu, amaldiçoado pelos pecados e condenado a errar pelo mundo, até o retorno de Jesus.

Do século XIII ao XVI, a lenda do judeu errante circulou pela Itália, Espanha, França, Inglaterra, em crônicas, poemas, mencionada em tratados e peças teatrais. Foram escritos mais de cem contos populares, abordando essa personagem, com numerosas variações locais.

No início do século XVII, foi impresso em Hamburgo um folhetim, acentuando as implicações antijudaicas da lenda, dando origem a outros tantos textos literários que se espalharam pela Europa. A lenda adquiriu uma forte conotação antissemita.

Num folhetim denominado "Kurtze Beschreibung und Erzählung von einem Juden mit Namen Ahasverus" (Curta Relação e Descrição de um Judeu Chamado Ahasverus)[2], o autor, sob o pseudônimo de Chrysostomus Dudulaeus, conta a história de um bispo de Schleswig, que num domingo de inverno, no ano de 1547, recém-chegado a Hamburgo, percebeu durante o sermão que um homem de alta estatura, cabelos longos caídos sobre os ombros, maltrapilho e de pés nus, escutava o pregador com grande recolhimento. E cada vez que o nome de Jesus era pronunciado, ele se abaixava, batia no peito e suspirava. Parecia ter cinquenta anos. Muitos dos presentes lembravam-se de tê-lo visto na Inglaterra, França e em outros lugares. O bispo o encontrou depois da pregação e perguntou-lhe quem era, ao que ele respondeu muito modestamente que era judeu de nascimento, se chamava Ahasverus, era sapateiro e havia se estabelecido em Jerusalém, e achando, como os outros judeus, que o Senhor era um herege e um sedutor do povo, fez o possível para que fosse eliminado. Quando Pilatos pronunciou a sentença de que o condenado deveria passar diante de sua casa, juntou um grupo de pessoas, tomou seu filho pequeno nos braços e correu para a porta. Quando Cristo passou carregando uma pesada cruz, parando e apoiando-se para descansar, o judeu, por cólera e má vontade, e para vangloriar-se perante os outros judeus, rejeitou Jesus Cristo e o mandou embora... Jesus o olhou fixamente e lhe disse: "Eu vou parar e descansar,

2   Apud Roland Auguet, *Le Juif errant: Genèse d'une legende*, Paris: Payot, 1977.

MACHADO DE ASSIS, OS JUDEUS E A REDENÇÃO DO MUNDO 331

mas tu, tu caminharás até o dia do Julgamento Final." O judeu pôs seu filho no chão e não conseguiu permanecer ali por mais tempo. Seguiu Cristo e presenciou toda a Paixão. Depois, não lhe foi possível voltar a Jerusalém e passou a percorrer o mundo. E disse ainda o judeu, que se Deus o fez tão miserável, foi para que permanecesse até o Julgamento Final um testemunho vivo contra os judeus e os incrédulos[3].

Essa lenda inspirou-se em histórias escritas anteriormente, durante a Idade Média, e foi também utilizada quando o protestantismo se espalhou por toda a Europa, em fins do século XVI e princípios do XVII, assumindo então uma dimensão particular. Lutero tinha como um de seus objetivos a conversão em massa dos judeus. Nos seus primórdios, o protestantismo atraiu muitos judeus, suscitando certo interesse, principalmente entre os judeus cultos, que viam na expansão da nova doutrina uma chance de romper com a tirania da Igreja Católica. Certas comunidades judaicas, como a dos marranos de Amsterdã, aderiram aos escritos protestantes espanhóis, mas o número de convertidos foi pequeno. Lutero reagiu com um antissemitismo violento e a lenda do judeu errante prestou o mesmo serviço aos reformados que prestara aos católicos antissemitas. As igrejas, em geral, endossaram a mensagem do judeu amaldiçoado, apesar de os Evangelhos e seus padres não fazerem alusão nenhuma ao judeu errante[4].

A cristandade utilizou-se das imagens antissemitas, que foram divulgadas principalmente entre a gente simples do povo, que ouvia com horror a descrição dessa personagem e a usava para amedrontar as crianças.

No século XVII, houve nova grande difusão da lenda, que sofreu influência indireta da "filosofia das Luzes". O judeu errante então se descristianizou. Em algumas obras, o elemento cristão que inspirou a personagem de Ahasverus desapareceu e, em outras, a sua existência é posta em dúvida, atribuída à credulidade dos ignorantes.

Gradativamente, a personagem inspirou obras de ficção.

Depois da Revolução Francesa, já no século XIX, após a "emancipação" dos judeus, a lenda tomou novo impulso,

3   Ibidem.
4   Ibidem.

332 VIVER NOS TEMPOS DA INQUISIÇÃO

principalmente devido à progressiva volta do antissemitismo. Serviu, então, a um novo tipo de literatura que excluía o judeu, não por razões teológicas, mas raciais. O modelo do judeu errante passou a ser substituído por Judas e o antissemitismo teve um forte recrudescimento[5].

Em 1844, Eugène Sue (1804-1857) escreveu uma sátira antijudaica, *Le Juif errant*, que chegou a alcançar 11 edições[6]. A lenda se espalhou pelo mundo com enorme rapidez e penetrou no folclore, nos salões, nas lojas dos mercadores e nas bibliotecas. O cunho medieval da acusação foi substituído por um antijudaísmo de caráter social e econômico.

Pseudocientistas, principalmente da área psiquiátrica, utilizaram-se da lenda e estenderam aos judeus características de párias associais, com instabilidade patológica e incapazes de enraizar-se nas sociedades entre as quais se estabeleciam. Num tratado de sessenta páginas, publicado no fim do século XIX por um discípulo de Charcot, dr. Henri Meige, intitulado *Le juif-errant à Ia Salpêtrière*, o autor conta que certos neuropatas que o procuravam possuíam duas características: eram judeus, e em graus diferentes inclinados à vagabundagem. Um dos seus pacientes afirmava que, na esperança de fugir da dor, ao caminhar sofria menos do que quando permanecia imóvel.

Meige concluiu que seus pacientes se pareciam, de maneira estranha, com o judeu errante e com a iconografia que o representava, a barba longa crescendo indefinidamente e remarcáveis rugas na testa. Descrevia detalhadamente seus pacientes para provar pela psicologia e pelo aspecto físico a predisposição do povo judeu de errar pelo mundo, apresentando um tipo psicológico como um tipo "racial"[7].

Em contrapartida, a lenda do judeu errante adquiriu, em meados do século XIX, um novo significado. Continuou a ser usada por diversos autores, mas Ahasverus passou a ser não mais uma vítima, mas um juiz. Foi assimilado ao destino do povo judeu. Sua figura se popularizou mais uma vez na poesia, na literatura e na pintura. Gustav Doré cria, em 1856, doze desenhos ilustrando a lenda, e também a usaram Goethe, Shelley,

5   Ibidem, p. 105.
6   Ibidem.
7   Ibidem, p. 7.

MACHADO DE ASSIS, OS JUDEUS E A REDENÇÃO DO MUNDO   333

Kierkegaard, Appolinaire, Gorki, Kipling, Chagall entre outros. Gramsci conta que a leitura do judeu errante era muito comum na Itália de seu tempo.

Ao final do século XIX, a imagem de Ahasverus tornou-se o símbolo privilegiado da alma errante e livre. Para Shelley, por exemplo, a marcha do judeu errante se transforma em epopeia messiânica da humanidade. A personagem se fragmenta numa multiplicidade de símbolos. É a transfiguração do excluído em eleito, em nome da eternidade e do sofrimento.

Com o crescimento dos nacionalismos do século XIX, também os escritores judeus buscaram na figura de Ahasverus o símbolo do sofrimento de seu povo, sempre desenraizado e perseguido. Abraham Goldfaden, em 1880[8], e Ferdinand Bronner, em 1893[9], simbolizaram, em Ahasverus, a imagem poética das infelicidades do povo judeu. A lenda passou de alegoria religiosa a símbolo nacional: seria a tragédia do povo que não tem solo, que perambula pelo mundo, sem paz e sem pouso. O herói maldito se laiciza e alguns autores o identificaram com a redenção, não mais de forma individual, mas nacional. Ahasverus se torna também o signo do progresso humano.

Na Alemanha, em 1839, um poeta judeu, Ludwig Wihl, compôs uma obra dramática em quatro quadros, *Ahasverus*, dedicada aos judeus. Em um dos quadros, o herói prefigura a "aurora" de um novo tempo, e Ahasverus aparece como o próprio símbolo da história de Israel. No terceiro quadro, Ahasverus dialoga com Fausto, que lhe propõe construírem juntos o mundo do Éden. E, no quarto quadro, se dá a transformação de um morto-vivo que se levanta, radioso, para enfrentar o dia, encarnação viva da esperança de sua nação cujo sonho acaba por tornar-se realidade. A lenda procura conciliar em Ahasverus[10] duas visões antitéticas do tempo; um passado de ruína e um futuro criador: "como uma fênix no meio das chamas, um tempo novo deve chegar"[11].

Ahasverus passa de uma lenda antissemita a um símbolo político e nacional. O símbolo tradicional do pecador se

8   Cf. Abraham Goldfaden, *Der ewige Jude*, Frankfurt, 1880.
9   Cf. Ferdinand Bronner, *Ahasverus der ewige Jude*, Leipzig, 1893.
10   R. Auguet, op. cit., p. 7.
11   Ibidem.

adapta à realidade contemporânea da emancipação dos judeus. O errante simboliza agora a consciência nacional judaica.

No plano psicológico, Ahasverus é ambivalente, pois encarna ao mesmo tempo o homem condenado por ter recusado a revelação e o homem salvo, pois conhecia melhor que todos os outros os erros humanos. Também no plano sociológico o maldito se torna, nos fins do século XIX, o homem de todos os tempos.

No Brasil, a lenda do judeu errante chegou via Portugal. Durante o romantismo adquiriu especial interesse entre escritores brasileiros e alcançou grande popularidade, principalmente no nordeste do país[12].

Diversos poetas brasileiros retomaram o tema, nenhum para lhe dar a conotação messiânica e humanista de Machado.

Fagundes Varela evoca a lenda, calcando-a na tradição:

> Caminhar! Caminhar!... foi a sentença. Que na triste
> [jornada do Calvário
> Disse, passando o Salvador a Ahasvero!
> As flores morrerão ao teu contato
> As aves fugirão batendo as asas
> E ao céu de bronze que te pesa à frente
> Em Vão mendigarás gota de orvalho
> Que apague a sede que teu peito abrasa!"

Castro Alves, por sua vez, vê em Ahasverus a solidão do gênio:

O Gênio é como Ahasverus... solitário, a marchar, a marchar no itinerário sem termos do existir [...] mas quando a terra diz: "Ele não morre"; Responde o desgraçado: – "Eu não vivi."

No Brasil, em geral, a essência da lenda aponta sempre para a punição do judeu, que é caracterizado como Anti-Cristo, o maldito, e não adquiriu conotações filosóficas tão frequentes em outras literaturas, girando sempre em torno da recusa dos judeus em aceitar a divindade de Cristo. Também era frequente a associação dos judeus às mágicas e feitiçarias; e a Igreja Católica

---

12 Cf. Jerusa Pires Ferreira, O Judeu Errante: A Materialidade da Lenda, *Revista Olhar*, ano 2, n. 3, jun. 2000.

utilizou-se desse estereótipo para estimular conversões e para as suas mensagens antissemitas.

O poeta e brasilianista norte-americano Isaac Goldberg sofreu influência de Machado de Assis e traduziu "Viver" para o inglês. As visões de mundo de Goldberg e de Machado são semelhantes, aproximados pela identidade das ideias e de valores. "Viver" também foi encenado por duas companhias de teatro cariocas no 11º Festival de Teatro de Curitiba.

O Ahasverus de Machado diferencia-se dos autores brasileiros que trataram da lenda, pois representa a injustiça do mundo, a esperança da humanidade, a finitude e a plenitude humana. Aproxima-se do sentido que lhe deram alguns escritores estrangeiros, que tornaram Ahasverus o "profeta" da nação judaica, representando a esperança de todo o povo. O Ahasverus de Machado exprime o sentimento e o ideal de uma humanidade ansiosa pela fraternidade. Representa a esperança de salvação e a redenção do mundo.

Machado de Assis constrói seu conto "Viver" baseada num diálogo entre dois mitos: o do judeu errante e o da lenda grega de Prometeu.

Cenário:

"Fim dos tempos. Ahasverus, sentado em uma rocha, fita longamente o horizonte onde passam duas águias, cruzando-se. Medita, depois sonha. Vai declinando o dia."

Ahasverus é o último homem. Amaldiçoado, condenado a não poder morrer, enfim agora está livre. Séculos de mortificação, andando sempre. Ahasverus agora se despede da vida. "Velha Natureza, adeus! Céu Azul, nuvens renascentes, rosas de um dia e de todos os dias, águas perenes [...] adeus!"

Ouve então a voz de Prometeu que lhe fala, lhe pressagia novos tempos, quando "os ventos não espalharão mais, nem os germes da morte, nem o clamor dos oprimidos, mas tão somente a cantiga do amor perene e a benção da universal justiça."

O ceticismo de Machado responde em Ahasverus: "que importa à espécie que vai morrer comigo toda essa delícia póstuma? [...] para os ossos que apodrecem na terra as púrpuras de Sidônia não valem nada". Conta então a Prometeu o seu crime e a sua sentença, andar sempre, até o fim dos tempos.

Prometeu o consola, afinal, "os outros homens leram da vida um capítulo, tu leste o livro inteiro. Que sabe um capítulo de outro capítulo? Nada; mas o que os leu a todos, liga-os e conclui [...] à convulsão trágica precede a do riso, a vida brota da morte". Só Ahasverus, vivendo a eternidade, podia ver "a magnificência da terra, curando a aflição da alma, e a alegria da alma suprindo a desolação das cousas; dança alternada da natureza".

Prometeu vislumbra ao judeu uma nova era, na qual ele, Ahasverus, será o elo entre este mundo passageiro e o mundo eterno, quando "uma nova raça povoará a terra, feita dos melhores espíritos da raça extinta".

E então, Ahasverus o errante, o desprezado, será o rei e governará os homens.

Machado de Assis embebeu-se neste conto na profética mensagem de uma nova era messiânica, que só poderá concretizar-se apoiada no mundo velho. "O mundo novo precisa de uma tradição do mundo velho, e ninguém pode falar de um a outro como tu [...] Contarás aos novos homens todo o bem e todo o mal antigo."

A fantasia se mistura com a realidade. Para o sofrido Ahasverus, o mundo de que lhe fala Prometeu lhe parece um sonho inatingível. Já a morrer, pergunta esperançoso: "Viverei eu? Eu mesmo? Vida nova e melhor? [...] Saudarei outra vez o Sol?" Ele quer ouvir mais, "fala, fala mais, conta-me tudo".

Prometeu continua anunciando-lhe a "nova era", mostrando-lhe que o mundo perfeito que lhe pressagia, é o velho mundo de Abraão e das Antigas Escrituras. Então, o judeu irá novamente encontrar-se com David e os profetas, e nesse mundo novo, não conhecerá "lesão ou velhice, dolo, egoísmo, hipocrisia".

"Verei ainda esse imenso céu azul! [...] Eia, fala, fala mais, conta-me tudo!"

Sim, tu judeu, tu "homem derradeiro de um mundo, que vás ser o primeiro no outro". Porque tu, judeu amaldiçoado, "és mais ainda do que o teu Moisés", que "prestes a morrer viu toda terra de Jericó, que ia pertencer à sua posteridade; e o Senhor lhe disse: 'Tu a viste com teus olhos, e não passarás a ela.' Tu passarás a ela, Ahasverus; tu habitarás Jericó [...] Rei eleito de uma raça eleita".

MACHADO DE ASSIS, OS JUDEUS E A REDENÇÃO DO MUNDO 337

"Rei, eu?"

"Sim, Ahasverus, tu serás rei. O errante pousará. O desprezado dos homens governará os homens [...] Reviverás assim como a árvore a que cortaram as folhas secas, e conserva tão somente as viçosas; mas aqui o viço é eterno."

Machado confirma assim a eternidade de Israel. Retoma o mito do retorno dos judeus à Terra Prometida com a força de uma mensagem profética. Transforma o destino adverso dos judeus numa missão, que é a de trazer para todos os homens da face da terra a promessa de Deus – a redenção – que só será alcançada quando os judeus viverem livres na sua terra. Confere assim ao judeu amaldiçoado uma grandeza, pois ele não é mais do Messias? O verdadeiro "elo" com um mundo melhor e mais justo?

Inspirado na esperança messiânica judaica, Machado construiu nesse conto uma ode à vida: "a descrição da vida não vale a sensação da vida!" No judeu perseguido e humilhado está simbolizada a verdadeira libertação. O novo futuro só poderá nascer para todos os homens quando os judeus deixarem de ser errantes e voltarem às suas tradições e às suas raízes. Os amaldiçoados irão abrir as portas para um novo mundo. Com os judeus na Pátria Prometida, redime-se toda humanidade.

Machado tira o judeu de seu restrito mundo, para conferir-lhe uma dimensão universal. Não é mais o homem isolado que se salva (ideia cristã) mas toda a humanidade (ideia judaica).

Foi realizada uma "outra" leitura de Machado neste ensaio, com a temática sendo a "história", buscada nas fontes e influenciada pelos autores que ele leu.

A sua visão de mundo encontra-se tanto em "A Cristã-Nova" como em "Viver". Ele volta no tempo próximo – ao Rio de Janeiro do século XVIII – e distante – dois mil anos de amargas experiências. Machado é parte da "história vivida" nesses dois textos. Em ambos encontramos seu sentimento trágico e ilusório da existência. Em "A Cristã-Nova", as contradições e a dualidade humana; em "Viver", o sonho como fuga da realidade dura. Ambos os textos são retratos sociais imbuídos de penetração psicológica.

Uma questão fica pendente: em que medida a realidade política vivida pelos judeus levou Machado a penetrar no mito?

338 VIVER NOS TEMPOS DA INQUISIÇÃO

Escreveu o conto "Viver" quando na Europa se dava uma verdadeira efervescência do ideal político sionista. Milhares de miseráveis, sobreviventes dos *pogroms* da Rússia, sem abrigo e sem esperanças, perambulavam pela Europa, quando Theodor Herzl, ainda impregnado do caso Dreyfus, reúne na Basileia o Primeiro Congresso Sionista Mundial e lança as bases de uma moderna pátria para os judeus.

Machado transfigura e interpreta a realidade, mas o "acontecimento", o "fato", estão na base de "A Cristã-Nova" assim como em "Viver".

Como diz Afrânio Coutinho, a temática de Machado não era inventada. Buscou-a em fontes populares, literárias e históricas.

O íntimo contato de Machado com o mundo português fê-lo transferir a realidade inquisitorial para o Brasil, muito antes de qualquer autor ter escrito sobre o assunto. Em meados do século XIX, a atuação do Santo Ofício no Brasil ainda não era conhecida. Varnhagen apresentou sua lista de penitenciados pela Inquisição no fim do século. A psicologia do brasileiro emerge em "A Cristã-Nova", onde antecipa em cem anos a personalidade do homem dividido[13].

A grandeza de Machado está em suas múltiplas leituras. De um lado a fidelidade às tradições, de outro o desejo de ultrapassar os limites da existência; um mundo sem consolo e redenção, e outro de esperança e de paixão pela vida. Em ambos os textos analisados Machado traduz o sentimento trágico da existência, a vitória do mal, as contradições da alma, a ânsia da imortalidade. Sua filosofia de vida pessimista é extraída do passado e de todos os presentes.

Não há como lutar contra o destino fatal do homem. Machado termina deixando-nos uma amarga realidade que se antepõe ao sonho, pois quando as duas águias se cruzam no horizonte, lamenta uma: "ai, ai, ai deste último homem, está morrendo e ainda sonha com a vida"; e a outra diz: "nem ele a odiou tanto, senão porque a amava muito".

13 Ver A. Novinsky, *Cristãos-Novos na Bahia: A Inquisição no Brasil*, 2. ed., São Paulo: Perspectiva, 1992.

29. Comissários, Familiares, Agentes da Igreja no Brasil

O Santo Ofício da Inquisição, apesar de não ter instituído no Brasil um tribunal, nos moldes de Portugal e da América espanhola, teve uma profunda penetração na sociedade colonial, que permanece ainda hoje mal conhecida. Talvez o fato de os contemporâneos terem nos deixado raras informações sobre a Inquisição no Brasil, tenha levado os historiadores a lhes darem tão pouca atenção. Com o acesso aos arquivos do extinto tribunal português e com a classificação dos milhares de documentos que estavam dispersos, tornaram-se possíveis as pesquisas o sobre seu funcionamento, e um quadro praticamente ignorado da Igreja no Brasil começa agora a desvendar-se. Ficamos assim sabendo que seu trabalho foi possível devido à existência de um fiel corpo de agentes, especialmente nomeados, conhecidos pelos nomes de comissários e familiares do Santo Ofício.

Esses agentes eram funcionários da grande empresa inquisitorial, com sede em Lisboa, e tinham como função principal auxiliar os inquisidores na sua missão "santa" de manter a ortodoxia em todo o império português. Os inquisidores eram informados sobre tudo o que se passava na colônia brasileira, sobre comportamento e crença religiosa, pois seus agentes fiscalizavam minuciosamente atitudes, linguagens, presenças, obras,

340 VIVER NOS TEMPOS DA INQUISIÇÃO

ideias, pertences, tudo que dizia respeito à vida e à morte dos indivíduos no Brasil.

Temos ainda dificuldades em entender esse corpo de agentes, tanto do ponto de vista individual como social, pois as pesquisas a respeito são ainda poucas e recentes.

A respeito dos comissários podemos dizer que, segundo o *Directorium inquisitorum* (Manual dos Inquisidores), de Nicolau Eymerich, deviam receber informações, delações e acusações sobre tudo que se relacionava com a religião católica e os costumes. Ouviam as confissões, examinavam-nas e convocavam novas testemunhas, conforme o caso pedisse. Tinham o direito de prender os suspeitos e encaminhá-los ao Tribunal da Inquisição, onde seriam julgados. Segundo Eymerich, o comissário, juntamente com o bispo, podia torturar o suspeito até obter a confissão desejada. Mas não encontramos no Brasil nenhum caso de tortura para esses fins; apenas extorsões, ameaças e, algumas vezes, disputas violentas. O comissário podia repetir tudo o que o inquisidor fazia, quando este não se encontrasse fisicamente no lugar. A sentença definitiva, contudo, pertencia sempre ao inquisidor. Segundo o manual citado, o inquisidor podia delegar seus poderes ao comissário, mas aconselhava que reservasse a si, pessoalmente, os casos relapsos e impenitentes, isto é, os casos em que devia condenar à morte[1].

O comissário tinha também autoridade para examinar os pertences mais íntimos dos indivíduos suspeitos, como contas, diários, livros-razão etc. Caso o suspeito morresse durante a investigação, tudo o que possuísse ficava sob a supervisão do comissário, não tendo os herdeiros nenhum acesso aos objetos e documentos da família. Após ter feito um completo rol dos bens, o comissário enviava as notícias para os inquisidores, que decidiam sobre a continuidade do trabalho. Desse modo, arruinavam-se famílias de um momento para outro. Os comissários tinham também a obrigação de vigiar os penitenciados pela Inquisição que tivessem sido desterrados, e comunicar imediatamente aos inquisidores se a sentença não estava sendo cumprida com todo rigor.

Os jesuítas tiveram na Inquisição do Brasil um desempenho importantíssimo. Nos lugares onde, por qualquer circunstância,

1 Cf. Nicolau Eymerich; Francisco Peña, *Manual dos Inquisidores*, Rio de Janeiro/Brasília: Rosa dos Tempos/Editora da UnB, 1993.

COMISSÁRIOS, FAMILIARES, AGENTES DA IGREJA NO BRASIL   341

não havia comissário, os reitores dos colégios da Companhia de Jesus serviam de comissários, tendo todos os seus poderes. No Brasil, sua função foi decisiva nos inquéritos, nas investigações, nas devassas. Os jesuítas foram, na Colônia, os grandes aliados dos inquisidores[2]. É importante lembrar que os jesuítas não tiveram sempre um comportamento homogêneo dentro da ordem, e suas opiniões dividiam-se conforme os interesses do momento. No Pará e Maranhão, por exemplo, o primeiro comissário da Inquisição, em 1663, foi o padre jesuíta Manuel de Lima e, posteriormente, o padre João Felipe Bettendorf, autor da *Crônica da Missão dos Padres da Companhia de Jesus no Estado do Maranhão*[3].

O bispo do Brasil, apesar de não pertencer aos quadros da Inquisição, também tinha autorização para abrir devassas, colher informações sobre os hereges e prender os suspeitos. Os comissários e familiares não estavam submetidos ao bispo e respondiam diretamente a Portugal. Possuindo tantos poderes, o bispo, o comissário e o familiar se degladiavam muitas vezes por ambição, confrontando-se em posições rivais, cada qual querendo tirar vantagens de sua autoridade. Os comissários eram sempre membros do clero, enquanto os familiares eram leigos.

As funções dos familiares do Santo Ofício eram semelhantes à do comissário: colher informações, investigar, confiscar, prender. Os familiares constituíam uma rede semelhante à da Gestapo durante a Alemanha nazista. Sabemos que na Espanha, no começo do século XVI, os familiares chegaram a constituir uma irmandade, conhecida pelo nome de Congregação de São Pedro Mártir, que seguia o modelo das associações fundadas pela Inquisição medieval depois do assassinato, na Itália, em 1252, do inquisidor Pedro de Verona, também conhecido como Pedro Mártir[4]. Sabemos pouco sobre os familiares em Portugal e no

---

2   A responsabilidade da "Grande Inquirição", realizada na Bahia em 1646, foi entregue ao provincial da Companhia de Jesus, padre Francisco Carneiro. Como estava ausente, a comissão foi assumida pelo padre jesuíta Manuel Fernandes, auxiliado pelo escrivão, padre Sebastião Teixeira, também da Companhia de Jesus. Ver Cadernos do Promotor da Inquisição de Lisboa, n. 29, manuscrito do Arquivo Nacional da Torre do Tombo; e A. Novinsky, *Cristãos-Novos na Bahia: A Inquisição no Brasil*, 2. ed., São Paulo: Perspectiva, 1992, p. 130.

3   Apud Maria Liberman, *O Levante do Maranhão, "Judeu Cabeça de Motim": Manuel Beckman*, São Paulo: FFLCH-USP/CEJ, 1983, p. 42 e 111.

4   Henry Kamen, *A Inquisição na Espanha*, Rio de Janeiro: Civilização Brasileira, 1966, p. 183.

342 VIVER NOS TEMPOS DA INQUISIÇÃO

Brasil e, não obstante a função importantíssima que exerceram, nenhum compêndio ou livro de história do Brasil fala neles, até há alguns anos. Bartolomé Bennassar, em seus trabalhos recentes, tentou levantar algumas hipóteses sobre os familiares, mas refere-se especificamente ao fenômeno espanhol e ao Tribunal de Córdova. Os comissários e familiares exerceram um controle territorial único sobre a sociedade do Antigo Regime, que não foi ultrapassado até a fundação da Guarda Civil[5].

A corrida para a obtenção da "carta de familiar" tornou-se, na Península Ibérica, uma verdadeira obsessão. Para adquiri-la era necessário que o candidato preenchesse determinados requisitos, como veremos adiante, mas eram frequentes a apresentação de provas falsas, de modo que o cargo era distribuído em troca de favores e presentes. A Inquisição espanhola, encontrando-se em dificuldades financeiras, chegou a vender a "familiatura" por 1.500 ducados cada uma, e dom Fernão Martins Mascarenhas, inquisidor geral de Portugal (1616-1628), foi acusado de ter emitido milhares de cartas de familiares a preço fixo cada uma. Frequentemente, também apareciam indivíduos apresentando carta de familiar sem terem sido nomeados. Acontece que todos que obtinham familiatura deviam constar nos registros inquisitoriais, porém as listas não eram feitas com cuidado, principalmente no que dizia respeito à distante Colônia, o que favorecia todo tipo de abusos. Apareciam aqui no Brasil familiares de arma em punho, dizendo-se no direito de inspecionar e trazendo títulos falsificados. A população não tinha elementos para se opor. O cargo mais alto da Inquisição, a Suprema, na Espanha, procurou muitas vezes organizar, em moldes mais severos, as nomeações, mas isso não foi possível, pois os tribunais regionais as faziam à vontade, recebendo em troca ricas oferendas. Os abusos chegaram ao ponto de o cargo ser transmitido por herança aos descendentes [6].

Todas as vilas e cidades de certa importância tinham comissários e familiares. Um dos requisitos fundamentais para a obtenção da familiatura era o da limpeza de sangue.

5 Bartholomé Bennassar, *L'Inquisition espagnole: xve-xixe siècles*, Paris: Hachette, 1979, p. 93, menciona a pesquisa realizada por Jean-Pierre Dedieu.
6 B. Bennassar, op. cit., p. 102; António José Saraiva, *Inquisição e Cristãos-Novos*, 3. ed., Porto: Inova, 1969, p. 171.

COMISSÁRIOS, FAMILIARES, AGENTES DA IGREJA NO BRASIL 343

O Regimento de 1640, em Portugal, diz que os comissários e familiares tinham de ser cristãos-velhos, de limpo sangue, sem raça de mouro, judeu ou gente novamente convertida à santa fé e sem fama em contrário; que não tivessem incorrido em nenhuma infâmia pública de feito ou de direito, nem fossem presos ou penitenciados pela Inquisição, nem fossem descendentes de pessoas que tivessem algum dos defeitos sobreditos. Deveriam também ser de boa vida e costumes, capazes para se lhes encarregar qualquer negócio de importância e de segredo; diz ainda que, para entrar no serviço do Santo Ofício, os candidatos tinham de dar informações sobre si aos inquisidores, que "as enviarão ao Conselho Geral para serem vistas; e sendo aprovadas lhe mandaremos passar carta do cargo, ou ofício, em que forem providas, a qual irá assignada por nós, e lhe será entregue pelo secretario do Conselho e com ella antes de começarem a servir, se apresentarão na Mesa da Inquisição e ahi tomarão juramento de segredo, e de bem e fielmente cumprirem com as obrigações de seus officios ..."[7] Esse juramento não podia ser feito por um procurador sem especial licença dos inquisidores, mas sabemos que muitos candidatos do Brasil, aprovados, por se encontrarem distantes do Tribunal obtiveram a licença e prestaram juramento através de um seu procurador residente em Lisboa. As nomeações para comissários e familiares continuaram durante o tempo de Pombal e até bem depois de sua morte. Em 14 de abril de 1786, o Conselho Geral proveu ofícios e cargos de comissários, notários e familiares no Brasil, que, não podendo comparecer para prestarem juramento e assumirem o cargo devido à distância, foram substituídos por seus "procuradores". Receberam então ofícios e cargos: na Bahia, sete comissários, 64 familiares e um notário; em Pernambuco, oito comissários, 115 familiares, sete notários e um qualificador; no Pará, três comissários, oito familiares e um notário; no Rio de Janeiro, seis comissários, 24 familiares e dois notários; em Minas Gerais, nove familiares; no Maranhão, cinco familiares; no Mato Grosso, dois comissários e três familiares; em Goiás, um comissário, um familiar e um notário; em Alagoas, três familiares; em Itabirá, um comissário; em Santos, um comissário; em Aracati, um familiar; em

7   B. Bennassar, op. cit., p. 102.

São Paulo, um comissário, três familiares e um notário; em Pernambuco, um beneficiado; constam ainda um comissário e dois familiares sem lugar definido[8].

As diligências para se verificar se os candidatos tinham os requisitos necessários para ocupar o cargo deviam ser feitas por comissários do Santo Ofício, auxiliados por um escrivão ou familiar.

Quando tivermos mais pesquisas sobre os familiares no Brasil, poderemos dizer em que camadas da população eram recrutados. Por enquanto, as informações de que dispomos são as mais diversas. No que diz respeito à Espanha, Bennassar chama a atenção para o fato de a origem social dos familiares ter mudado com o tempo. No século XVI, por exemplo, todos os familiares que encontrou pertenciam aos núcleos urbanos, eram artesãos e botiqueiros, sempre cristãos-velhos. Entre os familiares de Córdova em 1544, não achou nenhum *caballero* e nem mesmo um representante da burguesia urbana ou dos homens de lei. A homogeneidade desse grupo o levou a questionar se esse fato poderia fazer crer que nos primeiros tempos da Inquisição os familiares eram recrutados entre a gente miúda, de sentimentos antissemitas. Bennassar mostra que, em torno de 1580, o número de artesãos diminuiu e, depois de 1630, já encontrou um certo número de *caballeros*, pertencentes às ordens militares, pessoas com títulos de nobreza e muitos que exerciam profissões liberais, notários, médicos, farmacêuticos e importantes negociantes. Ele levanta também a hipótese de que essa mudança do nível social se deve ao fato de a instituição, contestada no início do século XV, ter se firmado, levando os representantes dos grupos dominantes da sociedade urbana a nela investir[9]. O fato é que a familiatura trazia uma quantidade enorme de privilégios e tornou-se cada vez mais procurada. Nos séculos XVII e XVIII, tudo leva a crer que os familiares na Colônia pertenciam a um nível econômico alto, pois as provas de sangue eram muito dispendiosas, levavam anos e, uma vez aprovados, os candidatos tinham que oferecer generosos donativos à Inquisição[10]. No estado atual da pesquisa,

8 Regimento do Santo Officio da Inquisição dos Reinos de Portugal, Livro 1, Título 1, Parágrafo 1.
9 Ibidem.
10 Manuscritos da Livraria. Registro das Provisõens: Juramentos para Procuradores, ano 1786, códice 1569, Arquivo Nacional da Torre do Tombo – Inquisição de Lisboa.

COMISSÁRIOS, FAMILIARES, AGENTES DA IGREJA NO BRASIL   345

notamos que, no Brasil, a maior parte dos familiares do Santo Ofício eram homens de negócios[11].

Para as provas de sangue, o candidato devia apresentar às autoridades inquisitoriais sua genealogia e, se fosse casado, a genealogia da esposa, além do nome e residência dos pais e avós. Qualquer suspeita de sangue desqualificava o candidato, como veremos nas listas que apresentamos referentes ao Brasil. As autoridades nomeavam comissários que visitavam as localidades de origem dos candidatos, onde tomavam informações sobre seus antecedentes. Os comissários tinham autoridade para investigar os arquivos e convocar testemunhas. As despesas corriam todas por conta do candidato e, se ele vivesse na América, por exemplo, mandava-se investigar seus antecedentes em Portugal. A descoberta de impureza no sangue expunha à vergonha toda a família, que muitas vezes pertencia à nobreza. Muitos indivíduos preferiam que não se investigasse o seu passado.

Na Espanha, as provas de limpeza sobreviveram à abolição da Inquisição. Em 1859, ainda eram necessárias provas de pureza para a admissão ao cargo de cadetes militares, e somente em 16 de maio de 1865 foram abolidas as provas para casamentos e para cargos governamentais[12]. Houve frequentes protestos na Espanha e em Portugal contra os estatutos de limpeza, e mesmo o clero católico pronunciou-se a respeito[13]. Cervantes com certeza pertencia ao grupo dos antiestatutistas, pois dom Quixote entende que não é "segundo documentos truncados e falsificados que devemos julgar o valor de um homem, mas segundo seus atos", o que Miguel de Castilho entende ser "linguagem de cristão-novo que se insurge contra a tirania que a burocracia castelhana exercia sobre a Espanha"[14].

---

11   Sônia Aparecida Siqueira, Uma Fonte Inexplorada Para a História do Rio de Janeiro, *Mensário do Arquivo Nacional*, Rio de Janeiro, ano x, n. 116, ago. 1979, p. 3-8.

12   B. Bennassar, op. cit., p. 97-99.

13   Livro das Esmolas dos Novos Familiares do Santo Ofício (1692-1741), manuscrito do Arquivo Nacional da Torre do Tombo – Inquisição de Lisboa. Os candidatos tinham de fazer um depósito para os gastos com as diligências a serem feitas (Inquisição de Lisboa, 149 5 609).

14   Temos em preparo um trabalho sobre o índice dos nomes de familiares do Santo Ofício em diferentes regiões do Brasil nos séculos XVII e XVIII e suas respectivas profissões; Miguel de Castilho, Les Officiants de la mort, *Temps Modernes*, année 23, n. 261, féb. 1968, p. 1339-1372.

346 VIVER NOS TEMPOS DA INQUISIÇÃO

Cecil Roth, referindo-se aos estatutos de pureza de sangue, considerou que foram o primeiro exemplo na história de um racismo organizado e anteciparam as leis de Nuremberg no que diz respeito aos seus traços mais salientes[15].

Apesar de ainda não conhecermos a medida de penetração dos estatutos de pureza na sociedade colonial, podemos dizer que eram utilizados com frequência e sistematicamente. Do mesmo modo que no reino, também na Colônia, eliminando-se os "impuros", fechava-se o círculo dos que tinham poder, ficando este nas mãos de um reduzidíssimo grupo de "escolhidos".

Por que ser um familiar?

Primeiro, porque isso conferia um *status* social. Segundo, porque os portadores do cargo usufruíam de condições excepcionais. Não pagavam impostos, ganhavam por dia de serviço, eram julgados por tribunais próprios, tinham comida e alojamento grátis quando estavam em viagem, não serviam o exército e, principalmente, tornavam-se insuspeitos, com suas famílias, de terem origem de cristão-novo, negro, mouro, cigano ou mulato. Esses privilégios já vinham de longe, pois Inocêncio III havia garantido indulgências e privilégios àqueles que acompanhavam e assistiam à Inquisição. Eram "soldados" que ajudavam os inquisidores, sendo chamados "familiares", como se pertencessem à família dos inquisidores[16]. Conta-se que Torquemada saía sempre escoltado por cinquenta familiares a cavalo e duzentos a pé[17]. Tanta proteção faz suspeitar que o povo não tinha tanto amor pela Inquisição, como dizem certos autores.

Em Portugal, dom Sebastião concedeu aos familiares, em 1562, extraordinários privilégios que depois foram reforçados pelo cardeal dom Henrique, em 1580.

Todas as vilas, cidades e portos do Brasil colonial tinham familiares do Santo Ofício. Como eram leigos, encontravam-se em todos os círculos. Os inquisidores de Portugal mantinham-se constantemente atualizados sobre tudo o que se passava na

---

15 H. Kamen, op. cit., p. 171-172; Cecil Roth, Marranos and Racial Antisemitism (A Study of Paralels), *Jewish Social Studies*, v. 11, n. 3, jul. 1940, p. 239 e 248.

16 Francisco Cantera Burgos, Dos Escritos Inéditos y Anonimos Sobre los Judios y España Durante el Siglo XVII, separata de Elio Toaff (a cura di), *Scritti sull'ebraismo: In memoria di Guido Bedarida*. Firenze: [s.n.], 1966.

17 Cf. M. de Castilho, op. cit.

COMISSÁRIOS, FAMILIARES, AGENTES DA IGREJA NO BRASIL

colônia brasileira por meio de uma intensa correspondência com os seus funcionários.

A questão da corrupção dos familiares do Santo Ofício, tanto no reino como no Brasil, foi sempre discutida, e as queixas contra eles são frequentes. Os oficiais da Câmara da Bahia nos dão um bom quadro da época no que diz respeito aos privilegiados. Em 29 de maio de 1651, escreveram para sua majestade, dizendo que das fintas e contribuições do povo saía a fazenda com que na praça se sustentava a infantaria e mais despesas de guerra. Queixam-se de que eram tantos os privilegiados que só os pobres assumiam o peso e não queriam dar mais, vendo isentos tão grande número de familiares do Santo Ofício. Dizem ainda que os familiares não contribuíam com nada, nem o capitão-geral os obrigava a isso. E quando os oficiais da Câmara queriam cobrar, o padre João Simão Soto Maior, da Companhia de Jesus, dizia que era comissário do Santo Ofício e os ameaçava de excomunhão. Terminam pedindo a sua majestade que obrigasse os privilegiados seculares a contribuir com o povo[18].

Os próprios familiares estavam sempre solicitando mais vantagens. Em 1631, escrevem ao rei pedindo para serem excluídos, por privilégios, do empréstimo à Coroa de quinhentos mil cruzados. O rei recusa o pedido, mostrando a importância desse empréstimo, "encontrando-se em tais termos o Brasil". E manda dizer ao inquisidor-geral que ele deveria ser o primeiro a dar o exemplo nessa matéria e que fizesse a cobrança[19].

Sabemos que quando o visitador Marcos Teixeira chegou à Bahia em 1618, nomeou muitos familiares, inclusive um que diziam ser cristão-novo[20]. Também na Colônia criou- se uma máquina de fazer familiares. Como muitos cristãos-novos eram gente de posse, é provável que alguns tenham adquirido o título.

Não temos ideia do total de familiaturas expedidas para o Brasil, nem a sua distribuição nas diferentes cidades e vilas. Só poderemos conhecer com segurança o número desses agentes

18 Cf. C. Roth, op. cit.
19 Philipp Limborch, *The History of the Inquisition: As it Has Subsisted in France, Italy, Spain, Portugal, Venice, Sicily, Sardinia, Milan, Poland, Flanders etc &c. &c. with a Particular Description of its Secret Prisons. Printed for W. Simpkin and R. Marshall. London, 1816.*
20 Franco Martinelli, *L'Inquisition espagnole: Atrocités, tortures, sadisme*, traduction Jean Manga, Paris: De Vecchi, 1972, p. 86.

348 VIVER NOS TEMPOS DA INQUISIÇÃO

quando forem pesquisados diferentes núcleos dos arquivos que ainda permanecem inexplorados. Contudo, sabemos que no século XVIII expediram-se 2.153 cartas de familiares para o Brasil, sendo 805 na primeira metade do século e 1.348 já no tempo do Marquês de Pombal[21]. Nas capitanias do Sul, parece que o número de comissários e familiares no século XVII não foi grande, mas aumentou no século XVIII. Assim mesmo, há lacunas e, em 1717, por exemplo, os documentos falam de uma ausência de comissário em São Paulo, sendo que foi o familiar Jorge (ou Joseph) Ramos da Silva quem denunciou os dois filhos do eminente Francisco Rondon[22].

Na época do ouro, os familiares começam a aumentar em Minas Gerais, Goiás, Mato Grosso etc. As notícias sobre os "roubos" dos familiares são frequentes. Extorquiam o que era possível. Assim, por exemplo, quando o familiar António Francisco Leitão prendeu Fernando Gomes Nunes em Minas Gerais, tirou-lhe 332 oitavas de ouro que tinha em um vidro de cristal[23].

David Mendes Silva conta que ficou oito meses preso e que o familiar do Santo Ofício, capitão João Garcia, roubou-lhe ouro e prata e depois lhe tirou as pistolas, dizendo-lhe "que eram para os gastos"[24]. Quando o familiar do Santo Ofício prendeu Francisco de Campos da Silva, ficou com oito ou nove mil réis que estavam em sua algibeira e um grão de ouro de onze oitavas[25]. Gaspar Henriques, da Bahia, declara que lhe tiraram, quando o prenderam pelo Santo Ofício, um relógio de algibeira de prata, pelo qual pagara trinta mil réis[26]. De João Henriques de Castro,

---

21 Treslado autêntico de todos os Privilégios Concedidos pelos Reis destes Reinos e Senhorios de Portugal aos Officiais e Familiares do Sto. Officio da Inquisição. Impressos por Comissam e Mandado dos Senhores do Supremo Conselho da Santa & Geral Inquisição, Lisboa. Na Officina de Miguel Manescal, Impressos do Santo Officio. Anno MDCXCI, Biblioteca Nacional de Lisboa. Reservados. F.G. 1537.

22 A. Novinsky, op. cit., p. 107.

23 Cartas de EL Rei, códice 51 x 1. fl. 92. Manuscrito da Biblioteca da Ajuda, Lisboa.

24 Entre os familiares que fez o visitador na Bahia, temos Pero Gonçalves de Matos e Theodósio Pacheco, este com fama de cristão-novo (Cadernos do Promotor da Inquisição de Lisboa, n. 15 e 29, manuscrito do Arquivo Nacional da Torre do Tombo; ver também, A. Novinsky, op. cit., p. 116 e 138).

25 Sônia Aparecida Siqueira, Artesanato e Privilégios: Os Artesãos no Brasil no Século XVIII, separata do III Simpósio de Professores Universitários de História, Franca, 1967, p. 503-524.

26 A. Novinsky, Inquisição: Inventários de Bens Confiscados a Cristãos-Novos no Brasil – Século XVIII, p. 138 (cadernos do Promotor da Inquisição de Lisboa, n. 87 [77], manuscrito do Arquivo Nacional da Torre do Tombo; processo de João Henriques de Castro, n. 950, manuscrito do Arquivo Nacional da Torre do Tombo – Inquisição de Lisboa).

COMISSÁRIOS, FAMILIARES, AGENTES DA IGREJA NO BRASIL 349

os soldados que acompanhavam o familiar lhe furtaram colheres e garfos de prata[27]. Muitas vezes, também os comissários aparecem como corruptos. O padre dom João de Membrise, comissário do Santo Ofício no Rio de Janeiro em 1619, amedrontava as pessoas e extorquia-lhes dinheiro. A Inquisição de Lisboa, tomando conhecimento, o destituiu do cargo e ele teve de cumprir pena[28].

Os familiares e comissários eram temidos. Resistir-lhes era o mesmo que desobedecer à Inquisição e colaborar com os hereges. Muitos contemporâneos tinham consciência de quem eram os agentes inquisitoriais e dos danos que causavam. Pedro Lupina Freire, notário da Inquisição de Lisboa e a quem se atribui a autoria das "Notícias Recônditas do Modo de Proceder da Inquisição Com os Seus Presos", escreveu que os familiares mal sabiam se benzer, e se lhes perguntassem, "não hão de saber explicar que cousa é ser cristão, nem o que é ser judeu"[29]. Dom Luís da Cunha, embaixador de dom João V na corte de Luís XIV, nas suas *Instruções Inéditas*, chama a Inquisição de "vergonhoso mal" e diz que com seus comissários fez estragos no Brasil, pois ao prender tantos cristãos-novos ficaram prejudicados os engenhos de açúcar [30].

Para entender a significação histórica dos comissários e familiares do Santo Ofício e o que representaram no Brasil, é preciso conhecermos qual foi a medida de sua penetração prática na Colônia, a que camada da população pertenciam e, principalmente, como eles próprios se viam e como eram vistos pelo povo. Sabemos que portugueses e brasileiros colaboraram com a Inquisição e muitos que quiseram ajudar na "caça às bruxas", ostentando o prestigioso título, não puderam fazê-lo, pois o regimento exigia uma seleção rigorosa.

---

27 Ibidem, p. 106 (processo de Fernando Gomes Nunes, n. 4058, manuscrito do Arquivo Nacional da Torre do Tombo – Inquisição de Lisboa).

28 Ibidem, p. 75-76 (processo de Diogo Mendes da Silva, n. 2134, manuscrito do Arquivo Nacional da Torre do Tombo – Inquisição de Lisboa).

29 Ibidem, p. 110 (processo de Francisco de Camargo Silva, nº 9352, manuscrito do Arquivo Nacional da Torre do Tombo – Inquisição de Lisboa; Pedro Lupina Freire, "Notícias Recônditas", em A. Vieira, *Obras Escolhidas IV: Obras Várias II*, Lisboa: Sá da Costa, 1951, p. 143.

30 Ibidem, p. 123 (processo de Gaspar Henriques, nº 6486, manuscrito do Arquivo Nacional da Torre do Tombo – Inquisição de Lisboa); D. Luís da Cinha, *Instruções Inéditas de D. Luís da Cunha a Marco António de Azevedo Coutinho*, Coimbra: Imprensa da Universidade, 1929, p. 98.

350 VIVER NOS TEMPOS DA INQUISIÇÃO

O nome dos candidatos que não eram aceitos para os cargos de comissários, familiares e escrivães do Santo Ofício, por causa de impedimentos diversos, foram registrados. Publicamos, em seguida, os nomes de pretendentes do Brasil, que constam num livro pertencente à Inquisição de Lisboa[31].

As razões das recusas foram várias: ascendência cristã-nova, a maioria; "rumores" de "cristã-novice"; ascendência negra ou mulata; e ainda, origens desconhecidas; pobreza; comportamentos não recomendáveis; dúvidas sobre a "limpeza do sangue" etc. Separamos os nomes por regiões (Bahia, Pernambuco, Rio de Janeiro e Sergipe) e em ordem cronológica.

BAHIA

1689 Padre António da Silva Pinto, que não é capaz pelo seu procedimento de ser comissário.

1695 João Pereira Rego, filho de Álvaro Pereira Rego, neto de Gonçalo Roiz, x.n.[32]

1696 Joseph de Merello, filho de Catarina Soares, com fama de pai e mãe xx.nn.

1697 Padre Francisco Xavier da Rocha, pregador, confessor e vigário colado na freguesia das Utaparorocas, arcebispado da Bahia, filho de António da Rocha de Almeida, tem fama de x.n. por seu avô paterno, Salvador da Rocha Gonçalvez,

Gaspar Rebouça, tem fama de x.n. pela avó paterna Catarina de Souza, filha de um Francisco de Sousa, abade infamado de x.n., homem de negócios, natural e morador na freguesia de São Gonçalo da Cachoeira, filho de Gaspar Rebouça.

1699 António de Oliveira Franco, natural de Odivelas e morador na Bahia, filho de João de Oliveira, está falto de notícias por via paterna.

João Lobo Barreto, natural de Angola, residente e assistente na Bahia, filho de Manuel Lobo Barreto, é mulato porque sua mãe foi filha de uma negra.

---

31 Manuscritos da Livraria, códice 1274, Arquivo Nacional da Torre do Tombo – Inquisição de Lisboa, intitulados "Apontamentos Sobre Inquisições do Santo Ofício".

32 Abreviatura nos textos para designar "cristão-novo".

COMISSÁRIOS, FAMILIARES, AGENTES DA IGREJA NO BRASIL 351

Joseph da Costa Pereira, filho de Brites Telles, neto de Inês da Costa, que tem fama de x.n. por ser neta de Sera-banda Fintado.

Manoel de Brito Lobo, filho de Manoel de Brito Lobo, neto de Sebastião Paiva (?) de Brito, de Évora, onde há pouca notícia. Casado com dona Teresa Boraes de Abreu, que tem fama de mulata.

Manoel de Azevedo, negro, filho de Matheus Mendes de Oliva, neto de António Mendes de Oliva, fama de x.n.

1700 António Gonçalves Pestana, morador na Bahia, filho de Manuel Luís, casado com Maria Joseph. Tem fama de x.n. por sua avó paterna Joana Francisca; mas sem fundamento legítimo.

João da Silva Pinto, morador na cidade da Bahia, filho de Manuel Pinto Dantas, tem falta de notícias somente.

1701 Luís de Valençuela Ortis, filho de Brites Carneira da Costa, neta de Antonia das Neves, que tem fama de x.n.

Manuel Martins Brandão, natural e morador na cidade da Bahia, filho de Manuel Roiz Caldeira; tem alguma dúvida no sangue, ainda que o comissário a desvaneceu.

Manoel Botelho de Oliveira, filho de Leonor de Oliveira Bayão, com fama de x.n., casado pela primeira vez com dona Antonia de Menezes, filha de João de Araujo de Goes, que tem fama de x.n., e casado segunda vez com dona Felipa de Brito Freire, filha de Violante de Mene-zes, que todos têm na Bahia fama de x.n.

1702 Antônio de Macedo, natural e morador na Bahia, filho de João Diniz (?) de Macedo. tem falta de notícias do pai e avó paterno.

1703 Jorge Martins Ribeiro, morador na Bahia, filho de Pedro Martins, tem alguma falta de notícias e não sabe ler.

1704 Francisco Xavier Quaresma, natural e morador na cidade da Bahia. filho de Manuel Quaresma, tem poucos anos e faltam notícias.

João Gonçalves Casses (?), assistente na Bahia, filho de Domingos Correa; tem falta de notícias; e não tem des-pacho a sua petição; depois a achei.

1706-1707 Francisco João da Cunha, natural de Pedrogão e morador na Bahia, filho de Antônio João da Torre, casado com dona Mônica (?) de Freitas. Tem falta de notícias.

Jerônimo Ferreira Guimarães, morador na cidade da Bahia, filho de Belchior Ferreira, tem fama de x.n. pelo avô paterno João Mendes Ferreira.

Manoel Cabral de Sousa, morador na Bahia, natural da Vila de São Miguel, filho de Thomé de Paiva, tem falta de notícias.

1709 Diogo Fernandez Roxo, natural de Castelo de Vide e morador na Bahia, filho de António Fernandez Silvestre; anda amancebado com uma mulata de quem tem filhos; e por sua avó materna, Maria Dias Estrada, tem fama de mourisco.

Padre Sebastião Pereira de Sousa, morador na Bahia donde é natural, filho de Estevão Pereira, tem algum rumor de x.n. por sua avó materna, Isabel de Leão.

1711 Padre Manuel Monteiro de Abreu, natural e morador na Bahia, filho de Gabriel Monteiro de Araujo; tem muita dúvida na limpeza do sangue e como consta de uma larga informação do comissário da Bahia, António Pires Gião.

Paulo Antunes Freire, natural da cidade da Bahia, filho de António Godinho Freire, tem fama de x.n. por sua avó paterna Beatriz de Carvalho.

1712 Pedro Baldez Barbosa, estudante canonista natural da Bahia, filho de Giraldo Baldez Leitão, tem algum rumor de x.n. pelo lado paterno, ainda que diz o comissário ser falso.

1714 António Ferreira Velho, morador na Bahia, filho de Gonçalo Ferreira; tem fama de x.n. por sua avó paterna Maria Antonia, mas por esta via tem um primo familiar chamado António Ferreira Neto.

Pedro de Bar (Baltazar?) de Lima, casado com Branca dos Reis Marques, tem muita falta de notícias a dita sua mulher.

1715 Francisco Leitão de Melo, natural e morador na Bahia, filho do desembargador André Leitão de Melo; tem uma testemunha que diz que o dito seu pai pretendera ser

COMISSÁRIOS, FAMILIARES, AGENTES DA IGREJA NO BRASIL   353

familiar e o não conseguira por um avô de Albufeira chamado André Leite (ou Leitão) (?) padecer a fama de x.n. (É familiar em 1734 e seu pai o é em 1733 ou 1732).

1716   Padre António Barbosa de Lima, morador na Bahia. Fama de x.n. por sua mãe Maria Barbosa da Vila de Ponte de Lima.

1719   Domingos Ferreira da Silva, morador na Bahia, filho de João Ferreira, tem fama de x.n. por via materna.

Joseph Pereira Freire, tem fama de parte de x.n. por via paterna

PERNAMBUCO

1682   Joseph da Costa Pimenta, x.n., poucas notícias.

1689   Gonçalo Peres de Gustrião, natural e morador no Recife de Pernambuco, filho de João Peres Correa e casado com Isabel Soares; não tem a mais que a petição com um papel de clarezas.

1696   Miguel de Assumpção do Carmo, filho de Jerônima de Andrada Velosa, neto de Branca Velosa, que é filha de Camília Fernandez da Silva, que tem fama de x.n.

1699   Joseph Gomes de Melo, natural e morador na vila de Porto Calvo, bispado de Pernambuco, filho de João Gomez de Mello, tem fama de x.n. como descendente de uma Brites Mendes, degradada, que é filha de penitenciados pelo Santo Ofício.

1697-1699   Miguel Roiz dos Santos, homem de negócios, morador em Pernambuco, natural do arcebispado de Braga, filho de Miguel Adão, tem falta de notícias.

1702   Joseph Garcia Jorge, casado com dona Angélica Rodrigues de Afonseca, filha de Isabel de Afonseca e de Pascoal Roiz Preto, que era filho de Maria Carvalha, neta de Manoel Roiz, o Carniceiro, degradado pelo Santo Ofício com obrigação de hábito.

1703   Dr. Francisco da Fonseca Rego, natural e morador em Pernambuco, provisor e vigário-geral do bispado, filho de António da Fonseca. Suspenso por falta de notícias.

354   VIVER NOS TEMPOS DA INQUISIÇÃO

1707   Padre João de Matos Serra, vigário em Pernambuco, filho de Jerónimo de Matos; tem falta de notícias.

1708   Joseph Monteiro Filgueiras, natural do Conselho (?) de Filgueiras e morador em Pernambuco, filho de João Ribeiro, casado com dona Teodósia Mça. (Mendonça?) da Silva e que tem fama de x.n. por parte do avô materno, Tomé Roiz da Câmara.

1713   João Roiz de Lima, bacharel em cânones, natural de Pernambuco e morador em Lisboa, filho de Pedro Roiz de Lima, tem fama de mulato por via materna.

1718   Antônio Paes Barreto, natural e morador em Pernambuco, filho de Felipe Paes Barreto e terceiro neto materno de António de Sá Mahya x.n. e também é descendente pela via materna de dona N. Menelas (ou Meireles?) tida por x.n.

RIO DE JANEIRO

1697   Julião Raneel de Souza, natural e morador no Rio de Janeiro, filho de Baltazar Rangel de Sousa; não se lhe fizeram todas as informações e na que tem não se acha impedimento algum.

1702   António da Silva Borges, morador no Rio de Janeiro e natural de Entre Ambos os Rios, bispado do Porto; pobre e pouca capacidade (depois foi familiar no ano de 1716).

1703   Francisco Viegas de Azevedo, casado com dona Cecília de Oliveira, natural do Rio de Janeiro; suspenso por falta de notícias.

1706   João Alvares Martins, natural e morador no Rio de Janeiro, filho de Domingos Alvarez Martins; é inquieto e extravagante.

João Francisco da Costa, mercador e morador no Rio de Janeiro, filho de Pedro João, tem fama de mulatice pela avó paterna Isabel Rois.

1707-1708   Felipe de Gusman e Mendonça, filho de Félix Madeira de Gusman, morador no Rio de Janeiro, tem fama de x.n. pelo avô paterno e materno; também o tem de mulato pela avó paterna Ana Vieira Ferrete.

COMISSÁRIOS, FAMILIARES, AGENTES DA IGREJA NO BRASIL   355

Jerónimo Vaz de Sousa, natural da vila de Guimarães e morador no Rio de Janeiro, filho natural de Francisco de Sousa; tem fama de x.n. por parte do avô paterno, Francisco Gonçalves.

1709 Inácio de Almeida Jordão, x.v.[33]

1711 António Ferreira de Gamboa, natural de Lumear (?) (Tomar) (?) e morador no Rio de Janeiro, bem-informado, mas suspeito.

1712 Frutuoso de Macedo e Cruz, mercador e morador na cidade do Rio de Janeiro, filho de João Gonçalves, fama de x.n. por sua avó paterna Beatriz Nunes; ainda que digam ser falsa a dita fama.

1714 Domingos Francisco de Araujo, mercador e morador na cidade do Rio de Janeiro, filho de Pedro Francisco e casado com Josepha Correa do Lago, a qual tem fama de x.n. por via paterna e o dito seu marido não tem capacidade.

1715 Matheus Machado Homem, natural e morador na cidade do Rio de Janeiro, filho de Domingos Machado Homem; alguma cousa de mulatice e falta de notícias.

1716 Fernando Pereira de Castro e Félix Pereira de Castro, seu irmão, naturais do termo de Ponte de Lima e assistentes no Rio de Janeiro, filhos de António de Castro Soares, têm fama de xx.nn. pelo avô paterno André Fernandes.

1719 José Vaz Teixeira, já é comissário.

1720 António Vieira Guimarães, morador no Rio de Janeiro, filho de António Francisco, casado com Engracia de Barros, a qual tem fama de x.n. pelo parentesco que tem com Diogo de Barcelos.

1723 Domingos Ferreira de Araujo, assistente nas Minas do Rio de Janeiro, filho de Manuel Ferreira Botelho, tem fama de x.n. pelo avô materno Domingos de Araujo.

---

33   Abreviatura nos textos para designar "cristão-velho".

SERGIPE na BAHIA

1716 Luís Lamego de Brito, natural e morador em Sergipe do Conde, Estado do Brasil, filho de Paulo Rangel da Silva, tem só uma testemunha suspeita que depõe de cristã--novice pela mãe dona Guarda de Brito Lamego.

BRASIL SEM LUGAR ESPECÍFICO

1696 Frei Jacome da Purificação, capucho e x.v., mas não há ocupação que se lhe dê.

Pósfacio:
O Novo Mundo, o Novo Homem

O recrudescimento do antissemitismo em nível mundial torna importante e oportuno conhecer e discutir a respeito do Santo Ofício da Inquisição, pois, como dizia Sigmund Freud, "Quanto mais nós soubermos sobre o passado, mais preparados estaremos para o futuro."

O Santo Ofício da Inquisição foi uma instituição que, durante 285 anos, vigiou, perseguiu e prendeu espanhóis e portugueses convertidos ao catolicismo. Essa conversão foi penosa, porque forçada. Não foi dado aos judeus nenhuma opção. Os filhos e filhas menores de catorze anos foram tirados dos pais e espalhados por diversas cidades e vilas para serem educados na fé cristã. Era o primeiro dia de Pessakh. Muitos cristãos, levados pela piedade, abrigaram e esconderam em suas casas os perseguidos, para que não se arrebatassem os pequenos de seus pais. Os gritos das mães, de cujo peito se arrancavam os filhos inocentes, os lamentos e queixumes dos pais, os soluços e choros dos recém-nascidos, levados à força em braços estranhos, tudo isso transformou as cidades e vilarejos em palcos onde se desenrolaram dramas desumanos. Muitos pais, levados ao desespero, vagavam pelas ruas como dementes, e alguns preferiram matar os filhos com as próprias mãos, enforcando-os no último abraço ou atirando-os em poços ou rios.

"Vi com meus próprios olhos", escreveu o bispo Coutinho, "como muitos judeus foram arrastados pelos cabelos à pia batismal e como um pai, com a cabeça encoberta, sob dores e lamentações, de joelhos, clamou ao Todo Poderoso que fosse testemunho de pai e filho, que unidos e professos da lei mosaica, desejavam morrer como mártires do Judaísmo."

A conversão dos judeus ao catolicismo devia torná-los iguais a toda população cristã, mas isso não aconteceu. A conversão foi uma grande farsa, pois, como católicos, os convertidos não se tornaram iguais aos antigos cristãos. Os judeus nunca se tornaram iguais. Foram promulgadas leis especiais para os convertidos que desde o nascimento eram discriminados. Em Toledo, por rivalidades profissionais, foram criados os estatutos de pureza de sangue que até o fim da Inquisição (1821) impediu os convertidos de ocupar qualquer cargo de prestígio, qualquer posto oficial, posições na Igreja e educação superior.Os judeus, após viverem durante gerações em Sefarad, tiveram que deixar a terra que consideravam sua pátria. Em nenhum lugar do mundo onde estiveram depois da destruição do Segundo Templo (70 d.C.) desempenharam papel tão relevante, criando tão altos valores espirituais, como na Península Ibérica. No entanto, no ano de 1492, judeus e árabes foram expulsos da Espanha. Os Reis Católicos deram aos judeus a opção de se converter ou deixar a Espanha. Segundo alguns cronistas, aproximadamente metade optou por sair, enquanto a outra metade, para conservar suas casas, terras e propriedades, se converteu e ficou na Espanha. Nessa época, o Tribunal da Inquisição já estava funcionando com toda sua fúria e muitos dos que optaram por ficar na Espanha foram depois garroteados e queimados, acusados de Judaísmo. Quando o rei Fernando redigiu o Édito de Expulsão, nem ele nem nobres nem letrados lembraram-se dos relevantes serviços prestados, durante séculos, pelos judeus à sua pátria. Nem pensaram nos trabalhos inovadores na ciência náutica, que levaram aos grandes descobrimentos, sua contribuição à filosofia medieval, à medicina e à literatura, seu papel fundamental como mediadores políticos e financistas. Também não foi lembrado o fantástico trabalho dos judeus, junto com os árabes, como tradutores dos clássicos gregos, de Aristóteles, por exemplo, para as línguas vernáculas, o que permitiu o florescer do Renascimento na Europa.

A criatividade judaica, que fez a glória da Espanha Medieval, foi completamente apagada, ficando apenas a imagem negativa dos judeus como perversos, deicidas e hereges.

Temos um relato sobre a saída dos judeus da Espanha, uma das mais dolorosas experiências vividas pelos judeus espanhóis. Os judeus, no seu desespero, trocavam uma casa por um burro, terras e vinhas por um pedaço de pano. Saíram da pátria de seus antepassados, da terra onde nasceram, pequenos e grandes, velhos e crianças, a pé ou montados em burros. Não havia cristão que não se compadecesse deles e, por piedade, os cristãos pediam aos judeus que aceitassem o batismo para poderem ficar em suas casas.

E foi assim que os judeus saíram da Espanha.

O rei de Portugal, dom João ii, deu asilo aos judeus espanhóis por dinheiro: podiam permanecer oito meses, prometendo depois auxiliá-los a partir. Os mais ricos pagaram pelos mais pobres, por cabeça, e encheram-se os cofres da Coroa. Dom João ii enganou os judeus e não lhes deu a ajuda prometida. Vendeu os mais pobres como escravos e cometeu um bárbaro crime, lamentado também pelos cristãos-velhos. Mandou que se tirassem dos judeus os filhos de dois a dez anos, que foram enviados para as ilhas desertas de São Tomé, na África, habitada somente por criminosos e feras selvagens. Segundo o cronista cristão-novo, Samuel Usque, grande parte dessas crianças foram devoradas pelas feras. Contam ainda outros cronistas a história de uma mulher a quem tiraram seus sete filhos, e que, enlouquecida, se atirou entre os cavalos da carruagem na qual passava o rei, pedindo-lhe que lhe deixasse pelo menos um filho – o menor.

Quando os lacaios tentaram afastá-la, o rei pronunciou, com toda indiferença: "Deixem-na! É como uma cadela a quem tiraram os filhotes."

Para entender melhor a história desse drama da conversão dos judeus, é fundamental que se compreenda como estava culturalmente condicionada a sociedade portuguesa. Vivia-se uma "cultura do segredo", que havia brotado da situação dos conversos obrigados a simular seus sentimentos. O regime

360 VIVER NOS TEMPOS DA INQUISIÇÃO

totalitário impunha o medo, forçou toda população, tanto em Portugal como no Brasil, a encobrir-se. Simulava-se o pensamento, os sentimentos, as ideias e fingia-se ser o que não se era. Manipulava-se as palavras mudando-lhes o sentido. Em uma sociedade sem mestres, sem livros, sem escolas, perderam-se muitas tradições e costumes judaicos, permanecendo, estranhamente, durante séculos, duas festas sagradas – o Schabat e o Dia do Perdão. O Schabat, dia do descanso, foi a primeira lei trabalhista introduzida na história.

No Novo Mundo, o íntimo convívio com os cristãos e a frequente participação dos conversos nas atividades da Igreja, assim como a esperança de que, com a conversão, se tornariam "iguais" aos "outros cristãos", gozando dos mesmos privilégios e direitos, moldou na América um novo homem, bem diferente do sefaradi de antes das conversões de 1497.

Diante da experiência de um mundo hostil, com doenças e perigos, e de um Tribunal vigilante, o converso criou novas armas de defesa para as guerras e lutas que o novo *habitat* exigia. Bravos homens, corajosos, rebeldes e guerreiros, deram ao luso-brasileiro de origem judaica forças para criar um novo *ethos*, formando, junto com as outras etnias presentes, o povo brasileiro. O português e o judeu foram em Portugal dois tipos de mentalidades que se fundiram, depois que chegaram ao Brasil, e cujo legado carregamos até hoje.

O judaísmo no Brasil colonial não foi necessariamente a religião que os Inquisidores esperavam e que lhes traria o lucro esperado. Sua perseguição, portanto, foi uma atividade antissemita no sentido moderno do termo, tendo já suas conotações políticas e interesses de Estado. No decurso de seu processo, o réu da Inquisição devia confessar qual "tipo de culpa" era a sua: se ele havia feito "práticas", ou se ele somente havia se "comunicado" com "pessoas da nação". Os cristãos-novos se debatiam entre a incredulidade e sua tradição, frequentemente reduzida, depois de gerações, a vagas reminiscências. No universo mental de muitos cristãos-novos, não existia mais o judaísmo religioso, mas não existia tampouco o catolicismo, no qual eles estavam integrados de modo fictício.

O estigma clássico existente na história dos judeus convertidos se repete então: eles são judeus para os cristãos e cristãos

PÓSFACIO: O NOVO MUNDO, O NOVO HOMEM   361

para os judeus. Eles mesmos se definem dizendo: "nem judeus nem cristãos, mas cristãos-novos, pela graça de Deus". Aceitavam, desse modo, o estigma que a sociedade lhes impunha.

A "descatolização" de tantos cristãos-novos teve um papel determinante na formação da mentalidade brasileira moderna, e aparece com vigor na crítica religiosa do século XVIII. Encontramos um exemplo entre os estudantes brasileiros da Universidade de Coimbra, em Portugal, que foram condenados pela Inquisição em 1779: suas ideias repercutiram secretamente entre seus congêneres e eram já correntes entre os cristãos-novos do Brasil nos séculos XVI e XVII. No que concerne à fé, os cristãos-novos anteciparam em dois séculos as ideias sobre religião da época das Luzes europeias.

A mentalidade dos conversos no Brasil caracterizava-se por um racionalismo que nunca se estruturou, mas permaneceu uma corrente subterrânea que se manifestava pela negação da religião revelada e da transcendência. Na mensagem dos cristãos-novos, Deus aparecia em outra dimensão: era identificado com o Universo. Seu racionalismo, seguindo a religião antiga, chegava às vezes às ideias extremas do ateísmo. E, nos mais eruditos, assim como nas massas populares, a negação da imortalidade da alma era afirmada como uma constante.

A sociedade colonial brasileira foi assim um verdadeiro "laboratório" da dissidência contra o catolicismo oficial. Encontramos esse fenômeno não somente entre os cristãos-novos, mas também entre muitos cristãos-velhos e na população autóctone. As religiões africanas, com suas danças e sua magia, eram consideradas pela Igreja como superstições; a dos índios era considerada, por sua vez, como feitiçaria; e a incredulidade dos cristãos-novos era simplesmente caracterizada como judaísmo.

Durante séculos de doutrinação, a Igreja Católica, auxiliada pela Inquisição, tentou uniformizar as ideias da população brasileira inculcando o catolicismo pela repressão, porém, seus esforços fracassaram. Sergio Buarque de Holanda, um dos maiores historiadores brasileiros, ressaltou que o catolicismo no Brasil se caracterizava por uma frouxidão e era pouco ortodoxo.

O não conformismo dos cristãos-novos, que se expressou frequentemente nos conflitos com os jesuítas, minou o catolicismo profundamente. A linguagem com duplo sentido que utilizavam, criou um mundo simbólico, propício a uma comunicação clandestina, tornando mais difícil a tarefa dos inquisidores. Eles eram especialistas em respostas dúbias, era sempre "mais ou menos". Frequentemente, usavam dois ou três nomes, com diferentes usos, para tornar mais difícil sua identificação.

A laicidade dos cristãos-novos teve uma influência considerável sobre a mentalidade e sobre a política brasileiras. Explica mesmo por que até no final do século XVIII uma grande parte aderiu apaixonadamente à franco-maçonaria.

Para dar uma ideia do paradoxo no Brasil, é suficiente lembrar que Antonio Feijó, regente no século XIX, costumava dizer que era preciso descristianizar o Brasil.

Depois de séculos de perseguições, grande parte dos judaizantes desapareceram no Brasil, mas se mantiveram com uma identidade definida, tanto os religiosos como os laicos. Perderam seu Deus, mas encontraram o mundo. Os cristãos-novos foram verdadeiramente os precursores do homem moderno.